周春英 著

王鲁彦年谱

浙江大学出版社
ZHEJIANG UNIVERSITY PRESS

·杭州

图书在版编目(CIP)数据

　　王鲁彦年谱 / 周春英著. —杭州:浙江大学出版
社，2024.3
　　ISBN 978-7-308-24578-4

　　Ⅰ.①王… Ⅱ.①周… Ⅲ.①王鲁彦(1902－1944)
－年谱 Ⅳ.①K825.6

中国国家版本馆 CIP 数据核字(2023)第 247350 号

王鲁彦年谱

周春英　著

责任编辑	胡　畔
责任校对	赵　静
封面设计	周　灵
出版发行	浙江大学出版社
	（杭州市天目山路 148 号　邮政编码 310007）
	（网址:http://www.zjupress.com）
排　　版	浙江大千时代文化传媒有限公司
印　　刷	杭州高腾印务有限公司
开　　本	880mm×1230mm　1/32
印　　张	15
字　　数	370 千
版 印 次	2024 年 3 月第 1 版　2024 年 3 月第 1 次印刷
书　　号	ISBN 978-7-308-24578-4
定　　价	108.00 元

浙江大学出版社市场运营中心联系方式:(0571)88925591;http://zjdxcbs.tmall.com

浙江现代文学名家年谱
编纂委员会

浙江文化研究工程成果文库总序

　　有人将文化比作一条来自老祖宗而又流向未来的河，这是说文化的传统，通过纵向传承和横向传递，生生不息地影响和引领着人们的生存与发展；有人说文化是人类的思想、智慧、信仰、情感和生活的载体、方式和方法，这是将文化作为人们代代相传的生活方式的整体。我们说，文化为群体生活提供规范、方式与环境，文化通过传承为社会进步发挥基础作用，文化会促进或制约经济乃至整个社会的发展。文化的力量，已经深深熔铸在民族的生命力、创造力和凝聚力之中。

　　在人类文化演化的进程中，各种文化都在其内部生成众多的元素、层次与类型，由此决定了文化的多样性与复杂性。

　　中国文化的博大精深，来源于其内部生成的多姿多彩；中国文化的历久弥新，取决于其变迁过程中各种元素、层次、类型在内容和结构上通过碰撞、解构、融合而产生的革故鼎新的强大动力。

　　中国土地广袤、疆域辽阔，不同区域间因自然环境、经济环境、社会环境等诸多方面的差异，建构了不同的区域文化。区域文化如同百川归海，共同汇聚成中国文化的大传统，这种大传统如同春风化雨，渗透于各种区域文化之中。在这个过程中，区域文化如同清溪山泉潺潺不息，在中国文化的共同价值取向下，以自己的独特个性支撑着、引领着本地经济社会的发展。

1

从区域文化入手,对一地文化的历史与现状展开全面、系统、扎实、有序的研究,一方面可以藉此梳理和弘扬当地的历史传统和文化资源,繁荣和丰富当代的先进文化建设活动,规划和指导未来的文化发展蓝图,增强文化软实力,为全面建设小康社会、加快推进社会主义现代化提供思想保证、精神动力、智力支持和舆论力量;另一方面,这也是深入了解中国文化、研究中国文化、发展中国文化、创新中国文化的重要途径之一。如今,区域文化研究日益受到各地重视,成为我国文化研究走向深入的一个重要标志。我们今天实施浙江文化研究工程,其目的和意义也在于此。

千百年来,浙江人民积淀和传承了一个底蕴深厚的文化传统。这种文化传统的独特性,正在于它令人惊叹的富于创造力的智慧和力量。

浙江文化中富于创造力的基因,早早地出现在其历史的源头。在浙江新石器时代最为著名的跨湖桥、河姆渡、马家浜和良渚的考古文化中,浙江先民们都以不同凡响的作为,在中华民族的文明之源留下了创造和进步的印记。

浙江人民在与时俱进的历史轨迹上一路走来,秉承富于创造力的文化传统,这深深地融汇在一代代浙江人民的血液中,体现在浙江人民的行为上,也在浙江历史上众多杰出人物身上得到充分展示。从大禹的因势利导、敬业治水,到勾践的卧薪尝胆、励精图治;从钱氏的保境安民、纳土归宋,到胡则的为官一任、造福一方;从岳飞、于谦的精忠报国、清白一生,到方孝孺、张苍水的刚正不阿、以身殉国;从沈括的博学多识、精研深究,到竺可桢的科学救国、求是一生;无论是陈亮、叶适的经世致用,还是黄宗羲的工商皆本;无论是王充、王阳明的批判、自觉,还是龚自珍、蔡元培的开明、开放，等等，都展示了浙江深厚的文化底蕴，凝聚了浙江人民求真务实的创造精神。

代代相传的文化创造的作为和精神，从观念、态度、行为方式和价值取向上，孕育、形成和发展了渊源有自的浙江地域文化传统和与时俱进的浙江文化精神，她滋育着浙江的生命力、催生着浙江的凝聚力、激发着浙江的创造力、培植着浙江的竞争力，激励着浙江人民永不自满、永不停息，在各个不同的历史时期不断地超越自我、创业奋进。

悠久深厚、意韵丰富的浙江文化传统，是历史赐予我们的宝贵财富，也是我们开拓未来的丰富资源和不竭动力。党的十六大以来推进浙江新发展的实践，使我们越来越深刻地认识到，与国家实施改革开放大政方针相伴随的浙江经济社会持续快速健康发展的深层原因，就在于浙江深厚的文化底蕴和文化传统与当今时代精神的有机结合，就在于发展先进生产力与发展先进文化的有机结合。今后一个时期浙江能否在全面建设小康社会、加快社会主义现代化建设进程中继续走在前列，很大程度上取决于我们对文化力量的深刻认识、对发展先进文化的高度自觉和对加快建设文化大省的工作力度。我们应该看到，文化的力量最终可以转化为物质的力量，文化的软实力最终可以转化为经济的硬实力。文化要素是综合竞争力的核心要素，文化资源是经济社会发展的重要资源，文化素质是领导者和劳动者的首要素质。因此，研究浙江文化的历史与现状，增强文化软实力，为浙江的现代化建设服务，是浙江人民的共同事业，也是浙江各级党委、政府的重要使命和责任。

2005年7月召开的中共浙江省委十一届八次全会，作出《关于加快建设文化大省的决定》，提出要从增强先进文化凝聚力、解放和发展生产力、增强社会公共服务能力入手,大力实施文明素质工程、文化精品工程、文化研究工程、文化保护工程、文化产业促进工程、文化阵地工程、文化传播工程、文化人才工程等"八项工程",实施科教兴国和人才强国战略,加快建设教育、科技、卫生、体育等"四个强省"。作为文化建设"八项工程"之一的文化研究工程,其任务就是系统研究浙江文化的历史成就和当代发展,深入挖掘浙江文化底蕴、研究浙江现象、总结浙江经验、指导浙江未来的发展。

浙江文化研究工程将重点研究"今、古、人、文"四个方面,即围绕浙江当代发展问题研究、浙江历史文化专题研究、浙江名人研究、浙江历史文献整理四大板块,开展系统研究,出版系列丛书。在研究内容上,深入挖掘浙江文化底蕴,系统梳理和分析浙江历史文化的内部结构、变化规律和地域特色,坚持和发展浙江精神;研究浙江文化与其他地域文化的异同,厘清浙江文化在中国文化中的地位和相互影响的关系;围绕浙江生动的当代实践,深入解读浙江现象,总结浙江经验,指导浙江发展。在研究力量上,通过课题组织、出版资助、重点研究基地建设、加强省内外大院名校合作、整合各地各部门力量等途径,形成上下联动、学界互动的整体合力。在成果运用上,注重研究成果的学术价值和应用价值,充分发挥其认识世界、传承文明、创新理论、咨政育人、服务社会的重要作用。

我们希望通过实施浙江文化研究工程,努力用浙江历史教育浙江人民、用浙江文化熏陶浙江人民、用浙江精神鼓舞浙江人民、用浙江经验引领浙江人民,进一步激发浙江人民的无穷智慧和伟大创造能力,推动浙江实现又快又好发展。

今天,我们踏着来自历史的河流,受着一方百姓的期许,理应负起使命,至诚奉献,让我们的文化绵延不绝,让我们的创造生生不息。

2006 年 5 月 30 日于杭州

浙江文化研究工程成果文库序言

易炼红

国风浩荡、文脉不绝，钱江潮涌、奔腾不息。浙江是中国古代文明的发祥地之一、是中国革命红船启航的地方。从万年上山、五千年良渚到千年宋韵、百年红船，历史文化的风骨神韵、革命精神的刚健激越与现代文明的繁荣兴盛，在这里交相辉映、融为一体，浙江成为了揭示中华文明起源的"一把钥匙"，展现伟大民族精神的"一方重镇"。

习近平总书记在浙江工作期间作出"八八战略"这一省域发展全面规划和顶层设计，把加快建设文化大省作为"八八战略"的重要内容，亲自推动实施文化建设"八项工程"，构筑起了浙江文化建设的"四梁八柱"，推动浙江从文化大省向文化强省跨越发展，率先找到了一条放大人文优势、推进省域现代化先行的科学路径。习近平总书记还亲自倡导设立"文化研究工程"并担任指导委员会主任，亲自定方向、出题目、提要求、作总序，彰显了深沉的文化情怀和强烈的历史担当。这些年来，浙江始终牢记习近平总书记殷殷嘱托，以守护"文献大邦"、赓续文化根脉的高度自觉，持续推进浙江文化研究工程，接续描绘更加雄浑壮阔、精美绝伦的浙江文化画卷。坚持激发精神动力，围绕"今、古、人、文"四大板块，系统梳理浙江历史的传承脉络，挖掘浙江文化的深厚底蕴，研究浙江现象、总结浙江经验、丰富浙江精神，实施"'八八战略'理论与实践研究"等专题，为浙江干在实处、走在前列、勇立潮头提供源源不断的价值引导力、文化凝聚力、精神推动力。坚持打造精品力作，目前一期、二期工程已经完结，三期工程正在进行中，出版学术著作超过 1700 部，推出了"中国历代绘画大系"等一大批有重大影响的成果，持续擦亮阳明文化、和合文化、宋韵文化等金名片，丰富了中华文化宝库。坚持砺炼精兵强将，锻造了一支老中青梯次配备、传承有序、学养深厚的哲学社会科学人才队伍，培养了一批高水平学科带头人，为擦亮新时代浙江学术品牌提供了坚实智力人才支撑。

文化是民族的灵魂，是维系国家统一和民族团结的精神纽带，是民族生命力、创造力和凝聚力的集中体现。在以中国式现代化全面推进强国建设、民族复兴伟业的新征程上，习近平文化思想在坚持"两个结合"中，以"体用贯通、明体达用"的鲜明特质，茹古涵今明大道、博大精深言大义，萃菁取华集大成，鲜明提出我们党在新时代新的文化使命，推动中华文脉绵延繁盛、中华文明历久弥新，推动全党全国各族人民文化自信明显增强、精神面貌更加奋发昂扬。特别是今年 9 月，习近平总书记亲临浙江考察，赋予我们"中国式现代化的先行者"的新定位和"奋力谱写中国式现代化浙江新篇章"的新使命，提出"在建设中华民族现代文明上积极探索"的重要要求，进一步明确了浙江文化建设的时代方位和发展定位。

文明薪火在我们手中传承，自信力量在我们心中升腾。纵深推进文化研究工程，持续打造一批反映时代特征、体现浙江特色的精品佳作和扛鼎力作，是浙江学习贯彻习近平文化思想和习近平总书记考察浙江重要讲话精神的题中之义，也是浙江一张蓝图绘到底、积极探索闯新路、守正创新强担当的具体行动。我们将在加快建设高水平文化强省、奋力打造新时代文化高地中,以文化研究工程为牵引抓手,深耕浙江文化沃土、厚植浙江创新活力,为创造属于我们这个时代的新文化贡献浙江力量。要在循迹溯源中打造铸魂工程,充分发挥习近平新时代中国特色社会主义思想重要萌发地的资源优势,深入研究阐释"八八战略"的理论意义、实践意义和时代价值,助力夯实坚定拥护"两个确立"、坚决做到"两个维护"的思想根基。要在赓续厚积中打造传世工程,深入系统梳理浙江文脉的历史渊源、发展脉络和基本走向,扎实做好保护传承利用工作,持续推动优秀传统文化创造性转化、创新性发展,让悠久深厚的文化传统、源头活水畅流于当代浙江文化建设实践。要在开放融通中打造品牌工程,进一步凝炼提升"浙学"品牌,放大杭州亚运会亚残运会、世界互联网大会乌镇峰会、良渚论坛等溢出效应,以更有影响力感染力传播力的文化标识,展示"诗画江南、活力浙江"的独特韵味和万千气象。要在引领风尚中打造育德工程,秉持浙江文化精神中蕴含的澄怀观道、现实关切的审美情操,加快培育现代文明素养,让阳光的、美好的、高尚的思想和行为在浙江大地化风成俗、蔚然成风。

我们坚信,文化研究工程的纵深推进,必将更好传承悠久深厚、意蕴丰富的浙江文化传统,进一步弘扬特色鲜明、与时俱进的浙江文化精神,不断滋育浙江的生命力、催生浙江的凝聚力、激发浙江的创造力、培植浙江的竞争力,真正让文化成为中国式现代化浙江新篇章中最富魅力、最吸引人、最具辨识度的闪亮标识,在铸就社会主义文化新辉煌中展现浙江担当,为建设中华民族现代文明作出浙江贡献!

2023 年 12 月

凡　例

一、本丛书之谱主均系公认的浙籍作家。其主要标识为出生于浙江,或童年、少年时期在浙江度过,或长期与浙江保持密切联系,其家世影响、成长经历、文学素养的形成,受到浙江地域文化的浸染,其文学观念、文学创作留有鲜明的浙江文化印记。浙江"身份"尚存争议的作家,暂不列入。

二、本丛书之谱主的主要文学成就,均在"中国现当代文学"时期(包括 1949 年以前的"现代"期和中华人民共和国成立后的"当代"期)产生过广泛影响的各种文学创作、文学活动及其他相关文化活动。其他历史时段与谱主相关的活动,从略记述。

三、每位谱主之年谱为一册,以呈现谱主之文学创作、文艺思想、文学组织、文学编辑等成就为重点,相关背景呈示多侧重其与文学的关联性;年谱亦涉及谱主在中国革命史、思想史、文化史上的成就与贡献,充分展示谱主在建构我国 20 世纪新文化中的特殊贡献。

四、每部年谱共由三部分组成。第一部分为家世简表、谱主照片等有关材料;第二部分为年谱正文和少量插图,图片配发在正文相应部位,以便形成文图互证;第三部分为谱主的后世影响,主要包括正文未及的谱主身份、价值的确切定位及相关悼念、纪念活动,以及谱主的全集出版、著作外译、谱主研究会的成立、重要研究成果等,均予以择要展示。文后附参考文献。

五、年谱使用规范的现代语体文。直接引用资料采用原文文体;人名、地名、书名、文章篇名及引录的原著繁体字或异体字文句,凡可能引起歧义、误解者,仍用原繁体字或异体字。

六、年谱以公历年份作为一级标题,括号内标注农历年份。谱主岁数以"周岁"表述,出生当年不标岁数,只标为是年"出生"。为便于阅读,按通行出版惯例,年、月、日及岁数均采用阿拉伯数字。

七、年谱在一级标题下,以条目形式列出本年度与谱主的文学(文化)活动密切相关、对谱主产生重要影响的若干条"年度大事记"。

八、年谱以公历月份作为二级标题。在二级标题之下,以日期标识谱主相关信息。所有日期均为公历;若农历涉及跨年度等特殊情况,则换算为公历将所述内容置于相应年份,以利于读者识别。

九、年谱中部分具体日期不明的重要信息,均置于当月最后位置,以"本月　……"说明之;若有关信息只能确定在"春季""夏季"之类时间段内,则置于本年度末,以"春　……""夏　……"等加以说明;若有关信息只能确定在本年度的,则亦置于本年度末,以"本年　……"进行表述。

十、中华人民共和国成立前国家、民族、地名、组织、机构、职官等名称,除明显带有歧视、污蔑含义者须加以适当处理外,原则上仍用文献记载的原名称。

十一、鉴于资料来源多元和考证繁杂,年谱中若观点出现有待考证或诸说并存的,借助"按……"的形式,简要表述编撰者的考辨,或者以注释形式加以说明。

十二、凡有补充、评述等特别需要说明的内容,皆以注释形式说明。对以往诸家有关谱主传记文字的误记之处,在录入史实后,均用注释的方式予以纠正。

十二、年谱正文原则上不特别标识信息来源;若确需说明的,则以分门别类的方式,在正文表述中进行适当处理。

十四、年谱注释从简。确需注释的,统一采用当页脚注。发表报刊一般不注,用适当方式通过正文直接表述;其中,民国时期报刊之"期""号"等,原则上依照原刊之表述。

十五、因时代关系,部分历史文献之标点符号不甚规范,录入时已根据现时标点符号规范标点。以往相关书籍史料中收录的谱主文献,不同版本在部分文献上有不同的断句,本年谱所录之文系在比对各种资料后基于文意定之。

十六、谱主已知的全部著述,均标注初刊处、写作日期、初收何集、著述体裁(如小说、散文、漫画、艺术论述、童话、诗词、评论、译文、书信、日记、序跋等)。若谱主著译版本繁多,一般仅录入初版本。若该作品有多处重刊、转载或收入作品集,则在正文中进行说明,以表明作品的重要性和社会影响。未曾发表的作品注明现有手稿及作品的现存之处。

十七、谱主的主要社会评价,既反映正面性评价,也反映批评性评价,以体现存真的目的,尽可能体现年谱对谱主的全面评价意义。有代表性的评价文字,节录原文以存真。社会评价文字根据原文发表时间,放在相应的正文中表述;若无法确定时间,则放在相应的月份末尾或年份末尾予以恰当叙述。

十八、年谱若遇历史文献中无法辨认之字,则用"□"表示。

十九、年谱中有关谱主的后世影响,根据不同谱主状况,依照类别和时间顺序,在谱后进行详略有别的叙述。

《浙江现代文学名家年谱》编纂委员会

2020 年 8 月

家世简表

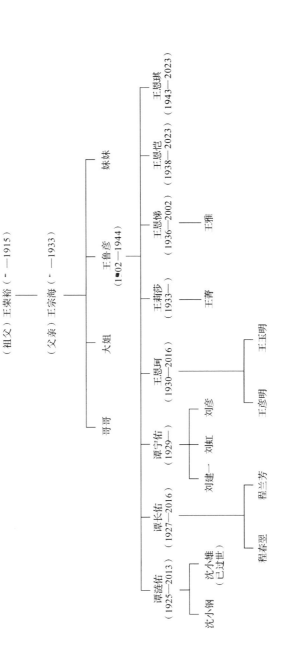

（祖父）王荣裕（？——1915）

（父亲）王宗海（？——1933）

哥哥　　大姐　　王鲁彦
　　　　　　　（1902—1944）

妹妹

谭涟佑　谭长佑　谭宁佑　王恩珂　王莉莎　王恩烯　王恩恺　王恩琪
（1925—2013）（1927—2016）（1929—）（1930—2016）（1933—）（1936—2002）（1938—2023）（1943—2023）

沈小钢　沈小雄　　刘建一　刘虹　刘彦　　　　　王菁　王雅
　　　（已过世）

程春翌　程兰芳　　　王彦明　王玉明

青年时代的鲁彦

鲁彦先生遗像

手　蹟

王鲁彦手迹

目　录

1902 年（壬寅，清光绪二十八年）　出生 ……………………… 1

1907 年（丁未，清光绪三十三年）　6 岁 ………………………… 5

1908 年（戊申，清光绪三十四年）　7 岁 ………………………… 6

1909 年（己酉，清宣统元年）　8 岁 …………………………… 7

1910 年（庚戌，清宣统二年）　9 岁 …………………………… 7

1911 年（辛亥，清宣统三年）　10 岁 ………………………… 8

1912 年（壬子，民国元年）　11 岁 …………………………… 9

1913 年（癸丑，民国二年）　12 岁 …………………………… 11

1914 年（甲寅，民国三年）　13 岁 …………………………… 13

1915 年（乙卯，民国四年）　14 岁 …………………………… 13

1916 年（丙辰，民国五年）　15 岁 …………………………… 19

1917 年（丁巳，民国六年）　16 岁 …………………………… 20

1918 年（戊午，民国七年）　17 岁 …………………………… 22

1919 年（己未，民国八年）　18 岁 …………………………… 24

1920 年（庚申，民国九年）　19 岁 …………………………… 27

1921 年（辛酉，民国十年）　20 岁 …………………………… 36

1922 年（壬戌，民国十一年）　21 岁 ………………………… 37

1923 年（癸亥，民国十二年） 22 岁 …………………………… 45

1924 年（甲子，民国十三年） 23 岁 …………………………… 58

1925 年（乙丑，民国十四年） 24 岁 …………………………… 64

1926 年（丙寅，民国十五年） 25 岁 …………………………… 75

1927 年（丁卯，民国十六年） 26 岁 …………………………… 83

1928 年（戊辰，民国十七年） 27 岁 …………………………… 94

1929 年（己巳，民国十八年） 28 岁 …………………………… 108

1930 年（庚午，民国十九年） 29 岁 …………………………… 125

1931 年（辛未，民国二十年） 30 岁 …………………………… 137

1932 年（壬申，民国二十一年） 31 岁 …………………………… 143

1933 年（癸酉，民国二十二年） 32 岁 …………………………… 157

1934 年（甲戌，民国二十三年） 33 岁 …………………………… 181

1935 年（乙亥，民国二十四年） 34 岁 …………………………… 218

1936 年（丙子，民国二十五年） 35 岁 …………………………… 233

1937 年（丁丑，民国二十六年） 36 岁 …………………………… 253

1938 年（戊寅，民国二十七年） 37 岁 …………………………… 262

1939 年（己卯，民国二十八年） 38 岁 …………………………… 283

1940 年（庚辰，民国二十九年） 39 岁 …………………………… 308

1941 年（辛巳，民国三十年） 40 岁 …………………………… 326

1942 年（壬午，民国三十一年） 41 岁 …………………………… 337

1943 年（癸未，民国三十二年） 42 岁 …………………………… 364

1944 年（甲申，民国三十三年） 43 岁 …………………………… 386

后世影响 …………………………………………………………… 418

主要参考文献 ……………………………………………………… 432

后　记 ……………………………………………………………… 451

1902年(壬寅,清光绪二十八年) 出生

▲1月10日,被慈禧停办的京师大学堂复校。次日,将同文馆归入京师大学堂。

▲2月14日,浙江将求是大学(前身为杭州求是学院)改为浙江大学堂(次年又改为浙江高等学堂),并委任劳乃宣为大学堂总理。

▲同月,鲁迅赴日本留学。

▲11月,梁启超在日本创办《新小说》,宣传小说革命。

▲12月,孙中山在日本建立"兴中会分会",宣传民主革命。

1月

9日(农历十一月三十日) 出生于镇海县(今宁波市镇海区)大碶镇王隘村,祖父给其取名为王燮臣,后又改名为王衡,字返我。据人民文学出版社 2009 年版《王鲁彦文集》(伍)第 282 页,周大风的文章《忆鲁彦先生》记述,鲁彦在灵山高等小学读书时老师给他改名为王忘我。鲁彦是笔名。

祖父王荣裕 是一位中医。他活着的时候,生活已经不容易,去世时留给儿子的只有一张旧床、一口旧柜、几本医书、一间很小的破屋。

父亲王宗海 十五六岁时外出到商店当学徒,三年学徒生涯结束以后,就在杭州、汉口、宁波等大城市的小工厂或商店里当账房。每年年底或年初回家休息一个月,休假即将结束时他就开始整理行装,并与妻子商议别后一年内的计划。到了远行

那夜凌晨二时,吃过早饭,他就坐船离家,开始新的外出谋生生活。王鲁彦很钦佩他的父亲,五六岁时就哭着送父亲到船埠头,表面上是送别,实际上是想跟着父亲外出闯荡。

母亲　是一个精明能干、刻苦耐劳、十分坚强又有点自私迷信的家庭妇女。

哥哥　早年夭折,据说是患肺病而死。

姐姐　王宋英因出天花而存活下来,但因此脸上留疤变成麻脸,早早就出嫁到离家十多里的乐家。其丈夫叫乐中正,据《老世界语者》2022年1月第7期吴长盛的文章《王鲁彦与世界语》记述:乐中正与老世界语者乐嘉煊的父亲是兄弟。因此,王鲁彦与乐嘉煊是亲戚。

妹妹　6岁时患肺病死亡。

王鲁彦的家乡大碶王隘村的王家是宋朝时从宁波迁移过来的,约莫百十来户人家。它距新碶西南5.2千米,距大碶西1.5千米,有王隘、上王隘2个自然村,离宁波只有几十里路。璎珞河的支流官河穿村而过,经常有眨蜢船"划过",临河人家都有自家的小埠头。杨家桥横跨河上,杨家桥的两端有一条小街,街道两边开设了米店、豆腐店、日杂店等小店铺,居民的日常所需都到这里来购买,是王隘村最热闹的地方。王鲁彦的家就在杨家桥旁的一个大院子里。王鲁彦家有二十多亩田地,有一所老房子,在当地除暴发户王阿余之外是最体面的人家。

曾经在王鲁彦家里举行过婚礼,在新婚期间住过几个月的谭昭①对他们家的格局和邻居的情况了解得比较清楚。据《新文学史料》2010年第3期得先(谭昭)的文章《青少年时期的鲁彦》回忆:"院里共住着五户人家,都是姓王,共有一个不远的老祖宗,院子朝东里面一个小院子就是他的家。靠北窗外,排列着七八口特大的水缸,是接天水吃的。进家门是一条小弄堂,左边是楼梯,右边是前后两间住房,弄堂一头靠厨房的地方摆着一张方桌,在这里吃饭。住房南北开窗,光线明亮,上有楼房。小小的后院是厨房和两间杂屋。和他家住房一板之隔的是公用堂屋,分前堂后堂,前堂用来作祭奠用,后堂是放谷仓的,堂屋两侧,一边住着是一个孤孀,另一边住的是一个中年妇女和她的约6岁的女儿。听说是男人出门去了,好久没有音讯回来,她靠挑花边

---

① 谭昭(1903—1994),字得先,笔名云子,湖南湘乡人。首都图书馆离休干部。其祖父谭伯阖曾在贵州多个县做过县官,其父亲谭邦屏是贵州辛亥革命的主要发起人之一。谭昭的母亲杨佛侠亦为贵州革命党人,曾与贵州革命党人黄烈诚、白铁肩等女士一起创办"贵阳光懿女子小学堂",后因社会压力导致心情抑郁而自杀。谭昭5岁半就读于母亲创办的学校,1913年随祖母回湘乡。1915年毕业于湘乡县立女子学校补习班,1917年因父亲任职湖南《民国日报》来到长沙,考入古稻田女师预科,仅读了一学期,因交不起学费以及军阀混战,于1918年退学。1920年秋天考入长沙私立周南女中,因反对校长的反动思想,于1921年暑假被周南女中开除。后考入省立第一师范,因组织拥旧拒新运动,被迫离校。1923年到协均中学补习英文、数学准备考大学,在此结识了汪馥泉、赵景深、章铁民、王鲁彦等《野火》杂志的进步青年。后与王鲁彦恋爱,并于1924年夏天跟王鲁彦结婚,婚后育有二女一子(涟佑、长佑、宁佑)。1929年5月发生婚变,夫妻分居,当时没有办理离婚手续,谭昭携三个子女回湖南湘乡老家。大约在1932年再次外出谋生,1935年参加革命。于1936—1937年在南京中山文化教育馆从事妇救会工作;1938—1945年任重庆中苏文化会秘书、妇女委员;1946—1956年在青岛工作并继续担任中苏文化会秘书;1956年到首都图书馆参考部从事古籍图书管理工作。"文革"前从该单位离休。曾写过《丁玲访问记》《李德全印象记》《我所知道的鲁彦》《青少年时期的鲁彦》等有一定影响的文章,也翻译过《战时苏联女作家》等文章。还担任过《天津日报》《北京新报》的代理编辑或栏目编辑。(这些资料摘自谭宁佑自编的尚未出版的《历史的笔迹——谭得先文(译)集》一书)。

3

（一种手工艺，出口商品，由厂商发给家庭妇女做的）为生。不幸这幼女忽然患白喉病死了，苦命的母亲呼天喊地地哭了几昼夜。鲁彦因此好几天闷闷不乐，后来他结合当地的一种'冥婚'习俗，写了一篇小说。""在鲁彦老家大院子里还有一家住着一对年轻的夫妇；男人有点不务正业而且刁滑，这是他写《阿长贼骨头》故事的基础。另外一家靠院大门口住的，和他家最要好，男人是种田的，敦厚、老实、善良。这就是故乡随笔《钓鱼》里鲁彦的那位堂叔父。"

王鲁彦在这里住到1919年春天，在他离开约10年后，一场大火把王家整幢大屋变成灰烬。之后其父母移居村东前新屋"德馨堂"。现在看到的王鲁彦家老屋，是在废墟上搭建起来的简陋住宅，被租给了外地打工者。

弄堂右边就是王鲁彦家，走到底有一个门可以进去

1907年(丁未,清光绪三十三年)　6岁

▲2月,《小说林》在上海创刊。

▲5月22日晚,广东潮州黄冈起义爆发。

▲7月6日,光复会成员徐锡麟在安徽安庆刺杀安徽巡抚恩铭,率巡警学堂学生起义,攻占军械所,失败被捕,英勇就义。

▲秋瑾与徐锡麟相约在绍兴起事,7月13日事泄被捕,于7月15日在绍兴古轩亭口就义。

▲是年,孙中山在河内派人回国,组织潮州、惠州、钦州反清起义,但相继失败。

9月

1日　去本村杨家桥东首花墙门里的一个私塾读书,教书的先生叫王志珊。据王鲁彦在《我们的学校》自述:"我是六岁上学的,进的自然是私塾。开笔的先生是位有名的举人的得意门生,仿佛是个秀才。他颇严厉,但对我不知怎的却比较宽,很少骂我,也很少打我,只是睁着眼睛从眼镜边外瞪着我,我因此反比别的同学更怕他,九岁以前常常哭着赖学,逼得母亲把我一直拖过石桥。"在该塾师的引导下,鲁彦熟读《三字经》《百家姓》,还能背诵唐诗近百首。

1908年(戊申,清光绪三十四年) 7岁

▲2月25日,杭州各界在凤林寺召开秋瑾的追悼大会,到会者400余人。革命党人借此秘密集会,决议注全力于军队,掌握革命实力。

▲春夏间,绍兴府中学堂进步学生组织的革命文学团体匡社成立,由陈去病领导。1911年改为越社,鲁迅、范爱农成为越社成员。

▲11月14日,光绪皇帝去世。

▲11月15日,慈禧太后去世。溥仪即位,改年号宣统,其父载沣任摄政王。

▲是年,鲁迅正式加入光复会。1903年曾参加光复会前身"浙学会"。

是年 继续在私塾读书。

是年冬天 当地下了一场大雪,据王鲁彦在《雪》中回忆:他很兴奋,躺在床上唱欢迎雪的歌:"雪落啦白洋洋,老虎拖娘娘。"起床后跑到雪地里去捏雪团,把雪团捧着、丢着、捣着;又用雪堆了一个和尚并在其嘴里插上一支香烟;还把雪当成糖含在自己嘴里;在雪地上打滚、翻筋斗,甚至愿意与雪一起到处跳跃、到处飞跑,欣喜之情溢于言表。①

---

① 鲁彦没有说明玩雪的具体时间,只是说幼年。临床医学根据人的生理特征,一般将3—7岁划分为幼儿期。这一年鲁彦已经7岁,所以就放在这一年。

1909 年(己酉,清宣统元年) 8 岁

▲2 月,清政府改年号为宣统。

▲3 月 2 日,周氏兄弟合译的《域外小说集》第一集出版,收英、美、法、俄、波兰、芬兰等国作家小说 16 篇。

▲7 月,鲁迅结束 7 年多的留学生活回国。

▲11 月,柳亚子、陈去病、高旭等在苏州发起成立革命文学团体"南社"。

▲是年,中国世界语协会在上海成立。

是年 继续在私塾读书。

1910 年(庚戌,清宣统二年) 9 岁

▲2 月,光复会在日本东京成立总部,公推章太炎、陶成章为正副会长。

▲8 月 29 日,商务印书馆在上海创办《小说月报》,由南社社员王蕴章主编。第 3 卷第 4 期开始改由恽铁樵编辑。

▲11 月 7 日,俄国伟大作家列夫·托尔斯泰(1828 年生)逝世。依照作家生前愿望,坟上不立十字架,也不刻墓碑。

是年 继续在私塾读书。

1911年(辛亥,清宣统三年) 10岁

▲4月27日,同盟会黄兴等人率敢死队在广州起义,一度攻入两广总督衙门,最终失败。死难烈士72人,安葬于黄花岗。

▲8月,《申报》副刊《自由谈》创刊。

▲10月10日,武昌起义爆发。次日,革命军占领武昌,中华民国湖北军政府宣告成立。黎元洪为都督。

▲11月16日,袁世凯责任内阁成立。

▲12月29日,在南京召开的各省代表会议上,孙中山被选为中华民国临时大总统。

是年 开始学着玩荡船、游泳、做风筝等各种游戏。据王鲁彦在《风筝》中记载:当他看见家旁边河里一些船的船主不在船上,船又没有载着什么东西时,就跳下去把船荡到河中心,不知不觉就学会了荡船的技巧。又偷偷学游泳,但没有学会。因其母亲怕他赤着屁股浮在河里不体面,更怕他淹死,所以每每看见他学游泳,就拿着一根又粗又长晒衣服用的竹竿,说是要把他按到河里去。还背着母亲学做风筝和放风筝,也没学会。由于自己没有钱,即使有钱也不知道去哪里买放风筝的线。虽然偷着做了几次风筝,不是被母亲发现而阻止,就是做得不好。所以只能呆呆地仰头看别人放风筝。

是年 继续在私塾读书。

1912 年(壬子,民国元年)　11 岁

▲1 月 1 日,孙中山于南京宣誓就任临时大总统,中华民国宣告成立。15 日临时政府正式组成,改用公历。

▲2 月 12 日,清帝溥仪退位,授权袁世凯组织临时共和政府。

▲3 月 10 日,袁世凯在北京就任临时总统。

▲8 月 24 日,国民党组成,孙中山任理事长。同月,孙中山应袁世凯之邀到达北京。

▲9 月,参议院决定 10 月 10 日为中华民国国庆纪念日。

2 月

6 日(农历十二月十九)　据王鲁彦在《开门炮(新年试笔)》中记载:即将过年,父亲尚未回来,王鲁彦与母亲一起开始准备过年用的年糕,做好以后,有的浸在缸里,有的把它炒干。旧时农村没有冰箱,这两种方法,有利于年糕保存的时间更久一点。

7 日(农历十二月二十)　帮母亲磨做汤果①的米粉以及打扫灰尘,搞清洁卫生。

8 日(农历十二月二十一)　参与送年活动。送年又叫谢年

---

①　汤果:一种用糯米粉做的没有馅的实心小圆子。

或送岁,这是乡间祀神典礼中最隆重的一种仪式①,农历十二月二十到二十九晚上举行都可以。王鲁彦家一般是在农历十二月二十二晚上十一二点到后半夜一两点在祖堂里进行,有时提前到二十一晚上举行。本来这个活动应该由家中的成年男子担任,但王鲁彦的父亲这时还没到家,母亲和姐姐因性别限制,不能参与这样的活动,只能由少年鲁彦来代替。那一天,鲁彦先得剃头、洗头,内衣和外套都要换,外衣换成缎袍马褂。然后在漆黑、寂静、摊摆棺材和尸体的祖堂里祭祖,鲁彦常常吓得浑身发抖,尤其是当叔父进厨房去端菜,把他一个人留在祖堂里的时候更是如此。他仿佛听到有什么东西在走动,有谁在说话,有影子从外面晃进来,从背后摇出去……等到祭祀活动结束,已经是后半夜一两点钟。此时的鲁彦已经疲倦和被惊吓得没有一点力气,送年点心也不想吃了,只想睡觉。

9 日(农历十二月二十二) 参与做羹饭活动,即参与烧制供祖宗的祭品。

10 日(农历十二月二十三) 参与祭灶活动。农村习俗,每年农历十二月二十三要送灶神上天,叫祭灶。这一天,鲁彦还要穿着缎袍马褂,跪在蒲团上拜菩萨。

18 日(正月初一) 整天穿着缎袍马褂,开始给族中长辈、邻

---

① 谢年又叫"送年",是一种祭祀活动,意在祈求在新的一年里团团圆圆、风调雨顺、年年平安、岁岁有余。相传,在宁波,明代至清初,谢年只有官府和富裕人家举办,普通百姓往往只在自家做夜羹饭祭祖,表示不忘根本。清末民初,宁波人出门做生意的人渐多,生活条件逐步改善,于是谢年这一习俗逐渐流传开来。

谢年仪式有一整套严格的规矩,每个细节极为讲究。如放置供品的祭盘,称"红盘",富裕些的人家用锡盘的,称为"银台面"。祭祀由男主人主持。桌上陈列着谢年所用的祭品,一般是六色,因为六预示吉祥,代表着六六大顺:六杯酒,六碗茶,六碗饭,六样菜,六种甜点。

居鞠躬下跪——拜岁,按当地习俗,小辈给长辈拜岁,长辈要给拜岁果(由各种坚果、水果组合而成)。其他小孩都很喜欢这个,大家成群结队地从这一家拥到那一家,叩头作揖,前襟兜满了拜岁果,都高兴地叫着跳着。但鲁彦却害怕这种活动,常常一拖再拖,直到被母亲逼得没有办法,才出去应付一下。

19 日(正月初二) 继续给族中的长辈和邻居拜岁。

22 日到 3 月 3 日(正月初五到十五) 拎着莲子、桂圆之类的软包开始给外村的亲戚拜岁。一般都是早上到亲戚家里,吃点心、吃中饭,一直要到下午 3 点之后才能回家。不拜亲戚的时候,就在家里等待亲戚来拜年。如果来了男客,鲁彦做陪客,母亲和姊姊妹妹就在厨房准备点心和饭菜。

3 月

4 日(正月十六) 去参加蟠桃会。在那里,鲁彦又得穿着缎袍马褂去一次一次地拜菩萨,跟着人家端着香到黄光庙去叩头,把菩萨接来,随后又得把它送回去,整整做一天大人。①

是 年 仍在私塾读书。

1913 年(癸丑,民国二年) 12 岁

▲3 月 20 日,袁世凯派人在上海暗杀了宋教仁。

▲7 月 12 日,二次革命失败,孙中山随后流亡日本。

---

① 王鲁彦在童年时的拜年活动应该不止一次,也不确定在哪一年,为了阐述方便,就集中放在这一年里记述。

▲10 月 16 日,袁世凯以武力强迫国会选其为正式总统。

2 月

7 日(正月初一) 经过多次哭闹、请求,父亲终于同意在这一天让鲁彦放开门炮。据王鲁彦《开门炮(新年试笔)》一文回忆:他的父亲喜欢静穆,有什么快乐和忧愁都不肯轻易露出来。这一半是因为他对神的敬虔,一半是因他为人脚踏实地,处世谨慎,不喜欢放开门炮这种显示骄傲和张扬的行为。所以,鲁彦自从记事起他们家从来不放开门炮,新年头一天都是静穆地开门。这一年,鲁彦已经 12 岁,也许是父亲觉得他已经长大,放鞭炮不会有危险;也许是禁不住儿子的哭闹,一改以往正月初一不许放开门炮的习惯,破例在年前买了五六个笔筒般粗的爆竹,并在正月初一拿出来,亲自点上一支长香,要鲁彦去引火,看着爆竹炸响后的碎纸片像蝴蝶似的从半空里旋转下来,王鲁彦心里美滋滋的。这是童少年时的王鲁彦过得最开心的一次新年。

6 月

是年 仍在私塾读书。

是年 鲁彦的父亲虽然希望儿子将来能子承父业,也像他一样学做商人,但他在这两年里经常给鲁彦买旧小说。据《神州日报》1945 年 11 月 17 日鲁彦的遗作《自传》记述:他废寝忘食地阅读这些旧小说,并因此喜欢上了文学,觉得"文学似乎专为受压迫的穷人而存在,它安慰我们苦难的灵魂,给我们喊出心底的委屈,又教唆我们怎样生活。我曾经神往于飞檐走壁的剑侠,想做梁山泊上的好汉,为人间除祸害"。因此,他的心中已经扎下了文学的根。后来鲁彦去新文化运动的中心北京,直接受鲁迅等新文化运动领袖的引领,最后走上文学创作的道路。不得不说,鲁彦的父亲功不可没。

1914 年(甲寅,民国三年) 13 岁

▲5 月 1 日,袁世凯废除《临时约法》,公布《中华民国约法》,改内阁制为总统制。

▲6 月,《礼拜六》在上海创刊,为鸳鸯蝴蝶派的主要阵地。

▲7 月 6 日,孙中山在日本东京成立中华革命党,被选为总理。

▲是月,第一次世界大战爆发。

▲10 月 6 日,日军在山东登陆,先后侵占山东济南、青岛。

是年 仍在私塾读书。据王鲁彦在《我们的学校》回忆:因"见到别的孩子在学校里欢天喜地,自己也就有了转学的念头,时常对母亲提出要求来"。

1915 年(乙卯,民国四年) 14 岁

▲9 月 15 日,《青年杂志》创刊于上海,由陈独秀主编,每卷 6 期,从第 2 卷起改名《新青年》。

▲12 月 12 日,袁世凯通电全国,复辟帝制,改国号为"中华帝国",以明年为"洪宪"元年。

▲12月25日，蔡锷等人通电各省，宣告云南独立，组织"护国军"声讨袁世凯，反袁相继在全国展开。

是年春天 插班进入贺氏养正初小，也叫杨家桥初级小学、一本小学。这个学校给鲁彦留下的印象相当好，认为比起私塾来，它好得太多了。但也使鲁彦相当害怕，因为学校管理很严。据王鲁彦在《我们的学校》回忆："教师是拿着藤条上课的，随时有落在身上的可能。犯了过错，起码是半点钟的面壁。上体操课时，站得不合规矩，便会从后面直踢过来。亏我在这里待的时候并不长久，过了半年，我便拿着初级小学的文凭走了。"

4 月

5 日 清明节，与族里人一起坐船去祖坟所在地上坟。据王鲁彦《清明》一文回忆：清明上坟，在鲁彦家乡是一件大事，常常由族长组织船只，每家每户派代表坐船前往嘉溪、五公祀等祖坟所在地去上坟。以敲锣为号，天刚亮就敲第一次锣，催促大家起来做饭；约一小时之后敲第二次锣，通知大家吃饭；再过几十分钟敲第三次锣告诉大家要开船了。清明也正是踏青的好时节，因此鲁彦十分急迫地想要参加这次活动。天没亮，还没敲烧饭锣，他就把母亲推醒，让她做饭；还没敲吃饭锣，他已经把饭吃掉一半，来到河边埠头，看着"三只大船已经靠在埠头，几个大人正在船中戽水，铺竹垫，摆椅凳"。母亲匆匆忙忙追出来，叫他再回去吃一点饭，他硬说吃饱了，不肯回去。当第三次锣敲响时，他急急地跳上有人拉纤的木船上。船过了"一湾又一湾、一村又一村"，到嘉溪山之后，鲁彦就和几个十几岁的同伴脱了鞋袜，卷起裤脚，跳下船头，从清凉的溪水里叫着跳着向山上走去，像逃出鸟笼的小鸟。到山上以后,大人们在严肃地祭祖,鲁彦和小伙伴们却在树林中跑着兜圈子、爬树采松花,觉得十分自由、快乐。只是在听到爆竹和锣声时,才跑到坟前去拜一拜和奔下山坡去吃中饭。清明节在王鲁彦看来是最欢乐的季节。

7 月

是月 据王鲁彦《我们的学校》回忆:"从杨家桥初级小学毕业,获得毕业文凭。"

是月 开始在家旁边的小河里钓虾。王鲁彦的家乡水网密布,河海相依,每到夏天,村民都会去钓鱼钓虾,他家的位置又得天独厚,据王鲁彦《钓鱼——故乡随笔》回忆:"我们的老屋在这村庄的中央,一边是桥,桥的两头是街道,正是最热闹的地方。河水由南而北,在我们的老屋的东边经过。这里的河岸都用乱石堆嵌出来,石洞最多,河虾也最多。"于是,鲁彦也和其他孩子们一样,开始忙碌地自制钓虾工具。他从柴堆里选了一根最直的小竹竿,砍去了旁枝和丫杈,在煤油灯上把弯曲的竹节炙直了,然后拴上一截线,加上浮子、锡块及铜丝做的小钩,在水缸旁边阴湿的泥地里掘出许多黑色的小蚯蚓,就去钓虾了。鲁彦钓虾时,"爱伏在岸上,把钓竿放下,不看浮子,单提着线,对着一个石洞,上下左右的牵动那串蚯蚓的钩子。这样,洞内洞外的虾儿立刻被引来了……""夏天一到,没有什么比这更快乐;空水筒出去,满水筒回来。"

8 月 继续钓虾。据《钓鱼——故乡随笔》回忆:"直到秋天来到,天气转凉了,河水大了,虾儿们躲进石洞里,不大出来,我也就把钓竿藏了起来。但这时母亲恶狠狠的把我的钓竿折成了两三段,当柴烧了。""明年再钓虾不给你读书了,把你送给渔翁,一生捕鱼过活。"鲁彦才准备即将到来的秋季入学。

9 月

月初　到离家五里外的邬隘灵山高等小学读书,完成小学后半阶段的学习任务。

按:灵山高等小学原为灵山书院,由乡贤、镇海县优贡生邬(名字不详)捐田 100 亩于清嘉庆九年(1804)创办,历史悠久,当时在县里颇有名气。学校从建立以后几经改名:1905 年,灵山书院改名为灵山学堂。1907 年,更名为灵山高等小学堂,附设初等小学堂。民国元年(1912),学堂改称学校。1913 年,灵山学堂更名为灵山高等小学校。1925 年,更名灵山学校。1941 年,镇海县政府接管学校,为县立灵山学校,附设国民学校。1949 年 5 月,镇海解放,学校由镇海县人民政府接管,以后又进行多次改名。一直到 2004 年 10 月,学校隆重举行灵山学校复名暨建校200 周年校庆,复名为灵山学校。

这所学校办学理念先进,早在 1905 年以前就崇尚科学,率先开设英语课。1905 到 1912 年确立"中学为体、西学为用"的"尚公、尚武、尚实"教育宗旨。1913 年试行"道尔顿制"和"杜威教育法"。考核方法灵活,学生可以根据自己的能力跨年级学习不同的课程,经考试合格可以跳级,提前毕业。曾先后聘请林森(1931 年开始任中华民国国民政府主席)、蔡元培、陶行知、夏丏尊、郑振铎等知名人士为校董;聘请有真才实学的人士如沐绍良(后曾为联合国教科文组织生物学会会员)、陆仲任(作曲家,后曾任广州音乐学院院长)、仇宇(后曾任中国美协副主席)、李平之(作曲家,后曾任宁波市音协主席)为教师。在当时全国大部分地区的学校还在实行旧式教育时,灵山学校在办学理念、教育宗旨、教学方法、课程开设、学生培养方式等方面率先走在了前面，十分难得。整个学校校风正、学风好、教师敬业、学生努力，因而培养出了不少人才。

王鲁彦非常喜欢这个学校，认为从校长到一般老师都很敬业，水平很高，对学生很和蔼。据其《我们的学校》回忆："校长徐先生是一位四十岁以内的中年人。他很谨慎朴素，老是穿着一件青布长衫和黑色马褂，不爱多说话，不大有笑脸，可也没有严厉的面色，他的房间里永久统治着静默和清洁……他不常处分学生，有了什么纠纷，便把大家叫到他的房里，准许分辩，然后他给了几句短短的判断和开导的话，大家就静静的退出了。他比我们睡得迟，却比我们起得早。深夜和清晨，我们常常看见他的房子里透出灯光来，或者听到他的磨墨的声音。在七八个教师中间，他的字写得最好。他教我们这一班的语文，作文卷子改得非常仔细，有了总批还有眉批。他做我们的校长是大家觉得荣幸的事情，而他教我们的国文，更使我们这一班觉得特别的荣幸。"其他老师也很优秀和敬业。"一个教理化的教员，现在已经忘记了他姓什么，只有二十多岁，也不爱说话，一天到晚只看见他拿着仪器在试验。教动植物的唐先生年纪大了一点，说起话来又庄严又诙谐，他所采的动植物标本挂满了教室也挂满了他的卧室。手工兼音乐的金教员，不但做得一手极好的纸的、泥的、竹的小东西，还能做大的藤椅，——听说后来竟开起藤器店来了——能比他的妻子绣出更美的花来，他唱得很好的西洋歌和京戏，能弹风琴，吹箫笛，拉胡琴，是一个有名的天才。最后是我们特别喜欢的体育教员陈先生了。他有活泼健捷的姿态，而又有坚强结实的身体。他教我们哑铃、棒球、各种柔软体操，又教我们背着沉重的木枪跪着放，卧着放。同时在课外，他又教我们少数人撑竿跳高、跳远和翻杠子。后者是他最拿手的技术，能用各种姿势在很高的铁杆上翻几十个圈子突然倒跌了下来，单用脚面钩住杠子，然后又一晃一摇，跳落在一丈多远的地上。"

"这几个教师，不但功课教得好，而且都和徐先生一样，从来不轻易严厉的处分我们。我们每个人都对他们亲切而又尊敬，如同对徐先生一样。"

在这些老师的启发教导下，王鲁彦的学习积极性被大大激发出来，先后学习了语文、理化、动植物等课程，积累了丰富的知识；还学会了做笔架和旱烟盒、学会弹奏多种乐器和踢足球；在思想上开始接受民主主义思想的熏陶，身体和技能方面也有长足的进步。

是年冬天　一个深夜，鲁彦与母亲被隔壁邻居家着火的声音惊醒，他们一起冲出家门投入救火大军。据王鲁彦《火的记忆》一文回忆：他拿着铜锣拼命敲击，以唤醒沉睡中的邻居；母亲拿着脸盆端水扑火，不久，鲁彦也加入递水救火的队伍，并成为最迅速的传递者。"我一点也不觉得自己力量的渺小……我简直什么都忘记了。水龙会的铜锣声在外面奔驰着，而我奔驰在火的前面，像一个冲锋的勇士。"虽然大家拼命救火，大火还是很快蔓延到鲁彦家。鲁彦赶紧放下脸盆跑回家，上了阁楼，把几只巨大而且沉重的箱子拖到梯子边，交给等候在那里的叔叔。又用一根长板凳，用力撞开后墙上用砖砌的假门，然后与母亲、几个叔叔一起把家里的贵重东西抢救出去。救火结束之后，鲁彦突然觉得自己"好像长大了一倍，有了二十四五岁的年纪似的"。

这次火灾发生的具体时间比较模糊，但根据《火的记忆》的开头"我看见我自己躺在母亲的脚后……从我短促而沉浊的鼾声里，可以想到我白天从小学校里带来了过分的疲劳"，大致可以推断火灾发生在王鲁彦 14 岁考入灵山高等小学的那年冬天。王鲁彦一生只上过两年小学，其中半年是在杨家桥初级小学上的，一年半是在灵山高等小学上的。杨家桥小学是春天的时候转进去的，天气已经比较暖和了，而从文章内容判断应该是在冬天。

是年 鲁彦的祖父去世。

1916 年（丙辰，民国五年） 15 岁

▲1 月，北京汇文大学、华北协和大学、北京华北女子协和大学等学校合并为燕京大学，司徒雷登任校长。12 月 26 日，黎元洪总统任命蔡元培为北京大学校长。

▲3 月 22 日，袁世凯申令撤销"承认帝位案"，仍称大总统。

▲3 月 23 日，下令废止洪宪帝号。

▲8 月，《晨钟报》在北京创刊，后改名《晨报》。

▲9 月，《青年杂志》改名《新青年》。

▲11 月 15 日，波兰著名历史小说家显克微支逝世。

▲12 月 26 日，大总统黎元洪正式任命蔡元培为北大校长。

是年夏天 据王鲁彦《钓鱼——故乡随笔》回忆，喜欢钓虾的他不顾母亲的反对，在好友阿华家里偷偷做好了一根新的钓竿，继续在家乡的河边钓虾，钓来的虾比上年的还多。母亲不忍心扔掉，把虾儿煮熟了送给邻居吃。

12 月

是月 五里路外的乐家大屋着火了,那里住着鲁彦最喜欢的叔叔婶婶一家。据《火的记忆》一文中记载,鲁彦一听到这个消息十分着急,连母亲也来不及告诉,就迫不及待地往那边跑了,一路上跑得比火龙会的人还要快。到达乐家大屋的时候,浓烟已经冲入屋内,蒙住了许多角落。鲁彦第一次拖出来一只大箱子,第二次又回身抢了个棉被,接着是衣服、桌子、床铺的一部分。婶婶怕鲁彦遇到危险,叫他快出去。但鲁彦抹了抹眼睛,又冲进去两次,拖出两只箱子来,最后终于被婶婶拖住。火势越来越猛,已经烧到婶婶从屋子里抢救出来放在田里的东西了,鲁彦立刻又跟着大人们一起动手,他从这里跳到那里,尽最大的气力刚把靠近屋子的东西搬完,不一会儿屋子就山崩地裂地塌下来,可是他一点也不害怕。"火在我身边烧着,也在我身内烧着。我忘记了危险,忘记了自己。我恨不得能在援助婶母以外,还有力量援助所有的人。"

是年 仍在灵山高等小学读书。

1917年(丁巳,民国六年) 16岁

▲1月3日,李大钊在《甲寅杂志》上发表《孔子与宪法》。

▲同月,胡适在《新青年》第2卷第5号上发表《文学改良刍议》。

▲2月1日,陈独秀在《新青年》第2卷第6号上发表《文学革命论》。

▲7月1日,张勋、康有为等人拥清宣统帝溥仪复辟,恢复清朝旧制,为宣统九年。

▲9月5日,护法军政府成立,孙中山在广州就任海陆军大元帅,章太炎为军政府秘书长。

▲10月25日,俄国爆发列宁领导的无产阶级十月革命。

7 月

月初 与同学一起去镇海县立小学进行足球比赛,被拒绝而归。据《我们的学校》记载,鲁彦与同学们足球踢得很好,很想出去与镇海县立小学进行比赛。但是徐校长要求这边的同学与那边的同学写信接洽,他们按照徐校长的要求办了,可是很久得不到回信。而鲁彦和同学们早已做了一套新衣服,买了一顶新帽子,球也练厌了。于是几个同学秘密商量,主张硬逼那边和他们比赛,人去了就不怕他们不比。于是想出一个办法:先写一张明信片,由那边一个学生具名,答复鲁彦等说准定某一个礼拜日和他们比赛。并托人把这张明信片带到城里去投邮。过了两天这张明信片被寄回来了,他们故意在周六下午拿给徐校长看,徐校长没有仔细研究就同意了。然后鲁彦和同学们步行二十几里路前去镇海县立小学进行足球比赛,路上因等两个同学还碰上一场大雨,等到进入县城天已经黑了。因为事先没有约定,虽然被印度门卫请进学校会客室,并把校长请来了,但那里的学生已经放假,结果被喝得醉醺醺的校长粗暴地拒绝。同学们与校长发生了争吵,在该校两个教员的斡旋下,饿着肚子在已放假的学生寝室睡了一夜,第二天一早灰溜溜地冒雨跑回灵山高等小学。几天之后,徐校长得知此事,他把鲁彦他们几个人叫去和风细雨地批评了一顿。校长的温和态度,反倒激起了鲁彦及其同学内心的羞耻感和懊悔心理,都感动得哭了。

夏天 由钓虾转为钓鱼。据其《钓鱼——故乡随笔》一文记载,他能从水面的泡泡中辨别水底下哪是鲫鱼、哪是鲤鱼。他先在河里撒一把糠灰,悄悄地跑回家读一刻钟书,再去河边钓鱼,第一次不到十分钟,就钓了一条相当大的鲫鱼。他的钓鱼技术很高,一天能钓两桶。因为母亲吃素,这些鱼大部分都送给亲戚、邻居,鲁彦自己也不喜欢吃,即使母亲把姐姐请来做葱烤河鲫鱼,鲁彦也只吃一点点。鲁彦的兴趣全在钓鱼的过程中。

12 月

月底 得知所尊敬的徐校长将被校董无理辞退的消息,就与其他同学相约,如果此事成真就一起退学以示抗议。据《我们的学校》记载,因为知道接替徐校长职务的是初小部的一个老头子,他是董事长的族人。这个人既没学问,又很顽固,与治学严谨、学识渊博、待人谦和、爱生如子的徐校长相比差距甚远。他们都看不起那个小老头,觉得他当了校长,学校就没有前途。几个水平较高的教员听到消息,纷纷表示下学期辞教以示抗议。

1918 年(戊午,民国七年) 17 岁

▲5 月 15 日,鲁迅第一篇白话小说《狂人日记》在《新青年》四卷五号上发表。

▲9 月 1 日,安福会选举徐世昌为大总统。

▲11 月 19 日,北大学生团体"新潮社"成立。

▲同月,第一次世界大战结束。

▲12 月 22 日，李大钊、陈独秀的《每周评论》在北京出版。

2 月

初春　寒假结束后，鲁彦得知徐校长被辞退一事已确定，就与其他二十几个同学一起自动退了学。据《我们的学校》记载，这些同学中，有的到城里学商业，有的转到别处求学。唯有王鲁彦，因为母亲不让他离开乡下，本地既无高等小学可转，又无职业可学，只得在家自学。只读完高小二年级第一个学期的鲁彦，从此结束了他的读书生涯。

6 月

下旬　开始吃杨梅。王鲁彦的家乡以及周边的余姚、慈溪、萧山、奉化等地都产杨梅。据王鲁彦《故乡的杨梅》回忆：这种江南梅雨季节特有的水果，它形似龙眼，表面带软刺，颜色深红或黑红，味道酸中带甜，当地人都喜欢吃。鲁彦从记事起，每年都吃杨梅。"细雨如丝的时节，人家把它一船一船的载来，一担一担的挑来，我们一篮一篮的买了进来，挂一篮在檐口下，放一篮在水缸上。倒上一脸盆，用冷水一洗，一颗一颗的放进嘴里，一面还没有吃了，一面又早已从脸盆里拿起一颗，一口气吃了一二十颗，有时来不及把它的核——吐出来，便一直吞进肚子里。"母亲怕鲁彦吃得太多太快，故意说杨梅有虫，一再劝鲁彦洗干净再吃，他总是囫囵吞枣地吃，一直吃到"肚子胀上加胀，眼看着一脸盆的杨梅吃得一颗也不留，这才呆笨地挺着肚子，走了开去"。

是年　一整年在家自学。

1919 年(己未，民国八年)　18 岁

▲1 月,《新潮》杂志在北京创刊。

▲4 月,巴黎和会通过决议,否决中国提出的取消帝国主义列强在华特权、"二十一条"不平等条约及归还山东主权等提案,并决定将德国在山东的权利交给日本。

▲5 月 4 日,五四运动爆发。

▲7 月,李大钊等在北京成立少年中国会,创办《少年中国》月刊。

▲10 月,孙中山宣布改组中华革命党为中国国民党。

▲12 月,由于军阀政府的迫害,《新青年》迁往上海。

春天　在父亲的陪伴下坐船离开家乡到上海一家远房亲戚开的商店做学徒。当时鲁彦的姐姐已经结婚生子,母亲身边只留有一个妹妹。母亲很伤心,鲁彦却很高兴。据王鲁彦《旅人的心》一文记载:"十七岁(足岁)那年的春天,我终于达到了我的志愿。父亲是往江北去,他送我到上海。""我满脸笑容,跟着父亲在暗淡的灯笼光中走出了大门。我没有注意母亲站在岸上对我的叮嘱,一进船舱,就像脱离了火坑一样。"因为他很小的时候就产生像父亲一样外出闯荡世界的愿望,现在终于可以去学一技之长,帮父亲减轻压力,分担责任了,所以特别开心。

当晚深夜二时　鲁彦和父亲在家旁边坐上去上海的小船,第一站先到镇海与宁波之间的一座山,叫育王岭。小船穿行在

家乡的河流①中，鲁彦第一次近距离看到和感受到了家乡夜景的美丽。据《旅人的心》一文记述："夜是美的，黑暗与沉寂的美。从篷隙里望出去，看见一幅黑布蒙在天空上，这里那里镶着亮晶晶的珍珠。两岸上缓慢地往后移动的高大的坟墓仿佛是保护我们的堡垒，平躺着的草扎的和砖盖的棺木就成了我们的埋伏的卫兵。树枝上的鸟巢里不时发出喊喊的拍翅声和细碎的鸟语，像在庆祝我们的远行。河面一片白茫茫的光微微波动着，船像在柔软轻漾的绸子上滑了过去，船头下低低地响着淙淙的波声，接着是咕呀咕呀的前桨声和有节奏的喊咄喊咄的后桨拨水声，清冽的水的气息，重浊的泥土的气息，和复杂的草木的气息在河面上混合成了一种特殊的亲切的香气。"

次日早晨　与父亲一起乘坐的小船来到璎珞河的终点璎珞埠头，它位于育王岭鲁彦家乡这一边的山脚。在那里，鲁彦看到了当时极美的晨景。据《旅人的心》一文记述："完全是个美丽的早晨。东边山头上的天完全红了。紫红色的云像是被小孩用毛笔乱涂出的一样，无意地成了巨大的天使的翅膀。山顶上的一团浓云的中间露出了一个血红的可爱的紧合着的嘴唇，像在等待着谁去接吻。两边的最高峰上已经涂上了明亮的光辉。平原上这里那里升腾着白色的炊烟，像雾一样。埠头上忙碌着男女旅客，成群地往山坡上走了去。挑夫，轿夫，喝着道，追赶着，跟随着，显得格外的紧张。""就在这热闹中，我跟在父亲的后面走上了山坡，第一次远离故乡，跋涉山水，去探问另一个憧憬着的世界，勇往地肩起了'人'所应负的担子。我的血在飞腾着，我的

---

① 王鲁彦当时随父亲先从家旁边的官河（岩河的支流）坐船，沿着官河蜿蜒前行，再转入岩河，到育王岭脚的璎珞村（璎珞河的尽头），下船上岸，翻过育王岭，再乘船往宁波外滩轮船码头，从那里坐大轮船去上海。

心是平静的,平静中满含着欢乐。我坚定地相信我将有一个光明的伟大的未来。"

从璎珞河头上岸翻过育王岭,再坐船前往去上海的第二站宁波外滩的轮船码头。

次日晚 在宁波外滩轮船码头换乘宁绍轮船公司的大轮船赴上海。

5月

4日 五四运动在北京爆发,全国各地的青年都响应并支持这个运动,虽然没有具体的资料记载鲁彦在上海参加了这个运动,但从他后面一发现北京创立工读互助团就写信要求加入该团来看,他应该是十分关注的。

是年 在上海一个远亲开设的经营纸张和印刷业务的商店当学徒。①

是年 又到日商开设的三菱洋行当小伙计。

是年 利用业余时间在"环球补习学校"读书,包括学习英语,以满足自己强烈的求知欲,同时也为他以后学习世界语打下基础。

是年 鲁彦姐姐的第一个小孩出生。

是年 在父母的包办和逼迫下,王鲁彦与一个罗姓女子缔结了婚约。据载于《文艺复兴》(1946年7月1日)第1卷第6期赵景深的文章《记鲁彦》(节选)回忆:"鲁彦的第一个妻子是谭昭,就是写小说的那一位。谭昭之前还有一位爱人罗女士。"

---

① 参见陈子善、刘增人:《鲁彦夫人覃英同志访问记》,《新文学史料》1980年第2期。

1920年(庚申，民国九年) 19岁

▲1月，毛泽东随湖南驱张代表团到达北京，为扩大湖南人民反对军阀张敬尧的斗争而努力。

▲3月，李大钊在北京大学发起组织马克思学说研究会。

▲5月，陈独秀等在上海成立共产主义小组。

▲同月，由陈望道翻译的《共产党宣言》在上海出版。

▲9月，《新青年》自第8卷第1号起成为上海共产主义小组的机关报。

▲11月23日，郑振铎等在万宝盖胡同耿济之家商议组织文学研究会一事，周作人等7人到会。

▲12月4日，郑振铎等在耿济之家开会，讨论由郑振铎起草的《文学研究会简章》，并推荐周作人起草《文学研究会宣言》。决定宣言起草后，由周作人、朱希祖、蒋百里、郑振铎、耿济之、瞿世英、郭绍虞、孙伏园、沈雁冰、许地山、王统照等12人发起成立文学研究会。

1 月

上旬 从上海给北京工读互助团①写信,要求加入该团。据《抗战文艺》1945 年第 10 卷第 1 期傅彬然②的文章《忆鲁彦》记载:"大约民国九年一月里,团里接到了一封从上海寄来的信,署名王返我,说是个洋行里的小伙计,觉得那样的生活太没有意

①　北京工读互助团是成立最早、规模和影响也最大的一个工读主义团体。它是由顾兆熊、李大钊、蔡元培、陈独秀、胡适、周作人、陶履恭、程演生、王星恭、高一涵、张松年、李辛白、孟寿椿、徐彦之、陈溥贤、罗家伦、王光祈等 17 人发起并募集经费 1000 元,于 1919 年年底正式成立的。成立之初团章要求共分三组:第一组设在北京大学附近,骑河楼斗鸡坑七号,共 27 人;第二组设在北京工业专门学校、法文专修馆、北京师范学校三校附近,西城翠花街狗尾巴胡同五号,共 19 人;第三组则全是妇女,所以又名"女子工读互助团",设在女子高等师范附近,若干人。到 1920 年 2 月,约有 10 个准备留法勤工俭学的法文专修馆学生组织起来实行工读,于是增设第四组。工读互助团办团的宗旨是帮助青年半工半读,维持生活与学业,成功离开"旧家庭",达到教育与从业相结合——"人人作工,人人读书;各尽所能,各取所需"。团员们一面从事办食堂、洗衣、印刷、装订、制造小工艺品和贩卖新书报等体力劳动,一面分别在各校听课。他们认为,只要坚持工读,不断扩大影响,将来把各地的小组织联合起来,实行"小团体大联合",就有可能实现"各尽所能,各取所需"的"工读互助的社会"。并制定了一些具体规定:如团员每日须做工四小时;生活必须之衣食住由团体供给;教育费、医药费、书籍费,由团体供给;工作所得归团体公有。这个活动在当时很受那些家境贫寒又努力上进的青年的欢迎。所以,不久之后,上海、天津、南京、武昌、广州、扬州等地也先后成立各种名称的工读互助团。但在具体创办过程中,因蔡元培、陈独秀、胡适等主要负责人之间观点不统一以及经济上的困难,成立不久,原来募集的款项已用完,劳动所得的收入又极其微薄,无法维持团员的生活;所从事的工作又不能使团员的能力有所增长;在缺乏正确思想教育的情况下,团员的个人主义、自由主义与集体主义生活发生许多矛盾,以至于不能坚持下去。1920 年 3 月 23 日,工读互助团第一组就解散了,第二组随后也停止了活动,第三、第四小组到 10 月份也停止了。

②　傅彬然(1899—1978),又名冰然,浙江萧山人。出版家。1915 年考入浙江省立第一师范学校,1931 年进入上海开明书店任编辑,与叶圣陶长期共事,担任《中学生》编辑。新中国成立后,历任中华书局副总经理、副总编辑等职。

思,家里又强迫他和一个不相识的女子结婚。非离开那儿不可。他渴望着能够容许他入团,来过那理想的快乐的生活。语句里带着浓厚的感情,大家看了很感动。"

中旬　工读互助团收到王鲁彦(署名王返我)的信以后,经过团员们讨论一致通过同意他入团。立即写信邀他来。[①]

下旬　王鲁彦接到工读互助团的复信后写了第二封信,告知他乘坐的火车班次、到达北京的时间等。

月底　与从宁波转道上海去北京行医的姨父(在家乡较有名气的中医)、表妹顾芝英会合,一起坐上去北京的火车。按照约定的时间,准时到达北京。工读互助团派了俞松寿(后改名为俞秀松)等两三个同志到东火车站去迎接,还临时做了张写着团名的旗帜。[②]　到达北京之后,鲁彦与姨父、表妹一起住在"宁波同乡会"(当时镇海属于宁波)。[③]

是月　进入工读互助团之后,因为王鲁彦只有 19 虚岁,在年龄上要比团里的朋友稍微小一点,而且生着一张孩子脸,直率活泼、富有同情心,深得大家的喜欢。[④]

是月　表妹顾芝英在北京孔德学校小学部读书。[⑤]

其实,鲁彦离开上海去北平还有一个更深层的原因,那就是希望借此摆脱家里给他安排的包办婚姻。父母为他订婚的那个她(罗女士)是一个姿色一般且不懂风情的女孩。鲁彦不喜欢她,想要退婚,但面对严厉的父母只得顺从。但他追求自由、幸

①　参见傅彬然:《忆鲁彦》,《抗战文艺》1945 年第 10 卷第 1 期。
②　参见傅彬然:《忆鲁彦》,《抗战文艺》1945 年第 10 卷第 1 期。
③　参见顾芝英:《忆鲁彦和爱罗先珂》,《鲁迅研究月刊》1986 年第 9 期。
④　参见傅彬然:《忆鲁彦》,《抗战文艺》1945 年第 10 卷第 1 期。
⑤　参见顾芝英:《忆鲁彦和爱罗先珂》,《鲁迅研究月刊》1986 年第 9 期。

福和真爱的心没有死。得知北京组织工读互助团的消息之后，不跟家里打招呼就毅然去了北京，与旧家庭、包办婚姻彻底决裂。据《新文学史料》2010年第3期得先（谭昭）的文章《青少年时期的鲁彦》记载："原先他母亲给定了个未婚妻，他硬逼着退了婚，这使母亲认为是不光彩的事而伤了母亲的心。"

2 月

是月　与工读互助团第一组的施存统、俞秀松、周柏棣、章铁民、傅彬然、张树荣、吴名世、何孟雄、张伯根、周昌炽等一起劳动。根据当时的分工，这一组主要是办食堂、石印及装订、洗衣服等。工读互助团发起人的理想是"人有事做，事有人做，共同劳动，平均分担"。

据读书·生活·新知三联书店1979年版第395页张允侯等编的《五四时期的社团》（二）中的文章《北京工读互助团》2月16日报告的消息（节录），因王鲁彦是2月到北京的，所以这份报告的情况切合他所在第一组的情况。

"第一组工作地点：（一）俭洁食堂，开设在北京东城沙滩东口七号，团员工作者九人；（二）洗衣局，在北池子骑河楼斗鸡坑七号，工作者三人；（三）石印局，在操场大院六号，工作者二人。本组分工按团员人数去分配，实际上互相帮助，只不碍各人的工作，当然不分彼此。全团共同生产，共同消费。又本组近拟与第二组交换工作，不久就要实行。"

"英算专修馆是由本组设立的，征费很少。教授地址在北京大学，现在入学的很多。男女同班，无学校琐碎无味的形式。白日上课的，就在斗鸡坑本组图书室内教授。"

另据《新文学史料》2010年第3期得先（谭昭）的文章《青少

年时期的鲁彦》记载,鲁彦在工读互助团第一组开张的"俭洁食堂"里做端菜的服务生,它的墙壁上贴了一副对联:"宁流额上汗,勿染手中血"。同时也在洗衣店劳动。当时的鲁彦"满腔的反帝、反封建爱国热情,心甘情愿在饭馆子里当跑堂,吃客人们剩下的饭菜,在洗衣店里劳动,不计时间,没有报酬地快活地劳动着"。

同时　还做过石印(印信封和信纸)及装订工人。因鲁彦对工读互助团提出的"无政府、无强权、无法律、无宗教、无家庭、无婚姻"的口号比较赞同,所以精神上比较愉快,工作积极性很高,夜以继日地工作。

3 月

上中旬　继续在工读互助团第一组开办的食堂、洗衣店、石印所劳动。

同时　业余时间抓紧学习。

23 日　维持不到 4 个月的工读互助团第一组在开会议决之后自行解散,鲁彦在工读互助团第一组的生活也就此告一段落。

此事震动了新文化界千万知识分子,发起人之一施存统,于 1920 年 5 月 1 日,在戴季陶办的《星期评论》上发表了长达万字的《"工读互助团"底实验和教训》一文,以真诚、略显偏激的情感,回顾了工读互助团第一组的运营情况和冲突危机产生的过程,他把工读互助团失败的最大原因归结为"经济的压迫"和团员们"能力的薄弱"。

对此,比鲁彦早几个月参加工读互助团的傅彬然在《抗战文艺》1945 年第 10 卷第 1 期的文章《忆鲁彦》中也有详细记载:"'工读互助团'的存在很短促,鲁彦来的时候,这个团其实已经过了它的全盛时期了。原来当时提倡工读主义的先生们有许多位,个人的想法并不见得一致。譬如像实验主义者的胡适之先生,就把它看得极其简单,他只认这是为穷苦学生解决经济困难的一种手段,如美国一般大学里工读生的情形没什么两样。而别的先生们却把它看作社会改造运动的一种,解决穷苦学生经济困难的意味并不重。团里的青年朋友的想法,多属后者。不过大家的心里,也只是个模糊的意念,明确具体的理想都谈不上。在工业不发达的社会里,分工不细密,工资低,半工半读,本来不大可能,再加上青年知识分子,身无一技之长,安那芝主义色彩很浓,一味爱好自由而没有健全良好的组织,结果也就可想而知。所谓'工',起初是洗衣,做信纸信封,开饭馆,做排字工人,都做不好,最后还是归结到办英算补习班和做家庭教师,与原来的泛劳动主义的理想,是完全不相干了。到了那一年的夏天,几千元的开办费,花费得差不多了,大家已经看清楚团的前途的暗淡,便只好各自去找出路。有的仍然回到学校里去做一个正式的学生,有的直截了当去找职业,我原来已经在做着家庭教师,接受师友们的劝告,也就回浙江去了。因此,当时我和鲁彦的相聚,不过五六个月的时间。"

23 日之后 鲁彦开启了自由读书、听课、兼职谋生的生活。由于到北京时间不长,立足未稳,经济上比较困难,但获得了多位好友的帮助。据《现代妇女》1944 年第 4 卷第 3—4 期得先(谭昭)的文章《我所知道的鲁彦》回忆:"'工读互助团'解散了。以后的生活全靠朋友的帮助,绩溪章铁民、台静农这些人是他最好的朋友,对他帮助最多,他夜里睡在庙里,白天晚上就耽在北大的图书馆里,他每餐吃的是两个窝窝头(玉米面做的馒头),就是买窝窝头的几个大子(双十铜圆)吧,也还是吃一顿找一顿的。他仍不懈怠学习。"

是年　在北大旁听鲁迅先生的"中国小说史"等课程。据江西人民出版社 1984 年版《王鲁彦研究资料》第 5 页曾华鹏、蒋明玳的文章《王鲁彦生平和文学活动年表》记载："从这时起,鲁彦开始在北大旁听并学习世界语。在旁听课程中有鲁迅①讲授的中国小说史。"鲁迅本身的人格魅力以及他讲课内容的系统丰富,使鲁彦内心受到巨大的触动,这也是他接受新文学运动领袖思想启蒙的开始。

　　刊登在《中流》1936 年 11 月 5 日第 1 卷第 5 期王鲁彦的文章《活在人类心里》中,对鲁迅上课时的神态、学生听课时的反映、自己对鲁迅的敬仰之情有过生动回忆:"每次每次,当鲁迅先生仰着冷静苍白的面孔,走进北大的教室时,教室里两人一排的座位上总是挤坐着四五个人,连门边连走道都站满了校内和校外的正式的和非正式的学生。教室里主宰着极大的喧闹。但当鲁迅先生一进门,立刻安静得只剩了呼吸的声音。他站住在讲桌边,用着锐利的目光望了一下听众,就开始了'中国小说史'那一课题。""他叙述着极平常的中国小说的史实,用着极平常的语句,既不赞誉,也不贬毁。""然而,教室里却突然爆发笑声了。他的每句极平常的话几乎都须被迫地停顿下来,中断下来。每个听众的眼前赤裸裸地显示出了美与丑、善与恶、真实与虚构、光明与黑暗、过去现在和未来。大家在听他的'中国小说史'的讲述,却仿佛听到了全人类的灵魂的历史,每一件事态的甚至是人心的重重叠叠的外套都给他连根撕掉了。于是教室里的人全笑了起来,笑声里混杂着欢乐与悲哀,爱恋与憎恨,羞惭与愤

---

　　①　鲁迅是 1920 年 2 月开始到北大讲授"中国小说史"(不出一月,他又同时受聘到北京高等师范学校讲授小说史)。每星期讲授一堂,每堂为两小时,一年讲完。

怒……于是大家的眼睛浮露出来了一盏光耀的明灯,灯光下映出了一条宽阔无边的大道……大家抬起头来,见到了鲁迅先生的苍白冷静的面孔上浮动着慈祥亲切的光辉,像是严冬的太阳。""但是教室里又忽然异常静默了,可以听见脉搏的击动声。鲁迅先生的冷静苍白的脸上始终不曾露出过一丝的微笑。"

是年 曾经去报考过北京大学,但没有成功。[①]

是年 曾去一个机关当过一段时间的书记。[②]

是年 加入北京大学世界语班学习世界语,仅仅花了三个月的时间,就掌握了这门语言。[③]

按:世界语是一种辅助语言,1887年7月26日,波兰眼科医生柴门霍夫博士(1859—1917)经过多年钻研以后,公布了世界语Esperanto的诞生。他希望人类借助这种语言,消除仇恨和战争,能够和平相处。为此他自费出了一本用于世界语学习的教科书《第一书》,在这本书里,他把世界语称为"辅助语",并确定了基本的字母和原则。1905—1914年,柴门霍夫等组织的世界语协会每年都召开一次会议,并制定了世界语协会的章程。至此,世界语作为一种语言已经基本成熟。

世界语通过三个渠道传入中国,一是由俄罗斯人传入。1905年,有一位俄国人在上海开办世界语讲习班,陆式楷前往学习,毕业后在上海推广世界语。二是由留学日本的中国学生传入。20世纪初,一批留日学生如刘师培、张继等人,向日本无政府主义者大杉荣学习世界语,并在东京出版《衡报》和《天义报》,随后把世界语传入中国。三是由留欧学生传入。1907年,由法

---

① 参见周贻白:《悼鲁彦》,《文章》1946年第1卷第2期。

② 参见周贻白:《悼鲁彦》,《文章》1946年第1卷第2期。

③ 参见得先(谭昭):《我所知道的鲁彦》,《现代妇女》1944年第4卷第3—4期。

国里昂留学归来的许论博亦在广州的启明、南武、教忠等地开班传授世界语。1908 年,"中国世界语会"在上海成立,并出版了一期世界语报。1911 年,时任全国教育总长的蔡元培通令全国师范学校开设世界语课程,同年 5 月,"中国世界语会"改组为"中华民国世界语会",在上海设中央事务所,在此期间出版大量世界语刊物。1913 年 2 月,"中华民国世界语会"在上海开设世界语专门学校。1916 年 8 月,在北京设立了"北京世界语学会"、北京大学世界语班等。1917 年北京大学把世界语列为选修课,1921 年列为必修课。1922 年,蔡元培校长发起成立"世界语研究会",亲任会长,还聘请俄国盲诗人爱罗先珂到北大讲学,推动了世界语的发展。

北京大学世界语班自 1917 第一次开选修课到 1921 年开设必修课,成效显著,参加学习的人数不断增加。这与其良好的管理、详尽的规章制度有关,据焦徽的博士论文《近代中国世界语运动进程研究》(第 69—70 页)记载:

1921 年的招生与开班通知:

世界语各班,凡本预科新旧学生愿意加入者,望查照后开各条,向第一院注册部报名。

一、凡曾在世界语(A)甲班之学生,欲共研究者,得加入本校世界语研究会为会员。非本校之世界语学者 Esperantisto,得会员之介绍,亦可加入该会为会员。

二、上学年在世界语第一班者,今为(A)甲班第二年级,在第二班者为第一年级。如新生中于世界语确有根底者,经本班教员之验评,得插入(A)甲班第一或第二年级。

三、凡本预科新旧各生,未读过世界语、欲报名加入者,均为世界语(B)乙班第一年级。

四、每班修业期限各定为一年，但不得酌量长之。

五、每班每星期各授课三小时（在下午四时以后）。

与 1917 年办学初期公布的《教职员世界语班第一次通告》相比，在报名、分班情况、学习时间安排方面都有较大的改善。

王鲁彦去北大世界语班听课应该是在 1920 年下半年至 1921 年上半年这个时段，1921 年开始其授课时间都安排在下午 4 点以后，且每周只有 3 小时，可以满足他一边兼职一边学习世界语的要求。

1921 年(辛酉，民国十年) 20 岁

▲1 月 4 日，在中央公园来今雨轩召开文学研究会成立大会。到会的有 21 人。推蒋百里为会议主席。

▲6 月 8 日，郭沫若、郁达夫等人在日本东京成立创造社。

▲7 月，中国共产党第一次全国代表大会在上海举行，并正式成立。

▲10 月，北京《晨报》第 7 版独立发行，名《晨报副镌》，由孙伏园主编。

▲12 月，《晨报副镌》开始连载鲁迅小说《阿 Q 正传》。

4 月

28 日 译作《莱多尼亚民歌二首》(民歌)刊于《文学周报》第 119 期，署鲁彦译。这是到目前为止，发现的鲁彦最早的翻译作品，比发表于 1922 年 8 月 9 日《晨报副镌》上的翻译作品俄国民间故事《好与坏》《投降者》早了一年零三个月，也是第一次用鲁

彦这个笔名。说明他在初步掌握世界语之后,就开始大量阅读世界语原著,并尝试翻译文学作品。

10 月

约 8 日　参加胡愈之①等人举办的欢迎本月 7 日刚来到上海的爱罗先珂的活动。②

是年　加入胡愈之等人在上海创办的世界语学会。③

是年　与表妹顾芝英一起住到东城沙滩附近的"世界语学校公寓",那里住着许多世界语者和进步青年。④

1922 年(壬戌,民国十一年)　21 岁

▲1 月,叶圣陶、朱自清等人编辑的《诗》月刊在上海创刊。该刊从第 1 卷第 5 号起改为文学研究会刊物。

▲同月,应修人、冯雪峰、潘漠华、汪静之在杭州成立"湖畔诗社",并出版《湖畔》诗刊。

▲5 月 1 日,创造社主办的《创造》季刊在上海创刊。

▲同月,胡适主办的《努力周刊》在上海创刊。

▲7 月,中国共产党在上海召开第二次全国代表大会。

①　胡愈之(1896—1986),原名学愚,字子如,笔名胡芋之、化鲁、沙平、伏生、说难等,浙江上虞人。集记者、编辑、作家、翻译家、出版家于一身,是新闻出版界少有的"全才",也是具有多方面卓著成就的革命学者。

②　参见许杰口述、柯平凭撰写:《坎坷道路上的足迹》,华东师范大学出版社1998 年版,第 75 页。

③　参见吴长盛:《王鲁彦与世界语》,《老世界语者》2002 年第 27 期。

④　参见顾芝英:《忆鲁彦和爱罗先珂》,《鲁迅研究月刊》1986 年第 9 期。

▲下半年,创造社郭沫若、郁达夫等与文学研究会沈雁冰、郑振铎等围绕文学创作和翻译的目的展开争论。

2 月

月初　和章铁民等①一起去苏北赣榆县(今连云港市赣榆区)境内的一个小镇上办了一所平民小学。在此期间去过徐州游玩。1934 年春天,王鲁彦应好友党修甫的邀请,前去陕西郃阳中学教书,并写了一篇记载沿途见闻的散文《西行杂记》,其中第三部分"陇海道上"开头:"到了徐州,想念起这里的几个朋友。不曾踏到这里的土地,已经十几年了。这十几年怎样过去的?梦一般。"可以推断出,王鲁彦去苏北赣榆镇办学的时候,曾经在徐州与几位当地的朋友游玩过。可惜因作者本人没有记载,这几位朋友是谁已无从考证。

是年春　在南京与刚从汉口大华中学肄业离校的台静农相识。②

6 月

月初　在杭州西湖某寺庙,与前来拜访的汪静之③、冯雪峰④见面。与冯雪峰属于第一次见面。据人民文学出版社 2016

---

①　章铁民(1899—1958),字造汉,笔名古梦,安徽绩溪人,现代著名作家,翻译家。代表作有《饥饿》、《波斯传说》、《少女日记》(与章依萍合译)等。

②　参见黄乔生主编:《台静农年谱简编》,海燕出版社 2015 年版,第 3 页。

③　汪静之(1902—1996),安徽绩溪人。1921 年起在《新潮》《新青年》等杂志上发表新诗,与潘漠华、应修人、冯雪峰创立湖畔诗社。代表作有诗集《惠的风》。

④　冯雪峰(1903—1976),浙江义乌人。原名福春,笔名雪峰、画室、洛阳等。著名诗人、文艺理论家。代表作有诗集《湖畔》(与潘漠华等合作)、杂文集《乡风与市风》、文集《论文集》3 卷本、《雪峰文集》4 卷本等。

年 11 月版《冯雪峰全集》(九)第 53—57 页冯雪峰的文章《关于王鲁彦》回忆:"我认识王鲁彦,是在 22 年夏天,那时我在杭州浙江第一师范读书,与同学汪静之、潘漠华等都爱好文艺。王鲁彦那时已经发表过作品。① 同汪静之已经认识,他来杭州,住在西湖某寺庙里,汪静之曾拉我同去看过他一次,因此认识。但只是认识,并没有什么来往。"

19 日 和章铁民、章洪熙(依萍)②、台静农③、党家斌、程仰之④等在北京酝酿成立"专门研究文学的团体"——"明天社",并邀请在杭州的"湖畔诗社""晨光社"成员冯雪峰、应修人⑤、潘漠华⑥、汪静之、林如稷⑦等人参加。明天社当时的社员共 18 人,活动时间约 8 年。

---

① 王鲁彦的第一篇译作《莱多尼亚民歌二首》发表于 1921 年 4 月 28 日《文学周报》第 119 期。

② 章洪熙(依萍)(1902—1946),安徽绩溪人。乳名灶辉,又名洪熙。现代作家、翻译家,南社和左联成员。代表作有短篇小说集《古庙集》、散文集《樱花集》、诗集《种树集》等。

③ 台静农(1903—1990),安徽霍邱(今六安市叶集区人)。本姓澹台,字伯简,原名传严,改名静农。著名作家、评论家、书法家。代表作有短篇小说集《地之子》《建塔者》等。

④ 程仰之(程憬)(1902—1952),安徽绩溪人。小名玉鉴。代表作有《中国古代神话研究》。

⑤ 应修人(1900—1933),浙江慈溪人。现代诗人。代表作有诗集《修人集》、童话《旗子的故事》等。

⑥ 潘漠华(1902—1934),浙江宣平人。原名训,又名恺尧,学名潘训,笔名潘四、田言、锡田、若迦、季明等。在省立第一师范读书期间,参加晨光社,后又与冯雪峰、应修人、汪静之结成湖畔诗社。代表作有 68 首诗被收入《湖畔》《春的歌集》,9 篇短篇小说被收入《雨点集》。

⑦ 林如稷(1902—1976),四川资中人。1924 年毕业于法国巴黎大学。代表作有论文集《仰止集》、小说《夜渡》、译著《卢贡家族的家运》等。

发起人有:汪静之(杭州)、林如稷(上海)、郭后觉①(上海)、胡思永②(杭州)、程憬(程仰之)(杭州)、(潘)漠华(杭州)、胡冠英(杭州)、曹诚英③(杭州)、(应)修人(上海)、冯雪峰(杭州)、夏亢农④(里昂)、陆鼎潘(北京)、张肇基(北京)、台静农(北京)、王忘我(北京)、章铁民(北京)、章洪熙(北京)、党家斌(北京)等。

通讯处:暂交北京西城美术学校教育改进社内 章洪熙收

在这个宣言的发起人中,署名王忘我的就是王鲁彦。

不过这个文学团体并未做成任何事情就很快解散了。据人民文学出版社 2016 年版《冯雪峰全集》(七)第 70 页冯雪峰于 1962 年 7 月 25 日致陈梦熊的信中谈过自己的看法:"'明天社'记得是由张(章)洪熙[后来改名为张(章)依萍]发起的,但只发表了一个宣言和一则消息,并不曾出过刊物和有过其他活动,所以,这完全不能算一个文学团体。"

据《新文学史料》1983 年第 3 期程中原的文章《关于"明天社"》中记述了汪静之在 1980 年 5 月 26 日给程中原的回信中谈的看法:"明天社是北京的几位朋友发起的。他们拟好了宣言稿要我们在杭州的爱好文学的几位青年朋友签名,他们就把宣言登了出来,事先没有告诉我们宣言要在报上发表。我们以为要

---

① 郭后觉(1895—1944),浙江桐乡人。原名如熙,又名森雍,字缉人,号后觉。毕业于浙江省一师。代表作有《世界语概论》《闽粤语和国语对照集》等。

② 胡思永(1903—1923),安徽绩溪人。胡适的侄子。代表作有《胡思永的遗诗》(三卷,103 首,1924 年上海亚东图书馆出版)。

③ 曹诚英(1902—1973),安徽绩溪人。别字佩声,乳名行娟,诚英是她的排行名。杭州女师毕业后,又考上南京中央大学农学院,1934 年到美国康奈尔大学继续读农学。1937 年获得遗传育种学硕士学位,回国后先后在安徽大学、复旦大学、沈阳农学院任教,系国内农学第一位女教授。

④ 夏亢农(1903—1970),湖北鄂城人。是夏康农的曾用名。代表作有《中国硬骨鱼类心脏的比较解剖》《实验科学方法》,译作《茶花女》等。

等出版刊物时再在刊物上刊出宣言,没有出刊物就在报上发宣言这种放空炮的办法我们不赞成。后来在北京的在杭州的朋友都分散到各地了,刊物没有办成,社也自行消灭了。宣言真成了空炮了。他们要我领头,放了空炮,我当时觉得很羞耻,很难受,后来就忘掉了。"

同日 杂文《"明天社"宣言》刊于《民国日报·觉悟》,署名王忘我。现收于《王鲁彦文集》(叁)。宣言认为:"明天社是专门研究文学的团体,他出版的明天是专研究文学的刊物。""所以,我们不能不'作',不能不努力'作'。我们团体和刊物也就为的这个办的。"希望"大家互相鼓励多作些文学作品,越作越可以知道我们的幼稚,越可以增进我们研究文学的兴趣和热心"。"也希望青年不要把旧式的诗和小说里的荒谬思想换汤不换药的放在他的作品上,把文学当作发牢骚的一个工具,当作发泄色情狂、名利狂的一个工具。"而是"真能了解'人性之真实',建立一种真挚、博大、深刻的文学"。

月底 在苏北赣榆办学失败。被当地的士绅当作思想"过激派"而驱逐出境,又返回北京。

上半年 曾多次与章铁民、郭青杰、赵特夫等好友一起去南京玄武湖游玩。据王鲁彦在散文《风筝》(发表于1925年)中回忆:"……三年前在玄武湖中得到许多的兴趣,雇船去游时可以不受船夫的掣肘,自由自在的荡到太平洋(我们给湖中最宽阔的地方起了一个名字)中去洗脚。"

另据1933年4月13日在《西京日报·明日》鲁彦写给郭青杰的信《你还活着》:

老戈:

　　我们隔别太久了。不通消息,也打听不出消息,正像我们活在两个世界里一样。上海别后，应该还不满十年吧，但在我像是过去了几世纪了。我们的艺术家特夫（赵），在我还不知道的时候死了，天可怜，他死了两年，我才得到这个消息。然而，我们的哲学家诗人还活着，我又是多么的愉快呵！

西安应该是缺少趣味的吧，但因为老朋友们在那边，我很想来玩一玩。而尤其希望的是我们的哲学家诗人青杰老哥能够南来，和我久住一下，或者至少同在南京的我们的太平洋中洗一次脚。

请常常给我一点消息，我最渴望地思念的老哥。愿平安永久和你一起，愿你活得和我一样长久。

你的老弟鲁彦

（标题为原刊编者所加）

信里明确说明"诗人哲学家"就是郭青杰，且提到了"南京的我们的太平洋"，也提到了艺术家赵特夫[①]。

另外，据发表于 1933 年 5 月 1 日《文艺月刊》的王鲁彦散文《我们的太平洋》回忆："十年以前，我曾在南京住了将近半年。……我几乎天天到后湖（玄武湖）去的。我很少独自去的时候，常有很多同伴。有时，一只船容不下，便分开在两只船里。"谈到自己喜欢后湖的五大原因，其中最后一个原因是发现了后湖中的"太平洋"，这是同伴中"一个诗人兼哲学家"首先发现，也是他提议而且加衔的。"它的区域就在离水坝不远起，到对面的洲的

---

① 赵特夫（？—1931），原名荣鼎，字铸生，江苏沛县人。工书画，写有不少诗歌。他曾参与开展狂飙戏剧运动，还参加过北伐战争。1931 年因患肺病逝于北平。王鲁彦曾在《给海兰的童话》（西皮尔克著、鲁彦译，开明书店 1933 年版）扉页题曰"译呈肖眉和特夫"，可见鲁彦与特夫的友谊很深。

末尾的近处止。"由于这个区域是后湖最宽广、湖水最深的所在，一年四季露着汪洋的一片水。所以鲁彦和同伴每次游后湖都到这片水域来，任船尽情飘荡，十分畅快。

梳理上述三条材料，可知，王鲁彦游玄武湖的时间是在1922年，约有半年时间几乎天天去游后湖；又由于鲁彦在信中和散文中明确提到郭青杰是"诗人兼哲学家"，已经死了的赵特夫是天才的画家，使读者知道同游的人中有郭青杰、赵特夫。

7月

是月 开始住到北京东城区马神庙附近的东高房公寓里，同室的有台静农。据十月文艺出版社2005年版张钰编选的《胡子的灾难历程——张友鸾随笔选》第84页张友鸾的文章《"偷听"鲁迅一堂课》记述："韦素园[①]、韦丛芜[②]、李霁野[③]等也曾先后来此小住过。"这四个人都是安徽六安叶集区人，从小在老街一起玩耍长大，又是小学同学，他们于1922年上半年到1923年夏先后来到北京求学。鲁彦这一年一直住在这里，韦素园等来看望台静农时，偶尔在此小住，鲁彦因此与他们成为好友。

章洪熙也经常去东高房公寓看望鲁彦，据1923年8月10日《晨报副镌》第三版《杂谈栏》章洪熙的文章《鲁彦走了》记述："偌大的北京城，一年以来，我每星期必到的有三个地方：一处是

---

① 韦素园(1902—1932)，安徽霍邱(今六安市叶集区)人。又名漱园，未名社成员。翻译家、作家，代表作有译作果戈理《外套》、北欧诗歌小品集《黄花集》等。

② 韦丛芜(1905—1978)，安徽霍邱(今六安市叶集区)人。原名韦崇，又名韦立人、韦若愚，未名社成员。北京燕京大学毕业。作家、翻译家。代表作有诗集《君山》《冰块》，译作陀思妥耶夫斯基《穷人》《罪与罚》等。

③ 李霁野(1904—1997)，安徽霍邱(今六安市叶集区)人。著名翻译家、作家，鲁迅的学生。代表作有《唐宋词启蒙》《给少男少女》等。

钟鼓寺,一处是后局大院,一处东高房……两星期以来,只有东高房的鲁彦那里,还可以暂时安慰我的寂寞的生命。"

8 月

9 日 译作两则俄国民间故事《好与坏》《投降者》,刊于《晨报副镌》,署鲁彦译。

13 日 这两则俄国民间故事又在《民国日报·觉悟》上发表。在五四时期著名的四大副刊①中,鲁彦的译作能够在两大副刊上先后发表,显见其翻译的起点之高以及译作的质量之好。

12 月

11 日 译作俄国作家式威德著的两首散文诗《风的歌》《翅膀》,刊于同日的《晨报副镌》,署鲁彦译。

15 日 世界语联合大会在北京大学第三院大礼堂召开。《北京大学日刊》对大会的召开情况进行了详细介绍。

16 日 世界语联合大会在北京大学第一院接待室开会,王鲁彦也出席了这个会议。

据《北京大学日刊》1922 年 12 月 22 日第 2 版《世界语联合大会开会纪事》记载:"1922 年 12 月 15 日,大会第一天,下午四时,在北京大学第三大礼堂开会(公开的),到会人数达两千余人……""12 月 16 日,大会第二天,下午四时,在北京大学第一院接待室开会。出席会员及代表有:王桂林、王鲁彦、宗之潢、耿勉之、陈廷璠、陈裕光、陈声树、马金涛、孙国璋、蔡元培、程振基、廖

---

① 北京的《晨报》副刊《晨报副镌》,北京的《京报》副刊《京报副刊》,上海的《民国日报》副刊《觉悟》,上海的《时事新报》副刊《学灯》,为五四时期四大著名副刊。

鸿基、苏甲荣、荣肇、胡鄂公夫人、周作人(孙国璋代表)。"

是年 曾跟刘天华①学弹琵琶。②

是年 终于在北京学会了弹七弦古琴、琵琶、古筝等乐器。他最爱弹的琵琶曲是《十面埋伏》,已经弹出一定水平,可惜当时无人欣赏,还遭到嘲笑。

1923年(癸亥,民国十二年) 22岁

▲1月,北大校长蔡元培因教育总长彭允彝克扣教育经费,无理撤换法专、农专校长,提呈辞职并发表《不合作宣言》。北大掀起"挽蔡驱彭"运动。19日,北京学界数千人赴众议院请愿,被军警打伤多人,激起全国学界的愤慨,形成了全国性驱彭运动。

▲6月,《晨报·文学旬刊》创刊,由王统照编辑。

▲7月,蔡元培出国赴欧。

▲10月,直系军阀曹锟收买国会议员,用贿选手段当上总统。

▲11月,孙中山发表《中国国民党改组宣言》。

▲12月,孙中山积极进行改组国民党和召开国民党第一次全国代表大会的准备工作。

---

① 刘天华(1895—1932),江苏淮阴市人,原名刘寿椿。清末秀才刘宝珊之子,与诗人刘半农、音乐家刘北茂是兄弟。中国近代作曲家、演奏家、音乐教育家。代表作《光明行》《良宵》《空山鸟语》等。

② 参见得先(谭昭):《青少年时期的鲁彦》,《新文学史料》2010年第3期。

1 月

17 日 《时言报・时言副刊》第四版上，《小通信》一栏登载了星杉写给朝曙和鲁彦的两封信，因为这两封信反映了鲁彦在北京学习世界语的一些情况，比较珍贵，特转录如下：

朝曙：

我为我们底《北京世界语学者》译了一首中国古诗《春眠》，译了一篇高尔曼译的短篇寓言小说《两兄弟》。准于二十号以前寄到。并请空三、鲁彦你们为我改正。星期日晤爱罗先珂，知他与孙国璋组织每周世界语谈话会（在北大世界语研究会）里，请你按其加入手续为我签一个名。

我编的《世界语读本》准于本星期内脱稿。星期日我带它到学会，请你帮我校正它。

《晨报》载华北大学亦组织世界语会，甚喜！

　　　　　　　　　　　　　　　　　　星杉

鲁彦：

上次同朝曙我们三人议决：每周要交换几次世界语信，怎么你们都没信来？可是我也没信去，都是"半斤八两"（借用《晨报副刊》上近来发现的新词）我却责问你们，哈哈——望仍追践前约——交换世界语。

　　　　　　　　　　　　　　　　　　星杉

从两封信的内容可知：鲁彦与朝曙、星杉组成三人小组，约定每星期用世界语相互通信来提高水平。遗憾的是，因为年代久远，星杉和朝曙是谁已无从考证。

3 月

中旬　经蔡元培、鲁迅介绍,认识了俄国盲诗人爱罗先珂,并担任他的世界语助教和翻译。

按:爱罗先珂(1889—1952),俄国诗人和童话作家。四岁时因病而眼盲,在国际世界语学会的协助下,转赴伦敦皇家盲人师范学校学会了世界语。1914 年前往日本,后被逐出,在泰国、缅甸、印度等国流浪。1919 年被印度英国殖民当局视为"革命党"和"德国间谍",被先囚禁后驱逐。1921 年在日本因"宣传危险思想"又被日本当局驱逐。于是他想返回苏联去盲校当音乐老师,从海参崴走到赤塔,却被拒绝入境。于是辗转来到中国,1921 年 10 月 7 日抵达上海,应上海世界语学会负责人胡愈之的邀请,在上海世界语学校里担任讲师。1922 年 2 月 24 日,爱罗先珂受蔡元培先生的邀请,在胡愈之、叶圣陶、王伯祥、郑振铎等的陪伴下来到北京,在北京大学担任世界语讲师。蔡元培委托鲁迅和周作人兄弟照顾他,爱罗先珂此后便长期寄寓在八道湾 11 号周家,与周氏兄弟结下了深厚的友谊。爱罗先珂除了在北大讲授世界语之外,还经常在一些高等学校发表演说,他的许多演说都是用世界语进行的,常常由鲁迅和周作人当翻译和向导。胡适也曾当过他的翻译。爱罗先珂还曾被选为北京世界语学会的书记,1922 年 7 月 3 日,他代表中国世界语学者前往芬兰参加第 14 届国际世界语大会(8 月 9 日开幕,15 日闭幕)。1922 年 11 月 4 日爱罗先珂从芬兰返回北京,仍然住在鲁迅家里,一直到 1923 年 4 月 17 日离开北京返回苏联。他前后在北京停留了一年多时间。爱罗先珂在文学史上地位一般,诗歌与童话均影响不大。

据焦徽的博士论文《近代中国世界运动进程研究》第 70—71 页记载,爱罗先珂在北京大学世界语班任课情况如下:"1923 年,北京大学世界语班增开 C、D 两班,请爱罗先珂先生担任每班三小时,每星期一、三、五日下午四至五小时教 C 班,五至六小时教 D 班,均从字母教起,用英语讲解。"

中旬 每天中午与表妹顾芝英一起陪"衣着粗旧,不嗜烟酒,饮食简单,爱吃西红柿和土豆"的爱罗先珂在世界语学校吃饭。

下旬 带着表妹顾芝英陪着爱罗先珂去北京大学第三平民夜校参加游艺晚会。据《鲁迅月刊》1986 年第 9 期顾芝英的文章《忆鲁彦和爱罗先珂》回忆:"爱罗先珂与鲁彦同样酷爱音乐。鲁彦从家乡带来的琵琶,随着他漂流他乡;爱罗先珂也随身带着他的'琵琶',这是形似琵琶的六弦琴。曲调是同样的哀怨凄凉。我小时候听惯了表哥的琴声,于是以为音乐永远是不会欢乐的。爱罗先珂的曲调也没有例外。他(爱罗先珂)来到世界语学校不久的一个傍晚,带着他的琴与我们一起去北京大学第三平民夜校参加游艺晚会,我跟他同坐一辆人力车去的……晚会开始后,他凝神倾听着,睁大着眼珠子,眼睛转得更快了,他听得十分激动,也上台用他的六弦琴弹唱,歌声特别响亮动人。"

4 月

1 日(星期天) 与表妹顾芝英一起陪爱罗先珂游北京的一些公园。

月初 与爱罗先珂一起到孔德学校的晚会上唱歌。

5 日 与爱罗先珂一起游玩北京著名的风景区西山。据王鲁彦《狗》一文记述:上山途中碰到一个坐在路边乞讨的中年妇女,鲁彦没有下驴给予施舍而是径直走了过去,爱罗先珂得知鲁彦的做法之后,大声地责问他,使得鲁彦因此十分自责,以狗自喻。

16日 张凤举①为即将回国的爱罗先珂饯行,周作人、马叔平、沈尹默、沈兼士、徐祖正在座。

17日 爱罗先珂离开北京返回苏联,鲁彦的助教和翻译工作就此结束。临行前,爱罗先珂与鲁迅、周作人等合影留念,鲁彦也在其中。

前排坐在周作人(左3)与爱罗先珂(右4)之间,被爱罗先珂拉着手的人就是王鲁彦(左4)

---

① 张凤举(1895—1986),张定璜的别名。江西南昌人。作家、文学史家、批评家、翻译家。

6 月

11 日　译作保加利亚作家玛尔斯著的散文诗《海前》,刊于《文学旬刊》第 2 期,署鲁彦译。

22 日　《文学旬刊》(北京)第 7 期第 4 页发表一则西谛写的题为《我们的杂记》的消息,告诉读者,王鲁彦的译作《海前》在第二期上发表了。

上半年　仍住在北京东城区马神庙附近的东高房一家公寓里。

上半年　章洪熙(依萍)多次来东高房走动,两人结下了深厚的友谊。据 1923 年 8 月 10 日《晨报副镌》第三版《杂谈》栏目章洪熙的文章《鲁彦走了》记述:每当看到章洪熙不高兴时,鲁彦就会弹一个好听的曲子给章洪熙听。在章的眼中,鲁彦是一个阳光、开朗和赤诚的大男孩,他好像夏天的太阳,甚至认为鲁彦因"给爱罗先珂做书记,受了爱罗君不少的影响。他的性格有些和爱罗先珂君相像。他们是耐不住寂寞的人,他们最爱热烘烘的,他们永远是小孩一般的心情"。

7 月

21 日　新诗《给我的亲爱的》刊于《晨报副镌·文学旬刊》第六号。署名鲁彦。这首诗没有被收入《王鲁彦文集》,是一首佚诗。也是迄今为止从报刊上找到的两首诗中的一首。据章洪熙的《鲁彦走了》一文记载,鲁彦 20 世纪 20 年代初曾经写过一本诗集,但遗失了。另据其妻子覃英回忆,鲁彦在陕西省立西安高级中学教书时,曾在《西京日报·明日》上发表过多首诗,因为都是用笔名发表的,现在也无从查实。所以,这首诗显得尤其珍贵。这是一首爱情诗,全诗分成五个段落,描写了沉浸在甜蜜爱情中的一对恋人相依相偎的情景:"不要动,亲爱的。就是这样的静静的坐在我的柔软的膝上……"以及对美好未来的憧憬:"我们振飞金色的翅膀,并肩的飞到那灿烂的世界去……"

8 月

1 日 译作匈牙利作家摩尔奈著的剧本《第一步》,刊于《妇女杂志》第 9 卷第 8 期,署鲁彦译。

8 日 《时事新报》(上海)刊登了一则题为《湖南平民大学之改进——名师联翩庾止》的消息:报道平民大学在校长熊希龄领导下大量引进优秀人才,增设德、法、日文字补习班,并聘请王鲁彦为世界语老师的情况。

> 本省平民大学,自熊希龄担任校长以来,经费已不虞困难,本年特大事改进。教务长罗敦伟,特自京中聘请专任教员朱谦之等十余人,来湘教授。德文教员,昨由驻湘德领事舒理慈氏介绍前任,青岛大学之曾君担任。以外并聘有导师多人,均社会知名之学者,下期除大法律科二班、中学部一班、大学预二级、中学三级均招插班,补习班拟特别扩充,凡各种程度,均有班可入,并增设德、法、日三国文字补习班云。又该校新聘世界语大家、俄国盲诗人之助教王鲁彦先生来湘,专教世界语,并招课余旁听生云。

上旬 与同样受到长沙平民大学聘请的章铁民一起离开北京去该校赴任。途中,从天津给章洪熙写信。据 1923 年 8 月 10 日《晨报副镌》第三版《杂谈》栏章洪熙的文章《鲁彦走了》记述:

鲁彦在信中说明自己离开北京去长沙教书的另一个原因是失恋①，至于女孩是谁，信中没有明说。并请章洪熙把爱罗先珂的琴转交给周作人保管。还给章洪熙寄了一卷书，包括一本世界语小说和鲁彦自己写的诗集，世界语小说委托章洪熙代还给周作人。诗集已经散佚。

11 日　译作芬兰作家法斯佩尔著的散文诗《日落之后——给胡尔达·什妥南》，刊于《文学旬刊》第 8 期，署鲁彦译。

19 日　《民国日报》刊登一则署名朱志伟的短讯："王鲁彦：闻兄已离京，请将地址见告。朱志伟。"

9 月

是月　开始在长沙平民大学担任世界语、音乐、文学等课程的教学任务。同事中有章铁民、赵景深②。章铁民除了担任图书馆主任外，还教古琴课。对此，据 1946 年 7 月 1 日《文艺复兴》第 1 卷第 6 期赵景深的文章《记鲁彦》(节选)回忆："这大学设在浏阳门正街，就在莫泊桑小说集的译者李青崖寓所的隔壁，校长罗敦伟，与易家钺以合编《新妇女》的刊物在泰东图书馆出版著

---

①　据 1937 年 3 月 22 日第四版《世界晨报》佚名作者的《王鲁彦恋史》记载："爱罗先珂先生在北大教世界语的时候，王任盲诗人的助教，那时候，怎的他爱上了一个十二三岁的小姑娘，他给她糖吃，有一天王鲁彦吻她，她吓哭了，跑回去告诉爹爹，那女孩同鲁彦是亲戚，可是，竟要告他强奸之罪。如是，他就借了二十元钱，挟着他的琵琶，跑回安徽(浙江)去了。后来和章铁民一道到长沙去，在野鸡的平民大学教世界语和琵琶。"

②　赵景深(1902—1985)，祖籍四川宜宾，生于浙江丽水。曾名旭初，笔名邹啸，中国戏曲研究家、文学史家、教育家、作家。1930 年起，任复旦大学中文系教授，代表作有《曲论初探》《中国戏曲实考》《中国小说丛考》等。他与鲁彦于 1922 年就相识，是挚友。

名。鲁彦与章铁民都在这个学校里教书。鲁彦住在宿舍的楼上，铁民住在楼下。敦伟拉我去教文学概论。《近代文学丛谈》（新文化书社版）上面的文学概论就是我当时的讲义。我去上课时，课前课后就顺便到他们的房间里去坐，天南地北的乱谈。鲁彦、铁民也常到我那里去。那时，我住在岳云中学，他们来了，我便陪他们一同到附近的协操坪草地上去玩，铁民喝醉酒了便载歌载舞起来，鲁彦就吹着口琴和着拍子。有时，我们在一个小酒楼上纵谈古今，我不会喝酒，他们俩却喝得很起劲。"

同时　在私立协均中学教语文课和在第一师范教世界语。[①]

中秋夜　与赵景深、章铁民等几位朋友一起乘船去湘江的橘洲渡口共度中秋，一起等月亮出来。据 1946 年 7 月 1 日《文艺复兴》第 1 卷第 6 期赵景深的文章《记鲁彦》（节选）回忆：当时"月亮总也不出来，四周弥漫了一片黑"，不过"时常有小划子经过，划子里坐满了学生，一队队的唱着歌曲过去。歌曲远了，一个无比的沉静又落在我们的船里"。"鲁彦似乎听得学生们的歌声，也有些技痒，他弹奏起琵琶来，一面弹奏，一面歌唱着王维的《阳关三叠》。一会儿唱着'无故人，无故人！'一会儿唱着'你辛苦，你辛苦！'这静夜里凄凉哀怨的琵琶声，至今还仿佛萦绕在我的耳际。"

10 月

29 日　上海《时事新报》于第 4 版同时登载了两则消息。

消息一：题为《湖南平民大学消息》，报道了平民大学校内建设及聘请教师的情况，也谈到了王鲁彦与已经被聘为图书馆主

---

① 　参见吴长盛：《王鲁彦与世界语》，《老世界语者》2002 年第 27 期。

任的章铁民一起被聘为音乐会指导老师的情况。

湖南平民大学,本年开学因聘请外省教授极多,且校务特别扩充,寄宿舍亦已增设,一切气象,异常活跃。现图书馆已聘定章铁民君为主任,按章君曾充南京建业大学全校委员长,办事极有经验,对于图书馆之进行,颇具有一定步骤及计划。现有书籍价值约四千元,正待日日购买及征集,其中并有英文极贵重之书籍甚多,如 Peace and Mar College Reading of English Prosa Atext Book of Physics 均每册值十余元云云。文艺社开会纪载,已见另条,兹不赘录。音乐会及世界语班均已成立,音乐会由古琴师章铁民(前北大音乐会主任干事),琵琶师王鲁彦,及音乐教员黄胜伯三君担任指导。……

消息二:题为《读书指导部之创设——湖南平民大学之新事业》,报道学校设立学生"读书指导部"以及它的相关制度、运作规则。鲁彦、章铁民、赵景深三位同时被"读书指导部"聘为导师,其中鲁彦被聘为音乐和文学指导老师、章铁民被聘为数学和文学指导老师、赵景深被聘为文学指导老师。

该校近组"读书指导部",此为各学校所急需而无人办过,特详记之于下:一、本部专为指导本校学生阅读课外书籍而设立;二、本部读书讨论会随时举行,由本部主任临时通告之;三、本部读书讨论会开会时间必在课余;四、本部讨论会时,凡本校学生均可出席;五、本部设主任一人,导师若干人,均由教务长聘请之;六、本部主任就本校职教员中聘请之,导师则不限于本校教员;七、本校各生欲受导师指导者,须经过以下之手续……八、本部除举行讨论会外,并当随时邀请学者讲演读书方法。主任李青林、导师章铁民(数学文学)、苏锡龄(关于政治经济法律诸科学)、李青林(关于史学哲学社会学之科学)、赵景深(文学)、王鲁彦(音乐及文学)、Miss Madal E. Htot(英文文学)、徐庆誉(社会学及宗教学)、彭菽原(经学及伦理学)、罗敦伟(社会问题)。

是月 被本月刚刚开办的北京世界语专门学校聘为理事。

据焦徽在博士论文《近代中国世界语运动进程研究》中阐述:北京世界语专门学校于 1923 年 10 月开校,是一所民办学校,1925 年学校关闭。培养世界语专门人才是其成立的主要目的。但"办学之初,因中官房校址狭小,改迁到西城锦什房街孟瑞胡同三十九号"。"校长一职,因蔡子民出洋,暂推谭仲达教授代理。第一次招生,报考者非常踊跃,共计录取男生八十六名,女士七名。又闻该校第二次招生日期,自八月八日起至二十五日止。报名地址在西城本校。""北京世界语专门学校的理事有:延年(陈延年)、胡鄂公、胡鄂公夫人、耿勖、孙国璋、华南圭、华南圭夫人、周同煌、陈廷璠、蔡元培、周作人、王鲁彦、宗之潢等45 人。"

北京世界语学校为建校的事宜做了计划书,其中有简章(内容略),还制定了预算书(内容略),在招生方面也制定了系统的规程,对招生宗旨、课程内容、学费、报名条件、报名手续、报名时间及地址都有详细介绍。

11 月

25 日 第一篇短篇小说《秋夜》刊于《东方杂志》第 20 卷第 22 期,署名鲁彦。初收 1926 年 10 月北京北新书局版短篇小说集《柚子》。现收于《王鲁彦文集》(壹)。小说用梦中套梦的手法,通过描写主人公在梦中的所见所闻,展示了军阀混战下社会动荡、人民流离失所的悲惨境遇以及一些看客麻木冷漠甚至阻拦救人者的现状。表达了作者"不能救人,又不能自救,没有勇气杀人,又没有勇气自杀,诅咒着社会,又翻不过这世界,厌恨着生活,又跳不出这地球,还是去求流弹的怜悯,给我幸福罢"的苦闷叹息和人道主义同情以及一个知识分子内心的焦灼和无助。

刊载于 1928 年 1 月 10 日《小说月报》第 19 卷第 1 期方壁[茅盾]的文章《王鲁彦论》对这篇小说作了中肯的评价:"我也承认《秋夜》《狗》《秋雨的诉苦》等篇是能够动人的随笔,但亦不是我所最喜欢的。""然而有一种共通的情调,隐藏在这些作品内,却也是很显然的。这便是作者的敏锐感觉所发现的人生的矛盾和悲哀。作者的向善心,似乎是常常鼓励他作为一个人类的战士,然而他又自疑没有那样的勇力;《秋夜》里边似乎便有着这种的苦闷的叹息。"

是月 据 1937 年 3 月 22 日第四版《世界晨报》佚名作者写的《王鲁彦恋史》记载:鲁彦因与平民大学教务主任的妹妹谈恋爱,有一天酒后行为有点失态,坐在女生寝室的床上不肯离开,被其他同学看不惯,在窗外叫"打",并告到章铁民那里,说鲁彦不足为师表,经章铁民对学生进行善言劝慰,学生才没有打鲁彦。但第二天在平民大学的壁报上有人写了一篇几千字的文章,鲁彦被骂走了。

此事刊登于 2010 年第 3 期《新文学史料》得先(谭昭)的文章《青少年时期的鲁彦》也提到:鲁彦因与一女同学恋爱而被学生轰走。不过谭昭说是发生在春天,在时间上有点对不起来。

此后 鲁彦在一个世界语学会的老头家里住了下来,每天弹弹琵琶,还不寂寞。①

12 月

10 日　译作保加利亚作家斯太马妥夫著的小说《海滨别墅》,刊于《东方杂志》第 20 卷第 23 期,署鲁彦译。初收 1928 年 8 月上海亚东图书馆版《世界短篇小说集》。

下半年　在湖南长沙加入文学研究会,会员号是 122 号。与老世界语者刘寿祺、学生谭昭一起共同研究文学,这实际上也是一个俄罗斯研究会,对外仅为文学研究会。他们在湖南当地一些报刊上发表了不少相关的研究文章,有些发表在《大公报》上。②　不过这些文章已经散佚。

下半年　曾在长沙私立协均中学、平民大学、湖南第一师范和船山学社开办过世界语班。③

下半年　参与章铁民、汪馥泉(在省立第一师范任教)等人在长沙创办的油印小刊物《野草》。据《东方杂志》1935 年第 32 卷第 1 期新年特大号第 90—91 页汪馥泉的文章《长沙底回忆》回忆:"民国十二年的春天,由友人李达的介绍,到长沙第一师范去任教……在长沙碰到了以前在南京同事过的章铁民,认识了王鲁彦,赵景深……我们是时常谈谈的。""王鲁彦在协均中学任课,他那时候正在闹恋爱……""还有一件趣事可记,便是我和铁民办一个《野草》周刊,第一篇是我的《野火烧长沙》,当时轰动了整个长沙。铁民是用他底尖酸的笔,刻画吴芳吉、傅增湘之流。

---

①　参见佚名作者写的《王鲁彦恋史》,《世界晨报》1937 年 3 月 22 日第四版。
②　参见吴长盛:《王鲁彦与世界语》,《老世界语者》2002 年第 27 期。
③　参见吴长盛:《王鲁彦与世界语》,《老世界语者》2002 年第 27 期。

长沙的青年都起来拥护我们。"

刊登在《新文学史料》2010 年第 3 期得先（谭昭）的文章《青少年时期的鲁彦》也回忆：他们"对一些当时看不惯的现象给予抨击、诅咒、嘲讽，大喊大叫，反对保守思想，这在当时颇有影响。可惜油印的东西，不为人重视，没有存留下来"。

这里虽然没有明确说明鲁彦参与这个活动，但按照他的个性是不会落下的。

下半年　与赵景深等一起出过一本叫《潇湘绿波》的杂志。据十月文艺出版社 2005 年版张钰编选的《胡子的灾难历程——张友鸾随笔选》第 89 页张友鸾的文章《焦菊隐翻起绿波》记述：这是受焦菊隐在天津时和朋友们一起组织的"绿波文学社"以及出版的杂志《绿波周报》的影响所致。其实，根据赵景深于 1924年 1 月 20 日在长沙岳云中学教书时写的《天津的文学界》（续）的文章《文学》记述，王鲁彦、章铁民都是绿波社社员。至于什么时候加入的，尚未找到相关资料。

1924 年（甲子，民国十三年）　23 岁

▲1 月，在孙中山的主持下，中国国民党第一次全国代表大会在广州召开，大会通过了《中国国民党第一次全国代表大会宣言》，制订了联俄、联共、扶助农工三大政策。国共合作的统一战线正式成立。

▲同月，孙中山委派蒋介石等七人筹备黄埔军校。

▲4 月 12 日，印度著名诗人泰戈尔受邀来华讲学，抵达上海。

▲6月,黄埔军校正式建校,蒋介石任校长,周恩来任政治部主任。

▲9月,孙中山召开会议,筹备进行北伐。

▲11月,孙中山离粤北上,发表《北上宣言》,主张打倒军阀,废除不平等条约,召开"国民会议"。

▲同月,冯玉祥将清废帝溥仪驱逐出宫。

▲同月,女师大风潮爆发。

1 月

1 日 译作俄国作家西皮尔雅克著的童话《给海兰的童话》,刊于《妇女杂志》第 10 卷第 1 期,署王鲁彦译,同年 3 月 1 日在该刊第 3 期刊登续作。

是年初 据 2002 年 1 月《老世界语者》第 27 期吴长盛的文章《王鲁彦与世界语》记述,因"当时教育部要求师范学校、小学开设世界语"。鲁彦就再到湖南长沙协均中学,任世界语教员,但只教了一个学期。同事中有赵景深、汪馥泉等人。据《新文学史料》1980 年第 2 期刘增人、陈子善的文章《鲁彦夫人覃英同志访问记》中覃英回忆:"当时协均中学实行男女同校,很为封建卫道者所不容,学生收不满,经费又缺少,很快就办不下去了。鲁彦只教了一学期书,就和与他自由恋爱而结合了的协均中学学生谭昭一起离开长沙,经上海、杭州回到北京。"

2 月

年初　到长沙协均补习学校任世界语教员。①

3 月

10 日　短篇小说《狗》刊于《东方杂志》第 21 卷第 5 期,署名鲁彦;初收 1926 年 10 月北京北新书局版短篇小说集《柚子》,现收于《王鲁彦文集》(壹)。小说叙述作者接受爱罗先珂的邀请,与他及另外 10 个人同游北京西山。在西山脚下遇到一位四十来岁坐在路边低声哭泣的女乞丐,作者骑驴而过不予理睬。跟在后面的爱罗先珂搞清事情原委之后大声责备作者,导致作者内心的羞耻感被激发、良心受到谴责,承认自己是一只狗,"恨不得立刻钻入地下"。小说显示了鲁彦接受爱罗先珂人道主义思想影响的经过。

据 1928 年 1 月 10 日《小说月报》第 19 卷第 1 期方壁[茅盾]的文章《王鲁彦论》论述:"在《狗》这一篇随笔里,我们又看见作者更热心的自讼。从他的颇为敏锐的感觉上所发生的向善的焦灼,使他时或对于一切看出悲观的黑影来……我好像看见作者的太赤热的心,在冷冰冰的空气里跳跃,它有很多要诅咒,有很多要共鸣,有很多要反抗,它焦灼地团团转,终于找不到心安的理想,些微的光明来。或者有人要说,像这样的焦灼的跳动的心,是只有起人哀怜而没有积极的价值;但在我,却以为至少这是一颗热腾腾跳动的心,不是麻木的冷的死的。我以为这种样

---

① 参见陈子善、刘增人:《鲁彦年表》,见覃英编《中国现代作家选集——鲁彦》,人民文学出版社 1992 年版,第 280 页。

的焦灼苦闷的情调是贯彻在王鲁彦的全体作品内的。"可见茅盾对这篇小说评价很高。

4 月

10 日 译作保加利亚作家斯太马妥夫著的小说《墓地》,刊于《东方杂志》第 21 卷第 7 期,署鲁彦译。初收 1928 年 8 月上旬上海东亚图书馆版《世界短篇小说集》。

28 日 译作《立陶宛民歌》,刊于《文学旬刊》第 119 期,第 2 页。

5 月

10 日 译作犹太作家夏虏姆·阿来汉姆著的小说《腊伯赤克》(希伯来的讽喻),刊于《东方杂志》第 21 卷第 9 期,署鲁彦译;初收 1926 年 12 月上海开明书店版《犹太小说集》。

6 月

10 日 译作希伯来作家俾莱芝著的小说《灵魂——我的少年史》,刊于《东方杂志》第 21 卷第 11 期,署鲁彦译;初收 1926 年 12 月上海开明书店版《犹太小说集》。

是月 由于鲁彦为人热情奔放、真诚坦率,不久就赢得女孩谭昭的喜欢,两人很快进入恋爱状态,并在几个月之后确定关系。在王鲁彦即将离开长沙之前,两人同居了一个月。据《小日报》1933 年 8 月 15 日刀校的文章《易培基与王鲁彦夫人》记述,鲁彦还曾去谭昭家里拜访过长辈。学期结束后,鲁彦带着谭昭从长沙乘轮船沿长江东下荣归镇海,在家乡举行婚礼,并共度蜜月。

是月　据《新文学史料》2010 年第 3 期得先（谭昭）的文章《青少年时期的鲁彦》记述：在回镇海家乡的路上，因害怕回到家里被严母责备，经过洞庭湖时，把一直随身带的刘天华先生赠送的琵琶①投入湖中，从此他再也没弹过琵琶。

7 月

1 日　译作俄国作家刚杜鲁息金著的小说《仅有的不如意——现代叙利亚生活的写真》，刊于《妇女杂志》第 10 卷第 7 期，署鲁彦译。初收 1928 年 8 月上旬上海东亚图书馆版《世界短篇小说集》。

是年夏　在镇海老家按宁波习俗举办婚礼后，在家大约待了半年时间，中间曾去杭州、南京等地度蜜月。

是年夏　鲁彦的姊姊一家，搬到了距娘家五里外的乐家。

是年夏　新婚宴尔的鲁彦，经常跟在妹妹后面去看家乡的青少年们钓鱼，虽然也想钓，但觉自己已经是成人，不便参与。

夏末　夫妇俩在五里路外的姐姐家住了七八天，过了一把钓鱼的瘾。据王鲁彦《钓鱼——故乡随笔》一文回忆：这里"二十几步外是一条东西横贯的河道，因为河的这边人口比较稀少……所以这里显得很僻静"。鲁彦觉得这里最适合他钓鱼，于是通过住在姊姊家隔壁的堂叔帮忙，做了一根钓鱼竿，在一个河段钓了三天鱼，但只钓了七八条鱼。

------

①　这把琵琶，鲁彦表妹顾芝英说是鲁彦从家里带来的，谭昭说是刘天华送的，本年谱采用谭昭的说法。

8 月

1 日 译作俄国作家西皮尔雅克著的小说《汉蒂额夷的天鹅》,刊于《妇女杂志》第 10 卷第 8 期,署鲁彦译。初收于 1928 年 8 月上旬上海东亚图书馆版《世界短篇小说集》。

10 月

10 日 短篇小说《柚子》刊于文学研究会会刊《小说月报》第 15 卷第 10 号,署名鲁彦。初收于 1926 年 10 月北京北新书局版短篇小说集《柚子》,现收于《王鲁彦义集》(壹)。小说叙述自己和几个女子一起去浏阳门外看杀头之后,内心十分愤懑,于是用冷嘲热讽的手法,讽刺军阀在长沙城门外杀人长达一个月的残酷以及看客们的种种愚昧、冷漠的行为。同时对于生活在深水火热之中的民众给予深深的同情,最后得出湖南的人头比柚子还廉价的结论。从人道主义的角度,发出了反封建的呼声。为此湖南籍作家黎锦明表示不满。

据 1946 年 7 月 1 日《文艺复兴》第 1 卷第 6 期赵景深的文章《记鲁彦》(节选)回忆:"他自己的最早的小说之一是《柚子》,柚子就是人头的比喻。因为他所住的浏阳门正是'浏阳'(杀头)的地方。他看过杀头之后,就写了这一篇《柚子》,同时他也正吃着极大的柚子。也许因为鲁迅的小说多写杀头,如《药》《阿 Q 正传》《示众》等,他受了影响,也就以此为题材吧。"

是月 据《小说月报》第 15 卷第 10 期第 2 页刊登的消息,鲁彦译的[波兰]先罗什伐斯基著的《祭神》在该期刊出。

11 月

10 日 译作波兰作家显克微支的小说《泉边》,刊于《小说月报》第 15 卷第 11 期,署鲁彦译,初收于 1928 年 1 月上海北新书局版《显克微支小说集》。

12 月

10 日 短篇小说《灯》刊于《东方杂志》第 21 卷第 23 期,署名鲁彦,初收于 1926 年 10 月北京北新书局版短篇小说集《柚子》。现收于《王鲁彦文集》(壹)。小说叙述一位在现实中被诅咒的男孩,他怨恨母亲带他来到这个世上,希望去死,母亲也十分伤心,她劝阻儿子不要去死。儿子乘母亲不注意时来到她的心房,挖出自己的心,放在母亲的心上。母亲的心不再枯萎而是热血沸腾起来。儿子回到现实中,向母亲保证愿意做人了,母亲微笑了。儿子的行为只有挂在墙上的灯见证了。小说采用想象与现实交织的手法,使读者产生亦真亦幻的感觉,比较奇特。

下半年 曾去杭州、南京度过蜜月。

1925 年(乙丑,民国十四年) 24 岁

▲1 月,国立北京女子师范大学学生会召开紧急会议,讨论驱逐校长杨荫榆的方针,决定不承认杨为国立北京女子师范大学校长。学生代表赴教育部,要求撤换校长,并发表宣言。

▲3 月,孙中山在北京病逝,终年 59 岁。北京各界在中央公

园举行公祭。

▲5月,国立北京女子师范大学校长杨荫榆假借国立北京女子师范大学评议会名义,开除学生自治会领导成员刘和珍、许广平等6人。学生会召开紧急会议,决定驱杨出校。

▲是月,上海发生"五卅惨案"。

▲8月,北洋军政府教育部颁布停办国立北京女子师范大学令,决定将国立北京女子师范大学改办为国立北京女子大学。

▲12月,段祺瑞政府被迫下令恢复国立北京女子师范大学。

1月

初春 带着怀孕的妻子谭昭从镇海回到湖南醴陵涟水之滨,在岳父家小住。

3月

10日 短篇小说《许是不至于吧》刊于《小说月报》第16卷第3期,署名鲁彦。初收于1926年10月北京北新书局版短篇小说集《柚子》,现收于《王鲁彦文集》(壹)。小说描写1924年浙江军阀战争频繁发生期间,镇海乡下王家桥富甲一方、拥有20万财产的王阿虞地主面对当地民众借钱不还、吃大餐、当面热情私下憎恨,以及三儿子婚后家里遭抢村民反应冷漠等行为的矛盾痛苦心理。小说揭示财产成了土财主负罪的记号,使他不得不格外谦虚,同时也显示出作者对当地民众势利冷漠行为的痛恨之情。据1928年1月10日《小说月报》第19卷第1期方璧[茅盾]的文章《王鲁彦论》认为:这篇小说是"思想技术都好的",是他最喜欢的小说之一。

25日 　中篇小说《阿卓呆子》刊于《东方杂志》第22卷第6期,署名鲁彦。初收于1926年10月北京北新书局版短篇小说集《柚子》,现收于《王鲁彦文集》(壹)。小说叙述傅家镇的富家子弟阿卓,当他从父亲那里继承12万遗产时,风光无限,携带娇妻美妾(妻妹),游遍名山大川。几年之后,妻子和妻妹先后染病去世。从此,他开始酗酒,出入于烟花柳巷,不出6年,他的财产被挥霍一空。原先尊敬他的村民开始用种种手段折磨他,直到把他搞成疯子。小说以"笑"彰"泪",以"欢"托"悲",揭示世道的冷酷。

是月 　《小说月报》16卷第3期第2页预告:波兰作家显克微支创作、鲁彦翻译的《宙斯的裁判》将在下一期发表。

春天 　在湖南醴陵湘乡,与唐珊和静弟一起做风筝。据王鲁彦《风筝》回忆:"见窗外大杞树的飘动",忽然想起要做一个风筝玩。唐珊和静弟都支持他,静弟从来没有做过风筝,而作者也只会做瓦片风筝。不一会,一个瓦片风筝做成了。"这确像一块瓦片,背脊凸着,只是下面拖了一根长长的草尾巴。"但前面六天或因尾巴有问题,或因没有风,风筝一直没放上去。后来又一天,风太大了,风筝还是放不上去。以至于他绝望地认为自己太重了拖住了风筝,觉得自己是一个不幸的人。

是年春 　在长沙第一师范学校任教。同事中有赵景深、汪馥泉[1]、叶鼎洛。[2] 还有刚刚丧妻的田汉。[3] 但从教时间不长,5

---

① 　汪馥泉(1900—1959),字浚,浙江杭州人,早年求学于杭州甲种工业学校。1919年去日本留学,1922年回国。著名的编辑、翻译家。代表作有译作《马克思主义地经济学说》《北欧神话》,著作《椰子集》《文章概论》,编著《鲁迅逝世周年纪念册》等。

② 　参见周楞伽《记田汉》,载1942年11月10日《杂志》第十卷第2期。

③ 　参见赵景深《记田汉》,载1935年9月上海《文艺大路》一卷5期。

月上旬就因被北京世界语专门学校聘请为教员而离开长沙。

在湖南长沙第一师范教书时与汪馥泉、赵景深的合影

4月

10 日　译作波兰作家显克微支著的小说《宙斯的裁判》，刊于《小说月报》第 16 卷第 4 期，署鲁彦译。初收 1928 年 1 月上海北新书局版《显克微支小说集》。

是月　与谭昭所生的长女涟佑在湖南醴陵湘乡出世。因出生在涟水之滨，所以其小名叫"涟儿"。

5月

上旬　作为北京世界语专门学校的理事，受该校之聘，第二次到北京，任该校教员。①

14 日　据鲁迅日记，晚上在台静农陪同下第一次去北京阜

---

① 参见得先(谭昭):《青少年时期的鲁彦》,《新文学史料》2010 年第 3 期。

成门西三条胡同二十一号拜访鲁迅。虽然曾在北京大学旁听过鲁迅的"中国小说史"课程,但那时只是作为一个学生被动地在课堂里听课,没有交往。

17 日　据鲁迅日记,下午与台静农、韦素园、李霁野一起去拜访鲁迅。

20 日　据鲁迅日记,晚上与台静农一起再次去拜访鲁迅。

22 日　译作希伯来作家夏房姆阿来汉姆的小说《不幸》,刊于《京报》副刊,署鲁彦译。初收于上海开明书店 1926 年 12 月版的《犹太小说集》(短篇小说集),为"文学周报社丛书"之一。

23 日　据鲁迅日记,下午独自去拜访鲁迅。

25 日　散文《风筝》刊于《东方杂志》第 22 卷第 10 期"新语林"栏,署名鲁彦。现收于《王鲁彦文集》(叁)。文章从风筝的文献出处入手,继而叙述宁波民间对风筝的独特称谓,对于风筝落到屋顶上的忌惮;自己因母亲反对在家里做不成风筝只能去看别人放风筝的童年趣事,以及在湖南醴陵岳父家里与唐珊、静弟一起做风筝成功的经过。最后以静弟母亲介绍的贵州人对于风筝的热爱、独特的制作方法、放飞过程做结。

28 日　据鲁迅日记,晚上独自去拜访鲁迅,鲁迅送给王鲁彦一本日本著名理论家厨川白村著的《苦闷的象征》。

29 日　译作小说《巴尔扎克和缝衣匠》,刊于《莽原》第 6 期,第 7 页,署鲁彦译。

6 月

1 日　散文《给 LN 君》刊于《京报副刊》第 166 期,署名鲁彦。散文从一个朋友病中独自卧床,没人来探望而伤心落泪的境况写起,联想到人类的同情心问题。认为人类没有同情心,这是人心、人情的常态，也是世界本来的样子。文章直抵人性深处。

3 日　据鲁迅日记，晚上与荆有麟一起去拜访鲁迅。

5 日　译作小说《考试之前》刊于《莽原》第 7 期，同时发表于《京报》增刊 16，署鲁彦译。

8 日　据鲁迅日记，晚上与荆有麟一起再次去拜访鲁迅。

12 日　译作小说《敏捷的译者》刊于《莽原》周刊第 8 期，署鲁彦译；鲁迅在文后《附记》中亲切地称鲁彦为"吾家彦弟"。

译文全文："一个青年的中学生须翻译下面句子做学校工课，微吉罗与诃累错是两个有名的拉丁诗人。他不认得微吉罗与诃累错是两个有名拉丁诗人。一查字典看见：'微吉罗——有名的拉丁诗人'。随后：'诃累错——有名的拉丁诗人'。于是，他骄傲而且放心的译为：'有名的拉丁诗人和有名的拉丁诗人是两个有名的拉丁诗人。'"

鲁彦的译文是讽刺那些不认真做功课而凭着一知半解进行翻译的人。鲁迅对王鲁彦的做法很赞同，写了一篇附记对这种现象进行更为强烈的嘲讽，同时又附上另一则附记，对鲁彦译文中出现的两个拉丁诗人的名字进行解释。

鲁迅附记："微吉罗就是 Virgilius，诃累错是 Horatius，吾家彦弟从 Esporanto 译出，所以煞尾的音和原文两样，特为声明，以供查字典者参考。""吾家彦弟"这个称呼的出现，表明鲁迅对鲁彦情感上很亲近。

25 日　散文《干爷和干妈》刊于《东方杂志》第 22 卷第 12 期"新语林"栏，署名鲁彦。现收于《王鲁彦文集》（叁）。文章对于宁波及湖南湘乡等地拜干爷干妈的目的、仪式、过程进行比较，认为宁波人拜干爷干妈是为了结交比自己地位高的权势者，湘乡人拜干爷干妈是为了求长命,是为了孩子的健康成长。宁波人给干儿子的多是华丽的衣服,湘乡人给干儿子的多是日常生活用品,并在文章最后谈了自己对于这种现象的看法。

是月 正式去北京世界语专门学校任教,但很快因学校停办而去职。

是月 《小说月报》第 16 卷第 6 期第 2 页,刊出王鲁彦的《自立》将在下一年发表的消息。

7 月

月初 趁暑假之闲,跑去湖南醴陵湘乡将妻子谭昭和女儿涟儿接回北京。

5 日 据鲁迅日记,给鲁迅写信并把信附在台静农的信后面。

9 日 译作希伯来作家泰夷琪著的小说《资本家的家属》刊于《京报副刊》第 202 期,署鲁彦译。初收于 1926 年 12 月上海开明书店版《犹太小说集》。

16 日 据鲁迅日记,晚上独自去拜访鲁迅。

20 日 据鲁迅日记,第一次带着夫人谭昭去拜访鲁迅,鲁迅赠给他们一本《呐喊》。

约 21—25 日 在杭州西湖携妻子划船,并与同一条船上的许杰①认识。

据华东师范大学出版社 1998 年版许杰口述、柯平凭撰写的

---

① 许杰(1901—1993),原名世杰,笔名张子山,浙江天台人。著名的文学家、教育家、文学理论家。先后在中山大学、安徽大学、暨南大学、同济大学、复旦大学和华东师范大学任教。

一书《坎坷道路上的足迹》回忆:"1925年前后,我曾经有一个想法,即依靠稿费的收入来维持生活,希望做一个脱产的作家。就在那一年的五、六月间……我到杭州西湖边上找到一个尼姑庵,这个尼姑庵叫'善福庵',坐落在临近西湖的马路边上。从西湖到灵隐的马路,便经过这个善福庵的门口,即岳坟朝北临近灵隐的地方……善福庵有个老尼姑,人称'老师太',还有一个二十多岁的小尼姑,人称'小师太',她们管我们三餐饭。"

许杰先与上海《时事新报》一名外勤记者叶如英相识,该君因失恋来到西湖边养病。他来拜访许杰,发现湖畔诗人汪静之住在许杰的隔壁,就介绍许杰与汪静之夫妇认识,汪静之又在船上把鲁彦介绍给许杰认识。当时许杰对王鲁彦的印象很好。据《新文学史料》1979年第2辑许杰的文章《我与鲁彦》回忆:"有一天傍晚,我们许多人同到湖中划船,我便与鲁彦他们同坐一只。我们在船中,他没有谈什么东西,但是却玩得很起劲。""那时鲁彦已经在《小说月报》上发表了他的《柚子》了,我倒相当的倾慕了。""鲁彦的外表……年青,面色皙白,白里透红,身材匀称,有一些小生风度。经常的时候,面上似乎老带一些笑容,使人觉得很和易可亲似的。他那时大概刚从湖南回来不久,他身边坐着他的太太,那是他在湖南一个学堂教书时的女生(谭昭——引者)。""不过第一次见面,在我的脑筋之中,我对鲁彦的整个印象,确实很深的,我好像已经很认识了鲁彦似的。"

之所以把这条放在这里,依据以下几点:一是许杰说他们相见的时候,讨论了王鲁彦已经发表的《柚子》,和他自己已经发表的《惨雾》。《柚子》发表在1924年10月10日的《小说月报》,《惨雾》发表于1924年8月10日的《小说月报》,这首先就排除了他们相见于1924年夏天的可能。二是,据《新文学史料》1980

年第 3 期得先(谭昭)的文章《青少年时期的鲁彦》记载,她于 1925 年暮春在湖南醴陵湘乡娘家生下长女涟儿,5 月份王鲁彦受北京世界语学校聘任去了北京,暑假开始才跑到湖南去把她们母女接回北京,按照中国教育部制定的政策,一般学校暑假开始都是在 7 月初。而据《鲁迅日记》记载 7 月 16 日王鲁彦单独拜访他,7 月 20 日携带夫人拜访他,说明 20 日之前他们在北京。而据许杰口述、柯平凭撰写的专著《坎坷道路上的足迹:许杰文学回忆录》记载,他在杭州只待了 2 个月,所以最迟至 7 月底许杰也回上海去了。由此可以推断出他们能够交集的唯一可能就在这个时段。

同时 鲁彦十分关心许杰学习世界语的情况。据上海文艺出版社 1984 年 2 月版《王鲁彦散文集》第 3—4 页中许杰写的序记载:划船时,鲁彦询问许杰是否一个世界语的爱好者,是否参加过世界语活动,甚至询问许杰的姓名是不是叫许燦,因为许杰曾经去参加过一次上海世界语学会搞的集会,《绿光》上发了一则消息,报道这次集会的简要内容以及参加者的姓名,里面把许杰的姓名写成许燦,许杰自己没有去更正,而鲁彦却关注到了,说明他对世界语的发展及活动、参加世界语者的关心。

26 日 夫妻俩从杭州回北京。

27 日 据鲁迅日记,下午独自去拜访鲁迅。

28 日 译作希伯来作家俾莱芝著的小说《姊妹》刊于《京报副刊》第 221 期,署鲁彦译。初收于 1926 年 12 月上海开明书店版《犹太小说集》。

8 月

1 日 据鲁迅日记,第二次带着夫人谭昭去拜访鲁迅。

6 日 译作希伯来作家俾莱芝著的小说《绞首架》刊于《京报副刊》第 230 期,署鲁彦译。收入 1926 年 12 月上海开明书店版《犹太小说集》时,改名为《又用绞首架了》。

10 日 译作希伯来作家夏虏姆・阿来汉姆著的小说《诃夏儒腊婆的奇迹》刊于《东方杂志》第 22 卷第 15 期,署鲁彦译。初收于 1926 年 12 月上海开明书店版《犹太小说集》。

同日 散文《食味杂记》刊于《东方杂志》第 22 卷第 15 期,署名鲁彦。现收于《王鲁彦文集》(叁)。散文叙述自己和家人不同的饮食习惯以及自己走南闯北过程中饮食习惯的变化,并顺带介绍了家乡的几种食品:糯米汤果、杨梅、腌菜、臭苋菜股的独特制作方式以及南北方人对于辣椒、大蒜的看法和喜好,宁波人与湖南人对于咸菜的不同制作方法和保存方法等。

24 日 据鲁迅日记,独自去拜访鲁迅。

是年秋 和正在北京大学旁听的冯雪峰见面,并和刚到北京的巴金相识。[①] 据四川文艺出版社 1989 年 10 月版唐金海、张晓云编著的《巴金年谱》第 94—95 页载,巴金于 7 月份去北京,住在北河沿的同兴公寓,目的是报考北京大学。因体检时医生说他的肺不好,就放弃考试,于 8 月下旬回南京。鲁彦与巴金应该是在这个时段见的面。

9 月

4 日 据鲁迅日记,中午第三次带着夫人谭昭去拜访鲁迅。

21 日 译作法国学者查理斯・拉姆贝尔著的论文《希腊的

---

① 参见覃英:《鲁彦生平和创作简述》,《中国现代作家选集——鲁彦》,人民文学出版社 1992 年版,第 257 页。

朝山和奇迹地》刊于《语丝》第 45 期，署鲁彦译。同年 9 月 28 日第 46 期，10 月 5 日第 47 期连载。初收于 1928 年 3 月上海光华书局版文艺论文集《花束》。

27 日　据鲁迅日记，下午带着夫人谭昭、女儿涟儿第四次去拜访鲁迅。鲁彦带着夫人去拜访鲁迅共四次。

是月　被北京世界语学校聘为教师才几个月，学校就宣布停办并关闭。据《新文学史料》2010 年第 3 期得先（谭昭）的文章《青少年时期的鲁彦》记述：鲁彦暂时失去工作，夫妻俩从学校搬出来之后换了两个住处。先是搬到象房桥大中公寓内居住，不久，又搬到东城沙滩中老胡同一间民房内租了一间西屋住下。

同月　在其妻子谭昭的老师易培基①介绍下，在清室善后委员会当了一个顾问。据《新文学史料》2010 年第 3 期得先（谭昭）的文章《青少年时期的鲁彦》记述：鲁彦帮助整理故宫文物，但只供膳食，不发薪水。业余时间继续写作和翻译。

10 月

13 日　据鲁迅日记，独自去拜访鲁迅。

23 日　据鲁迅日记，与荆有麟一起去拜访鲁迅。

---

①　易培基(1880—1937)，字寅村，湖南长沙人。武昌方言学堂毕业。早年加入中国同盟会。1920 年任湖南省立第一师范学校校长。1921 年兼任湖南省立图书馆馆长，1924 年 11 月任北京政府教育总长，后任清室善后委员会委员。1925 年任北京女子师范大学校长。1928 年 6 月任故宫博物院理事、院长兼古物馆馆长。1930 年 11 月任北京师范大学校长。1931 年专任故宫博物院院长。1933 年因"故宫盗宝案"被起诉，1937 年 9 月于上海病逝。

12 月

30 日 童话《小雀儿》刊于《晨报副镌》第 1417 期,署名鲁彦,同年 12 月 31 日第 1418 期、1926 年 1 月 6 日第 1419 期、1 月 7 日第 1420 期、1 月 9 日第 1421 期连载。初收 1926 年 10 月北京北新书局版短篇小说集《柚子》。现收于《王鲁彦文集》(肆),作者用拟人的手法,通过小雀儿的视角去观察人类社会。发现人类看到雀儿们会想方设法吃掉它们;男人追求女孩是为了占有她而不是爱她;乌龟与王八(暗示军阀之间)内战是为了利益,甚至不惜出卖国家、枪杀游行示威者。倒是动物们的爱国热情高涨,它们飞临战场,惩罚不爱国的同类。凸显了人世间的冷漠、残忍、贪婪和动物界的真诚爱国。

1926 年(丙寅,民国十五年) 25 岁

▲1 月,在中国共产党帮助下,国民党第二次全国代表大会在广州举行。李大钊、毛泽东等 14 名共产党员被选为国民党中央执行委员。

▲3 月,北京各界群众在中国共产党领导下,在天安门前召开国民大会,抗议日舰炮击大沽口以及八个帝国主义列强关于撤除大沽口国防设备的最后通牒等侵略行为。会后到执政府门前请愿,遭到段祺瑞军队的镇压,造成震惊中外的"三一八"惨案。

▲同月,蒋介石在广州制造"中山舰事件",诬蔑"共产党阴谋暴动"。

▲4 月,段祺瑞执政府被国民军驱逐倒台。

▲同月,直奉联军进入北京,国民军退出北京,直奉军阀控制了北京。

▲7 月,广东革命政府发表"北伐宣言",国民革命军正式出师北伐。

▲同月,鲁迅应邀去厦门大学任教。

1 月

年初　据《现代妇女》1944 年第 4 卷第 3—4 期,第 24—38 页得先(谭昭)的文章《我所知道的鲁彦》记述:鲁彦用发表《小雀儿》的 30 元稿费买了一把破旧的提琴,还向朋友借了 10 元钱配弦线,以弥补他虽然已学会各种中国乐器但不能学西洋乐器的遗憾,却不知其妻子谭昭去同善堂领了一袋生了虫的小米来吃。

2 月

3 日　译作波兰作家年摩耶夫斯奇著的小说《小鹿》刊于《晨报副镌》第 1435 期,署鲁彦译。初收于 1928 年 8 月上旬上海东亚图书馆版《世界短篇小说集》。

3 月

4 日　小说《美丽的头发》刊于《晨报副镌》第 1448 期,署名鲁彦。同年 3 月 6 日第 1449 期连载。初收于 1926 年 10 月北京北新书局版短篇小说集《柚子》,现收于《王鲁彦文集》(壹)。小说借女子头发的变化,谈了对辛亥革命以及 20 年代妇女解放运动、共产党领导革命的看法。学界对这部小说的评价不是很高:

刊登于 1928 年 1 月 10 日《小说月报》第 19 卷第 1 期方壁［茅盾］的文章《王鲁彦论》如是评价："老实说,我实在看不出《美丽的头发》中间的中心思想是什么。"而上海文艺出版社 1980 年出版的范伯群、曾华鹏的专著《王鲁彦论》第 20 页则认为："小说所表现的这种'对专制不平,又向自由冷笑'的思想,虽然不能说完全没有揭露性的意义,但更多的却是消极的作用……在艺术上这篇作品也是相当粗劣的……因此,《美丽的头发》是一篇在思想艺术方面都相当粗劣的作品。"

9 日 据鲁迅日记,晚上独自去拜访鲁迅。

10 日 小说《自立》刊于《小说月报》第 17 卷第 3 期,署名鲁彦。初收于 1926 年 10 月北京北新书局版短篇小说集《柚子》。现收录于《王鲁彦文集》（壹）。小说叙述作者的太太公买进了九十九亩田,还在造一幢大屋。他的成功引起了嫡亲兄弟"王大眼的太公"的妒忌,他凭着哥哥一句粗俗的玩笑,就到县里把哥哥给告了。第三天县里来提人。此后,"官司审了一堂又一堂,县官只是不肯了结"。官司打到最后,土财主不仅卖完了九十九亩田,而且正在造的大屋的一半地基也卖掉了。但其亲弟弟却一个破铜钱也没有到手,钱都落到县官的口袋里。小说揭示妒忌给人给己带来巨大危害的同时,也批判统治阶级为了金钱无视法规的恶行。苏雪林对"王大眼的太公"的妒忌行为极为鄙视,刊登于《现代》1935 年第 5 期苏雪林的文章《王鲁彦与许钦文》论述:"论者或者要说这梼杌蛇蝎一类的东西人间一定不会有,作者未免形容太过吧？不过我相信世上有这样人,也有这样事。要知道王大眼（实际上是王大眼的太公——引者注）之所为,是为了嫉妒,嫉妒的毒焰是可以烧毁情谊、恩爱和理性的呀！"

18 日 据鲁迅日记,晚上独自去拜访鲁迅。

4 月

是月　据《小说月报》第 17 卷第 4 期第 2 页匿名作者的文章《文学者与世界语》记载:上半年,王鲁彦与郭后觉、胡愈之、黄涓生等一起在上海宝山路三德里上海世界语学会创办的世界语函授学校编辑讲义和上课。

5 月

22 日　译作法国学者查理斯·拉姆贝尔著的论文《睡美人和神仙故事》刊于《晨报副镌》第 1394 期,署鲁彦译;同年 5 月 24 日第 1395 期、5 月 25 日第 1396 期、5 月 29 日第 1397 期、5 月 31 日第 1398 期、6 月 12 日第 1403 期连载。初收于 1928 年 3 月上海光华书局版文艺论文集《花束》。

是月　到上海世界语函授学校任教员。

月底　完成上海世界语函授学校的教学任务后回北京。

6 月

是月　离开北京又回到长沙,在古稻田省立第一女子师范学校任国文教员,与陈子展、周令钊是同事。据《老世界语者》1987 年 1 月 16 日第 7 期得先(谭昭)的文章《王鲁彦与世界语》回忆:鲁彦当时"曾住在黄果一家中,黄果一与其兄弟黄华瘦都是世界语爱好者(他们都是江西兴国人),黄华瘦 1916 至 1917

年在湖南《民国日报》当编辑，与该报主笔雪庐①交情颇深，结为盟兄弟"。

7月

是月 北伐战争爆发，曾计划南下投身革命，未成。②

8月

10日 译作 F. Herczeg 著的小说《丽西·爱尔彩·爱丽沙白》刊于《小说月报》第17卷第8期，署鲁彦译。初收于1928年8月上旬上海东亚图书馆版《世界短篇小说集》。

16日 译作保加利亚作家安娜·卡吕玛著的散文诗《天鹅的歌》刊于《语丝》第92期，署鲁彦译。

19日 译作波兰作家显克微支小说《光明照在黑暗里》刊于《世界日报》1926年8月19日第5版，署鲁彦译。

9月

10日 从北京来到上海。据《文学周刊》第244期第610—611页黎锦明写于9月17日的文章《哀刘梦苇君》中的一句"当鲁彦君才离京时至今还只一周光景，他（刘梦苇）的残骸已经入瘗了"推断出来。

---

① 雪庐即谭璟(1883—1932)，湖南湘乡人。名邦屏，字景周，号雪庐。系谭昭父亲。是贵州辛亥革命的主要发起人之一，辛亥革命失败以后，逃回湖南湘乡兴办新学，又与好友在长沙办《湖南民国日报》反对袁世凯，支持新生事物，北伐时又随军征战，还是一个世界语爱好者。
② 参见陈子善、刘增人：《鲁彦年表》。见覃英编《中国现代作家选集——鲁彦》，人民文学出版社1992年版，第282页。

11 日　译作保加利亚作家遏林沛林著的散文诗《眼波》刊于《语丝》第 96 期，署鲁彦译。

16 日晚　与好友苏奇在上海哈同路遇见黎锦明，三个人一起来到安南路一个小酒楼上喝酒聚谈，其中谈及诗人刘梦苇①在北京的生活以及去世的情况。②

27 日　为译作《犹太小说集》作序。序文载 1926 年 12 月上海开明书店版《犹太小说集》，署名鲁彦。文章首先指出："犹太文学勃兴是在十九世纪后叶，在不到一百年的时期中，它的进步的迅速真令人惊异。"然后回顾一百年前，因为"作家们运用的都是希伯来文字，一种过去的，渐为本国人所不认识的僵死的文字，因此，那时的文学可以说是知识分子的专有品，与一般民众没有关系"，也限制了犹太文学的发展。接着谈到 19 世纪后半叶以来，阿白腊莫维奇等许多作家尤其是俾莱芝和夏虏姆·阿莱汉姆这两位最著名的作家都决然抛弃希伯来文而用犹太文，从而促进了犹太文学的迅速发展，并重点介绍了一下夏虏姆·阿莱汉姆的创作情况，还连带介绍他之后几位作家的情况。最后阐述犹太文学的特色以及这部《犹太小说集》中几篇原文的来源。

---

①　刘梦苇(1900—1926)湖南安乡人。原名国均，字梦苇。1923 年夏，在南京组织"飞鸟社"，创办《飞鸟》季刊，在《创造季刊》上发表成名诗作《吻之三部曲》之后，名声大增。他还是新月诗派的主要创始人之一，于新诗形式建设方面在理论和实践上都作出过贡献。

②　参见黎锦明：《哀刘梦苇君》(写于 9 月 17 日)，《文学周刊》第 244 期第 610—611 页。

10 月

24 日　据鲁迅日记,给鲁迅寄信及照片。

是月　短篇小说集《柚子》由北京北新书局出版,署名王鲁彦,司徒乔作封面;内收《秋夜》《狗》《秋雨的诉苦》《灯》《柚子》《自立》《许是不至于吧》《阿卓呆子》《菊英的出嫁》《小雀儿》《美丽的头发》等 11 篇作品。这是王鲁彦第一部中短篇小说集,1927 年 7 月由上海北新书局再版。

集子出来以后,刊登于 1927 年 7 月 10 日《小说月报》第十八卷第 7 期叶圣陶的文章《读〈柚子〉》给予了中肯的评价:"近来得鲁彦君的小说集《柚子》。十一篇里头,还只读了六篇,最爱《狗》《柚子》《阿卓呆子》三篇。""作者的感受性非常锐敏,心意上细微的一点震荡,就往深里、往远处想,于是让我们看见个诚实悲悯的灵魂。作者的笔调是轻松的,有时带点滑稽,但骨子里却是深潜的悲哀,近于所谓'含泪的微笑'。作者的文字极朴素,不见什么雕饰。这三者合并,就成一种自有的风格,显然与其他作者的不一样。"

在这个小说集中,只有《菊英的出嫁》[现收于《王鲁彦文集》(壹)]没有在杂志上公开发表过。小说叙述一位丈夫长年出外做生意的中年妇女与乖巧懂事的女儿菊英相依为命,可是菊英在八岁时得了白喉病,因母亲迷信中医没有及时请西医医治而死亡。十年后,菊英的母亲怀着死后生存(就是死后的鬼能和人活着时一样生长)的原始信仰,认为女儿在阴间也已经长大,已到婚配年龄,于是她到处为女儿物色对象,终于找到一个十几年前死亡的男孩,并得到亡男家长的同意。菊英的母亲置办了丰厚的嫁妆,热闹阔绰地为亡女举办了一场冥婚①。在为亡女热衷举办冥婚的背后,也刻画出一个近乎寡居的妇女对性爱渴求的细腻心理。其实这种冥婚场景,王鲁彦自己家里就曾经为其早夭的哥哥举行过,他在散文《母亲的时钟》里提到家里多了一只闹钟,指出"那是我们阴配的嫂嫂的嫁妆。它比母亲的一架更新,更美观,声音更好听"。小说采用真幻合一的艺术手法,通过菊英母亲的意识流动来演绎冥婚事件的始末,用倒叙的手法来建构篇章,致使真幻难辨。

刊登于《现代》1935年第5期的苏雪林的文章《王鲁彦与许钦文》对这种手法十分肯定:"我们未读到仪仗中的菊英的棺材而先读这些描写时,谁又不被作者巧妙的笔所欺蒙呢?"

刊登于1928年1月10日《小说月报》第19卷第1期的方璧〔茅盾〕的文章《王鲁彦论》其至对这种手法表示惊叹:"在这里,真与幻混成了不可分的一片,我们看见母亲意念中有真实的菊英在着。我们也几乎看见真实的菊英躲躲闪闪在纸面上等候出嫁。像这样的描写真与幻的混一,不能不说是可以惊叹的作品。"

---

① 冥婚,也叫阴婚、殇婚、死婚。旧时婚姻习俗的一种,即男女两家分别为死亡的未婚子女联姻。冥婚又分为几种:一种是定亲后双方亡故的,择日由童男童女抱牌位成亲,婚礼毕移棺合葬;一种是亡故的未婚男女双方本来不认识,家人托媒说合成婚,移棺合葬;一种是女方亡故,男方将牌位抬回家,另娶妻仍叫"填房";再一种是男方亡故,女方与男方的牌位拜堂,与木主共寝,从一而终。这种习俗在周代民间已有流传。到了宋代,出现了专门替未婚早亡男女两家说和联姻以赚取财帛的人,称为"鬼媒人"。人们出于慰藉死者、保全生者的动机,因而形成此种迷信风俗。《菊英的出嫁》中的冥婚属于第二种。

11 月

2 日 据鲁迅日记,鲁迅在下午收到王衡(鲁彦)10月24日寄来的信及照片。

25 日 据鲁迅日记,鲁迅给王衡(鲁彦)寄回信。

12 月

是月 译作短篇小说集《犹太小说集》由上海开明书店出版,为"文学周报社丛书"之一,署鲁彦译。内收王鲁彦写的《序》以及夏虏姆·阿莱汉姆著的《腊伯赤克》《中学校》《诃夏儒腊婆的奇迹》《不幸》《宝》《创造女人的传说》,俾莱芝著的《灵魂》《姊妹》《七年好运》《披藏谢标姆》《又用绞首架了》《和尔木斯与阿里曼》,宾斯基著的《搬运夫》,泰夷琪著的《资本家的家属》等14篇作品。

是年 在长沙继续从事世界语活动。

是年 与其关系最亲密、感情最好的堂叔,因生活压力过大,吐血而死。他曾经为鲁彦做过钓鱼竿,被鲁彦写进散文《钓鱼——故乡随笔》中。

是年 据人民文学出版社2016年版《冯雪峰全集》第9卷第53—56页冯雪峰的文章《关于王鲁彦》回忆:鲁彦在北京与冯雪峰碰过几次面,但没有交往。

1927(丁卯,民国十六年) 26 岁

▲4 月 12 日,蒋介石在上海发动"四一二"反革命政变。大

肆屠杀共产党人和革命群众。4 月 18 日,南京国民党政府成立。

▲4 月 27 日,中共在紧急关头于武汉召开"五大",对党的领导机关在革命统一战线中的右倾错误提出批评,但陈独秀等右倾分子仍不改正错误,造成了第一次国内革命战争的失败。

▲4 月 28 日,李大钊等 20 名共产党人和革命者在北京被奉系军阀杀害。

▲6 月 2 日,著名学者王国维自沉于颐和园昆明湖。

▲7 月 15 日,武汉国民政府举行"反共"会议,标志着中共与国民党的第一次革命统一战线完全破裂。

▲8 月 1 日,"八一"南昌起义,开创了中共领导的中国革命武装斗争的道路。9 月,毛泽东领导秋收武装起义,成立中国工农红军第一军第一师。10 月底,毛泽东率秋收起义部队进入井冈山,建立中国第一个农村革命根据地,开始农村包围城市的革命道路。

▲10 月,《语丝》周刊由北京改为在上海出版,自第四卷起,由鲁迅在上海接编。

▲本年冬,蒋广慈、钱杏邨(阿英)、沈端先(夏衍)等在上海发起成立"革命文学"团体太阳社。

1 月

10 日 译作波兰作家显克微支著的小说《老仆人》刊于《小说月报》第 18 卷第 1 期,署鲁彦译。初收于 1928 年 1 月上海北新书局版《显克微支小说集》,1943 年由文学书店出版单行本。

12 日 据鲁迅日记,鲁迅收到王衡(鲁彦)于四日写的来信。

14 日 据鲁迅日记,鲁迅收到王衡(鲁彦)寄来的小说稿。

年初 与谭昭所生的长子长佑出世。

2 月

12 日　译作保加利亚作家遏林沛林著的小说《访教父去》发表于《语丝》第 118 期,署鲁彦译。初收于 1928 年 8 月上旬上海东亚图书馆版《世界短篇小说集》。

3 月

10 日　译作保加利亚作家 St. Runevoki 著的小说《学生》刊于《东方杂志》第 24 卷第 5 期,署鲁彦译。初收于 1928 年 8 月上旬上海东亚图书馆版《世界短篇小说集》。

13 日　编辑完成根据世界语本重译的《显克微支小说集》,收小说 7 篇,并为本书作一长序。序文分为两个部分,第一部分系统介绍了显克微支的生平经历、创作情况、创作成就,认为显克微支是"波兰唯一的、伟大的作家"。接着重点介绍他创作于 1863 年的 3 部历史小说《火与剑》《洪水》和《浮罗提约斯基先生》的主要内容、艺术上的成就及其创作原因;又介绍了 1895 年创作的长篇小说《你往何处去》的内容以及获得诺贝尔文学奖的情况,认为"这是过去一世纪里最伟大的作品之一"。第二部分介绍了小说集中 7 篇译文的来源,同时表达了对周作人曾参与其中 2 篇译文校阅的感谢。

是年春　译作《波兰民歌四首》包括《把我给了杨珂罗》《请你填平了山和谷》《呵　流水旁的荚蒾儿》《哥萨克人》等,刊于《狂飙汇刊》1927 年第 1 期,署鲁彦译。

是年春　到武汉汉口担任《民国日报》①的副刊编辑，当时茅盾担任该报的总主笔。

同时　被聘为黄埔军校武汉分校②教官。据人民文学出版社1992年版覃英编的《中国现代作家选集——鲁彦》第282页陈子善、刘增人编的《鲁彦年表》记述："一九二七年春，二十五岁，春，抵武汉，参加左派领导的汉口《民国日报》编辑工作，同时在武汉军分校担任短时期的教官。"鲁彦在校任职时间不长，至于担任什么课，到目前为止尚未发现相关资料。

---

①　《民国日报》又叫《汉口民国日报》，是当时武汉的两家大型报纸之一，另外一家是《中央日报》。据人民文学出版社1997年12月版茅盾的专著《我走过的道路（上）·一九二七年大革命》第317—342页回忆：这张报纸"名义上是国民党湖北省党部的机关报，但实际上是在为共产党工作。这是因为报纸的实权掌握在共产党的手里：报社社长是董必武，总经理是毛泽民，总主笔是我，而编辑部的编辑，除了一个石信嘉是国民党左派，其他都是共产党员；此外，报纸的编辑方针、宣传内容也是由中共中央宣传部确定的，我有问题，也是向中共中央宣传部请示。因此，也可以说，《汉口民国日报》是共产党办的第一张大型日报"。"编辑部没有记者，消息的来源主要靠党政机关及工农青妇等群众团体供给，而且材料很丰富。"

②　武汉军事分校全称中央军事政治学校武汉分校，校址在武昌文昌门、平湖门之间的两湖书院旧址。1926年7月，由当时的中央政治学校教育长方鼎英电请设立中央军事政治学校武汉分校。10月，在广州召开的国民党中央与各省区党部代表联席会议决议通过，蒋介石委派邓演达为主任委员负责筹备，由包惠僧做具体的筹备工作。三个月之后，1927年1月19日中央军事政治学校（黄埔军校）武汉分校正式成立。最初仍由北伐军总司令蒋介石任校长，汪精卫任党代表。但当时蒋介石远在江西南昌指挥战争，汪精卫在国外未归，便由武汉的声望极高的邓演达出任代理校长，军校的实际工作由政治部总教官恽代英主持。1927年2月12日，举行了开学大典，宋庆龄、孙科、吴玉章、董必武等出席开学典礼。武汉军校下设政治、炮兵、工兵三科，首次招生共录取男生986人，女生195人，他们先称入伍生，后成为黄埔六期的正式学员。未被录取的考生，多数进入设在武昌南湖的总司令部学兵团，少数女生被介绍进入设在汉口的妇女运动训练班。军校实行军事教育和政治教育并重的办学方针，开设大量的政治课。恽代英任政治科总教官并主持军校工作，茅盾做过政治教官。

是月 他的妻子谭昭回到湖南醴陵湘乡,在私立攸叙女子学校任教。

4月

19日 据鲁迅日记,收到王衡(鲁彦)自三月三十一日北京发出的信。①

5月

20日左右 据《新文学史料》2010年第3期得先(谭昭)的文章《青少年时期的鲁彦》记述,"马日事变"②前后,鲁彦利用工余时间去长沙把妻儿接到汉口。

6月

24日 据鲁迅日记,给鲁迅写信。

是月 继续在汉口《民国日报》当副刊编辑。

---

① 《鲁迅研究月刊》2000年第1期王雷的文章《王衡质疑》认为虽然王鲁彦原名王衡,但在《鲁迅日记》中出现的王衡应该另有其人,因为那个王衡有一部小说集名为《爱之冲突》,而王鲁彦没有这部小说集;而且认为王鲁彦几乎没有用王衡作为笔名发表过作品。当时的鲁彦确实是在长沙教书,也没有资料记载其在3月份曾去过北京。所以这一条暂时留存,待新的资料发现作进一步确认。

② "马日事变"是1927年5月21日反动军官许克祥在湖南长沙发动的反革命政变。因当日电报代日韵目为"马"字,故称"马日事变"。许克祥为原直系军阀部队改编的国民革命军第三十五军第三十三团团长,他在长沙调集军队向国民党湖南省党部、省总工会、省农民协会等机关发动突然袭击,收缴工人纠察队武装,捕杀共产党员和革命群众100多人,长沙笼罩在白色恐怖之中。中共湖南党组织和革命力量遭到严重打击。

7 月

10 日　小说《黄金》刊于《小说月报》第 18 卷第 7 期,署名鲁彦。《小说月报》第 18 卷第 6 期第 4 页曾对《黄金》将于下一期发表作过预告。该小说初收于 1928 年 5 月上海人间书店版短篇小说集《黄金》,现收于《王鲁彦文集》(壹)。小说叙述了陈四桥的如史伯伯的故事。他因为儿子在年终没有及时寄钱来而遭到邻居的冷落、村人的戏弄、同族晚辈的奚落,女儿因作文写得好却被老师怀疑抄袭而遭辱骂,家狗来法在屠宰坊觅骨头吃时被屠夫拦腰砍成重伤,甚至家里被盗去四箱衣服不敢报警,生怕被怀疑是为了赖债而作假,春节临近好几个债主坐等在他们家里索债。小说批判陈四桥村民"你有钱了,他们都来了,对神似的恭敬你;你穷了,他们转过背去,冷笑你,诽谤你,尽力的欺侮你,没有一点人心"等自私、冷漠、势利的行为和拜金主义的思想。

王鲁彦自己在《我怎样创作》一文中谈过为何如此设置如史伯伯结局的原因:"譬如《黄金》这一篇,我冷酷地使小说中的主人公如史伯伯的压迫一天严厉一天,而结果却给了他一个圆满的梦。这虽然多半是技术方面的原因,但一方面也看出我对他的热烈的同情。虽然我写这梦的另一原因是想说明这样圆满的结果只有在梦中才能出现。"

载于 1928 年 1 月 10 日《小说月报》第 19 卷第 1 期方壁[茅盾]的文章《王鲁彦论》认为:"王鲁彦小说里最可爱的人物,在我看来,是一些乡村的小资产阶级,例如《黄金》里的主人公,和《许是不至于罢》里的王阿虞财主。""在《黄金》中,我们看见静的悲剧的发展。主人公如史伯伯,是一位照例的善良的小资产阶级,他有十几亩田,几间新屋,原不是穷得没饭吃的人,但因在外的儿子不能在年终寄钱来,于是这可怜的老人受到了许多意外的——或许正是意中的,揶揄和侮蔑。乡村小资产阶级的产业观念(以为已置的产业而再出卖就是莫大的倒霉,莫大的灾祸,比没有这产业而穷到要饭还坏些)以及周围人的幸灾乐祸,便交织成了这篇小说的静的悲剧的发展。我们怀着沉重的心,跟随篇中主人公走到无形的悲剧的顶点,结果使我们对于这个平平常常的老头子发生了深切的同情,看了这篇小说,我就联想到莫泊桑的短篇《一段弦线》里,主人公的悲剧成了真实;而在《黄金》里,却有一个梦幻的美满的结束。""乡村小资产阶级的心理,和乡村的原始式的冷酷,表现在这篇《黄金》里的,在现文坛上,似乎尚不多见。作者的描写手腕,和锐敏的感觉,至少就《黄金》而言,是值得赞赏的。"

13 日 据鲁迅日记,鲁迅于上午收到王衡(鲁彦)信,并于当天晚上给鲁彦写回信。

下旬 据《新文学史料》2010 年第 3 期得先(谭昭)的文章《青少年时期的鲁彦》记述:鲁彦从汉口带着妻子和一双儿女——长女涟佑、儿子长佑回镇海老家。

是月 与茅盾见过一面。据 1928 年 1 月 10 日《小说月报》第 19 卷第 1 期方璧[茅盾]的文章《王鲁彦论》记述:"王鲁彦!我似乎看见过他一面。似乎就是那可纪念的七月,他带了妻子,正要离开某处的前夕,见过他一面。"

这次见面的时间推算起来应该是 1927 年 7 月 15 日汪精卫发动反革命政变以后不久,鲁彦带领妻儿离开汉口回镇海的前夕。因为茅盾自己也于 7 月 23 日离开武汉赴上海了。这也与刊登于《新文学史料》2010 年第 3 期得先(谭昭)的文章《青少年时期的鲁彦》所述"'马日事变'前后,他到长沙接妻儿到汉口,不久又从汉口回到镇海老家"的时间点相吻合。

8 月

是月 全家待在宁波市镇海县大碶镇王隘村的家里。

9 月

10 日 小说《毒药》刊于《小说月报》第 18 卷第 9 期,署名鲁彦。初收于 1928 年 5 月上海人间书店版短篇小说集《黄金》,现收于《王鲁彦文集》(壹)。小说叙述作家冯介在发表作品与出版著作时所经历的种种遭遇:成名前,投稿时被无数次地推脱,即使稿子被采用后稿费也是一再拖欠,还被一些无良文人的谣言中伤。成名以后,版税低、书卖不出去。从而说明推荐一些文学青年走文学创作道路,那是在用毒药戕害自己的生命和无数的青年。真实反映了当时出版界、书报界的丑行。刊登于《现代》1935 年第 5 期苏雪林的文章《王鲁彦与许钦文》对鲁彦借小说中人物的经历发牢骚深表同情,她说:"我们假如略略知道过去八九年文艺界的情形,便知道作家发这种牢骚并不算什么过激。"

16 日 译作俄国作家库卜林著的小说《月桂》刊于《北新》周刊第 47、48 期合刊,署鲁彦译。初收于 1928 年 8 月上旬上海东亚图书馆版《世界短篇小说集》。

25 日 完成根据世界语本重译的法国作家查理斯·拉姆贝的文艺论文集《花束》的编辑,收论文 3 篇,并作序,署名鲁彦。序中对于这 3 篇论文的来源、内容以及为什么会选择这几篇译文的目的做了阐述:"我翻译此书只贡献给非投机而研究文学真正想得到一点文学的培养,而又能细心阅读的人们。我相信他们读过后,必能得到几许文学上的兴趣。"同时对代为校阅的周作人表示感谢。

10 月

1 日 散文《全世界庆祝的今年——世界语产生四十周年》刊于《民铎杂志》第九卷第 2 期,第 1—4 页,署名鲁彦。该文章没有收入《王鲁彦文集》(叁),是一篇佚文。文章首先谈了当年柴门霍夫介绍世界语的小册子在波兰出现时,人们不接受的态度。接着阐述四十年之后,世界语不但被广泛接受,而且在政治、经济、社会等各个领域被广泛使用的事实。世界语出现的历史虽然短暂,其发展的程度无法与英、法、德等具有几百年历史的语言相比,但它有两个优点:一是散播的范围广,二是用世界语创作的文学作品像雨后春笋般出现。究其原因有两个:一是它有内在的生命力,二是它容易学习。最后,指出世界语的核心是爱,这是柴门霍夫创立世界语的目的。

10 日 散文《世界语四十年》刊于《东方杂志》第 24 卷第 19 期,第 6 页,这是发表于 10 月 1 日的《全世界庆祝的今年——世界语产生四十周年》一文的精简版。没有被收入《王鲁彦文集》(叁),是一篇佚文。

同日 小说《一个危险的人物》刊于 1927 年 10 月 10 日《小说月报》第 18 卷第 10 期,署名鲁彦。初收于 1928 年 5 月上海人间书店版短篇小说集《黄金》,现收于《王鲁彦文集》(壹)。小说描写一位在外求学并教书多年的知识分子林子平,在 1927 年国共两党关系十分紧张的时刻回到闭塞、保守的家乡林家塘。他在这里读书、生活,同时联络县党部的同学,敦促县农民协会来村里贴一张减租减息的告示,为农民谋利益。但是林子平的所作所为并不被村里人接纳,他的叔父惠明为了霸占林子平父亲留下的家产,甚至不惜以"共党"嫌疑为名向县里告发,导致县里派警察来抓林子平并将其打伤,几天之后,林子平因伤不治而亡。小说揭露了林家塘封闭、落后的古老乡村文化对具有现代意识的人的抵制和扼杀,也批判了其叔叔的自私、贪婪。

12 日 据鲁迅日记,中午收到鲁彦来信。

15 日 据鲁迅日记,下午给鲁彦回信。

11 月

16 日 给世界语重译本《世界短篇小说集》作序,署名鲁彦。该集子共收短篇小说 16 篇,多为受压迫的弱小国家的作品。序文在介绍这些译文的来源、国别之后,表明译介这些作品的原因,是作者觉得弱小国家"它们一样的有生活,有人民,有文字,有痛苦与快乐,有呻吟与叫号,有科学与文学——一句话,无论如何弱小的国家都有他们自己的灵魂……正因为他们弱小,受压迫,被损害,它们的灵魂愈加沉痛,愈加悲哀,而从这里所发出的呼声愈比大国的急迫,真挚,伟大。文艺正是从灵魂中发出来的呼声,我因此特别爱弱小民族的文艺。在它们的文艺园地里,我常常看见有比大国的更好的鲜花"。最后表示"我愿意做一个采花的仆人,采了来贡献给和我有同好的读者"。

是月 译作俄国作家马明・西皮尔雅克著的童话集《给海兰的童话》,由上海光华书局出版,为"狂飙社丛书之三",署鲁彦译;内收王鲁彦写的《序》以及《长耳朵,斜视眼,短尾巴的大胆的兔子》《小蚊子》《最后的苍蝇》《牛乳儿、麦粥儿和灰色的猫满尔克》《是睡觉的时候了》等五篇译文。该译作 1933 年 10 月由上海开明书店再版,赵特夫作画,为"世界少年文学丛刊"之一,1936年上海大光华书局再版。不过鲁彦非狂飙社成员,据生活·读书·新知三联书店1980年10月版唐弢著的《晦庵书话》第327—328页认为:"在狂飙诸书中也只有这本《给海兰的童话》最为难得。""在文学童话中,这是一部难得的佳作。"

是月 给译作《给海兰的童话》作序,署名王鲁彦。作者采用拟人手法,模拟给小孩海兰讲故事的口吻写序,富有特色和趣味,似乎更像文学作品而非序言,与鲁彦其他的序都不同。

12 月

15 日 周作人给鲁彦的译作《花束》写了一篇序。序文首先对《花束》这本书的内容作了介绍:"这书里一总有三篇论文,都与文艺学术有关系。第一篇讲古希腊人在天医庙求治病的事情……第二、三篇论文都与文艺相关,其一是讲印度名剧《沙恭达罗》(Sakuntala),其二是论法国童话《林中睡美人》的。"并详细介绍了古希腊人去天医庙求治病的发展流脉、沙恭达罗其人以及在印度文学中的演绎,法国睡美人故事的缘起和文学记载的时间等。其次,指出王鲁彦翻译3篇论文的价值。这篇序发表在1927年12月31日的《语丝》第四卷第三期,收入周作人的《永日集》。[①]

下半年 译作波兰作家显克微支著的小说《天使》刊于《狂飙》1927年第13期第370—374页。初收于1928年1月上海北新书局出版的《显克微支小说集》,署鲁彦译。

下半年 全家一直住在宁波市镇海县大碶镇王隘村避难。

---

① 参见张菊香编撰:《周作人年谱》,南开大学出版社1985年版,第258页。

下半年 王鲁彦的大姐因与婆婆不睦,暂时住到娘家。

年底 译作拉忒维亚(Gulbis.j)著的散文《黄叶》刊于《狂飙》第 16 期,第 470—471 页。署鲁彦译。

1928(戊辰,民国十七年) 27 岁

▲1 月,在上海的创造社与太阳社成员共同提倡"革命文学",传播了马克思主义文艺理论。但他们又对鲁迅等作家进行批判甚至攻击,引发了一场延续一年之久的"革命文学"的论争。

▲2 月,《语丝》杂志在上海复刊。

▲3 月,新月社在上海创办《新月》月刊,由徐志摩、罗隆基、梁实秋等编辑。

▲4 月,朱德、陈毅率领南昌起义保存下来的队伍和湘南起义部队,于 4 月 28 日与毛泽东领导的工农红军在井冈山会师,中国工农武装斗争继续发展。

▲6 月,鲁迅与郁达夫合编的《奔流》月刊在上海创刊。

▲10 月,国民政府决定将中央大学院改为教育部,任命蒋梦麟为部长。

▲12 月 29 日,张学良通电宣布"东北易帜"。

1 月

10 日 译作波兰作家普鲁士著的小说《吉尔达》刊于《小说月报》第 19 卷第 1 期,署鲁彦译。初收于 1928 年 8 月上旬上海东亚图书馆版《世界短篇小说集》。

22 日 阴历 1927 年除夕,这一天鲁彦母亲因为害怕出嫁的

鲁彦与妹妹的合影

女儿在家里过年会夺去家里的幸福、繁荣与昌盛,硬是一把鼻涕、一把眼泪地把因与婆婆不睦住在娘家的大女儿、四岁的外孙、六岁的外孙女弄到附近的庙里去过夜。当时在家里的鲁彦虽然极端反对这种迷信,但他拗不过母亲。①

　　是月　译作《显克微支小说集》由上海北新书局出版,署鲁彦译,钱君匋作封面;内收《序》以及《泉边》《宙斯的裁判》《乐人扬珂》《天使》《光明在黑暗里》《提奥克庑》《老仆人》等 7 篇作品。1943 年,他以《老仆人》为书名重印了这个集子。

　　是月　茅盾②以方璧为笔名在《小说月报》第 19 卷第 1 期上发表《王鲁彦论》,对王鲁彦早期发表的十几篇小说进行系统论述。文章首先肯定王鲁彦小说里最可爱的人物,是一些乡村小

―――――――――

　　①　参见得先(谭昭):《青少年时期的鲁彦》,《新文学史料》2010 年第 3 期。
　　②　茅盾(1896—1981),原名沈德鸿,笔名茅盾、郎损、玄珠、方璧、止敬、蒲牢、微明、沈仲方、沈明甫等,字雁冰,浙江桐乡乌镇人。中国科学院学部委员、中国现代著名的作家、评论家、社会活动家。代表作有长篇《蚀》《子夜》,短篇集《野蔷薇》,散文集《白杨礼赞》,评论集《夜读偶记》,剧本《清明前后》,作品集《茅盾全集》等。

资产阶级,如《黄金》的主人公如史伯伯和《许是不至于吧》里的王阿虞财主。并将之与鲁迅笔下的人物展开比较:"我总觉得他们和鲁迅作品里的人物有些差别:后者是本色的老中国的儿女,而前者却是多少已经感受着外来工业文明的波动。或者这正是我的偏见,但是我总觉得两者的色味有点不同;有一些本色中国人的天经地义的人生观念,曾是强烈的表现在鲁迅的乡村生活描写里的,我们在王鲁彦的作品里就看见已经褪落了。原始的悲哀,和 Humble 生活着而仍又是极泰然自得的鲁迅的人物为我们所热忱地同情而又忍痛地憎恨着的。在王鲁彦的作品里是没有的。他的是成了危疑扰乱的被物质欲支配着的人物(虽然也只是浅淡的痕迹),似乎正是工业文明打碎了乡村经济时应有的人们的心理状况。"文章把两位作家作品之间细微的差别揭示了出来。接着指出王鲁彦小说《小雀儿》《毒药》有很浓厚的教训主义色彩。而《秋夜》《狗》《秋雨的诉苦》等作品只是动人的随笔,尽管自己不喜欢,但这几篇随笔中有一种向善的焦灼,鼓励别人做一个人类的战士,然而自己又没有那样的勇力,而且这种苦闷、焦灼的情调贯彻在鲁彦的全体作品之内。同时,对王鲁彦小说艺术手法方面的特点较为肯定,指出"在描写手腕方面,自然和朴素,是作者的卓特的面目"。并指出"人物的对话常常不合该人身份似的太欧化了太通文了些"等不足,认为如果改换成宁波土白会更好些。最后他认为在王鲁彦前期的十多篇小说中,思想技术都好的小说只有两篇,那就是《许是不至于吧》和《黄金》。茅盾用短短几千字,对王鲁彦前期十几篇小说进行既有理论色彩又有个案分析的阐述,成为王鲁彦研究的里程碑式的文章。

2 月

是月　携家人从宁波镇海回上海。

2 月 5 日　据《时事新报》2 月 14 日刊登的《世界语学会会员大会先声》报道,鲁彦被上海世界语学会常务委员会推定为大会筹备员。

14 日　《时事新报》(第二版)刊登了一则题为《世界语学会会员大会先声》的消息。

> 上海世界语学会会员大会,本系每年四月间举行一次,但去岁因时局影响,大会卒未举行,本月五日该会常务委员会特议决将本届会员大会提早举行,当即推定黄尊生、莫纪彭、梁冰弦、黎维岳、胡愈之、陈兆瑛、孙义植、周泽、徐耕阡、马一铎、王鲁彦、索菲、钟锦、钟选民十四人为本届大会筹备员。昨日筹备会议讨论结果,决定本届会员大会于三月十一日、十二日两天举行,所有大会地点、节目以及外埠同志来沪之招待,已由各筹备员分别担任接洽进行,预料此次大会开幕,当有一场宏壮之盛典。

3 月

9 日　据鲁迅日记,鲁迅收到王衡(鲁彦)的信。

11—12 日　参加上海世界语学会会员大会,被选为常务委员。

据《时事新报》13 日刊载的题为《上海世界语学会会员大会纪》报道:

> 前昨上海世界语学会在宝山路颐福里开会员大会,下

午二时各会员相继入席,签到者计有五十余人,当即推定黄涓生博士为大会主席,周泽君为记录。主席致辞毕,由胡愈之君代表常务委员会报告上海世界语学会之过去与现在,由徐耕阡君报告一九一六以后会中收支方面之概况,所有提案亦均分别提交大会讨论,计当日通过者有发起第一次全国世界语大会案,敦促教育部下令实行十一年教育联合会之决议案,请大学院派代表出席万国世界语案,整顿会务案、扩大宣传案、国内各团体互通消息,议案讨论毕,即开始选举,陆式楷、黄涓生、马一铎、徐耕阡、钟宪民、陈兆瑛、孙义植、王鲁彦、盛国成、钟锦涛、周泽,十一人为常务委员,以后全体会员相率赴新新公司聚餐,无线电播音、摄影散会。

是月 译作法国作家查理斯·拉姆贝著的文艺论文集《花束》由上海光华书局出版,署鲁彦译;内收《周作人序》《译者序》和《沙库泰拉和印度的戏剧》《希腊的朝山和奇迹地》《睡美人和神仙故事》等 3 篇论文。1936 年 8 月上海大光华书局再版,现已绝版。刊登于《文学周报》1929 年第 326—350 期第 468—473 页钟敬文的文章《花束:王鲁彦译,周作人序》对这部译作评价较高,认为这三篇译文,"颇有些共同的优点,如取材的宏博,眼力的透彻,最可佩服的尤其是那诗的图画一般巧隽妙丽的文章"。不过他也指出:"有些句子,我窃觉得略微生硬一点,能够稍为修改……那在多数的读者,像更容易明白领会了。"

是年春 在上海宝山路宝山里的世界语学会里与住在附近的冯雪峰碰面,并将冯雪峰翻译的一本日本短篇小说集介绍给人间书屋出版。据人民文学出版社 2016 年版《冯雪峰全集》(九)第 53—57 页冯雪峰的文章《关于王鲁彦》回忆:"28 年春天我从北京到上海,知道王鲁彦在上海,同'世界语学会'(地点在宝山路宝山里)有关系,我也住在宝山里,又同王鲁彦碰见;那时有人(是怎样的人已经忘记)新开一个小书店叫'人间书屋'①,王鲁彦同他认识,曾把我翻译的一本日本人作的短篇小说集介绍给人间书屋出版。(这间人间书屋大概只在半年后就关门了。)"

是年暮春 应作家荆有麟之约到南京国民政府中央党部宣传部国际科任世界语干事,负责编写对波兰、芬兰等东北欧国家的世界语宣传小册子。主要是将孙中山的《三民主义》翻译成世界语,向国外宣传。

同时 在南京,与谭昭一起带着两个孩子,与儿童文学作家张天翼的姐姐穆素一家一起借住在圣公会的一幢洋房里。据《青年文艺》1944 年 10 月第 1 卷第 3 期穆素的文章《忆鲁彦》记载:"几天之后,(姚)蓬子跟我商量,介绍一个朋友来借住我们的空房子。我因为听说那家有两个小孩子,自己小孩太多,恐怕弄不好,很不高兴。但既是蓬子跟弟弟(张天翼)已经答应了人家,我自然也只好同意,毫没商量的余地了。那搬来的就是鲁彦跟他的原配夫人谭昭。于是我们那间大起居室里真有人满之患了。"

在那里居住期间,鲁彦利用业余时间进行创作与翻译,并很快与穆素的孩子们打得火热,他们一起吹笛子、唱歌、下象棋、玩扑克,星期天一起打网球、逛公园、骑脚踏车、游水。当时夫妻感情还比较和谐,谭昭很爱他,烧煮浆洗一完,就一手抱着孩子,另一手牵着孩子,挤在人群里,用亲切的眼光看着他。如果鲁彦写作的思路被孩子的吵闹声打断,他就会发火甚至打自己的孩子,

---

① 人间书屋由安徽程万孚等创办,王鲁彦的小说集《柚子》《黄金》都由该书屋出版。

搞得谭昭很伤心,在场的人很生气。等到鲁彦的文章写作告一段落,他就会打扮整齐,带着妻儿,邀请穆素他们一起去逛公园,并设法平复妻子谭昭的情绪。这些显露了鲁彦率真不成熟的性格以及体育、音乐方面的修养。[①]

4 月

10 日 小说《微小的生物》刊于《新月》第 1 卷第 2 期,署名王鲁彦。初收于 1928 年 5 月上海人间书店版短篇小说集《黄金》,现收入《王鲁彦文集》(壹)。小说叙述自己在一个初冬的夜里独坐在小楼中,看到蚊子一样的小动物,就用手去捻,发现它没有血,只在书上留着两三颗微小的灰点。我往书上嘘了一口气,那灰一般的东西就不知所终,我感觉这东西太渺小了。正疑惑时,第三只又来了……它有发着闪光的眼睛,尖利的嘴……威严而且可怕。并且大声说:"到了明年的夏天,我们又将起来……那时,我们将要吸尽你们的血液,带给你们疾病和死亡!"说完,嗡的一声,飞到不知什么地方去了。揭示了"弱者不可欺"的道理。

是月 中篇小说《阿长贼骨头》刊于《新生命》第 1 卷第 4 期,署名鲁彦,同年 5 月第 5 期连载。初收于 1928 年 5 月上海人间书店版短篇小说集《黄金》,现收于《王鲁彦文集》(肆)。小说叙述父亲是惯偷、母亲出嫁前就作风不好的阿长,从五六岁开始就小偷小摸,十三四岁时偷窃技术已经胜过父亲,什么人的东西都偷。且道德品行极端低劣:看见女人就想上去摸一把,连自己的堂嫂、堂妹都不放过。母亲病重即将去世,为了逃避丧葬费

---

① 参见穆素:《忆鲁彦》,载 1944 年 10 月《青年文艺》第 1 卷第 3 期。

用,故意装病、出逃。最后因盗墓被主人报官遭追捕而逃离家乡。小说塑造了一个集小偷、无赖、流氓于一身的乡村无产者形象,表达了作者对这类无耻小人的极度厌恶、批判之情。这篇小说受鲁迅《阿Q正传》的影响较深,阿长这个形象有模仿阿Q的痕迹,但不及阿Q形象深刻丰满、有历史感。

不过,苏雪林对阿长这个人物比较认可,在刊登于《现代》1935年第5期的文章《王鲁彦与许钦文》中说:"作者写阿长这样机警奸诈之处甚多,而且无一不写得淋漓尽致,栩栩欲活,教我们亲眼看见一个小流氓的面影。这面影正是我们在各处社会可以遇着的。""总而言之阿长是个天生的坏胚,永远改不好的下流种子,不过在鲁彦温厚同情的笔下,我们反觉他有些可爱,正如我们不大讨厌阿Q一样。"

5 月

25 日　译作德国作家嘉米琐著的中篇小说《失了影子的人》刊于《东方杂志》第25卷第10期,署鲁彦译。同年6月10日第11期、6月25日第12期连载。1929年1月15日由上海光华书局出版单行本,为"世界名著选"之一,署鲁彦译。1936年10月上海大光书局再版。

31 日　据鲁迅日记,鲁迅于上午收到王衡(鲁彦)的信及照片。

是月　短篇小说集《黄金》由上海人间书店出版,钱君匋作封面,内收《黄金》《毒药》《一个危险的人物》《阿长贼骨头》《微小的生物》等5篇作品。1929年7月由上海新生命书店再版,再版时加入《未曾写成之序——即以此代序》的序文和小说《最后的胜利》。

刊登于 1930 年 10 月 15 日《文艺月刊》第 1 卷第 3 期克川的文章《十年来中国的文坛》对这本小说集有中肯评价："王鲁彦将发表在《新生命》和《小说月报》上的作品，积集成《黄金》，作者爱用一点讽刺，但我希望他能讽刺的深刻一点，从手法上讲，是成熟的作品。"

　　是月　因如实报道了日本人于 5 月 4 日在山东蓄意制造的"蔡公时惨案"和 5 月 11 日制造的"济南惨案"的相关信息，揭露蒋介石的投降政策而触怒了国民党当局，被撤职。

　　"蔡公时惨案"是 1928 年 5 月 3—4 日，侵华日军头目酒井隆为了阻止北伐军北上讨伐张作霖，保护自己在东北的利益，在山东济南一手策划和制造的惨案。1928 年 4 月，日本驻济南领事馆武官酒井隆，为了阻止蒋介石所率的北伐军继续北进，以保护侨民为由写信要求军部出兵山东，参谋本部根据酒井隆的报告和请求，于 4 月下旬，派遣日军第六师团五千余人从青岛登陆，并于 4 月底到达济南城外。5 月 1 日，蒋介石所率北伐军开进济南城，酒井隆手下的日本兵四处滋事，枪杀了北伐军的运输队长。5 月 3 日上午，日军还强行解除了北伐军一部七千余人的武装。对于日军的挑衅，蒋介石却再三退让，命令北伐军各部"约束士兵，不准开枪还击"。这更助长了日军的嚣张气焰。5 月 4 日晨，北伐军在济南抓获了 13 名走私鸦片的日本毒贩，按照中国法律将他们处死。酒井隆借机再给陆军省和参谋本部拍电报，并于当天下午指使第六师团进行报复。第六师团用大炮和重机枪轰击济南城内居民稠密的地区和北伐军的驻防地，造成中国军民死伤一千多人。当晚 11 时，酒井隆还指使数十名日军闯入国民党山东公署交涉，剪断电话线，将国民党战地政务委员会主任兼山东交涉员蔡公时及 17 名公署职员全部捆绑起来，并极其残忍地先将蔡公时的眼、耳、鼻、舌剜了下来,然后用机枪把蔡公时等18名人员全部杀害。这就是"蔡公时惨案"。

"济南惨案"是5月11日日军侵占济南城之后,在城内进行大规模的掳掠烧杀活动,杀害中国军民6123人,打伤1700余人,其杀害打伤人数之多、手段之残忍震惊中外。

是月 曾离开南京返回上海,全于什么时候重返南京没有相关的资料记载。

7月

4日 据鲁迅日记,鲁迅收到工衡(鲁彦)的信。

8日 据鲁迅日记,鲁迅给王衡(鲁彦)回信。

8月

8日 据鲁迅日记,鲁迅于上午收到王衡(鲁彦)的信。

是月 译作爱沙尼亚作家土格拉斯的小说《披披和猢猢》刊于《新生命》第1卷第8期,署鲁彦译,文后有《译者后记》。初收于1930年3月上海神州国光社出版的《在世界的尽头》。

是月 译作《世界短篇小说集》,由上海亚东图书馆出版,署鲁彦译。内收17篇作品如下:王鲁彦写的《序》,俄国作家库卜林著的《月桂》;俄国作家西皮尔雅克著的《汉蒂额夷的天鹅》;俄国作家刚杜鲁息金著的《仅有的不如意》;波兰作家普鲁士著的《古尔达》;波兰作家先罗什伐斯基著的《对神的牺牲》;波兰作家年摩耶夫斯基著的《小麋鹿》;保加利亚作家加尔陀尼著的《二金虫》;保加利亚作家海尔采著的《丽西·爱尔彩·爱丽沙白》;保加利作家亚遏林沛林著的《访教父去》;保加利亚作家卢耐夫斯基著的《学生》;保加利亚作家斯太马妥夫著的《海滨别墅》《墓地》;芬兰作家哀禾著的《小人物和大人物》;芬兰作家爱尔柯著的《雏鸟》;乌克兰作家波尔调侠克著的《荒田》;瑞士作家柴恩著的《月光》等。其中有14篇反映弱小民族和受殖民主义者奴役的国家(如波兰、匈牙利、保加利亚和瑞士等)人民的生活,其余3篇是反映俄国人民生活的小说。

这本译作出版之后,被出版社一版再版,至1941年10月已出8版。

刊登于1940年4月14日(第四版)《救亡日报》的端木蕻良的文章《世界语和文学》认为:"胡愈之先生的《东方寓言集》、巴金的《秋天里的春天》……王鲁彦的《世界(短篇)小说集》,都是很可读的文学作品。"

9 月

21 日　据鲁迅日记,鲁迅收到王衡(鲁彦)的信。

11 月

是月　小说《最后的胜利》刊于《新生命》第1卷第11期,署名鲁彦。初收于1929年7月上海新生命书店再版的《黄金》短篇小说集,现收于《王鲁彦文集》(壹)。小说叙述元林驼背偷了赵家桥昌余米店的米,被老板贵生现场抓住并处以重罚。祥生米店的老板阿真得知此事后,在背后说贵生老板敲竹杠。贵生得知阿真在说他坏话之后与其展开一场你死我活的较量。双方利用各自的人脉掰手腕,经过四个回合的反复斗争,贵生取得了最后的胜利,不但让阿真关闭米店、让出全部米店用房,还把帮助他的警察所长也扳倒了。小说揭示了乡村人际关系的复杂性以及乡镇有钱有权阶级仗势欺人的丑恶。

28 日 给短篇小说集《黄金》作的题为《未写成之序——〈黄金〉序》,载于 1929 年 7 月上海新生命书店再版的短篇小说集《黄金》。这篇序的内容比较独特,没有介绍小说集的内容以及里面几篇小说创作的过程、原因,而是记述在一个冬天晚上,给小说集写序的构思过程:多方取材、反复斟酌、不断推翻重来、抽烟想象、通宵不眠,但最后没有写成序,只得用记述写序构思过程的文字代替了序。体现了作家创作作品的艰辛。

30 日 据鲁迅日记,鲁迅于上午收到王衡(鲁彦)的信。

12 月

18 日 给《苦海》作序,署名王鲁彦。

序文谈了这篇译文完成的艰难,因为小说中的"一切都是这样的忧郁,黑暗,悲痛而且绝望,我不能不为书中的每一个主人翁流下同情的泪来……它给了我这样沉重的压迫,我几乎完全透不过气来了"。同时认为这篇小说的人物"又充满了这样强烈的生的呼声,它比任何的呼声都来得迫切"。尤其里面的女主人公美尔干夷,是毁灭一切的魔王。认为"这样的女人,或是男人,在类似西伯利亚的中国是需要的,是急切地需要的!"并渴望"美尔干夷就在中国生长罢"。

是月 译作波兰作家先罗什伐斯基的长篇小说《苦海》1929 年 6 月由上海亚东图书馆出版,署鲁彦译。书前有作者作的序。1932 年 8 月再版。

月底 与刚从法国回来的巴金有较多接触。当时巴金住在闸北鸿兴路鸿兴坊 75 号的上海"世界语学会"会所,在那里住了一个月。后来周索非(时任上海世界语学会秘书)要结婚,巴金与他一起搬出鸿兴坊,迁居到宝山路宝光里 14 号居住。索非夫妇住楼上,巴金住楼下,一直住到一九三二年一月下旬,闸北被日军炮火摧毁之后,巴金才离开这座几乎变为废墟的住所。在这期间,巴金在索非介绍下加入上海世界语学会,同时被聘为上海世界语函授学校(由学会开办)教员。第二年,巴金当选为上海世界语学会理事和常务理事,在此期间参与几期会刊《绿光》(LaVerda Lumo)①的编辑工作。

是年底 应上海世界语学会②负责人胡愈之的聘请,到该学

---

① 《绿光》(Verda Lumo),是由上海世界语学会在 1922 年 7 月创办的杂志,每月一期,目的是联络国内国外的世界语同志。直至 1933 年底,共出版了 10 余年。由学会负责人胡愈之负责月刊的编辑、印刷和出版等事务。社址在上海法租界褚家桥双十医院。从第六卷起,特改为 A、B 两种,B 种全用世界语,专载世界语消息及有关本国文化以及生活之论文,目的是使全世界同志得借《绿光》杂志以明白中国的情形。A 种则全用中文,专载关于世界语之消息及其论文,以供国内宣传用物。A、B 二种每种每年各出四册,共计八册。1927 年改为月刊,并作为上海世界语学会会报。1932 年 7 月起,巴金和王鲁彦等主编了《绿光》新版。

② 上海世界语学会创办于 1908 年,是中国最早的世界语团体。1920 年胡愈之、陆式楷等开始重建上海世界语学会。1931 年"一·二八"事变中,原会所被战火毁坏,会务暂时停止。经学会创始人陆式楷、胡愈之、盛国成等的努力,1933 年 1 月 17 日召开复员后的会员大会,会上改选陆式楷、胡愈之、盛国成、陈兆瑛、巴金、鲁彦、黄警顽等分别为执行委员和监察委员,兼任世界语函授学校教职员,并在上海市各区设立讲习班面授世界语。会址设在华龙路(今雁荡路)80 号中华职业教育社的 2 楼。

会办的上海世界语函授学校、星期学校和夜校①任教师。上海世界语学会举办的世界语夜校、星期学校和函授学校，不仅在上海本地招生，还接收来自全国的学员。巴金、索非、郭后觉、盛国成、蒋真爱、陆式楷、徐耕阡、黄幼熊、孙义植、陈兆瑛等著名的世界语者都被聘请为教员。他们或进行课堂教学，或批改作业，为全国培养了一批热心世界语的骨干。②

是年底 与鲁迅再无通信来往，至于原因何在，两位当事人都没说。即使跟鲁迅和王鲁彦关系都很好的冯雪峰也只能做一些猜测。据人民文学出版社 2016 年版《冯雪峰全集》（九）第53—57 页冯雪峰的文章《关于王鲁彦》记述："关于鲁彦同鲁迅的关系，我只是听说的，说大概 24 年前后（1925 年 5 月——引者）在北京时王鲁彦同鲁迅接近，但后来疏远了，就只有这一点。为什么原因疏远，从什么时候开始疏远，我都不清楚。王鲁彦没有对我说过；我也不记得别人对我说过；从 28 年底 29 年初之间我同鲁迅开始接近之后，鲁迅在谈话中除偶尔谈到过王鲁彦的作品之外，记得没有谈到过王鲁彦。从 28 年底 29 年初之间我同鲁迅开始接近之后，据我所知，王鲁彦没去看过鲁迅，似乎也没

---

① 世界语函授学校 1928 年由上海世界语学会创办，"该会又为便利有志者学读世界语起见，特开设世界语函授学校（会址及校址均在上海宝山路鸿吉坊），学员现达六百余人。最初加入者，已经毕业，此于吾国之有志研究世界语者便利不少也"。其发布的函授学校常年招生公告指出："学世界语极易，六个月就能毕业而自由看书、阅报、作文、讲话、翻译。且取费极廉，每人只纳大洋七元六角，国外须加邮费二元，一切课本、讲义、杂费等均包括在内。此外尚有分期付款办法，详见章程。函索章程，请付邮票一分。校址：上海宝山路鸿吉坊七十五号世界语学会内。通讯处：上海邮政信箱一三三二号。"胡愈之、索非、陈兆瑛、鲁彦等先后在函校任教。（焦徽《近代中国世界语运动进程研究》博士论文，第 106 页）

② 参见辛莹：《胡愈之与中国世界语运动（1913—1940）》，郑州大学硕士学位论文，2014 年，第 28 页。

有通信。""在我印象里,鲁迅最不满意王鲁彦初期作品的是他在初期作品中的那种'冷笑''玩世'的倾向。(照我的看法,鲁迅可能因为王鲁彦作品中的这种'冷笑''玩世'的倾向,也就不满意王鲁彦这个人,成为他后来疏远王鲁彦的原因之一。)记得在 30 年前后,有一次鲁迅偶尔谈起王鲁彦的小说《柚子》(王鲁彦在 23 年或 24 年时写的暴露湖南军阀杀人的小说),说这篇作品在王鲁彦的作品中要算是好作品了,但他很讨厌王鲁彦好几篇作品中的那种对社会不认真的态度和'玩世及冷笑'的倾向。鲁迅当时谈话中偶尔提到的这个意见,后来更详细写在《〈中国新文学大系〉小说二集序》中,请你们查看《鲁迅全集》第 6 卷 199—200 页。"

1929 年(己巳,民国十八年)　28 岁

▲1 月,国民党军队第三次"围剿"井冈山。红军主力转战赣南,3 月底东征福建,扩大了革命力量。

▲2 月 10 日,国民党政府决定从 1929 年起将中国旧历新年正式改名为春节。

▲2 月,创造社及其出版部被国民党查封。

▲10 月 18 日,国民党政府"令全国军政机构,一律严密查禁"进步书刊,"以遏乱源"。

2 月

中旬　与谭昭所生的次女宁佑于南京鼓楼医院出世。

28 日　散文《介绍狂飙演剧运动》刊于《中央日报·青白》第

3版。这篇文章没有收入《王鲁彦文集》（叁），是一篇佚文。文章很短，认为狂飙社今天起开始演剧，这是新的南京稀有的现象。因当时的南京处于破坏以后的建设中，物质的、社会的和精神的建设都处于萌芽中。所以"狂飙演剧运动"这种高雅艺术的出现，对于一般市民来说十分难得，使得人们解除苦闷与沉寂、获得新的生之力。

是月 把父母、姐姐、妹妹都接到南京，一起生活约半年时间。[①]

5月

14日 给译作《忏悔》作序，署名鲁彦。序文首先介绍《忏悔》作者所在国克罗地亚的地理位置、国内主要的种族、历史上受奥匈帝国的统治、压迫和蹂躏的情况以及国人希望建立一个独立自由国家的迫切愿望。然后介绍《忏悔》作者米耳卡·坡嘉奇次女士的情况以及自己翻译其作品"给沉闷的读者一点新鲜的趣味"的欣喜。

是月 译作南斯拉夫女作家米耳卡·坡嘉奇次的长篇日记体小说《忏悔》，1931年6月由上海亚东图书馆出版，署鲁彦译，书前有《译者序》。

初夏 国民党政府通过反动文人王平陵等诱迫鲁彦去书报检查机关任职，他毅然拒绝，他依稀知道这是一个摧残进步文化的特务组织。

是月 与谭昭之间开始出现矛盾。

---

① 参见得先(谭昭)：《青少年时期的鲁彦》，《新文学史料》2010年第3期。

6 月

是月 头年 12 月底翻译完成的波兰作家先罗什伐斯基著的长篇小说《苦海》由上海亚东图书馆出版,署鲁彦译,书前有鲁彦写的《序》。1932 年 8 月再版。

是月底 据《新文学史料》2010 年第 3 期得先(谭昭)的文章《青少年时期的鲁彦》记述:因为与母亲的矛盾激化,母亲含着辛酸的眼泪回宁波镇海老家,临走时连新生的孙女也没去看一下。鲁彦在母亲的逼迫下,躺在母亲的床上痛哭了一场。

上半年 据得先(谭昭)的文章《青少年时期的鲁彦》记述:虽然有较丰厚的月薪和稿费,但一向对家庭生活很少计划的鲁彦,却使家里时常缺米少油。而且一时兴起,与同事合伙,在南京丁家桥一片竹林里盖起一幢简易的房子:墙壁用泥糊,房顶用铅铁皮盖,外面围着一圈竹篱笆。因为简陋,刮风下雨的时候房顶上像敲锣打鼓一样乱响。房子里面的家具也很简单,只有一副铺板、两条长凳而已。鲁彦却认为这是书生本色。

上半年 据得先(谭昭)的文章《青少年时期的鲁彦》记述:鲁彦把译作《失了影子的人》的版权卖掉,得到三百元钱,他到上海取钱以后,订做了一套西装和一件呢子的冬大衣,还给妻子谭昭买了乔其纱的衣料、长筒的真丝袜子和吊带以及巴黎香粉等高级的进口货。又买了一辆飞马牌的脚踏车和孩子骑的三轮车,还有柯克照相机等。把三百元钱花光之后,才兴高采烈地回到南京家里。

7 月

是月 与谭昭分手,但没有办离婚手续,只是分居。笔者

2010年10月采访谭宁佑时,她说:父母分手的时候,谭昭问鲁彦要哪个孩子,鲁彦说要儿子长佑,谭昭觉得他重男轻女,因为鲁彦平时最喜欢大女儿涟儿,但分手时却要长佑。谭昭一气之下,把三个孩子都带回了湖南湘乡,当时三个孩子分别为五岁、三岁、一岁,其实宁佑当时才一个多月。而据2011年10月10日《光明日报·辛亥革命百周年纪念专栏》谭宁佑的文章《母亲的回忆——从辛亥革命开始……》记述:三个小孩由谭昭带回湖南醴陵湘乡老家抚养,直到1932年谭昭的父亲谭邦屏病故,接着祖屋又遭遇火灾,家境变得十分困窘之后,谭昭才把三个孩子交由继母等家人抚养,独自外出艰辛谋生。

中旬 与中央大学的女学生覃英(谷兰)①一起离开南京到上海结婚。

中旬 刚到上海便与冯雪峰一起去看望隐居在北四川路的鲁迅。② 据人民文学出版社1992年版《中国现代作家选集——

----

① 覃英(1906—1993),字谷兰,湖南宁乡人。出生于教育世家,其父亲覃汉寰曾于1920年上半年担任过湖南省立第一师范学校校长。覃英毕业于长沙第一女子师范,肄业于南京中央大学。1929年与王鲁彦结合后,跟随王鲁彦在福建厦门、泉州、涵江、陕西西安、广西桂林、湖南茶陵等多个学校教书。1944年8月王鲁彦去世之后,在周恩来派人帮助下到达重庆,抗战胜利前夕在四川江津女子师范和白沙大学选修班任教。抗战胜利之后,回到江南,先后在湖州师范、上海储能中学等学校任教。新中国成立之后,被作为军代表派到上海新沪中学参与接收工作并任该校校长。后又调到市三女中任校长。1955年以后,先后在上海市教育局和上海师范学院中文系工作,担任系副主任和科研处书记。80年代初已经离休的她还参与组织成立古籍研究室并兼任主任,进行相关研究。

② 覃英这个说法与《鲁迅日记》的记载和冯雪峰的回忆不符,《鲁迅日记》自1928年底之后再无与鲁彦书信往来及鲁彦去拜访他的记载。冯雪峰在《关于王鲁彦》一文中也回忆:"自28年底29年初我同鲁迅开始接近之后,鲁彦没去看过鲁迅,似乎也没通信。"覃英是否记忆有误?笔者存疑。在没有找到更确切的资料之前,暂时留存在此。

鲁彦与覃英的合照

鲁彦》第 257—258 页覃英的文章《鲁彦生平和创作简述》记载：
"当时上海以鲁迅为首的作家如冯雪峰、柔石、巴金、丁玲、胡也频、艾芜、沈从文、黄源等在反文化围剿的旗帜下准备联合起来进行抗争，同时也出现了文艺队伍的分化。刚到上海的鲁彦便和冯雪峰去看望隐居在北四川路的鲁迅。由于长期远离上海，鲁彦思想上仍是彷徨于个人奋斗的小圈子里，因而没有参加文艺界的论争。这时因失业和发表作品受限制，他要为谋生、为探索而继续漂泊。"

下旬　带着覃英回到镇海老家。

25 日　早上带着妻子覃英去舟山普陀岛度蜜月[①]，在宁波

---

　　① 下面王鲁彦夫妇所有与普陀旅游有关的资料都出自天行（史济行）：《环岛一周记》，载 1936 年 3 月 16 日汉口《人世间》第 1 期和天行（史济行）：《鲁彦忆往录》，《茶话》月刊 1946 年第 4 期两篇文章。

往舟山的慈北轮中与郁达夫夫妇①、史济行、楼适夷②等相遇，他们也去普陀玩。据1936年3月16日汉口《人世间》第1期天行（史济行）的文章《环岛一周记》记述：因为彼此熟悉，所以大家"一路上一切行动毫无顾忌，郁达夫③说笑话，鲁彦唱世界语歌，并且还带了琵琶，弹了一曲《平沙落雁》"。

25日下午3时　　轮船经过镇海、穿山、沈家门后到达普陀山。在莲华洋，看到无数水母，"宛如朵朵莲花"，郁达夫说："好一片莲华洋哦！"由于普陀山没有码头，他们雇小船从短姑道头上岸。乘坐藤制的轿子穿过寺刹林立、僧众往来的道路之后，来到了"地临海滨"的天福庵，楼适夷与任钧（卢森堡）几天前已经入住在这里。里面的房子很多，价格也不贵，地临海滨，每天洗

----

① 　郁达夫是7月22日傍晚从上海乘轮船于23日早上到宁波的。因为在轮船上他的钱包和手表被小偷盗走，他当掉长衫，只穿了一件短袖，坐三轮车来到史济行家附近打听他的住所，刚巧被坐在门外的史济行听见。他把郁达夫迎进家，谈笑一阵之后，史济行带着郁达夫来到宁波江北岸青年会宿舍，替郁达夫开了一间临江的房间。郁达夫出去给王映霞打电报请她送钱来，回来时买了一打啤酒，一口气喝掉5瓶多。中午，史济行请郁达夫在一家徽菜馆吃饭。24日早晨，头天接到郁达夫电报的王映霞来到宁波，因为青年会宿舍不允许住女人，于是移居到新新旅馆住下。中午，史济行请郁达夫夫妇在功德林吃素餐。25日早上，天晴，大家一起乘7点的慈北轮去普陀，在船上碰见王鲁彦夫妇。

② 　楼适夷是史济行在宁波街上偶然碰到的，他已于几天前到普陀旅游并入住那里的旅馆，因为患病来宁波看病，在路上遇见史济行。当时他住在新亚旅社，得知郁达夫住在新新旅社，并且也要去普陀游玩时，很高兴，也入住新新旅社。

③ 　郁达夫（1896—1945），原名郁文，字达夫，幼名阿凤，浙江富阳人。中国现代著名作家、革命烈士。毕业于日本名古屋第八高等学校（现名古屋大学）和东京帝国大学（现东京大学）。是新文学团体"创造社"的发起人之一，具有强烈的爱国主义思想，在创作文学作品的同时，先后在上海、武汉、福州、徐州等地从事抗日救国宣传活动。1938年应新加坡《星州日报》邀请，前往新加坡参加抗日宣传工作。1942年2月流亡到印尼苏门答腊岛中西部的巴亚公务市，化名赵廉，开一家酒厂谋生。1945年9月7日被日本宪兵杀害于苏门答腊丛林。代表作有《沉沦》《故都的秋》《春风沉醉的晚上》《过去》《迟桂花》《怀鲁迅》等。

浴十分的便利,住持名叫福明,对他们态度不错,服务很周到。

当时王鲁彦夫妇住在哪里有两种说法,史济行在《环岛一周记》中说是当时夫妇俩跟他们一起住在天福庵,等他和郁达夫夫妇在30日离开普陀岛之后,才搬到紫竹林寺去住的。而根据提前几天跟楼适夷一起到普陀旅游住在天福庵的任钧①回忆,因为天福庵已住满游客,鲁彦夫妇一上岸就住在紫竹林寺,但与天福庵相距一里多路,所以大家几乎天天见面,混得很熟。②

这两篇文章都写于王鲁彦死后,距离这件事的间隔时间比较长了。

但史济行《环岛一周记》是从当时的日记摘录出来,而且发表的时间是1936年3月16日,要比任钧发表于1944年9月6日的文章早了8年。根据史济行《环岛一周记》中的一个细节:说他们到普陀岛上的第二天下午,即26日下午,王鲁彦与郁达夫、史济行同游紫竹林、观音跳、白莲台、潮音洞等地来看,大致可以推测出鲁彦夫妇当时应该住在天福庵,不然就不需要同游紫竹林了。

这一点发表于1946年第21期《海涛》霞珍的文章《鲁彦为贫所累》也记述:"在普陀最先住在天福禅寺,后来又移住到紫竹林……"

26日上午　史济行陪同王鲁彦上街,路经文昌阁、报本堂、太子塔等地。街上商店着实不少,但多为卖佛器的店。

26日下午　王鲁彦与郁达夫、史济行同游紫竹林、观音跳、

①　任钧(1909—2003),原名卢嘉文,笔名卢森堡、森堡、孙情等,广东梅县人。1926年开始创作诗歌。1929年在复旦大学毕业后留学日本早稻田大学文科,与蒋广慈等人组织太阳社东京分社。代表作《冷热集》《为胜利而歌》《新中国万岁》。

②　参见任钧:《敬悼鲁彦兄》,《时事新报》(重庆),1944年9月6日第4版。

白莲台、潮音洞等地。

27日早晨 郁达夫和王映霞雇轿到佛顶山去了,王鲁彦与史济行同游长生庵、鹤鸣庵、金粟庵等地。回来时,王鲁彦看见路边的拆字摊,就走过去拆了一个字,拿出来一看,是一个"靠"字,拆字先生说,他所问的事很可靠,鲁彦和史济行都笑了。

27日晚间 王鲁彦、郁达夫大夫妇、史济行同在沙滩看月,至半夜十二时方回。

28日早晨六时 王鲁彦再次与史济行上街行走,买回一本《普陀山志》,路上经过普济寺,就进去观赏。

28日下午 因风浪很大,无法出行,郁达夫想去普陀对面的珞珈山游玩的计划被迫取消,鲁彦和大家一起在庵里聊天到掌灯时分。

29日 与妻子覃英一起在客舍里休息,没有出去。

30日早晨 郁达夫夫妇搭新江天轮回上海,史济行也搭乘这艘轮船回宁波,王鲁彦、楼适夷听说他们要走,特意去买水果相送。中午,船抵宁波,史济行请郁达夫夫妇在宁波状元楼吃中饭。下午四时,船又继续开行,史济行这才回家。

郁达夫回去以后写了一首诗:"山谷幽深杖策寻,归来日色已西沉。雪涛怒击玲珑石,洗尽人间丝竹音。"这首诗后被收入《郁达夫诗词抄》(浙江人民出版社1981年版)

同日 鲁彦夫妇从天福庵搬入紫竹林寺。

8月

1—3日 与覃英一起仍在普陀岛度蜜月。除了上街去问问邮件外,基本上待在房间里。因为覃英"不大挡得住风",且囊中羞涩,又没有玩伴。

4 日　给史济行写回信。鲁彦给史济行共写了 4 封信,后集为《紫竹林小札》。

××:

信片收到了。这里自从达夫和你走后,便变得非常的凉快。怕是老天有意和你们为难吧? 但虽然凉快了,我们还是住在屋内,没有到什么地方去走过,除了几乎天天往街上去问问邮信以外。那原因,第一是密司罩不大挡得住风,不大走得路,第二是没有钱,第三是没有别的同伴,两个人去玩觉得还有点寂寞——建南(楼适夷)病得不能走路,卢森堡有点懒。然而,住在屋内也还没有写什么文章,看什么书,每天是如何过去的,竟无从知道。紫竹林,是够冷静了,偌大的楼房只住着我们两个人。底下的潮声已经有点听得厌倦,和尚呢,希望能够不要遇见,因为他生得一脸横肉,远远望见了也会恶心。只有茶房和厨子是很殷勤,但可惜没有荤菜给我们吃。每天总是香菌而又香菌,连揭开马桶盖,都是香菌的气味冲了上来。为了营养不好——你知道这于密司罩尤其来得重要——我们时常想往更合宜的地方去,我们相信天童寺至少要方便些。但没有钱,也就只好搁浅在紫竹林了。因此我们希望你来,借一点钱给我们出去玩玩,而最要紧的是偷偷带一点鸡蛋和新鲜牛肉来,因为生着病的密司罩太需要滋养了。倘使你要来,就早一点来吧。人多了,我们可以一道搬到东南方有阳台的新房子去,香期已过,紫竹林的和尚一定会让我们住好一点的房子的。不多说了,就此问你好。

鲁彦

不晓得今天在哪一天,只晓得是礼拜日(查了万年历是

116

8 月 4 日——编者）。

5—10 日 夫妻俩还是待在普陀岛上,但苦等史济行不来,写信去各地要的稿费也不能及时寄到,因没钱甚至差一点被和尚赶出山门,日子确实有点不好过。

史济行收到这封信的时候,正领导着"海天剧社"的演员们天天忙着排演,没有时间回信和重去普陀岛看他们。而此时鲁彦囊中的钱越来越少,只得再次给史济行写信。

11 日 给宁波的史济行写信借钱。

××:

天天望着你或你的朋友来,竟到今天还没看见一点消息,是什么缘故呢?

普陀是已经不能再住下去了,为了许许多多的原因。我们希望即速的离开。

各处寄了信去要钱,统寄到你那里。但是来得恐怕太迟缓了,我们几乎有一刻也不能再住下去的情势。因此想向你借七十元,让两个人一道走了,如不到此数,就先让密司覃走,我暂时来做一个和尚。很想自己到宁波来,但是走不动,连铜板也快用完了,昨天还出了一件冒险的事,没有建南(楼适夷——引者),恐怕会被和尚赶出山门的。可是建南今天走了,只剩下没有一个铜板的卢森堡和另一广东人守着天福庵。穷鬼麇集于此,从此佛国摇动了。

鲁彦

八月十一日

同日　同游的楼适夷①离开普陀返回上海。

13日　史济行收到这封信之后,虽然自己也正闹穷,还是带着一些零用钱和荤菜,特地重去普陀一次,并与鲁彦夫妇一起在紫竹林的一个洋楼上煮着牛肉吃,海阔天空地谈着。不过没过两天他就返回宁波了。

17日　再次给在宁波的史济行写信,谈在普陀没钱的窘境以及如何解决目前困难的办法。

××:

　　牛肉与蛋虽已由口而入,由肠而出,唯从此君子之惠则长留胸间,永不复去矣。

　　铁民、森堡今日咸相偕返沪,普陀山中孑然孤我,顿觉可怖。而和尚势利,已逐客数次,不能飞山过海,愈觉战栗。

　　沪款京款不知已否到宁,万一到了,敢请再跑一趟。此处和尚已自己开口,每人每日需洋一元二角,我等已住三礼拜多,至下星期日刚满一月倘到款不足,能为我凑一点否?又森堡款系由平信内冒险附来,倘你不能来普陀,可发两信,每信内各附三五元钞票,则我有了路费,就可以自己来取了。

鲁彦

八月十七日

同日　同游的任钧和章铁民也相携离开此地回上海,鲁彦夫妇顿感寂寞。章铁民走的时候把一套军装寄放在鲁彦处,鲁彦后来凭着这套军装把势利的和尚给震慑住。

---

　　①　楼适夷(1905—2001),原名楼锡春。浙江余姚人。现代作家、翻译家、出版家。代表作有《病与梦》《挣扎》《话雨录》《适夷诗存》等。

同日　委托任钧带信面交给上海的亲戚,请他设法筹点钱给他们寄去,但没有成功。

　　按:这四封信(最后一封是回到上海以后 9 月 7 日写的,因为年谱编排的需要,放在后面),最初发表于 1936 年 3 月 16 日汉口《人世间》第一期,总题为《紫竹林小札》。1948 年 9 月 1 日,在《春秋》第 5 卷第 4 期"随笔"栏内重新发表,改题为《在普陀的时候》,并加有"编者按":

　　　　我们不至于健忘,我们还记得鲁彦先生,他的每篇作品深深地印在读者的脑中,不幸他在抗战期中病死桂林,他生前寄给朋友们的稿件,未刊载者也不少,承济行(史济行)先生惠赐,本期先刊鲁彦先生之书信三通(实际是四通——引者),记述他在普陀时的种种,颇具风趣,也弥足珍贵。

　　鲁彦普陀之行的四封信中,前三封虽然叙写与覃英在普陀度蜜月的情况,但没有任何描写甜蜜恩爱的内容,倒是每一封信都叙述手头的拮据,不是吃不上营养品,就是连回去的旅资都成问题,而且受到势利和尚的刁难,知识分子的窘况可见一斑。

　　下旬　鲁彦曾独自离开普陀去上海弄钱,弄到钱后再回到普陀,才带着妻子一起回上海。

　　对此,任钧、楼适夷和史济行、海客、霞珍都曾有回忆。

　　据 1944 年 9 月 6 日第 4 版《时事新报》(重庆)任钧的文章《敬悼鲁彦兄》回忆:"不久,我和建南也先后回到了上海。而鲁彦兄夫妇却一直还待在那儿。记得当我动身返沪的时候,他还托我带了一封信,要我面交给他住在上海的一位亲戚,请他设法筹点钱给他们寄去。但他那位亲戚似乎并没有照办,就算照办了,恐怕数目也不见得符合他们的希望。所以,最后,当天气转凉,山上的避暑客看看快要走光的时候,他只好把太太和行李留在僧寺里，亲自回沪弄钱，然后再回山携夫人离去。"

据花城出版社 1992 年版楼适夷的文章《落叶集·题记》回忆："后来天气凉了，大家都打算回上海，他却走不了啦。原来和尚那里的房饭钱，是以随缘乐助的形式，临走时拿一本化缘簿来讨账的，他夫妇两人，都像小孩子一样吃零食乱花钱，要走就没有钱了，朋友们谁都只够自顾，没力量帮忙。结果只好让新婚的太太留下，自己独自回上海弄钱来，才带太太脱身。我们笑话他，差一点把太太抵押给和尚了。"

据 1946 年第 4 期《茶话》天行（史济行）的文章《鲁彦忆往录》回忆："后来鲁彦托章铁民，卖给东亚出版社一部《童年的悲哀》的原稿，得洋二百余元，总算脱离了普陀的难关。"

据 1946 年 10 月 27 日《联合周报》海客的文章《文坛旧录：王鲁彦》回忆："记得一九二八（九）年的夏天，他和新婚夫人覃英同在普陀避暑，居一僧寺中，胸佩一中央党部的徽章，自谓借此可以博得和尚的殷勤，和尚果然待之如上宾，而实则阮囊甚涩，居约一月，天气渐凉，避暑客纷纷归去，王则因无付寺中房饭金，不能成行，然亦不以为忧，终日吹一口琴，游玩海滨，或向相识告借一二金，购桃子饱啖之。最后和尚将下逐客令，乃不得已留新夫人于寺，自身赴沪向友告急，得金赎夫人而归，友辈传为笑谈。"

据发表于 1946 年第 21 期《海涛》霞珍的文章《王鲁彦为贫所累》的说法是："有一时期他连发了二十余封信借钱，妻子又要滋养品，和尚要逼债，他真的要流落了，幸亏章铁民替他卖去了《童年的悲哀》给亚东，得到了二百元才算解了难关匆匆地回上海来。"

虽然五个人的说法不一，但王鲁彦当时生活拮据，连度蜜月都如此狼狈的事实被真切地凸显了出来。

月底　与夫人覃英从普陀岛返回上海。

王鲁彦于 1934 年 9 月根据普陀岛的经历写了散文《听潮的故事》。

9 月

月初　还是以笔耕度日,覃英插入乍浦路刘海粟办的美术专科学校学习音乐。

月初　搬到五马路棋盘街长沙湘记号居住。

7 日　给史济行写了第四封信,信中交代了他们当时的住处以及近况。

> ××兄:
>
> 　　抵沪数日,写作奔走特忙,因而不克作书,乞谅之。弟刻寓五马路棋盘街长沙湘记号①,一时无他移意。谷兰已插入美专,即将搬入校中。兄如有信,可寄彼转交也。近况如何,暇乞详告。
>
> 鲁彦
>
> 九月七日

11 月

10 日　短篇小说《童年的悲哀》刊于《小说月报》第 20 卷第 11 期,署名鲁彦。初收于 1931 年 6 月上海亚东图书馆版短篇小

---

① 据覃英回忆,他们从普陀回来以后住到萨坡赛路,与丁玲、胡也频做了邻居。覃英的文章是 80 年代写的,而王鲁彦的这封信是在离开普陀不到 10 天的时间内写的,毋庸置疑信件里反映的内容更正确。本年谱采用鲁彦写给史济行信里的内容。

说集《童年的悲哀》，现收入《王鲁彦文集》(壹)。小说用细腻的心理描写和富有地方色彩的文字，叙写自己童年时跟隔壁商店的雇工阿成哥学拉二胡、制作二胡的过程，与阿成哥建立的深厚友谊以及当得知阿成哥被疯狗咬伤得狂犬病而死时内心的悲伤，塑造了乐观开朗、仗义正直、多才多艺、勤劳善良的阿成哥形象，也追忆了童年生活。这篇作品在王鲁彦的创作历程上是一个转折点，标志着作者在人物形象塑造上由乡村小资产阶级和流氓无产者转向农村雇工，创作思想和手法由前期的以人道主义和主观抒情为主的浪漫手法转向以客观写实为主的现实主义手法。

对于这篇小说，钱杏邨在《拓荒者》第 1 卷第 2 期特大号第796—797 页的文章《创作月评》(一九三〇年一月份)中做了中肯的评价："延期出版的十一月号《小说月报》，刊载了鲁彦君的《童年的悲哀》和沈从文君的《夫妇》，鲁彦君的一篇虽是童年的回忆，事实上是他对于生活的厌倦的情绪展开了以后的抒情的作品，在这里涂满了他的伤感的情调，厌倦的思想。……这真是小布尔乔亚的没有出路的悲哀呀！"

《小说月报》第 20 卷第 11 期第 1837 页也有记者写的介绍："鲁彦君的创作，久已不与读者相见了，现在有了这一篇《童年的悲哀》，颇使我们快慰，他的作风，方碧君(茅盾)曾在本报上讨论得很详细，这里也不必多说了……"

12 月

2 日　译作保加利亚作家耐米罗夫著的小说《笑》刊于《语丝》第 5 卷第 38 期，署鲁彦译。初收于 1930 年 3 月上海神州国光社版《在世界的尽头》。

下半年　曾打算与夫人覃英一起去日本留学,因申请不到公费只好作罢。据《新文学史料》1980年第2期刘增人、陈子善的文章《鲁彦夫人覃英同志访问记》中覃英回忆:"婚后我们打算去日本留学,当时任钧(卢森堡)先我们一年到日本,来信约我们也去,后来因申请不到公费,日本之行只好作罢。"

而据《时事新报》(重庆)1944年9月6日第4版任钧的文章《敬悼鲁彦兄》回忆:"当我们到东京以后,还接到过他的来信,说是也有东渡之意,要我们把生活情况和每月所需费用告诉他,以供参考。但后来终于没有成行。"

下半年　从五马路棋盘街长沙湘记号搬到相距约3千米的法租界萨坡赛路巴里(今淡水路)一条弄堂里赁屋住了下来,与正在办《红黑》杂志的丁玲、胡也频为邻[①]。据1946年第4期《茶话》天行(史济行)的文章《鲁彦忆往录》回忆:"鲁彦结束了普陀生活,仍回到上海,以卖文所入,维持家庭,那时他住在法租界萨坡赛路巴里内,和胡也频、丁玲等为贴邻。我也因为家乡闹了一件事不愿再住下去,匆匆地到了上海,大家会见了,有说不出的欢喜。不久,我应达夫之邀去了安庆,他度过了这年的残冬,也到福建教书去了。"

据转引自《南京师范大学文学院学报》2007年第1期柯文溥

---

①　丁玲、胡也频于1928年9月末搬入萨坡赛路(今淡水路)196号。1929年1月,因为工作需要,才从胡也频父亲处借来一千元钱,与沈从文一起合租下萨坡赛路204号一栋三层楼的一楼一底的房子,作为"红黑"出版处,编辑《红黑》月刊和《红黑丛书》。王鲁彦夫妇是与住在萨坡赛路204号时的丁玲、胡也频为邻。

《鲁彦在厦门事迹考》中蒲梢（徐调孚）①的文章《炮火下的纪念——记几位死难的文化人》回忆："我初见鲁彦是在民国十八年（即 1929 年——引者）冬，那时他住在上海租界萨坡赛路，与胡也频、丁玲为邻……"

据《南华日报》1935 年 1 月 30 日第十版维娜写的文章《丁玲女士印象记》回忆："丁玲的真姓名是蒋冰之，一九二八年（实为一九二九年）冬我认识她是在偶然的机会下，那时她住在萨坡赛路二〇四号，和胡也频同居，三楼住有沈从文和沈之母与妹，楼下住着已养了三个小孩最近和唐［谭］女士离异的王鲁彦。"

三条资料虽然小有出入，但基本上证实了王鲁彦住在萨坡赛路，与丁玲、胡也频为邻的情况。

是年　据《文学周刊》第 7 卷第 326—350 期第 770—772 页刊登的报道：汉口新办刊物由陶涤亚、沙家鼎编的《人间周刊》第十五期将刊登王鲁彦弱小民族小说的翻译……章依萍、鲁彦还将给汉口另一本新出的刊物，由杜肖思编的《荆棘周刊》撰稿。

是年　与施蛰存②在上海闸北宝山路世界语学会绿光社第一次相识，并送了一本自己的译作《花束》给他。据上海文艺出版社 1984 年版《施蛰存短篇集》第 156 页施蛰存的文章《重印〈黄金〉题记》回忆："一九二九年我在上海闸北宝山路世界语学

---

① 徐调孚（1901—1981），学名骥，字调孚，笔名蒲梢。浙江平湖乍浦镇人。1921 年开始发表作品，并考入商务印书馆工作。先后任《文学周报》《小说月报》《东方》杂志编辑。代表作有译作《木偶奇遇记》《母亲的故事》，专著《中国文学名著讲话》《现存元人杂剧书录》，校注《人间词话》等。

② 施蛰存（1905—2003），原名施德普，字蛰存，常用笔名施青萍、安华等。浙江杭州人。著名的文学家、教育家，是中国最早的"新感觉派"代表作家和中国现代小说奠基人之一。代表作有小说集《将军的头》、散文集《灯下集》、译作《匈牙利短篇小说集》、专著《唐诗百话》、诗集《北山楼诗》等。

会绿光社,由姚蓬子的介绍认识了王鲁彦。当时我对他的情况毫无所知,只知道他是一位世界语学者,曾陪同盲诗人爱罗先珂工作过一段时间。他送了我一本《花束》,这是他从世界语译出的一本极有趣味的民俗学小书。"

1930年(庚午,民国十九年)　29岁

▲2月12日,鲁迅、柔石、郁达夫、冯雪峰、夏衍等人在上海发起成立自由运动大同盟,简称自由大同盟。

▲3月2日,中国左翼作家联盟在上海窦乐路中华艺术大学召开成立大会,大会通过"左联"《纲领》,大会选出鲁迅、沈端先、冯乃超、钱杏邨、田汉、郑伯奇、洪灵菲等7人为常务委员,周全平、蒋光慈二人为候补委员。参加会议的有鲁迅、柔石、殷夫等50多人。

▲12月16日,国民党政府公布《出版法》四十四条,对一切革命的以及带进步性的报纸、杂志、图书及其作者、编者和发行人,制定了处罚规定。

1月

10日　小说《幸福的哀歌》刊于《小说月报》第21卷第1期,署名鲁彦。初收于1931年6月版上海亚东图书馆版短篇小说集《童年的悲哀》,现收于《王鲁彦文集》(肆)。小说叙述主人公林子出生不久就丧父,靠母亲做针线活赚钱度日。考上大学那年,母亲也离他而去。后来他与一个姑娘相爱,从她身上得到了短暂的安慰,但很快分手。从此他对人生完全绝望,每天都想着

离开这个世界。所以当他生病住院时,他很高兴。但在他病重时,一个名叫新芷的女同学经常来看望他,异性的关心融化了他想死的坚冰,他又萌生出活下去的念头,不过这一次死神真的降临了。小说凸显了幸福来之不易和幸福容易毁灭这一哲理性的主题。

同日 译作波兰作家普鲁士的小说《新年》刊于《小说月报》第 21 卷第 1 期,署鲁彦译。初收于 1930 年 3 月上海神州国光社版《在世界的尽头》。

同日 译作保加利亚作家伐拉夷柯夫的小说《消夜会》刊于《小说月报》第 21 卷第 1 期,署鲁彦译。初收于 1930 年 3 月上海神州国光社版《在世界的尽头》。

2 月

10 日 小说《祝福》刊于《小说月报》第 21 卷第 2 期,署名鲁彦。初收于 1931 年 6 月版上海亚东图书馆版短篇小说集《童年的悲哀》,现收于《王鲁彦文集》(壹)。小说叙述一个身经百战的营长陈有才,因为重病来到上海治疗,但身无分文。为了治病,他向行人和住在豪宅里的人乞求,可是没有人愿意资助他。冻饿得奄奄一息的陈有才变得十分愤怒,他开始诅咒。富豪们害怕他破坏新年的气氛,开始送给他衣服、钱财。他诅咒得越响人们给的钱越多,他把这些钱挥霍一空以泄胸中之气。正月初一下午,他在街上正想诅咒,却被一群孩子包围,孩子的天真纯洁感动了他,他停止诅咒,给孩子们以热烈的祝福。小说抨击了那些冷漠自私、毫无同情心的人,也说明好人有时会被恶劣的环境所改变,但最终还是会被善良的因素变回来的道理。

是月 译作爱沙尼亚作家土革拉斯的小说《在世界的尽头》

刊于《新生命》第 3 卷第 2 期，署鲁彦译。同年 4 月第 4 期连载。初收于 1930 年 3 月上海神州国光社版《在世界的尽头》。

3 月

中旬　偕夫人覃英从上海乘船到福建厦门同安的集美中学任教，随身还带着一个留声机。王鲁彦全家去厦门的时间一直比较模糊，但从他自己写的《厦门印象记》第五则"可怕的老鼠"开头第一句"四月的中旬，离开我到厦门才一月，忽然发生了一件极其可怕的现象"，可以推测出他们去厦门的时间是三月中旬。

据《南京师范大学文学院学报》2007 年第 1 期柯文溥的文章《鲁彦在厦门事迹考》记述，通过严密考察，甚至访问了丁玲、何尚友先生等接近过当事人的人之后，也得出相近结论。"从上述文字里可知：一、鲁彦来厦门时间当在 1930 年 3 月 20 日之前。一般学校春季开学在春节后（大约 2 月间），鲁彦来厦门可能在这一时间。二、鲁彦来厦门后是先到集美中学任教，后去《民钟日报》任编辑。"

另外，据《民钟日报》3 月 20 日发表的鲁彦译作《肖像》（果戈理著）时，责编茅仲加的按语中也可以发现，鲁彦一家是本月中旬到厦门的。

当日傍晚　船到厦门，当时潮水很大。在那里鲁彦发现了一个奇怪的现象。据他在《厦门印象记》中记载：太古公司有一个码头伸出在岸外。鲁彦在船上"望见了码头上竖着一个吊桥。我们的轮船正停泊在码头外一丈多远的地方，这空隙似乎正是预备用吊桥来连接的。然而，船已停了，却看不见码头上有什么人，也没有人预备把吊桥放下来。从岸上来接客的人都在码头旁边下了小划子到了我们的船边,我们船上的客人也都纷纷坐着划子上了岸"。鲁彦心想:"一定是那吊桥坏了,不然,从吊桥上走过去多么方便啊!""于是我也就随着接客的坐了一只小船上了岸,到一家码头边的旅馆里去住。"

同日晚上　与妻子住在码头边的一家旅馆里。据王鲁彦《厦门印象记》记载:住下之后,鲁彦独自去参观厦门的街市和夜景。走出旅馆门口,忽然看见太古码头上的人拥挤得厉害,吊桥已经放下了,行李和货件纷纷由船上担了下来。原来吊桥并没有坏。"但是为什么不在船到的时候放下来呢?我猜想不出来。我想问问原因,可是没有一个熟人,又听不懂厦门话。"

次日　携妻子赴集美中学任教。据《厦门印象记》记载:鲁彦夫妻是跟着挑行李的担子到了汽船码头,从那里坐上去同安集美的汽船。在这里鲁彦又看到同样的现象:他们乘坐的"那只汽船很小,和划子一样大——甚至可以说比划子还小。潮水同样很大,但汽船却没有停靠到岸边来。它只是停在离岸一二丈远的地方"。鲁彦想不出这原因,"只得跟着大家下了一只划子,渡到汽船这边去"。

一路上,鲁彦对于这两天看到的大船、汽船不直接靠岸,乘客必须得乘小划子上岸或上汽船的现象进行观察和苦苦思索,但没有结果,因为听不懂厦门话,无人可问。他甚至觉得厦门人在这一件事情上不够聪明。

几天之后　鲁彦从朋友那里终于知道了厦门人这样做的原因,并开始相信厦门人的智慧和力量。据《厦门印象记》记载:"原来厦门有三大姓,人最多势力也最大。那三姓是姓陈的,姓吴的和姓纪的。纪姓人世代靠弄划子过日子。自从有了轮船汽船,他们的生活受了很大的影响。他们不甘心,因此集合起来,

1930年王鲁彦（右）与集美中学同事吴文祺①（左）的合影

不许轮船公司造码头，不许轮船靠岸。太古公司虽然是外国人办的，而且单独的造好了码头，他们也不怕。据说这中间曾经起了许多纠纷，但最后还是穷人们得了胜利，只许码头上的吊桥在轮船停泊二小时后才放下来。"

此后至学期结束 一直在集美任教。据《厦门印象记》记载：鲁彦与妻子一起住在集美中学的宿舍里，除了上课很少出去。在那里他们遇见了一群非常可爱的学生。他们身材高大，筋肉紧绽，热爱运动，有很好的德性，有诚挚的态度、坦白的胸

---

① 吴文祺（1901—1991），笔名吴敬铭、朱凤起等，浙江海宁人。语言学家、文学评论家。曾任《辞海》《汉语大词典》副主编，《汉语大字典》学术顾问等。

怀、慷慨的心肠,善于服从,从来不会叫一个教员下不了台。而这一切都是因为学校有非常严格的章程和规则。

对鲁彦在厦门集美中学任教一事,刊登于《读书月刊》1931年第 2 卷第 2 期第 239 页邵天降的《福建文坛的过去现在及将来》中写:"在《小说月报》发名的作家鲁彦现居集美中学执教,继续为各杂志撰稿。"

在此期间 在厦门另外一些学校里面发现了令人吃惊的现象。据《厦门印象记》记载:有一个学校里的学生,把一个教员围在几十个人的中心,用木棍打破其眼睛、打伤其腰背。另一个学校的校长被学生用手枪击伤了两处。第三个学校的学生分成了两派,带着手枪和手榴弹抢夺学校。

20 日 译作果戈理的中篇小说《肖像》在厦门《民钟日报》副刊上开始连载,编者茅仲加了如下按语:

> 鲁彦君在晚近文坛,甚负时誉,今兹来厦门集美任教职,将最近译著交本报发表,并允为本报撰述长短文艺创作,译述小品等项文字,编者除感谢王君外,敬向读者预告。

是月 译作短篇小说集《在世界的尽头》,由上海神州国光社版,署鲁彦译。内收 9 篇作品:波兰作家莱芒托著的《在雅室里》《最后的一个》;波兰作家普鲁士著的《新年》;爱沙尼亚作家土格拉斯著的《披披和猸猸》《在世界的尽头》;保加利亚作家温林沛林著的《安特列奥》;保加利亚作家伐拉夷柯夫著的《消夜会》;保加利亚作家耐米罗夫著的《笑》;作家苏埃雪虚柯夫著的《鹤》。

该译作集后来又由言行社再版(再版时间不详),再版时书名改为《在世界的尽头——世界著名短篇小说》,并删去了《鹤》。

4月

中旬 鼠疫来临。据《厦门印象记》记载:在厦门的鼓浪屿、集美及闽南各县出现了一种叫"黑死症"的鼠疫,来势凶猛。每年春夏之间,这里都会出现黑死症之类的瘟疫夺去许多人的生命。

下旬 疫情更加严重。据《厦门印象记》记载:当时报纸上连日报道死亡人数,鲁彦也时常听见死人的消息,他所在的学校、附近的街上都死了好多人。政府开始进行防疫运动,大扫除,打防疫针。但民众只相信神的力,不相信现代医学,这里那里把菩萨抬出来。一家本地人,甚至把死在外面的人抬到屋内来供祭。好在鲁彦一家及时注射了防疫针,才幸免于难。

23日 推荐的一位湖南籍不相识的中学生的诗歌《莎弟君小诗》在《民钟日报》副刊上发表。据《南京师范大学文学院学报》2007年第1期柯文溥的文章《鲁彦在厦门事迹考》阐述:"鲁彦还撰写附记,介绍作者莎弟是湖南长沙县立师范学生,《莎弟君小诗》'是作者用了精细而纯洁的心写出的……《民钟》副刊要我介绍稿子,我决心先把他的小诗介绍去发表了,并述数语以纪念这位不识的青年诗人'。显示出鲁彦对习作者的爱护与扶植。"

29日 译作斯洛伐克作家 Suetozarhurban Vajanskyyuanzuo 著的《安慰》刊于《民钟日报》副刊。署鲁彦译。

30日 译作俄国民歌《恋歌》刊于《民钟日报》副刊,署鲁彦译。

是月 散文《爱》刊于《草野》第2卷第11期。该文没有被收入《王鲁彦文集》(叁),是一篇佚文。文章用优美的语言叙写自己年轻时和同样年轻的女郎杨史一次刻骨铭心的恋爱。并谈了自己对爱情的看法:认为爱是一件很平常的事,正如人们饿了需要食物,渴了需要饮料一样,青年男女相爱是自然制定的法律,谁也不能例外。而且认为男人有了妻子、女友之后,还会为别的美丽女性心灵颤动。

是月 《集美月刊》第 239 期发了一条题为《王鲁彦先生应聘到校》的消息,报道了王鲁彦在集美中学担任国文课的班级、成立世界语研究会的情况。

该校(集美中学——引者)新聘国文教员王鲁彦先生,在海上文学界,极著盛誉,其作品除出有《柚子》各专集外,余散见于《小说月报》《新生命》各杂志,早为有目所共赏,三月杪应聘来校,担任高中四组及初中二十组国文讲习,学生大表欢迎。王先生对于世界语极有研究,近在校中组织世界语研究会,同事同学加入者约百余人,已开成立会,并摄影以留纪念云。

是月 在集美中学成立世界语研究会,同事、同学加入者有百余人。

5 月

7 日 译作俄国民歌《四泉源》刊于《民钟日报》副刊,署鲁彦译。

9 日 译作瑞典作家 K. A. N. Kander 的作品《波浪》刊于《民钟日报》副刊。署鲁彦译。

同日 译作乌克兰民歌《人们说我是幸福的》刊于《民钟日报》副刊。署鲁彦译。

10 日 译作乌克兰作家 Tavas Seveen 的作品《命运》刊于《民钟日报》副刊。署鲁彦译。

是月　　中篇小说《宴会》刊于《新生命》第 3 卷第 5 期,署名鲁彦;初收于 1931 年 6 月上海亚东图书馆版短篇小说集《童年的悲哀》,现收于《王鲁彦文集》(肆)。小说叙述国民党政府特别科的特务邹金山,与同事初次见面时被夏科长介绍为经历丰富、见多识广、知识渊博之人,实际上他是一个卑劣无耻的国民党特务,他自视甚高、老奸巨猾,为了个人晋升在同事中挑拨离间。他的恶行激起了同事的愤怒,通过调查发现他所谓的光荣历史都是伪造的,他们联名向部长呈文,希望部里开除邹金山。最后,邹金山被调离特别科,听候任用。揭露了国民党特务机关中复杂的人际关系。

　　不过,鲁彦对于邹金山这个人物的态度是矛盾的,一方面认为这是一个卑污的人,另一方面又喜欢他的性格,有点令人费解。他在《我怎样创作》一文中说:"但对于他的性格,我却很喜欢。因为拨开一切卑污,我看见了他坚强的性格。他在这里虽然几乎改变他的态度,都是在使用他的手段,想达到他的目的。目的虽是坏的,而他的坚强的性格是我喜悦甚至敬服的。"

6 月

　　18 日　　译作俄国作家契科夫的小说《在狱中》刊于《民钟日报》副刊,署鲁彦译。

　　是月　　一个老朋友把一个 6 岁的小孩带到鲁彦这里,据说是人贩子从宁波贩来的,要鲁彦用宁波话和他谈谈。于是鲁彦用宁波话问了他一些问题,但小男孩全部用厦门话'呒载!'(不晓得)回答,致使鲁彦一度以为他是厦门人。当鲁彦再次询问朋友,并确知是从人贩子那里买来时,才得知厦门是一个人口贩卖的倾销市场,也就是人口贩运的总机关,上海的每一艘轮船到这里,都贩卖人口。在厦门,官厅不禁止贩卖人口的行为,只要花一二百元钱,就可以买到一个。这个小孩后来成为王鲁彦短篇小说《小小的心》中那位男孩的原型。

7 月

16 日　译作犹太作品《难去之物》刊于《民钟日报》副刊第10 版,署鲁彦译。17、18 日在该刊第 10 版继续连载。

8 月

下旬　听说老朋友巴金①来到鼓浪屿,就坐船前去与巴金见面。据《厦门印象记》记载:巴金是应泉州黎明中学副校长吴克刚的邀请来到福建,途经厦门赴泉州度假的。两人在鼓浪屿上的一个海边旅馆里相坐对谈,对于为什么有钱人都集中在这里、为何外籍居民多的问题展开讨论。最后鲁彦得知原来这个地区是租给外国人的,有外国力量的保护,所以外籍居民和有钱人都愿意来此居住。

对于此次见面,据刊于《文艺杂志》(重庆版)1945 年 5 月新1 卷 1 期巴金的文章《写给彦兄》回忆:"在报上看到你的死讯,我觉得心里很空虚……这时候我愿意我能忘记一切,但十几年前的往事偏偏来到我的眼前……我看见你穿着一件白衬衫带着一个本地小孩走到鼓浪屿一家滨海的旅馆里来。在二楼那间宽敞

----

①　巴金(1904—2005),本名李尧棠,字芾甘,笔名除巴金外,还有王文慧、欧阳镜蓉、黄树辉、余一等。出生于四川成都,祖籍浙江嘉兴。中国现代著名作家。代表作有长篇小说《家》《春》《秋》,中篇小说《憩园》《寒夜》,短篇小说集《复仇》《神·鬼·人》,散文集《旅途随笔》《怀念集》,译著《父与子》《处女地》等。

的房间里,畅谈了一点多钟以后,我们成了朋友,那是十四年前的事。"

据四川文艺出版社 2019 年版李树德的专著《那些朋友,那些书——忆巴金》第 76 页的文章《巴金与乡土文学作家王鲁彦》:"1930 年 8 月,巴金在法国留学时期的老朋友吴克刚邀请巴金去福建泉州做一次旅行。""巴金从上海出发,先到厦门,然后到鼓浪屿旅游。""巴金在鼓浪屿的一家海滨旅馆①住了三天。一天,巴金看到王鲁彦'穿着一件白衬衫,带着一个本地小孩'也来到这家旅馆。他们这样不期而遇,都感到分外的高兴。在二楼一间宽敞的房间里,他们畅谈了很久……他们在这个美丽的小岛上意外相逢,有说不完的话。他们畅谈文学、社会、人生,也谈他们自己。王鲁彦当时正过着漂泊不定的生活,巴金感到他内心是孤独而寂寞的,他们谈得很投机,增进了他们相互的了解。王鲁彦是由于生活所迫,从上海来到了厦门。"

是年夏　在鼓浪屿一个医院里,他与覃英所生的长子恩珂(小时候叫恩哥)出生。据鲁彦、谷兰的《婴儿日记》记述:当时因为缺乏生育常识,接生的又是一个看护妇,结果吃了大亏。

8 月底　辞去集美中学的教职,经巴金介绍,开始到厦门由华侨办的《民钟日报》任副刊编辑。据《南京师范大学文学院学报》2007 年第 1 期柯文溥的文章《鲁彦在厦门事迹考》记述:当时全家搬到鼓浪屿,在今鼓浪路 24 号居住。

9 月

是月　继续在《民钟日报》任副刊编辑。

---

①　在鼓浪屿厦门酒店。

10 月

15 日　译作保加利亚作家卡拉范罗夫的小说《哈其该恩超》刊于《文艺月刊》第 1 卷第 3 期,署鲁彦译。

26 日　给在上海的赵景深写了一封信。内容如下:

王鲁彦致赵景深信

景深兄:

　　别来已久,近状如何? 俗务虽多,推于老友,固立偶一念及也。兹有拜托者,即弟在北新出版之《柚子》及《显克微支小说集》,兄与小峰过往甚密,敢烦便于代为一问,请其给我一账单,尚有款可领,请即寄若干。因弟在此固与流落无别,无时不叹穷也。

　　老黎久无消息,行踪何在,兄处有信否,可希示意一二。

弟鲁彦

十月二十六日

　　通讯处:厦门鼓浪屿启新印书局转

根据其信末所填通讯处,可知该信系住在鼓浪屿时所写。

12 月

　　10 日　译作禾达娄的童话《圣诞节夜》刊于《小说月报》第21卷第12期,署鲁彦译。

　　是年　据王鲁彦《厦门印象记》记述:他发现厦门当地人在教会里用罗马字拼写本地音的方式学习语言。

　　是年底　《民钟日报》被国民党通令查封,鲁彦离开该报社。

1931 年(辛未,民国二十年)　30 岁

　　▲2 月 7 日,柔石、殷夫、胡也频、冯铿、李求实 5 位左翼青年作家与何孟雄等 19 位共产党人在上海龙华警备司令部惨遭杀害。

　　▲9 月 18 日,"九一八"事变爆发。中国共产党号召全国人民反抗日本侵略者,作出了《关于日本帝国主义强占满洲事变的决议》,反对蒋介石的不抵抗政策。

　　▲9 月,丁玲主编的《北斗》创刊。

　　▲11 月,中国共产党在江西瑞金成立中华苏维埃共和国临时中央政府,毛泽东当选为主席。

1 月

10 日 译作俄国作家契里珂夫的小说《在狱中》在《小说月报》第 22 卷第 1 期再次发表,署鲁彦译。

春季 携家眷去泉州市,到位于中山路武庙的黎明高级中学①任教。

同时 其夫人覃英在华南女中任教。

4 月

10 日 小说《小小的心》刊于《小说月报》第 22 卷第 4 期,署名鲁彦;初收于 1933 年 6 月上海天马书店版短篇小说集《小小的心》,现收于《王鲁彦文集》(壹)。小说叙述自己离开集美中学到《民钟日报》去当副刊编辑时,在鼓浪屿的房东家里遇到了一个名叫陈阿品的四五岁的小男孩,他经常到我的房间里来,并与

---

① 1926 年,著名教育家蔡元培、马叙伦在考察历史文化名城泉州时,倡议泉州要专设高级中学。地方开明人士许卓然、秦望山遂发起创办了黎明高级中学。1929年春该中学正式开学,辛亥革命元老、著名书法家于右任先生题写校名并就任学校董事,梁披云(学名梁龙光)先生任校长。校址设在武庙,由华侨捐资筹建,学生多是华侨子弟和贫苦家庭出身的子弟。黎明高级中学深受蔡元培、陶行知教育思想的影响,倡导平民化、科学化、社会化教育,主张思想自由,兼容并蓄和爱的教育。并因此吸引了一大批文化界教育界知名人士,著名文学家巴金、鲁彦、丽尼(郭安仁),音乐家吕骥,戏剧学家张庚,史学家杨人楩、周贻白,生物学家陈范予、柳子明,以及吴克刚、卫惠林、陈君冷、范天均、许谦等先后来校考察、任教、讲学和写作,为学校积淀了深厚的文化底蕴。黎明高级中学一时声誉鹊起,成为东南沿海传播真理与自由、民主与科学的思想文化中心。1930 年,黎明高中又先后创办了泉州平民中学(现泉州三中)、民生农校(现泉州农校)、卓然小学(现泉州实验小学)、爱群小学(现石狮市实验小学)等,形成黎明教育群,成为当时泉州平民教育的典范。1933 年,该校因演出反映农民的痛苦生活、向群众宣传革命之路的话剧《出路》,被国民党政府派军警包围,逮捕了陈君冷等人,并于 7 月以武力强行解散该校。

我建立了感情。后来我的老乡兼朋友来看我，无意中发现阿品听得懂我们用宁波话交谈的内容。我很好奇，去问他爸爸这是怎么回事，他爸爸矢口否认阿品是宁波人。之后阿品被其母亲带到亲戚家去住了8天，回来以后阿品跟我的关系疏远了，且其背后一直有人监视。后来因为《民钟日报》被当局查封，我离开了鼓浪屿到了泉州，在那里再次遇见阿品的爸爸（养父），终于证实阿品的确是宁波人，是他10个月前从人贩子那里买来的。几个月以后，当我再次到厦门的时候，阿品已经跟随其爸爸（养父）去南洋了。小说在揭示小男孩阿品悲惨命运的同时，控诉了当时社会残酷的人口买卖的黑幕以及作者对这些被贩卖来的孩子的深切同情。

6 月

是月 译作南斯拉夫作家米耳卡·波嘉奇次女士的长篇日记体小说《忏悔》，由上海亚东图书馆出版，署鲁彦译，书前有《译者序》。

是月 沈从文在《文艺月刊》第2卷第5/6期第215—224页发表了《论中国小说创作》一文，里面有两处评价王鲁彦。认为："民国十四年以后，在国内创作者中为人逐渐熟习的名字，有下面几个人：许钦文、冯文炳、王鲁彦、蹇先艾、黎锦明、胡也频。各人文字风格均有所不同，然而贯以当时的趣味，却使每个作者皆自然而然写了许多创作，同鲁迅的讽刺作品取同一来源。绅士阶级的滑稽，年青男女的浅浮，农村的愚暗，新旧时代接替的纠纷，凡属作家凝眸着手，总不外乎上述各点。""冯文炳、黎锦明、王鲁彦、许钦文等人作品，可以放在一起来谈的是各个作家的'讽刺气分'。这气分，因各人笔致风格而有小异，却并不完全失去其一致处。这种风气的形成,应上溯及前面所述及'诙谐趣味'的养成,始能明白其因缘。毫无可疑,各个作者在讽刺方面全是失败了的。"

同月 短篇小说集《童年的悲哀》(版权页题《童年的悲哀及其他》)由上海亚东图书馆出版,署名鲁彦。内收《童年的悲哀》《幸福的哀歌》《祝福》《宴会》等4篇作品。1934年4月再版。

上半年 经常与在泉州西隅师范教书的周贻白①一起利用课余的时间去周边的名胜古迹游玩,去的最多是距泉州20里的万安桥,看风景的同时也品尝被当地人视为隽品的万安桥的牡蛎。据1946年《文章》第1卷第2期周贻白的文章《悼鲁彦》记载:"那时候的黎明中学,可以说是人才荟萃。知名者如陈范予、杨人楩、丽尼、张庚、吕骥,都在那里当过教员。同时巴金因那方面朋友最多,也赶来做了一个时期的客人。其初期的创作小说如《灭亡》《新生》之类,好像便是在泉州完成的。但是鲁彦在这样一个集团中,并不曾感到温暖,反之,他却时常离开自己的学校,悄悄地跑到我住的地方来。泉州的气候是属于热带性的,最冷的时候,有一件夹袍就够了,因此,我们一有时间,便相携出游,常常十里二十里地,边谈边走,专找那些县志上载明的名胜地方游逛着。当时我们去的次数最多的地方,便是离开泉州二

---

① 周贻白(1900—1977),一作夷白。原名炳垣(一作炳然),曾名一介、慕颐,笔名六郎、剑庐、云谷,一度化名杨其敏。湖南长沙人。戏剧史家、戏剧理论家、戏剧教育家、话剧、电影作家。代表作有话剧《花木兰》《金丝雀》《阳关三叠》,电影故事片《苏武牧羊》、《李师师》(后改名《乱世佳人》)、《卓文君》等。

十里左右的万安桥①。""据说，如果桥基上没有这些牡蛎，就禁不住海水的冲激，因而这些牡蛎在法律上是禁止采捕的。然而，万安桥的新鲜牡蛎，在当地视为隽品，我和鲁彦时常到那里去，一方面固然是想看看那浩渺无涯的海面，一方面也有点务于饕餮。"

据《西京日报》1944 年 6 月 10 日第四版东望的文章《怀陆蠡》回忆：鲁彦在黎明中学教书时，与陆蠡也是同事。当时鲁彦与巴金、丽尼、陆蠡都是受学生欢迎的老师。

上半年 曾与周贻白及一位姓李朋友一起，陪同从上海来集美师范看望朋友的孙福熙同游泉州的万安桥，还一起照了一次相。②

是年夏 全家仍然住在鼓浪屿。据《南京师范大学文学院学报》2007 年第 1 期柯文溥的文章《鲁彦在厦门事迹考》阐述："据厦门老画家顾一尘先生生前回忆，其时鲁彦一家住在鼓浪屿，即今鼓浪路 24 号。《鲁彦选集》扉页有一帧鲁彦全家合影，下注 1931 年与家属摄于鼓浪屿，当为这一时期留影。"

8 月

10 日 小说《他们恋爱了》刊于《小说月报》第 22 卷第 8 期，署名鲁彦。初收于 1933 年 6 月上海天马书店版短篇小说集《小小的心》，现收于《王鲁彦文集》(壹)。小说描写南平中学的老师

---

① 万安桥，一名洛阳桥，俗传蔡状元造桥，夏得海投文，便是这地方。这座桥，不仅在泉州，就是在福建，也算是名胜之区。全程约有三华里，桥身都是用火成岩石凿成的长条铺成，每条约两三丈长、三四尺宽厚，并排五条为一段，桥基亦为极大的岩石砌成，其上满布牡蛎壳。

② 参见周贻白：《悼鲁彦》，载 1946 年《文章》第 1 卷第 2 期。

1931 年王鲁彦与家属摄于鼓浪屿

苏先生与一个姓康的女学生恋爱之后,师生们议论纷纷,好奇、怀疑、忧郁、愤怒等各种情绪都有;也有人反对苏老师与康同学恋爱,并写了一份哀的美敦书,在场的同学都签了名。等到苏先生与康姓女同学迫于压力分手之后,那些当初反对他们恋爱的人自己却谈起了恋爱。小说讽刺了教师当中心口不一的伪君子以及学生们的无所事事。

　　16 日　译作 K. Bogusevic 的传说《珂苏库尔拍趣和美女琶扬——游牧民族启尔基兹的传说》,刊于《文艺月刊》第 2 卷第 8 期,署鲁彦译。

　　是月　泉州世界语学会成立,鲁彦加入了该会,并当选为会长。创办会刊《新声》(Nova Voko),并在泉州主编《绿星》杂志。据《老世界语者》2002 年 1 月第 27 期吴长盛的文章《王鲁彦与世界语》记述:在《新声》第 3 期上,鲁彦发表过《我学世界语的略史》一文,并被《老世界语者》杂志 1987 年 1 月 16 日第 7 期转载。

同时　开办世界语培训班,在泉州乃至整个福建开展世界语学习运动。当时有好多泉州青年跟着王鲁彦学习世界语。据四川文艺出版社 2019 年版《那些朋友,那些书——忆巴金》第 82 页李树德的文章《巴金与乡土文学作家王鲁彦》记述:"王鲁彦在泉州黎明高中任教期间,还开办过世界语班。并主编《绿星》杂志。1931 年 8 月,泉州世界语学会成立,王鲁彦当选为会长,并创办会刊《新声》。"

9 月

10 日　小说《一篇抄袭的恋爱故事》刊于《小说月报》第 ?? 卷第 9 期,署名鲁彦。初收于 1933 年 6 月上海天马书店版短篇小说集《小小的心》,现收于《王鲁彦文集》(壹)。小说叙述一个 16 岁男孩不懂爱情却又想尝试爱情,于是就照着小说中所写的程序,与一个女孩子将互送玫瑰、接吻、拥抱、说情话、山盟海誓、分手的过程,都尝试了一遍。意在批判一些小说的情爱描写对中学生所造成的不良影响。

是月　给儿子恩哥取名。

是年　一直在黎明高级中学任教。

1932 年(壬申,民国二十一年)　31 岁

▲1 月 28 日,日军进攻上海,驻沪第十九路军在蒋光鼐、蔡廷锴率领下,奋起抗战,造成"一·二八"事变。5 月 5 日,国民政府与日本签订《淞沪停战协定》。

▲是月,上海人民成立上海各界民众反日救国联合会。

▲2 月,鲁迅、茅盾、周起应、郁达夫、冯雪峰等 43 人签名发表《上海文化界告全世界书》,抗议日本帝国主义制造的"一·二八"事件。

▲3 月 9 日,日本关东军策划的"伪满洲国"在长春成立,以溥仪为执政,郑孝胥任总理,年号"大同"。

▲4 月,中华苏维埃共和国临时中央政府发布《对日战争宣言》。

▲12 月 17 日,宋庆龄、蔡元培、杨杏佛、林语堂等在上海发起组织"中国民权保障同盟"。

初春　因不满黎明高级中学当局对学生的不良措施而辞职,与丽尼等一起先后离开了泉州。鲁彦一家仍回到鼓浪屿寄住于民钟日报社之旧址。一年半以后,学校也因演出宣传革命的话剧而被军警包围并强行解散。据 1946 年《文章》第 1 卷第 2 期周贻白的文章《悼鲁彦》记载:"鲁彦的性格,固然近于孤僻,但其孤僻的由来,却是因他胸中蓄有一种极端的正义感的缘故。他不满意现社会的制度,他憎恨着这狗苟蝇营的人生。他虽然是镇海人,却没有普通宁波人那样圆通,他的一言一动,都似乎有着北方人的刚直、憨猛。在外貌上,他是一个瘦瘦的身材、圆圆的面型,戴着相当深度的近视眼镜,看起来完全是一个书生的样子。可是,当他觉得某人某事和他不对劲时,立刻可以提出抗议。因此在许多学校里教书,往往是一言不合,就拂袖而去。比方他在泉州的黎明中学,便是因学校当局对学生的措施不合,他同情学生没有自由发展的机会,因而怀着一种不平的心理,赌气辞职的。"

春末　王鲁彦携家眷来到福建省北部莆田的一个小镇涵

江,在涵江中学(今莆六中)教书。据《福建新文学史料集刊》1982年5月第1辑柯文溥的文章《鲁彦在莆田》记述:"一九三二年初,正当鲁彦不满于泉州现实,处于贫穷困厄之际,出于涵中一位总务主任的推荐,校长何尚友①(一吾)聘请他去任教。于是鲁彦携眷来到涵江。当时,何尚友很客气地说:'你是有名的文学家,到这个偏僻的小镇教书,未免太受屈了。'鲁彦不禁喟然长叹:'呵! 是无情的生活把我赶来的。'短短的一句答话包含着一个被旧社会冷落的知识分子无限辛酸的心情!"

4 月

中旬　据《炎黄纵横·人物春秋》2007年第1期韩守泉的文章《巴金与泉州情缘》记述:王鲁彦与第二次前来泉州看望陈范予等朋友的巴金见了面。巴金在泉州住了近两个星期。

上半年　全家住在青璜山涵中一院的楼下。据《福建新文学史料集刊》1982年5月第1辑柯文溥的文章《鲁彦在莆田》记述:"这里原是教室,他对生活很不讲究,房间里只有木板床和几张普通的桌椅,何尚友心里过不去,想设法弄张大藤床给他,鲁彦却婉言谢绝,他微笑着说:'我已过惯了贫穷流浪的生活。'""清贫、简朴是鲁彦的生活特点。他穿的是一身褪色的西装,夏天也只是普通的衬衫。连棉被上也补上补丁,生活清贫俭朴。但是鲁彦也有一笔财富,那就是书。走进他的住房最惹人注目的,就是到处堆着外文书。"

上半年　利用课余时间重新校订了果戈理的中篇小说《肖

---

① 何尚友,福建莆田人。1928年毕业于美国芝加哥大学,当时系涵江中学校长。

像》的译文。据柯文溥的文章《鲁彦在莆田》记述："他到涵中后，仍然孜孜不倦研读世界语，他不追求生活上的享受，初来不久，就把课余的精力化在译事上，果戈理的中篇小说《肖像》的译文，就是在这里重新校订的。这个译本是他在一九三〇年在厦门时根据世界语译本翻译的，曾在《民钟日报》上连载过，直到他回上海以后，才由亚东图书馆排成单行本。"

上半年　其夫人覃英在涵江中学担任世界史的教学任务，后因流产入院。

上半年　其夫人覃英曾经得过一场急病（有可能就是指流产，也有可能是其他的疾病），是涵中校长何尚友施以援手，才使鲁彦夫人渡过难关，克服了家庭的困难。

上半年　其儿子恩哥得病，何尚友为他延医治疗，使其儿子的病很快治愈。鲁彦为此非常感激。据王鲁彦《船中日记》记载，他称何尚友是"一个忠厚而坦诚的人"，"曾给我最有益的大的帮助"。

上半年　请了一个叫仙游（不知其姓名，因其是仙游人，就叫她仙游）的当地保姆，由此解决了语言沟通的障碍，也减轻了生活上的压力。据柯文溥的文章《鲁彦在莆田》记述："他俩都不谙兴化方言，生活上极度不方便，后来雇了个名仙游（仙游人）的保姆，由她照顾小孩兼买煮琐事。"保姆仙游无论是语言上还是生活上，给予鲁彦一家很多帮助，鲁彦很感激她，"这半年来要是没有她的帮助，我们便像大海中无人驾驶的扁舟"。

上半年　在涵江中学担任语文课。他上课深入浅出、教学手段多样，因而深受学生欢迎，很多外地的同学也慕名而来。据柯文溥的文章《鲁彦在莆田》记述："鲁彦进入涵中后，仙游、泉州、厦门的一些爱好文学的学生因慕其声名，转学到涵中。鲁彦在'日记'里写着,仙游的吴际汉、集美的清辉、泉州的继业是'为了我在这个学校才转学而来的'。但鲁彦从来不摆作家的架子,对待青年总是十分热情诚恳,他那透过近视镜的眼光显得和蔼可亲。他那丰富生动的教学、循循善诱的精神更给人以深刻的印象。"

上半年 对语文课的内容进行大胆改革。他根据自己的创作经验,知道名家名作对提高学生语文水平的重要性,于是在课堂上介绍了多位五四以来的著名作家作品及东北欧著名作家作品,并推荐给学生阅读。据柯文溥的文章《鲁彦在莆田》记述:"他在课堂上大力介绍'五四'以来的著名作家与作品,他向学生推荐鲁迅、茅盾、叶绍钧等人。选了《鸭的喜剧》《明天》等作为教材。还介绍过外国进步作家果戈理(俄国)、显克微支(波兰)等等。""他讲课时纵横中外、援证古今,犹如和同学亲切谈心,他那丰富、生动的教学大大开拓了学生的眼界,丰富了他们的知识。在三十年代初期墨守成规的教学中,难得有他那样思路纵横、敢于创新的老师。"

上半年 在作文写作辅导的教学思路和手法上也追求新颖别致,鼓励学生多去观察劳动者的生活,多描写劳动人民的疾苦,甚至亲自带领学生观察自然环境以及教学生如何择词描写它,还经常分享自己的创作经验。据柯文溥的文章《鲁彦在莆田》记述:"鲁彦在作文指导上也别开生面。他经常结合作文指导介绍中外作家的创作经验、文学知识等。他重视记叙和抒情的文体,认为作文应从学生常见的事物出发,少发空洞议论,他鼓励学生到码头看看苦力者的生活,多描写劳动人民的疾苦。他还注重于实际生活的观察。有次,他和几位学生在青璜山之麓漫步,他指着附近苍茏的林木、远处碧绿的田畴说:'写文章要讲究词语的选择,你们看看那树木、田野,要用什么词语形容才妥当?'这里鲁彦以习见的事物为例,启发学生注意观察。接着他又以自己在厦门所写的短篇小说《小小的心》(发表于1931年《小说月报》)为例,说明作品中的那个四五岁的阿品就是他细腻地观察了许多小孩子的性格、心理特征之后写成的。"

对于鲁彦在莆田涵江中学上课的情况,据《十日谈》1934年第29期子海的文章《忆王鲁彦》记载:"他教我们的国文,使我不会忘记,和他所最常讲的几句话,就是教我们当用心细读,去享受我国古代那几部著名白话小说——《水浒》《红楼梦》《西游记》……记得在他给我们要离别的最后一堂国文课上,还是再三叮咛过几句作文秘诀的。他说他自己自信觉得近来写作的进步,也就是在得力着细读那几部精华得来的;此外所时常提起的,要算是周作人、鲁迅的名字了。"

上半年 在教学中很重视人才的发掘和培养,把青飞等文学爱好者的习作推荐到厦门的《民钟日报》上去发表。据柯文溥的文章《鲁彦在莆田》记述:"在涵中任教时,他曾把青飞等人的文艺习作推荐寄给厦门的《民钟日报》发表。虽然由于环境不顺心,鲁彦脾气躁厉,但是他同爱好文学的同事、同学始终相处怡怡。他曾把自己的译作《忏悔》等赠送给同事方辉绳,还盖上'王鲁彦之印',他离开涵江后,仍与同学保持通讯联系,有时寄赠书刊……"

上半年 坚决拒绝加入国民党,爱憎分明,并对国民党来涵江中学"视察"的督学之类的官员态度冷淡。据柯文溥的文章《鲁彦在莆田》记述:"当时国民党采取集体登记的办法以引诱人们参加,还散布谣言说是'参加了国民党,饭碗摔不破'。有些对国民党缺乏认识或抱有幻想的教师受了骗,但是鲁彦始终保持沉默。不久,就有个党棍来规劝鲁彦也去'登记',突然,鲁彦脸色严峻,双目炯炯,厉声怒色地说:'我不干,四年前我在南京官办的国际宣传部工作,他们强拉我参加国民党,就是我不干,才跑了!'""有次,当局派了一个督学之类的官员到涵中'视察',何尚友出于他的身份、地位,招待颇为殷勤。事后,鲁彦却以不屑一顾的语气说:'哼! 对这种人有什么好奉承!'"

上半年　同情保姆仙游的悲惨遭遇,与其建立了良好的关系,并多次在经济上给予援助。据柯文溥的文章《鲁彦在莆田》记述:"他的保姆仙游身世悲惨,儿子或死于兵祸之中,或被土匪绑夫,她负了一身债务,孑然漂流到涵江。她为人忠厚纯朴,对鲁彦一家始终怀着真挚的感情。鲁彦慷慨解囊为她清偿债务⋯⋯"

上半年　据中国世界语出版社 1985 年版侯志平的专著《世界语运动在中国》第 41 页记述:鲁彦与杜承恩、范天均、沈一叶、黄金瑞、袁继烈和袁国钦等发起成立晋江世界语学会,吸纳会员达数百人。沈一叶开设和平书店,销售各地出版的世界语书刊和进步图书,并建立印刷所出版《绿星》和世界语图书。

7 月

是月　帮助巴金一起主编上海世界语学会会刊《绿光》。

11 月

1 日　小说《胖子》刊于《现代》杂志第 2 卷第 1 期,署名鲁彦,初收于 1933 年 6 月上海天马书店版《小小的心》,现收于《王鲁彦文集》(壹)。小说叙述一个有钱人家的大少爷,曾因一场怪病变得瘦骨伶仃,每天吃山珍海味也不胖起来,他为此很忧愁。可是后来他却悄悄地胖起来了,为了减肥,开始节食,只坚持了三天,又开始猛吃,甚至吃的比以前多一倍。又开始练武术,可是三五天之后,他又不干了。他也曾经在报上看到南京有个地方可以打针减肥,可是出门不到十分钟就退回来了。从此,大少爷任其肥胖,不再烦恼。整篇小说带有一点黑色幽默的味道。

这篇小说发表之后,有人用对号入座的办法来理解,认为是在讽刺赵景深[①],差一点导致误会。其实王鲁彦写这篇小说的真正目的是批判一些人的脾气。对此,他在《我怎样创作》中阐述道:"我去年写的一篇《胖子》,据说有人以为是在写我的一个朋友,而且是骂他的,而且我的故事中的老妈子即是这个朋友所用的女工,还另外造上一些谣言。想起来颇好笑。做小说骂人,不但从来不曾这样想过,即连把朋友的短处部分地采用写到小说里去,我也不愿意。现在我知道人家所指的这个朋友的确很胖了,但在我写的时候,我毫不知道。胖子随便哪里都可以遇到,我即使知道了,也用不着借用我的朋友。""因为在日常生活中我常常发现一些人的脾气:没有得到理想中的东西,忙得不得了,达到了目的,又想退了回来,最后没有办法了,就想到了一种聊以自慰的方法。这意义扩而大之,可以包括到许多,即连以真为假,以假为真,以是为非,以非为是,最后终于变成真真假假是是非非的也在内。这种脾气并不是一二个人所独有的,似乎很普遍,我自己也免不了。我觉得这情形可笑也可怜,早想把它写了出来。"

对此,刊登于《现代(1932)》第 2 卷第 1 期创作增大号第

---

① 参见柳思:《王鲁彦胖子之所指》,《金刚钻》1932 年 12 月 24 日。

216—218 页编者写的《社中日记》记载:"沉默了许久的鲁彦,居然赶得及创作增大号的发稿期,寄来了一篇《胖子的故事》,我很高兴将它发排了。搁笔很久的老作家底新作底面目,想必大家都乐于认识一点的吧。只是题目似乎平凡了一些,所以我擅自给删改了(发表时改为《胖子》——引者)。"

《益世报》(北京)(第十版)刊登的题为《中外文艺情报》一文中提到:

> 现代创作特大号王鲁彦小说《胖子》一篇,闻系描写赵景深教授老爷。内中将老爷之生活,叙述淋漓尽致。实为别开生面之骂人法,不让郁达夫"二诗人"专美于前矣。

19 日 在学生吴际汉的帮助下,带着妻子、孩子离开涵江,在三江口下轮船回上海。对于鲁彦离开涵江的原因,据柯文溥的文章《鲁彦在莆田》记述:"鲁彦在涵江定居后,随着日子过去,越来越感到苦闷,他不满于当时污浊的社会环境……所以,他在涵江日久,心情就显得寂寞。他说:'……这样的春之国可能产生热情与幻想?可能产生伟大的灵魂与思想?……'从这些自白里不难看出鲁彦如死水般的心情。""鲁彦本来具有旧知识分子洁身自好的癖气,他性格孤独,再加上不通兴化方言,所以和同事落落寡合,平时少言谈,处处流露出被旧社会冷落的苦恼和寂寞。这样,他终于离开了涵江。"

同日 写《船中日记》第 1 则,写自己在福建三年中内心的寂寞和凄凉,对上海的苦苦思念以及即将回到上海怀抱的欣喜。《船中日记》记载:"上海!久别的上海!我即将冲入你的怀抱中了!""两天,三天以后,我将再见到你巨大的,每一根筋脉都跳动着的面貌,我将再听到你狂吼,无一刻休息的生命的叫声,我将再嗅到你充满着生或死的幻想的气息。上海,我将投入你的怀抱中了。我需要你安慰,我的心里有无限的痛楚。"

20 日 在去上海的船上,此船将于中午 12 点正式启航。写《船中日记》第 2 则,日记很长。首先回顾了在福建 3 年的生活感受,这里常年不下雪。这里的树只有荔枝、龙眼等摇钱树,不能让诗人在树下徘徊产生情思。这里的人没有热情也不理智,待人十分冷清,没有笑容也没有寒暄,连头也懒得抬起来,遇到人时头愈加低下去。其次阐述自己急于离开莆田的原因:莆田一年的生活把他在福建 3 年的好印象全部抹掉了,他觉得自己仿佛死了,如果再待下去,自己会变成什么样子也不知道。再次表达了对一些山水的美好回忆和校长何尚友、保姆仙游这些帮助过他们的人的感念:"尚友君,一个忠厚而坦白的人,在我的兰病得危急的时候,他曾给过最有益的大的援助。""仙游呢,我至今还不晓得她姓什么名什么……她是一个多么忠实、能干的女人!这半年来要是没有她的帮助,我们便像大海中无人驾驶的扁舟。"最后记写他平日喜欢的,性格和学问都可取的四五个学生:有非常尊重他、帮他们到船上订房间送他们到车站的学生吴际汉,还有集美的清辉和泉州的继业君等。这些学生在他心中留下了温馨的回忆。

21 日 仍在去上海的船上,船停在福建兴化境内。写《船中日记》第 3 则,详尽地记录了这一天他们一家在船上早上晕船呕吐的情况和同船的两个女人吐后打麻将的顽强精神、良好体魄。中午起来稍微喝一点牛奶、吃一点龙眼。顺便写到福建尤其是兴化人因为知道龙眼吃了会聪明而到处种植,且多喜欢吃新鲜龙眼的习惯。晚上走出船舱去吃了晚饭,但不敢多吃。

22 日 仍在去上海的船上。写《船中日记》第 4 则,记述了与船上几位宁波籍船员意外认识的经过以及饮食与人的性格的关系。"每次吃饭的时候,我总要想到兴化的饭菜。四个小碟子露着底,一大碗掏不到葱蒜的汤,饭里混着许多沙粒,八个人围着一桌;这是午餐。早晚都是稀饭,四碟照样的荤不荤、素不素的不曾盖满碟底的菜。那味道,既不苦也不甜,没有辣也没有酸。有人问我兴化人的脾气怎样,我愿意他去吃一餐兴化饭。兴化人的一切都在这里了。这决不是无稽之谈,古代的人是向来认为食物与民族性有关的……我深信北方人之豪爽忠实,与面食有关;湖南四川人爱吃辣椒,所以多产生革命与文化的先进;宁波人爱吃一种最臭的咸菜,所以不怕苦多往外面经营;广东人爱吃蛇,所以来得厉害。这虽是我个人武断的话,但多少有点道理。兴化人受的自然的影响没有办法改变,但在人为的一方面,这一点是须得想一个法子的,倘使愿意上进。"

23 日 仍在去上海的船上。船早上开,晚上 10 点进入浙江温州,并停在那里。写《船中日记》第 5 则,写因风大船晃得厉害,鲁彦一家随便吃点东西就躺在铺上不敢乱动。隔壁船舱的两个女人白天没吃饭,晚上却来了精神,点起火炉烧米粉吃,后来这只火炉又移到一个老人的房间里。鲁彦一家很担心发生火灾,叫了几次茶房没人答应,只能空生气。

24 日 仍在去上海的船上,船已到浙江台州境内。写《船中日记》第 6 则,写早上因大雾船没有开。下午船开了一会儿,因风大,又停泊了。附近海域是海盗出没最多的地方,账房、水手、大副都很怕海盗袭击,大副甚至叫水手把枪支准备好。一个四五十岁的男乘客常常跑到外面去观望,他的态度颇有点焦急,衣着和举止有点怪异。

25 日 仍在去上海的船上,船进入了浙江定海群岛北部。写《船中日记》第 7 则,写了最波折的一天的情况,很长。船来到了作者家乡所在的海域，经过了宁波甬江口，离上海越来越近了，但因为大雾，船只能在舟山海域停泊。"四周隐约地立着大小的岛屿，附近停泊着五只轮船，灯光映耀着，好像午夜后上海的洋房。船杆上的红灯，发着可爱的宝石的光。除了风的呼号和波涛的冲击外，一切都睡了。今夜的停泊，是多么欣慰的事呵，我已经完全安静地躺在故乡的摇篮里了。"不过这样的安宁，是白天拼搏一天换来的。

26 日 轮船终于到达上海。写《船中日记》第 8 则，写了当船进入黄浦江自己看到上海后的狂喜心情。"上海！相思的上海！我们终于见面了！我不再是孤独的人，我的心将再暖热起来，我将年青起来，我将是一个新的人了。过去的一切，我愿意是一个噩梦，我要永久的忘记它。明天早晨一上岸，我要走遍我熟识的街道，握遍多年不见的故友的手！"

同日 在福建将近 3 年的教书、编译生活终于结束。

12 月

下旬 得知父亲病重，马上就带着妻子和孩子从上海赶回镇海县大碶镇王隘村探望父亲。

到家不久 就被自己的母校灵山学校请去做怎样写作的讲座，并在该校住了几天。对此，人民文学出版社 2009 年版《王鲁彦文集》(伍) 第 281—284 页周大风①的文章《忆鲁彦先生》记载：

---

① 周大风(1923—2015)，浙江宁波北仑大碶后洋村周家人。国家一级作曲家、研究员、教授，享受国务院政府特殊津贴，《中小学音乐教育》主编，浙江省艺术研究所研究员，中国音协第三届理事、第四届常务理事和浙江分会会长，《采茶舞曲》的创作者，也是灵山学校的毕业生。

鲁彦与儿子王恩珂的合照

1932年，周大风刚满九岁，在灵山学校读书。有一天，张尔华[①]、毛雪艇[②]两位老师陪同鲁彦先生来到学校礼堂，在热烈欢呼声中，鲁彦先生欣然步上讲台。他说："我们都是同学，都是灵山学校的学生，不过，我比你们早十五年，应该说是个灵山的老校友。我不姓鲁，'彦'也不是我的真名。我姓王，奶名衡，字返我，后来灵山的老师为我改为'忘我'。""鲁彦是我的笔名，就是写好文章后发表时的名字。""灵山是一个非常可爱的学校……这里有我尊敬的老师，有我亲爱的同学，每天都有新的知识会装进我的脑

---

　　① 张尔华，生卒年不详，浙江宁波镇海人，曾任灵山高等小学教员，后一直在上海几个报社做编辑，新中国成立后去北京，在新华通讯社总编室担任重要职务。

　　② 毛雪艇，生卒年不详，浙江宁波镇海人，又名毛尹，曾任灵山高等小学教员，抗战时在四明山老根据地工作，新中国成立后任浙江省高等法院秘书及杭州市上城区法院院长。

子里,每天都有好玩的东西供我玩耍。"讲完之后,同学们纷纷提问,多是围绕着怎样写出好文章而问,他都一一回答,大意是:"有感想时就写,不写无感之事。""写自己熟悉的事,感兴趣的事或人。""写文章功在文章之外,要多看、多听、多问、多看书。""文章写后要多作推敲,多修改,好文章是改出来的。"

王鲁彦做完讲座之后,灵山学校掀起了"鲁彦潮",不但图书馆里鲁彦的文章被借一空,并且在学生中间产生巨大影响。"李俍民同学以后就一心钻研文学,成为一名全国有影响的作家和翻译家。许多同学,因感而作,每天要写两三篇'随笔',且笔名繁多……我们还在阅读了他的文章后,顺着文章中所描写的事,去实地体验,如采杨梅,洗杨梅……特别是清明节上祖坟,我们总要带上雨伞……这些都是从他的文章中启发来的。"

下旬 在灵山学校里住了四五天后,他就回到距学校五里的老家王隘村,看望重病的父亲。

对于王鲁彦从福建晋江涵江中学回上海不久即回家乡探望病重父亲之事,1933年出版的《现代(1932)》第2卷第3期的《书与作者》一文也有记载:"《黄金》《柚子》的作者鲁彦,在福建旅居,已有三年,近忽游倦归沪,勾留一二旬后,即遄返故里。"

月底 离开家乡,与灵山高等小学的张尔华老师一起搭乘小汽船去宁波,再转赴上海,到因"一·二八"事变中被毁坏而刚修复的江湾立达学院①任教。

此次回母校作讲座,尤其是在学校里住了几天,使鲁彦有足够的时间仔细观察母校的变化,并在时隔 4 年之后完成的散文《我们的学校》(1936 年 5 月 1 日发表在《作家》第 1 卷第 2 期)中作了详尽描写。

1933 年(癸酉,民国二十二年) 32 岁

▲1 月 1 日,日军侵占山海关,进逼华北,中国守军奋起抵抗,长城抗战开始。

▲1 月 18 日,茅盾的长篇小说《子夜》由上海开明书店出版,3 个月内重版 4 次。

▲5 月,北平教育界公祭李大钊,遭国民党军警镇压。

▲5 月 31 日,中日双方签订《塘沽协定》,华北门户自此洞开。

▲是月,女作家丁玲在上海被捕,中国民权保障同盟向国民党政府提出抗议。同时左联诗人应修人在上海与特务搏斗时

---

① 立达学院是由匡互生与几个志同道合的朋友一起创立的。匡互生(1891—1933),字人俊,号务逊,又号日休。湖南邵阳东乡长沙村(今邵阳市康桥乡丰足村)人,是五四运动天安门大会和会后游行的三位主要组织者之一。1924 年受聘于浙江上虞春晖中学任教务主任,因提倡教育改革受阻,就辞职到上海,与陶载良、刘薰宇、丰子恺、朱光潜共同筹划,于 1925 年 1 月在虹口老靶子路创办立达中学,7 月迁到江湾租地建校舍,改名为上海立达学院。增办高中,并设农艺科和艺术专修科。1930 年 8 月农村教育科迁到南翔柴桥塘,购地 20 余亩,建立立达分院,并设附小。一·二八事变爆发后,江湾、南翔两地校舍先后毁于战火。匡互生不顾身患肠癌,忙于复校,不及医治,于 1933 年 4 月 22 日在上海病逝。所谓立达,乃"立己立人,达己达人"之意。

牺牲。

▲7月1日，《文学月刊》于上海创刊。

▲9月，《大公报·文艺副刊》创刊，沈从文主编。

▲10月，国民党对中国共产党中央根据地发动第五次"围剿"。

1 月

1 日　译作法国作家莫里哀著的五幕喜剧《唐裘安》刊于《文艺月刊》第3卷第7期，署鲁彦译；同年2月1日第8期连载。对此，《时事新报（上海）》1933年2月5日刊登的初旸写的《评最近的〈文艺月刊〉》一文中也有提到。

17 日　因"一·二八"战事而停顿办理具体事务两年的上海世界语学会，经学会创始人陆式楷、胡愈之、盛国成等的努力，终于又召开复员后的会员大会，会上改选陆式楷、胡愈之、盛国成、陈兆瑛、巴金、鲁彦、黄警顽等分别为执行委员和监察委员，兼任世界语函授学校教职员，并在本市各区设立讲习班面授世界语。

2 月

1 日　译作匈牙利 Eugeno Hetai 和 Enilo Maksai 合著的独幕喜剧《王后之侍者》刊于《东方杂志》第30卷第3期"文艺栏"，署鲁彦译。

5 日　《时事新报》第四版刊登的题为《评最近的〈文艺月刊〉》一文，里面提到王鲁彦翻译的莫里哀的名剧《唐裘安》在最近一期《文艺月刊》上发表了。

16日 散文《船中日记》刊于《东方杂志》第 30 卷第 4 期"文艺栏",署名鲁彦。初收于 1934 年 12 月上海生活书店版散文集《驴子和骡子》,现收于《王鲁彦文集》(叁)。日记于 1932 年 11 月 19 日,从携妻儿在福建涵江三江口乘上回上海的轮船开始,逐日记写他们的船只到达不同海域时海上气候的变化带来的船休状态、船上乘客和他们一家几口的生活变化以及作者终于回到上海的激动心情。同时穿插自己对福建教书三年的感受,对莆田人的观念、生活习惯的看法等。11 月 26 日随着旅程结束,日记也完成了。体现了去异乡谋生的艰难和精神上的孤独寂寞。

下旬 得知父亲病危,再次携妻儿从上海回镇海老家看望父亲。

23日 一家人与病重的父亲及母亲一起过了春节。

是月 因父亲病重,为照顾父亲,继续住在镇海。

3 月

1日 散文《雪》刊于《东方杂志》第 30 卷第 5 期"文艺栏",署名鲁彦。初收于 1934 年 12 月上海生活书店版散文集《驴子和骡子》,现收于《王鲁彦文集》(叁)。作者采用对比的手法,把福建灰色的雪与上海雪白的雪、北京雪天的寒冷与南京雪天的温润、现在的雪与童年时的雪双双加以比较,在层层否定中凸显出自己对于童年时候家乡雪的喜爱,得出"抓住现实,只有现实是最宝贵的"的结论,并歌颂了在雪天仍在保卫祖国的抗日战士。

同日　独幕剧《面包与马铃薯》刊于《创化季刊》第 1 期，署名鲁彦。现收于《王鲁彦文集》(伍)。这是鲁彦仅有的两部剧本中的一部。描写在内蒙古绥远的一个商店里，老板钱青江和账房包化光运用酒中兑水、面粉袋下面放土豆、缺斤短两等恶劣手段对顾客进行坑蒙拐骗，揭示了一些商人损人利己的黑心行为。

　　16 日　小说《兴化大炮》刊于《东方杂志》第 30 卷第 6 期"文艺栏"，署名鲁彦。初收于 1933 年 6 月上海天马书店版短篇小说集《小小的心》，现收于《王鲁彦文集》(壹)。小说用民间传说的形式叙写福建莆田兴化的一位樵民张云恩在无意中发现龙眼树，把它带回村种植之后，其果实给家族及村民们带来巨大的经济效益。后代子孙为争夺这棵树，闹得流血烧屋、亲情丧失；以及后来如何采用嫁接的办法，使兴化龙眼树数量大增，又在价格下跌、销售困难的情况下通过把龙眼晒干、拉长销售时间等办法减少霉烂、提高收入的故事。小说无情地讽喻了那些投机商人，揭露在金钱面前人性的丑陋，把矛头指向了私有制的黑暗社会。

　　刊登于人民文学出版社 1992 年版覃英编《中国现代作家选集——鲁彦》第 247 页周立波的文章《鲁彦选集·序》对这篇小说评价较高："《兴化大炮》却是一篇不同的作品，这是运用民间传说的体裁写出来的故事性较强的小说。在这篇作品里，鲁彦虽然没有展露他所擅长的对于日常生活的细致的描写，但这种有头有尾的故事性较强的结构也颇引人入胜的。"

　　是月　小说《恋爱进行》刊于《良友图书杂志》第 75 期，署名鲁彦。初收于 1933 年 6 月上海天马书店版短篇小说集《小小的心》，现收于《王鲁彦文集》(壹)。小说叙述男孩约生追求女孩曼丽，两人虽然相处得很不错，但一谈到婚嫁，曼丽就被婚后女性家庭地位的日趋低下、生养小孩的艰辛、要离开原生家庭及父母弟弟等问题所吓倒,最后两人的感情因约生一家搬去外地而中断。小说讽刺了曼丽过分世俗的爱情观,也流露出作者对生活的失望。

是月 继续待在家乡,陪伴在病父身边。从 1932 年 12 月底接到父亲病重的消息返回家乡之后,除中间短暂地回过上海外,到是月,鲁彦住在家乡已达两个多月。不过他并没有闲着,而是利用这段时间走亲访友,主动去认识农村中各色各样的人物:有男女农民、进步的农村青年、小学教师,还有地主兼商人的老板、乡长和乡长的狗腿子之流。在深入了解家乡人民的生活之后,他感受到封建统治恶势力对农民压迫的深重,他同情农民们萌生的反抗精神,对当时的现实产生了强烈的爱与恨,决定用长篇小说反映家乡民众的艰难生活和抗争精神。可以说,这次回乡实践了他要深入了解生活的愿望,也在思想上和创作素材的积累上取得了较大的收获。据上海文化生活出版社 1956 年 3 月版《愤怒的乡村》覃英的文章《〈愤怒的乡村〉后记》记载:"他计划用三部有连续性的长篇来完成它,第一部题为《野火》是取'野火烧不尽'来象征农民群众反抗的开始;第二部题为《春草》,是以'春风吹又生'来象征斗争的发展和人民力量的壮大;第三部题为《疾风》,是用'疾风知劲草'来象征在斗争的风暴中坚贞不屈的人民英雄。"

是月 从镇海携妻儿又回到上海,继续在江湾立达学园任教,住在江湾。不久因教书的收入太过微薄,无法维持全家的生活,只得离职专门从事著译,但还是无法养活全家。

在此期间　先后回到上海工作的赵景深和黎锦明①曾专门去江湾家中看望过他。据 1946 年 7 月 1 日《文艺复兴》第 1 卷第 6 期赵景深的文章《记鲁彦》(节选)记载:"后来我们先后到了上海……我在与黎锦明到江湾立达学院附近去看他时,他已经成为儿女绕膝的爸爸了,他和他的太太招呼我们喝茶吃西瓜,一面还要忙着给小孩喂奶粉,扶了这个,那个又哭了;抱了这个,这个又跌倒了。"

这段回忆有几处地方与其他史料不一致。从这段话里提到的鲁彦夫妻俩用西瓜招待他们的细节看,他们去看鲁彦的时间应该是夏天。又谈到鲁彦已经儿女绕膝,这与现实不符。1933 年夏天鲁彦的女儿王莉莎尚未出世,只有儿子王恩珂。如果是在 1934 年夏天,王鲁彦一家已经搬离了江湾。可能是顺口说出"儿女绕膝"而已。

4 月

月初　继续努力翻译、写作。

对于王鲁彦从福建晋江涵江中学回来以后的情况,刊登于 1934 年第 4 期第 5 页《摄影画报·文艺界》的文章《王鲁彦努力写作》也作了记述:

自命无党无派的作家王鲁彦,自闽变后被迫回上海,即卜居在江湾乡下某乡民家,终日闭门写作,闻已成长篇十万字之小说一篇,不久即可某文艺杂志发表。

---

①　黎锦明(1906—1999),湖南湘潭人。著名作家。黄埔军校二期生,1930 年加入左联。代表作有短篇集《烈火》《献身者》,中篇小说《一个自杀者》《战烟》,作品集《黎锦明小说选》等。

13 日　给老友郭青杰①的信在《西京日报·明日》②副刊刊登出来,编辑加了一个题目《你还活着》。这封信没有收入《王鲁彦文集》,是佚信。这是两人分别近 10 年后的首次通信。鲁彦写这封信时,父亲病重、经济困难。江湾立达学院教书的收入低微,专职译作的稿酬也很少,所以他陷于现实生活的痛苦与人生理想缥缈的矛盾当中,于是产生去西安看看的想法,就提笔给老友郭青杰写信。

老戈:

我们隔别太久了。不通消息,也打听不出消息,正像我们活在两个世界里一样。上海别后,应该还不满十年吧,但在我像是过去了几世纪了。我们的艺术家特夫,在我还不知道的时候死了,天可怜,他死了两年,我才得到这个消息。然而,我们的哲学家诗人还活着,我又是多么的愉快呵!

有三个朋友告诉我,我们的哲学家诗人已经坠落长久了。据说在济南的时候,香烟里咬裹着什么毒物,这是腐

---

①　郭青杰,生卒年不详。曾经在北京、南京、济南生活过一段时间,后返回西安。1931 年九一八事变之后,郭青杰与聂尚宜、高盟萍、徐国馨等人共同创建西安生存分社,创办《生存》周刊,曾为《西京日报》编副刊,1933 年创办《青门日报》,写有不少诗歌散文。

②　《西京日报》创刊于 1933 年 3 月 21 日,是国民党中央宣传部在西安出版的机关报,其前身为天津《民国日报》。国民党中央宣传部派邱元武将该报迁移到西安出版,并改名为《西京日报》,邱元武担任发行人兼社长,1936 年西安事变发生后,该报一度停刊,后来又经改组更名为《解放日报》,西安事变结束后又被国民党当局收回,恢复原名。《明日》为该报的副刊之一。老戈在答复非凡的一封信时说明了《明日》的办刊性质:"一、《明日》是偏重文艺方面,质的方面,尽可能的来提高,希望对西北文艺创作上能尽点微力。二、为免去呆板化,每篇稿子,总求当日登完,每天几个未完,实使读者生厌,因此,希望投稿者的文字不要超过两千字。三、我们用外埠的稿子并不多,我们觉得在西北倘能把握了现实来创作,一定更能充实,更能动人。"
(参见张朕:《王鲁彦佚简六通及其他》,《新文学史料》2021 年第 4 期)

化。据说在西安,被人叫做"铁公鸡",是一毛不拔的个人主义者。

然而,我不以为这是坠落,我以为我们的哲学家诗人已经进步到了顶点了。在这样的社会里,能够习常地生活着的,我以为只有缺少灵魂与天才的常人,真正的诗人是必须用吗啡来迷醉自己的,在这样的人类中,抱绝对个人主义者才是参透了神秘的哲学家。因此我非常喜欢听到了我们哲学家诗人的消息。

我依然是一个庸凡的人,摆脱不了也不想摆脱生活的重担。音乐家的梦已经打消了,做小说家也觉得没有资格,政治家又怕做,革命家觉得可笑。思想没有归宿,也不想有归宿。未来的希望的梦是没有的,幸也不陷入绝望的悲哀。这在别人看来或许是可笑的,但在我倒也觉得没有什么。西安应该是缺少趣味的吧,但因为老朋友们在那边,我很想来玩一玩。而尤其希望的是我们的哲学家诗人青杰老哥能够南来,和我久住一下,或者至少同在南京的我们的太平洋中洗一次脚。

请常常给我一点消息,我最渴望地思念的老哥。

愿平安永久和你一起,愿你活得和我一样长久。

你的老弟鲁彦

14日 《西京日报》第八版《文艺情报》栏登载了一则题为《鲁彦的感慨》的短消息:"王鲁彦最近致书西安某友人,有谓:'西安人价每岁仅值一元,上海牛奶公司之牛有每头值千余元者,何霄壤若是耶?'"无形中透露出东西部地区经济上的差距。

17日 郭青杰给鲁彦的回信被标上《复鲁彦》的题目在《西京日报·明日》副刊上刊登了出来。他在信中介绍了自己在西安的生活单调而无变化,所以,他很怀念以前的朋友们,很怀念与鲁彦一起度过的困苦而又欢快的时光。对于自己堕落的传闻,他认为也许正是"最烦闷时期"的无聊行为。还提及了几位未名社诸友的情况:"静农多了几个孩子,几架线装书,两本作品,仍是一边闻着脚臭一边谈笑,丛芜、霁野小白脸上多了些胡子,多了些线装书。"他希望鲁彦到西北来,西北连绵起伏的黄土高原、古都历史上曾经发生过的悲剧,不仅可以改变他的心情,也有助于他的创作。

是月 译作俄国作家郭果尔(果戈尔)的中篇小说《肖像》由上海亚东图书馆出版,署鲁彦译。

5 月

1 日 散文《我们的太平洋》刊于《文艺月刊》第 3 卷第 11 期"散文"栏,署名王鲁彦。初收于 1934 年 12 月上海生活书店版散文集《驴子和骡子》,现收于《王鲁彦文集》(叁)。文章运用比较和设问的方式,叙写自己喜欢南京玄武湖的原因以及自己在业余时间几乎天天与几个朋友一起去玄武湖划船游玩的情景,其中特别提到在玄武湖靠近水闸最开阔之处,他们把它命名为"太平洋"的地方,几个人停止划桨、任船飘荡的惬意。也写出了10 年以后世事变迁、朋友星散,有的远赴边疆、有的已入黄泉,自己也被生活重负压得未老先衰的状况。最后表示无论怎样,自己爱玄武湖的情感不会变。

23 日 参与蔡元培、杨杏佛、叶圣陶、邹韬奋等38 人要求当局释放上星期被上海市公安局拘捕的丁玲、潘梓年等作家的活动。他们以中国保障同盟会的名义,联名致电国民政府行政院院长汪精卫和司法部部长罗文干。此事《申报》于 24 日第 10 版刊登了一则消息：

> 南京国民政府行政院汪院长、司法行政部罗部长钧鉴：
> 比闻著名作家丁玲、潘梓年，突被上海市公安局逮捕，虽真
> 相未明，然丁、潘两人，在著作界素著声望，于我国文化事
> 业，不无微劳。元培等宜切同文，敢为呼吁，尚恳揆法衡情，
> 量予释放，或移交法院，从宽办理，亦国家怀远右文之德也。

是月　完成杂文《关于我的创作》的写作，是年6月刊于上
海天马书店版《创作的经验》，署名鲁彦。初收于1936年8月上
海开明书店版《鲁彦短篇小说集》，改题为《我怎样创作》。现收
于《王鲁彦文集》(叁)，改题为《关于我的创作》。

文章首先对自己出版的《柚子》《黄金》《童年的悲哀》三个小
说集子的状况及不足作了认真的分析和评论，认为"在《柚子》时
期，我的热情使我咒诅一切，攻击一切，不愿意接近一切坏的恶
的生活；在《黄金》时期这种倾向渐渐淡了，开始对我所厌恶的放
松了，而去求另一方面的善的好的；在《童年的悲哀》时期又渐渐
改变了，而倾向于体验一切坏的恶的一面，直至现在。这并非单
是创作一方面如此，还是因为我对于实生活所取的态度所致"。

其次，对自己从一个热血青年到逐渐成为成熟男人的过程、
自己的性格对于创作的影响做了客观的阐述。"我的年纪虽还
不大，或许还可以说是一个青年，但因为历年的生活的经历，现
在终于到了像是老年人所取的态度了。这应该很是惋惜的。但
所幸的年纪终于还不大，虽然有时像老了，有时还像是小孩。有
时笑有时是要哭的，有时悲观有时是乐观的，有时冷淡有时还是
热烈的。这些，在自己的生活中，我最知道得清楚。因此在创作
中也常常表现了这一面或那一面，或兼有了两面。这在别人看
来也许觉得这是我的作品的毛病。但是实生活常常是这样，而

我的脾气也几乎差不多,我有时很讲理性,有时一点也不讲;有时极其谦虚,有时极其骄傲;有时非常热烈,而有时又非常的冷酷。这种矛盾,说不定不是我一个人所独有,而是很多人所同有的吧。我的作品倘能够保持着这种的不一致,我倒是喜欢的。就是作风、文体以及结构,我也希望能够这样。我不愿任何人为的拘束和限制,正如我对于生活各方面都想尝味一下一样。"

再次,指出自己创作不多的原因:

"第一当然是自己缺乏才能,写不出来,此外是忙于生活,懒惰,不高兴或不愿意写东西给人家看,缺乏了以前的热情,而最后则是想多多体验生活。"

"并非在写处女集《柚子》的那时候,不想写得好,实际是因为缺少经验,不懂得技术,而同时又为热情所驱使的缘故。从《黄金》开始,一方面因为热情的减退,一方面也渐渐明白了自己的缺点,注意于写作的技术,便觉得要写得好不是一件容易的事。但这还不是最大的原因,使我的创作少;最大的原因是觉得生活少。虽然从十七八岁起,我就踏入了紧张的生活的战场,尝尽了许许多多的滋味,看见了各式各样的人,遇到了各式各样的事,一直到现在还不曾有过片刻的休息,总觉得还不够,觉得入世还不深。在日常生活中常常有许多足以写小说的好资料,创作的冲动也时常激动着,杂志和报章的编辑先生也时常催促着我写,但我还是不愿意随便提起笔来。有很多好的材料,被我抛弃了,也有很多被我保藏着。有时,小说的材料有了,怎样写也定了,却只是不动笔,一直搁上一二年的也有。这种情形写出来的作品,常常和原先预定的不一样,或是主人公变作了配角,或是次要的意思反而变成了主要的,预定在另一篇里的材料,拉到这里来了,或是这里的却分到另一篇去了,有时两篇并成一篇,

167

也有一篇分成了两篇。"

"我的作品,虽然是这样的难产,待写成了不久之后,我又常常不满意起来。我总觉得我的实生活的体验还不够,还没有深刻的透彻进去。一方面固然是已经缺乏了从前的热情,另一方面则是为的这个。"

通过对自己 10 年来创作的回顾并总结,得出一个核心观点:作为一位作家,一定要有深厚的生活积累和对于社会生活敏锐的洞察力。

6 月

1 日　独幕剧《阿尔台美斯》刊于《文艺月刊》第 3 卷第 12 期,署名鲁彦。现收于《王鲁彦文集》(伍)。剧本运用想象手法,借助西方的神话故事,描写月亮女神阿尔台美斯带着神女甲、神女乙,从寒冷的月宫来到人间寻求爱情,先后被约翰与罗宾逊爱上,阿尔台美斯喜欢罗宾逊,为了得到他的爱,她杀死了竞争者约翰,派仆人把罗宾逊的女友玛丽亚用箭射死。阿尔台美斯的行为激怒了其父亲宙斯,她的孪生兄弟阿波罗出面求情才使其免于惩罚。说明神的身上也有人类的品行。

同日　译作比利时 Jeaune Van Bockel 著的文艺论文《比利时弗兰德人的民歌》刊于《文艺月刊》第 3 卷第 12 期,署鲁彦译。

4 日　父亲再次病危,鲁彦独自从上海赶回宁波老家。踏进家门时,父亲已经说不出话,只是用疲惫的眼睛远远地望了儿子一下,他的手已经有点僵硬。当时鲁彦身边没有余钱,只得向在上海的朋友汪馥泉写信借钱。据孔另境编的《现代作家书简》1936 年 5 月版王鲁彦的书信《致汪馥泉函二通》记载,信的内容如下:

馥泉兄：

今晨抵舍，家严病已加剧。请西医注射，据云无希望，恐难支持三日。弟已拍电与谷兰，大约明日动身，后日可到。托交之件，如未送到，烦再去一次，交十八号袁志伊或徐汗卫收。因一星期后，北平有四十元退回，可叫其取出寄来也。乡间无戚友，经济穷困，虽已预备后事，尚不知如何也。

23 日　一辈子用生命呵护儿子的父亲去世，鲁彦十分悲痛。虽然鲁彦的父亲常年外出经商，鲁彦从小与母亲相依为命长大，但他与父亲的感情很深。父亲很爱他，鲁彦很小的时候，买一些很贵的鹰牌奶粉给他吃，每次回来，还专门给他买帽子、衣料、玩具、纸笔、书……鲁彦父亲平时从不与人争，凡事留有余地，常说为人要知足的仁慈、宽厚的性格，即使在精神方面最痛苦或物质方面最困难的时候，他总能乐天安命，并恪守"忠厚传家久"信条，这些方面对鲁彦影响很大。所以，父亲的去世给他的打击很大，他内心很愧疚，就把汹涌的情感全部诉诸笔端，先后写了《父亲的玳瑁》《夏天的蛙》《父亲》《开门炮（新年试笔）》《旅人的心》等 5 篇散文，或全部或部分地叙写父子的生活、父亲对自己的深爱以及自己对父亲的怀念之情。

"不用说，父亲从我出世后就深爱着我的。""他爱讲故事给我听。""他学过拳术，偶尔也打拳给我看。"（《旅人的心》）"我的父亲最相信静穆，他有什么快乐，向来不肯轻易露出来，也正像什么忧愁不肯露出来一样。这样说，并非说他是一个居心叵测的人，他实在是世界上最忠实坦白的。他并不是冷着面孔的人，他一生只有笑容，因为他非常达观。人家的父亲是严父，我的父亲是慈父。他相信静穆，一半是因为他对神的敬虔，一半是因为他脚踏实地，处世谨慎，不肯虚张声势。"(《开门炮（新年试笔)》)。"他不怕苦，不怕病，从我出世起，一直抚养着我，庇护着我。他的整个的生命，他的一分一秒的努力，全是为的我这个儿子。他的呼吸，他的眼光，他的思念，没一刻不集中在我身上。"(《夏天的蛙》)"他把我养大，送我进学校，为我造了屋子，买了几亩田地。六十岁那年，还到汉口去做生意，怕人家嫌他年老，只说五十几岁。大家劝他不要再出门，他偏背着包裹走了。""'让我再帮儿子几年！'他只是这样说。""后来屋子被火烧掉了，他还想再做生意，把屋子重造起来。""他死的以前不久，还对我说：'早一点造起来吧，我可以给你做监工。'"(《父亲》)到了老年，父亲不愿给儿子添麻烦，就养了一只叫玳瑁的猫以解寂寞，以至于鲁彦感到有点惭愧："对于寂寞地度着残年的老人，玳瑁所给与的是儿子和孙子的安慰，我觉得。"(《父亲的玳瑁》)

王鲁彦的故乡镇海大碶，处于宁波市辖所在地。宁波地处浙东沿海，具有面海傍江的天然地理优势，从唐朝开始就成为一个商品集散中心，南来北往的船只在这里卸货装货，带动了这里的商贸、交通、餐饮、旅馆、钱庄、搬运等行业。在商品往来的过程中，人们越来越认识到金钱的重要性。鸦片战争失败之后，中国与英国签订的《南京条约》，使宁波成为五口通商口岸之一，西方资本主义经济开始进入该地区。加上历史上三次人口南迁，尤其是"靖康之难"，导致北方人口大量涌入江南，宁波地区出现人多地少的现象。为了生存，当地人纷纷外出经商，明、清两代全国各地形成"无宁不市"的现象。所以，经商成为该地民众的谋生手段，当地的小男孩长到十五六岁就要出外学生意。

鲁彦的父亲就是少年时外出学生意，学成后就一直在武汉、杭州、宁波等地做账房，赚钱养家糊口。只有到年底或年初才回家住一个月左右,之后又再次外出,几十年都这样。

是月　短篇小说集《小小的心》由上海天马书店出版,署名鲁彦;内收《小小的心》《一篇抄袭的恋爱故事》《他们恋爱了》《胖子》《兴化大炮》《恋爱进行》《夜》等 7 篇作品。1934 年 4 月再版。

7 月

1 日　小说《岔路》刊于《文艺月刊》第 4 卷第 1 期,署名鲁彦。初收于 1934 年 3 月上海现代书局版短篇小说集《屋顶下》,现收于《王鲁彦文集》(壹)。小说描写吴家村和袁家村的村民为了驱除鼠疫,请虎头谷关帝庙里的关公出巡,把关公抬出来之后,两村人却为了谁做总管闹起矛盾,最后激化成一场血淋淋的械斗。而被抬来驱灾的关公被砸断手脚,他坐的神轿和椅子全被村民拆了当作武器。鼠疫已经夺去很多人的性命,一场械斗,又使更多的人丧命,揭示了人为的灾祸比鼠疫更加可怕。

14 日　处理完父亲的丧葬事务之后,带着悲伤的母亲、妻儿离开镇海回上海。

8 月

8 日　《时事新报》(本埠附刊)(第二版)在《出版界》一栏刊登了一则题为《世界语月刊〈绿光〉》的消息,报告王鲁彦有作品在此刊登。

上海世界语学会曾印行之世界语月刊《绿光》新二号现已出版,内有巴金、鲁彦等之文学作品、世界语研究、世界语之汉文对照之幽默文献,以及解释详明、浅显易读之短文。内容充实、印刷精良⋯⋯

9 月

1 日　散文诗《生的痕迹》刊于《东方杂志》第 30 卷第 17 期"文艺栏",署名鲁彦。现收于《王鲁彦文集》(叁)。诗歌描写蟋蟀和蝉这两种小动物,它们用短暂的生命拼命歌唱,创造了一个诗歌的季节,但时间一过它们的歌声就显得微弱甚至全部消失,揭示"时光的无情"的真理。

同日　散文《父亲的玳瑁》刊于《文学》第 1 卷第 3 期"散文随笔"栏,署名鲁彦。初收于 1934 年 12 月上海生活书店版散文集《驴子和骡子》,现收于《王鲁彦文集》(叁)。文章描写年老的父亲与一只名叫玳瑁的猫之间相依为命、情感深厚的故事。玳瑁既是父亲解除寂寞的开心果,又十分依恋父亲,吃饭只听父亲的召唤,父亲外出它会送别,父亲回家它会迎接,晚上要依偎在父亲的脚后跟。父亲去世后,它因为过度悲伤,几天不吃饭,连父亲所在的房间也不再进去。作者想把它带去上海,它拒绝跟去。玳瑁的表现使作者深感惭愧。表达了作者"子欲孝,亲不待"的遗憾。

同日　《时事新报》(本埠附刊)(第二版)刊登一则题为《〈文学〉第三号出版》的消息,报告王鲁彦有散文在上面发表。

> 上海陶尔斐斯路生活书店发行之《文学》月刊,第三号(期)业于今日出版,有茅盾、巴金、张天翼等小说,丁玲、鲁彦等散文随笔,谢六逸等批评与介绍文等。

同日　小说《伴侣》刊于《文艺月刊》第 4 卷第 3 期,署名鲁彦。初收于 1934 年 3 月上海现代书局版短篇小说集《屋顶下》,现收于《王鲁彦文集》(壹)。小说描写 1932 年冬天,父亲病重期间,自己两岁半的儿子唐哥与姐姐的女儿玲玲或小打小闹,或大

吵大闹,不久又和好如初的故事。表现了小孩子的真挚感情与
率真行为。

同日 译作丹麦作家 St. J. Blieher 著的小说《仆人的日记》
刊于《矛盾月刊》第 2 卷第 1 期,署王鲁彦译。同年 10 月 10 日第
2 期连载。

10 月

1 日 小说《胡髭》刊于《现代》第 3 卷第 6 期,署名鲁彦。初
收于 1934 年 3 月上海现代书局版短篇小说集《屋顶下》,现收于
《王鲁彦文集》(壹)。小说描写主人公与胡须之间的一场场斗
争:主人公先是用剃须刀把密密麻麻的胡子刮去;又用吉列刀
片、铁做的钳子等更先进的工具处理胡子,但都没有办法降低胡
子生长的速度;最后用手上硬的钢甲一根一根拔。两者之间足
足斗了几十年,直到胡子长不动了,变得稀疏枯黄,主人公也苍
老了。但最后胡子还是赢了,因为毛发腐烂的速度比人的肉体
慢。小说揭示了人不能逆自然规律而动的道理,文笔十分幽默。

同日 小说《屋顶下》刊于《现代》第 3 卷第 6 期,署名鲁彦。
初收于 1934 年 3 月上海现代书局版短篇小说集《屋顶下》。小
说叙述本德婆婆早年丧夫,靠勤俭刻苦,像男人一样干活拉扯大
一对儿女。三年前因劳累过度被一场大病夺去了健康,儿子嘱
咐媳妇买一些新鲜蔬菜、营养品给她补补身体,但本德婆婆认为
这是一种浪费,以致婆媳之间产生矛盾,儿子调解也无用。最后
媳妇不愿再受婆婆的气,拉着丈夫的手外出打工挣钱。两个善
良之人仅仅因为生活观念的不同,而不能在同一个屋檐下生活。
小说揭示不合理社会导致的极端贫困可以消弭亲情、制造悲剧
的事实。

同日　《时事新报》(本埠附刊)(第二版)在《出版界》一栏刊登了短讯《生活时店"文学"讯》,告知王鲁彦的《屋顶下》在生活书店创办的《文学》月刊第四号出版。

> 生活书店发行之《文学》月刊,自七月一日创始,第四号于今日出版,内容有落花生之《女儿心》、老舍之《微神》、鲁彦之《屋顶下》、王统照之《五十元》、张天翼之《反攻》、丁玲之《莎菲日记第二部》、郑振铎之《西游记的演化》等文字三十余篇……

同日　小说《贱人》刊于《文艺月刊》第 4 卷第 4 期,署名鲁彦。现收于《王鲁彦文集》(壹)。小说描写一个被大户人家从人贩子那里买来的六岁小女孩,一开始被主人怜惜,甚至给她起了一个名字叫阿智;但一年之后却被主人嫌弃、打得遍体鳞伤,最后冻饿而死在萝卜地里的故事。小说揭示了小女孩低微、任人宰割的悲惨命运。

19 日　《时事新报》(本埠附刊)(第二版)在《出版界》一栏刊登了一则题为《〈现代〉特大号预布》的消息,报告王鲁彦的小说《病》将在上面发表。

> 现代书局出版社之《现代》纯文艺月刊,十月号出版,业已三卷终了,四卷一期特大号准于下月一日出版,内容益加充实,文字增至三十万言,创作有周作人之《枯茶随笔》、郭沫若之《离沪之前》、鲁迅之《海纳与革命》、张天翼之《团圆》、魏金枝之《磨揖》、鲁彦之《病》、彭家煌遗著《请客》、杜衡之《生存竞争》、巴金之《天津道上》,论文有叶灵凤谈木刻、郑伯奇之幽默小论及法国古九列之告中国知识阶级……

29 日　因为翻译一篇小说,没有到汪馥泉家里去陪伴寄住

在那里即将入院待产的妻子。据 1934 年 3 月 1 日《东方杂志》
第 31 卷第 6 期鲁彦、谷兰的日记体小说《婴儿日记》记述:夜里
十二点,译完了一篇小说之后,许久睡不着,想念着妻子,关心她
有没有进医院,是正在痛苦地生产还是已经生下来等问题。

30 日　早上八点,正预备去汪馥泉家里看望妻子,就接到了
他的电话,叫鲁彦快点去一家私立医院。鲁彦在路上等车转车
花了一个小时,走进医院大门时,发现妻子覃英尚未生产。妻子
是早上七点见红,以为要生了,就由汪馥泉夫人陪着她匆忙地从
他们家来到医院。鲁彦和覃英的妹妹覃必瑜一起守护在医院
里,中间覃英三进临产室,受尽了产前阵痛和宫缩的折磨。①

同日　下午六时,女儿莉莎在上海一家私立医院来到人世。

当晚　鲁彦寄居在汪馥泉家里,没有回江湾的家,因为江湾
离市中心比较远。

31 日　早上八时就去医院看望刚生完孩子的妻子以及来到
人世不久的女儿。

11 月

1 日早晨　陪着从香港来的杜君(是谁不得而知)一道去医
院看覃英。

同日　小说《病》刊于《现代》杂志第 4 卷第 1 期,署名鲁彦。
初收于 1934 年 3 月上海现代书局版短篇小说集《屋顶下》,现收
于《王鲁彦文集》(贰)。小说叙述"我"和老张从小不认真读书,
混到 30 岁一事无成,于是想出一种行医骗钱的方法。先到京城

---

　① 从这一条开始到 1934 年 10 月 30 日,凡是涉及覃英生产、产后康复、女儿王
莉莎成长的内容,都取自鲁彦、谷兰合写的《婴儿日记》,不再加注。

去混一年,回到家乡后,老张挂起"医学博士"的牌子,我挂起"留京神医"的牌子。表面上装作互不认识,私下里沆瀣一气,把好人医残、把活人治死,一些愚昧民众还把他们当神一样供着。小说揭示"我"与老张内心的卑劣,批判了民众的愚昧落后。

同日 小说《李妈》刊于《文艺月刊》第 4 卷第 5 期,署名鲁彦。初收于 1934 年 3 月上海现代书局版短篇小说集《屋顶下》,现收于《王鲁彦文集》(贰)。小说描写一位淳朴、善良的农村妇女李妈,因丈夫被拉壮丁久久不回,又碰上飓风与洪水,在乡村无法生存,她把儿子寄养在姑母家里,自己跟着信客去上海做保姆。在都市居民的恶意欺负下,李妈由一个勤快、诚实的农村妇女,变成一个偷懒、耍滑的泼辣保姆,她的行为不但得到其他保姆的认可,也得到丁老荇头的赞赏。小说揭示了天灾人祸(兵灾)、居民的恶意欺负等外在因素扭曲了一个人的思想行为的悲剧。

同日 译作 Maur Jaumotte 著的文艺论文《比利时的文学》刊于《文艺月刊》第 4 卷第 5 期,署鲁彦译;同年 12 月 1 日第 6 期续完。

同日 小说《安舍》刊于《文学》第 1 卷第 5 期,署名鲁彦。初收于 1934 年 3 月上海现代书局版短篇小说集《屋顶下》,现收于《王鲁彦文集》(贰)。小说叙述一个守寡 25 年的妇女安舍,面对 24 岁的过继儿子毕清那种既渴望他的亲热,又碍于辈分及年龄限制不敢接受他的亲热的矛盾心理,以及眼看着毕清被他的女同学带到外面去吃饭之后内心的强烈痛楚。小说揭示了一个失爱多年女性的凄惨命运和悲苦心理。

2 日 把大儿子恩哥带到医院去看望妹妹。恩哥非常喜欢这个妹妹,他伸出手指轻轻地摸遍她的五官以及头发、额头。他摸了又摸,看了又看,一面不停地叫着"小小的,小小的"。

4—6日 两次去医院看望妻女,妻子恢复得不错,孩子也很安静健康。

8日 上午,据人民文学出版社2009年版《王鲁彦文集》(伍)第278页王莉莎的文章《忆起儿时父亲在世时》记述:鲁彦当掉唯一的棉袍,把住院十大之后的妻子和女儿接回家里。

9日 因要写文章、带儿子和做家务,竟无暇照顾被接回家的妻女,显见当时生活的艰难。

同日 在江湾家中给短篇小说集《屋顶下》写序,署名王鲁彦。载1934年3月上海现代书局版《屋顶下》。序文对于自己中止三年又重新拿起笔来创作的原因及过程作了说明。

首先,谈了自己中止创作的原因,是觉得自己的生活积累不够。"我常常觉得创作是件难事,要写得好必须有相当的艺术的修养,而实生活的深入尤为重要。看看自己的年纪,估量着过去的生活,虽说也见到了不少的世事,尝过了许多人间的滋味,但我总觉得自己还不宜于创作。前三年来几乎完全中止了创作,也就是这个原因。有时虽觉得有许多可写的材料,同时也有这冲动,我终于紧紧地遏抑着自己。"

其次,谈了自己再次拿起笔来的契机。"但自去年由福建回到上海后,因生活的变换,和几个杂志的催促,我又不得不重新提笔了。将近一年来,其结果便产生了《小小的心》那一集子中的一部分,和现在这一集子。"

最后,谈了自己想要继续丰富生活积累的愿望。"这些作品怎样呢?我自己仍未能自满。倘能摆脱眼前的生活,我还想再求实生活的充实。现在所写的只能当做尝试与学习看。而这过程,也许直到我永久搁笔的时候,才能算是完毕的。我这样想。"

11 日　自从 8 日把妻女从医院接回家之后,鲁彦一边创作和翻译,一边照顾妻子和女儿,很辛苦。但妻子的身体在慢慢恢复,女儿的身体、智力也在慢慢成长。

18 日　因鲁彦母亲有事暂回宁波镇海老家,鲁彦就请一个曾经在汪馥泉家里做过十多年、非常可靠的江北(苏北)女人,一位六十多岁的老太婆(娘姨)来家里帮忙照顾女儿和做一些家务。

29 日　女儿满月,但没有办满月酒,只给妻子吃了几个蛋,鲁彦内心非常感激妻子和女儿。据《婴儿日记》记述:"照着阴历的计算,今天是满月的日子。""照旧习惯,今天应该请客吃面,但我们决计免去了。一则没有钱,二则兰还不十分强健,弄起来,她会辛苦。"

12 月

1 日　译作波兰作家 Mga Walewrcg 著的小说《最后的幽会》刊于《文艺月刊》第 4 卷第 6 期,署鲁彦译。

同日　小说《○○五一二八》刊于《文学》第 1 卷第 6 期,署名鲁彦。现收于《王鲁彦文集》(贰)。小说叙述一个叫申生的中年男子,偷偷当了老婆的一只金戒指,用当来的钱买了全张彩票,号码是○○五一二八。等到开奖的那一天,他亲自去摇奖现场逸园等待中奖,可最后一无所获。小说揭示了一部分都市人的生活状态和期望一夜暴富的赌徒心理。

同日　散文《夏天的蛙》刊于《青年界》第 4 卷第 6 期,署名鲁彦。现收于《王鲁彦文集》(叁)。文章借助春蛙、夏蝉都已静默的状况,联想到自己的青春也正在渐渐消失。自己曾经青春勃发、有众多女友追求,但为了求知没有接受她们。为了工作又放弃读书,工作不久又厌倦了,因为有一个爱他的父亲可以依赖。可是等到"我"懂得珍惜、懂得爱他的时候,父亲去世了。当"我"自己也有孩子时,"我"的青春也完了。文章意在告诉读者要珍惜当下、珍惜亲情和爱情。

同日 夫妻俩发现因包扎方法不当导致女儿的双手变成畸形,十分忧愁。

5日 夫妻俩继续为改善女儿双手的畸形而努力。

6日 鲁彦的母亲从宁波乡下回到上海,鲁彦和妻子赶紧向母亲征求养育小孩的相关知识。

9日 带着妻女去汪馥泉家里参加他们女儿的周岁生日晚宴。

11日 从这天起,《婴儿日记》改由覃英记写,一直到女儿一周岁为止。

13日 夫妻俩和祖母都担忧女儿可能得了胃病,鲁彦敦促妻子给女儿包手腕、矫正手的畸形。

15日 覃英买菜,为鲁彦做了一顿可口的饭菜,为其庆生,并打算陪他去市中心的影院看电影。鲁彦却为了不让孩子受冻,一大早叫人来装火炉。午后二点多夫妻俩终于去看了一场电影。据《婴儿日记》记载:"今天是阴历十月二十八,是彦的生日。[①] 我想使他快乐地度过这一日……我想今天买几样他所爱吃的东西给他吃。他喜欢显克微支的作品,我想陪他到上海(市中心)去看《罗宫春色》,据说那就是显克微支的《你往何处去》改编的。""但是一清早,他却叫人来装火炉了。我阻止他,他不依。他说他要对得起孩子,先给孩子做生日。他是那样的爱孩子,怕

---

① 这里有误,王鲁彦的生日是阴历十一月三十日。

孩子受寒,固执地先装炉子。""午后二点多,彦和店里办了一个交涉,先把支票兑了几元钱来。我们便到上海(市中心)去看电影。回家已经六点多了。""晚上,学校又映教育影片。彦叫我陪他母亲去看。"

17日 早上趁着家里的娘姨尚未离开之际(第二天要离开),覃英赶紧生起炉子,与娘姨一起给女儿洗一个澡。女儿的手似乎有所矫正。

18日 娘姨被辞退。

24日 晚上与妻子一起想一个算术难题,一直到半夜十二点才睡。

27日 与妻子一起带患感冒的女儿去上海(市中心)医院看病。

30日 夫妻俩发现女儿便秘,便一起喂她喝橘子水,且解决了这个问题。

同日中午 夫妻俩去上海市中心办事。

是年 仍然住在江湾。根据《屋顶下》序的最后落款"一九三三年十一月九日,于江湾"和《婴儿日记》的内容可以证实。

是年 据《现代出版界》1933年第13期第3页一条简讯记述:鲁彦自编一本未收入单行本的短篇六万余字,以每千字5元的条件出售给天马书店,惟经天马书店以实字计算,且抹去零数,只实收稿费二百元,鲁彦大呼上当。

是年 在上海世界语学会附设的世界语函授学校任教。

是年 在《河南民国日报》副刊《国学周刊》第11—12期第35页上发表了唯一的一首古诗《乞巧辞》。这首诗没有收入2009年人民文学出版社版的《王鲁彦文集》,是一首佚诗。诗歌先是对七月七日夜晚美丽的景色、牛郎织女相会时的幸福甜蜜以及民间女子希望通过乞巧获得幸福的情景进行描绘,然后联系古今历史的变迁和当时社会的混乱提出了自己的看法,认为要改变社会的现状,主要是要停止掠夺和战乱,"救世尚须务耕织"。虽然不是特别先进,但也提出了自己的思想。

是年 小说《夜》刊于《大陆杂志》第 1 卷第 10 期第 1—7 页,署鲁彦著。该作品没有收入《王鲁彦文集》,是一篇佚文。小说运用作者与一个老头儿对话的方式,叙述男主人公婚后一个月,在一个晚上外出,手中拿着一朵蔷薇花,作为妻子的象征,但妻子误以为他心中有别的女人,于是就吃醋、吵架,等丈夫解释清楚之后又和好如初。小说入题比较慢,故事性不够强;但抒情化的色彩比较浓,因为主人公是一位诗人,里面还穿插了一些诗句,无形中增强了小说的诗意,这是以往王鲁彦小说中所没有的特色。

1934 年(甲戌,民国二十三年)　33 岁

▲1 月,《文学季刊》在北平创刊,由郑振铎、章靳以编辑。

▲2 月 19 日,蒋介石在南昌发起"新生活运动"。

▲3 月 1 日,溥仪在长春称帝,改"满洲国"为"满洲帝国",年号"康德"。

▲5 月,国民党政府在上海成立"图书杂志审查委员会",加紧压迫革命文艺运动。6 月 9 日,国民党政府公布《图书杂志审查办法》,规定所有出版物交付印刷前须先经审查委员会审查。

▲9 月,中共第五次反"围剿"在"左"倾路线指挥下失败。10 月 16 日,中央红军主力开始长征。

1 月

1 日 散文《开门炮（新年试笔）》刊于《文学》第 2 卷第 1 期，署名鲁彦。现收于《王鲁彦文集》（叁）。文章采用抑扬手法，先是极写自己童年时因父亲不在家而要帮助母亲一起准备过年用的食品、打扫灰尘、祭灶、做羹饭等的烦琐；半夜里在漆黑的摊摆着尸体和棺材的祖堂里参加祭祀祖先活动的可怕；正月初一开始给宗亲邻居以及亲戚拜年的厌烦；一直以来父亲不同意他放开门炮的痛苦。接着文章一转，写了 12 岁那年正月初一父亲主动买来五六个笔筒大的爆竹让他放，细腻地描写了点燃药线的过程、当时激动的心情，写出了波澜。结尾处更是揭露了日本鬼子占领东北、觊觎华北的事实。

同日 小说《亚猛》刊于《文学》第 2 卷第 1 期，署名鲁彦。初收于 1935 年 12 月上海文化生活出版社版短篇小说集《雀鼠集》，现收于《王鲁彦文集》（贰）。小说叙述一只叫亚猛的洋狗，幼时人人喜欢，其主人转送给我代养后，被我的妻子与母亲讨厌，我想转送给以前十分喜欢它的魏君但没有成功。最后亚猛在我家被拆掉狗窝赶出门外，从皮毛油光发亮的高贵狗，变成靠捡拾垃圾生存、皮毛肮脏稀疏的落魄狗。暗示人类社会中某些人的境遇变化和命运变迁。

同日 小说《车中》刊于《矛盾月刊》第 2 卷第 5 期，署名王鲁彦。初收于 1935 年 12 月上海文化生活出版社版短篇小说集《雀鼠集》，现收于《王鲁彦文集》（贰）。小说采用倒叙手法，叙写"我"乘坐一路汽车去宝山路口，在车上坐在一位女孩身边，我的身体和心理都发生了微妙的变化。后来我的位置往前移了，但我能观察到先后坐在女孩身边的大兵、老人、工人、年轻人的状态,并对他们的心理进行猜测和设想。直到汽车到达宝山路口时"我"被售票员推醒,才知这是一个梦。小说把梦境与真实场景结合得很巧妙,表达了怜香惜玉、门当户对等思想。

3 日 与妻子覃英一起再次去上海(市中心)办事。

5 日下午 鲁彦的母亲与覃英就如何照顾孩子的问题作了一番交谈,在表达爱惜孙女孙子的同时,吐露了不愿鲁彦远离自己去外地工作的内心隐秘。覃英的想法却不同,她认为孩子从小就应该养成独立的能力,不应该对孩子姑息溺爱,不然会使他缺乏果敢、独断的能力。

7 日晚上 与前来拜访的潘先生(具体是谁已无从考证)一起逗女儿玩。

16 日 写文章到后半夜一点多才睡觉。

20 日 帮忙带女儿,因为妻子覃英发热生病了——尽管头天晚上写了一整晚的文章。

同日 为自己母亲庆生。

25 日晚上 查世界语字典给女儿取名。据《婴儿日记》记述:"今天晚上,彦拿了一本世界语字典,一面翻着,一面念着一些可以表示他对于孩子的喜爱,赞美或希望的字眼,想从这里找出一个好的名字。他问我'珈玛'如何,这在世界语是'carma'。我觉得那声调硬了一点。他说'陀珈',在世界语是'dolca',我又觉得粗了一点,祖母说像宁波话'大姐'了。念来念去,念了许多字都不大喜欢,终于决定了一个'娜娜',虽然祖母说这也不好听,像是上海话'奶奶'。""'不管了,就叫做娜娜吧!'彦说。于是一家的人便都笑着叫了起来,房间里一时充满了'娜娜,娜娜!'的声音,好像大家合唱着一个生硬的调子,非常的热闹。"

27 日 给女儿改名字。据《婴儿日记》记述:"彦从上海(市中心)回来,说是女儿的名字还须改换。他听到朋友谈起,法国有一部小说叫《娜娜》,正是一个极浪漫的淫乱的女主人公的名字。我当然也不愿意我的女儿袭用这一个名字。彦于是重新去翻各种书本,后来主张用'丽莎'。这个名字声音倒还好听,只是'丽'字不太容易写,只好以后再说了。"

2 月

1 日 散文《厦门印象记》刊于《中学生》第 42 期,署名鲁彦。初收于 1934 年 12 月上海生活书店版散文集《驴子和骡子》,题目改为《厦门印象记》,现收于《王鲁彦文集》(叁)。文章写自己于 1930 年 3 月中旬去厦门集美中学任教时的所见所闻。有船到港口,却不准直接下船而必须由小划子接送上岸的现象;有前去鼓浪屿会见从上海远道而来的朋友(巴金)时,发现鼓浪屿上富人成堆、周围外国轮船保卫的状况;有他任教的学校用严厉制度规训出学生良好的行为习惯的情景;有厦门几个学校里围殴教员、用枪打伤校长、分成两派并用枪和手榴弹抢夺学校等乱象;有每年春夏间在厦门、鼓浪屿、集美、闽南各县发生的鼠疫(黑死症)给当地人民带来巨大危害的可怕;有因地方政府不管不顾导致此地人口贩卖很盛行的可恶现象;有厦门人通过去教会里学习用罗马字来拼厦门音的方法学习知识和语言的情况;有厦门温和的气候、丰茂的植被、美丽的海景等美景。文章表达了对厦门人民为争取利益而不屈斗争的肯定以及对厦门某些不良社会现象的批判。

同日 译作意大利作家 Toscani 著的小说《星》刊于《文艺月刊》第 5 卷第 2 期"译述"栏,署鲁彦译。

同日 小说《桥上》刊于《文学》第 2 卷第 2 期,署名鲁彦。

初收于 1935 年 12 月上海文化生活出版社版短篇小说集《雀鼠集》,现收于《王鲁彦文集》(贰)。小说描写在当地经商 20 多年、精明诚实信誉良好的昌祥南货店老板伊新叔,被实力雄厚的以林吉康为代表的资本主义大工业利用卑劣的竞争手段挤压,直至倒闭破产流落去外地谋生的境况。揭示了沿海的本土经济如何被资本主义经济所侵吞以及原本淳朴的农民心理如何被金钱所扭曲的事实。同时塑造出具有悲剧性又带有历史必然性的,与茅盾笔下《林家铺子》里的人物有一定的相似性的人物伊新叔,从而使这篇小说成为王鲁彦中期的重要作品之一。

6 日 夫妻俩发现女儿的视力有点问题,但当时没有送去医院治疗。

同日 杂文《叹骷髅选》刊于《华安》第 2 卷第 4 期,署名鲁彦。同月 19 日又在《申报·自由谈》发表,题目改为《巫士的打油词》。该文没有收入《王鲁彦文集》(叁),是一篇佚文。文章把宁波镇海乡下曾经听过的这套词中最精彩的 6 个部分选出来:如吃酒之人因为嗜酒把家都喝穷;喜赌之人赌得家财耗尽;念佛女人急急忙忙去拜佛、看见豆腐汤抢着吃;癫头之人的光头半夜里被老鼠当蜡烛头啃;裁缝老司每给别人做一样东西都要偷一些布料;厨工老司忙中出错误伤自己、把抹桌布当紫菜等状况,用宁波土话且带有韵脚的长短句,十分生动、形象地刻画出来,幽默风趣且语带讥讽,很有地方特色。

12 日 给女儿买了一个勒吐瑾牌的奶瓶。

16 日 即将离家前去陕西部阳教书,所以愈加珍惜与妻子、孩子在一起的时光。

19 日 女儿与父亲有了很深的感情,她能够根据声音寻找他了。

22 日　女儿手的畸形状况完全改善。

23 日　为产后身体虚弱的妻子买了一瓶医生开的"谭逊氏补血精"，覃英吃了以后，便觉奶水多了些。

同日　鲁彦的母亲生病了，睡了一整天。

24 日　鲁彦的母亲身体好了许多。

26 日　为了养家，和妻子一起整理去陕西郃阳教书的行装。

关于鲁彦这次去郃阳教书的原因，刊登在《西京日报》5 月 8 日第五版的一篇题为《王鲁彦去郃阳的前后——被劣绅称为下等人　将来西安小住一时》的文章（作者没署名），指明是受好友党修甫君的邀请。

> 王鲁彦来郃阳教书，原因是这样的：自今年党晴梵①君被举为郃中校长，他觉得有机会给桑梓做点事情，即令是受些困苦，对社会对个人，都是很可告慰的。党君到郃阳后，便以一切发展计划，商之与党修甫②君，修甫君是一个只知做事，而不计名利的人……这次党晴梵君长郃中，修甫君感觉到非常的快慰，因为郃中的前途大可乐观。于是便介绍多年老友鲁彦君前来教书，鲁彦君因为一方面要看看伟大的西北与那坚强的民族性，一方面看看几个老朋友，便毫不

①　**党晴梵**（1885—1966），陕西郃阳人。名瀛，字晴梵，号待庐。1906 年入上海中国公学读书，1910 年毕业回陕西当教员。1911 年加入中国同盟会，从事反清革命活动。1949 年任陕甘宁边区政府参议。新中国成立后，任西北大学教授、西北军政委员会文教委员兼教育部副部长等要职。精于金石书画鉴赏，擅长书法。代表作有《华云杂记》（上下卷）、《中国文字变迁史》、《党晴梵诗集》等。

②　**党修甫**（1903—1972），陕西郃阳人。党修甫出生于北京。在北京高等师范学校附中上学时，正值五四运动兴起，党修甫和赵世炎、夏康农、张友松等同学组织"少年学会"，编辑《少年》杂志，宣传新思想。1920 年考入北京大学预科，1924 年大学毕业后回郃阳老家当教员。1928—1930 年在上海春潮书局当编辑，与鲁迅结下深厚友谊。西安解放后，党修甫到西北大学师范学院数学系任教。

迟疑的答应了邻中的邀请。

不满半岁的女儿根本不懂父亲即将远行,还是一如既往地对父亲笑,儿子虽然知道爸爸要出门但不知道要去很远的西北工作。只有知道内情的妻子和母亲担忧地看着他整理行李和书。为了谋生,王鲁彦多年来居无定所,四处教书。据王鲁彦的《西行杂记》记述:"几乎没有一年不捆被包,有几次,一年中还捆了三四回。"但这一次与以往不同,父亲去世不到一年,母亲需要照顾,女儿出生才几个月,妻子产后身体虚弱,儿子还不懂事,要离开他们确实需要勇气。所以这一次特别伤感,对前途也感到特别茫然,不由得感叹:"它(被包)的命运完全在我的手中。""然而我自己的命运呢,却在另一个不识者的手中。"

同日晚　乘火车离开上海,赴陕西郃阳县立中学教书。据王鲁彦的《西行杂记》记述:与鲁彦一起同行的有荣和老叶。"老叶不息的坦白地念他的诗给我听。他真是一个大孩子,他使我觉得自己老了。"在车上,鲁彦看到一些先上车的人甚至侍候客人的茶房占座睡觉,晚来的人只能几个人挤在一条短凳上,导致车上有点挤的状况。

同日后半夜　老叶在南京下了车,鲁彦少了一个伴,荣不爱说话,一路上很寂寞,于是鲁彦开始想念家人,多了一份愁闷。中间还发生了一个扬州籍的茶房把一位卖小吃的一只碗偷偷藏起来的事情。

27日早上七点四十五分　火车到达南京,等待渡江。据王鲁彦的《西行杂记》记述:"过了一会儿,车子终于往前面开了。过了几个高的牌楼似的铁架,便停在了一只轮船里。走下去看可并不大。一共四排,只装得下十二个车厢,机车把我们前面的四个车厢放下,再回去拖了四个来,最后又拖了剩下的两个。到了对岸,又这样的来回了三次。七点四十五分到南京,十一点才离开浦口北开。"

27 日晚上　火车到徐州。他很想念十几年前的几个老朋友,但有些死了,有些没有消息。他甚至想望一望这久违的古国,无奈夜很黑,什么也看不见。徐州已处黄河以北,所以火车上乘客的衣着、皮肤明显不同南方人。据王鲁彦《西行杂记》记述:"车里的乘客,现在完全换了一副相貌。他们的皮肤全是粗而且老,没有一个像年青的人。灰色或黑色的衣服,映着青铜的面色。男的女的,都紧扎着裤脚。车厢中偶然闻到刺鼻的蒜气。"

28 日黎明　火车行驶在徐州和郑州之间荒凉的沙漠上,但黎明时分机车喷吐的白沫,云一样在地面蜿蜒着,幻化出了一幅美丽的山水图画。

28 日上午　火车行驶在郑州和洛阳之间,这里的地貌非常独特。据王鲁彦《西行杂记》记述:"车过郑州之后,不复是沙原,两边的低地、涧沟,渐渐地多了起来,但虽是涧沟,可并没有水……上下左右一个一个的洞穴,这便是现代所住的古屋。""车子又不时呜呜叫着,宏(轰)隆隆隆的进了黑暗的山洞,过了一个又一个,到洛阳一共十一个。"

28 日中午　火车慢慢开进了洛阳站。洛阳是一个具有深厚历史积淀的古城,在一晃而过的车上,鲁彦就看到了两个古迹。据王鲁彦《西行杂记》记述:"在车上,远远地看见白马寺,又看见一个陵墓的遗址,问人家,说是汉献帝的。车进洛阳界,一路看到高的墓碑,大约底下都是过去的大小官儿的家墓。田野中,像水缸大,脚盆大的,面盆大的隆起着的土堆,便是老百姓的坟墓了。"

28日下午 火车行驶在洛阳与潼关之间。洛阳是古城,潼关又是著名的军事关隘,景色自然与众不同。据王鲁彦《西行杂记》记述:"洛阳以西,常常看到一种松柏一类的树木,它的树叶,一直生到树干的脚跟。据说赵匡胤到潼关去的时候,恐怕回来不认得路,一路在树干的下端扎上草,因此以后就变成这样的树木。""从洛阳到潼关又过了十四五个山洞,以硖石驿一个最长。过了灵宝以后便随时可以看见黄河。"

28日深夜 火车到陕西潼关。下车之后,在潼关住下来。潼关虽是军事关隘,但商业不繁荣,一到晚上就十分冷清。据王鲁彦《西行杂记》记述:"潼关的夜,冷静而且黑暗。除了从火车下来的很少的旅客和几辆人力车外,便没有别的人迹。街上没有路灯。城门已经关了,等到了一辆要人的汽车,才给开了,一齐进城。气候并不觉得冷,似乎和上海差不多。"

3月

1日上午 在潼关走访,看到当地一些特有的景象。据王鲁彦《关中琐记》记述:"街上一队一队的走过高抬和高跷,人非常拥挤。店铺很少,有几家柜台里装着炉灶,煎熬着鸦片,有几家正在县政府的邻近。"

1日下午 继续在潼关走访。据王鲁彦《关中琐记》记述:"到东街看到一株大槐树,据说就是马超刺曹操的古迹。树干一半在药店里,一半在布店里……据说五六个人还抱不住。离地一丈多,树干上有一个洞,说是枪刺的痕迹,三角形,直径一尺多。里面分成两个小洞,不晓得多少深。"接着爬上附近的金陵关,遥望了黄河对岸的首阳山、风陵渡。并得知潼关之名的来由,是因为南北向的黄河与东西向的渭河在此处相撞而得名。

潼关城厢的后背是华山脉,往东叫崤山,起伏重叠,形势很险。它没有特别的出产,只是交通的要道,现实中的潼关古旧、冷落、衰败。

同日 《西京日报》第5版刊登了一篇题为《王鲁彦来陕》的消息:

> 邻阳中学自党晴梵君接办后,对于校务改进,非常努力。王鲁彦为该校教导主任党修甫君之多年好友,现已应邻阳之聘,不日来陕,据北新书局汪静波来信云:鲁彦教书十年,写作十年,今以友谊关系不远千里,愿来西北,定可予邻阳开百年文运云。
>
> 再,闻鲁彦之西安友人及爱好文艺者,拟于鲁彦来省时举行欢迎会。

同日 小说《惠泽公公》刊于《现代》第4卷第5期,署名鲁彦,同年4月10日又在《中学生文艺》第4期再次发表。初收于1935年12月上海文化生活出版社版短篇小说集《雀鼠集》,现收于《王鲁彦文集》(贰)。小说叙述惠泽公公与儿子英华在教育孙子阿毛这件事上的分歧:英华因为受过现代教育,主张对阿毛要以新式教育为主,而惠泽公公觉得还是私塾教育更好。甚至在平常的生活中,包括饮食、衣着、体育活动,父子俩也都有不同的观点。不过惠泽公公临终时叮咛阿毛要听爸爸的话,表明他终于认识到新的教育方式的正确。同时也表明随着时代的发展,新的教育方式终将取代旧的教育方式。

同日 译作法国剧作家莫里哀著的三幕喜剧《乔治旦丁》刊于《文艺月刊》第5卷第3期《戏剧》栏,署王鲁彦译。同年4月1日第4期、5月1日第5期连载。

同日 完成中篇日记体小说《婴儿日记》的部分内容,开始刊于《东方杂志》第 31 卷第 5 期《妇女与家庭》栏,署名鲁彦、谷兰。并在当年的 4 月 1 日第 7 期、5 月 1 日第 9 期、6 月 1 日第 11 期、8 月 1 日第 15 期、9 月 1 日第 17 期连载后续的内容;1935 年 5 月由上海生活书店出版单行本,署名鲁彦、谷兰,书前有作者《序》。现收于《王鲁彦文集》(肆)。该小说运用日记体的形式,把女儿王莉莎出生以后十二个月内的生长情况:从她身体成长到精神和心理成长,偶尔的生病、喂养的过程,都生动、详细地记录下来,成为一部生动形象的婴儿成长史。里面也倾注了父母的心血和深爱,体现出父母养育的辛劳。就体例而言,在王鲁彦的作品里是绝无仅有的。其中第一个月和第二个月的前十日是王鲁彦写的,以后的内容改由覃英撰写。小说发表之后,有一位叫石羊的作者在天津《益世报》(3 月 26 日第三张)上发表了《鲁彦的科学》一文,针对《婴儿日记》中的一些细节,对于鲁彦平时讲科学,而在女儿出生时讲迷信的做法进行了嘲讽。

同日 散文《父亲》刊于《春光》创刊号,署名鲁彦。现收于《王鲁彦文集》(叁)。散文描写父亲一辈子辛辛苦苦把作者养大,供他读书,为他造屋买田。甚至六十岁那年,想再帮儿子几年的父亲,还到汉口去做生意,怕人家嫌他老,故意说只有五十几岁。后来家里被火烧掉,父亲还想再做生意,把房子造起来。父亲一生都为儿子而活,与作者常常觉得孩子碍手碍脚,总想把他们送掉的态度比起来,更加觉得父亲对他的爱之深厚。全文充溢着对父亲的一片感激和愧疚之情。

2 日 从潼关出发,坐着人力车,去往六十里外的朝邑县,沿途看到许多西北独有的景色。郃阳县属于渭南市,故称有莘国,是中华民族的发源地之一,地处关中平原东北部(也即渭南市的东北方向)、黄河西岸。朝邑县是去郃阳要经过的第一个县城。

据王鲁彦《关中琐记》记述："由潼关西行约十五里,即折向西北。村落渐行渐稀渐小。每个村落都筑着土堡。这也是我没有看到过的情形。由潼关到朝邑县都是平原,计程六十里,过了两条狭窄的河,在南的是渭河,近朝邑县的是洛河。这两条河都没有桥,洛河上连系着几只船,和浮桥一样,水大的时候,这浮桥就变做了渡船。过渭河有一只很大的渡船。几辆牛车、骡车、人力车都用这渡船载着过了河。""朝邑县城在黄河滩上,地势特别低,背后有三个土堡在高原上。远远望去,以为那就是县城。"

3 日早晨　从朝邑县出发,坐一辆由两个骡子拉的车子,前往一百里以外的郃阳县城,因交通工具落后、路况差,一路上很艰辛。据王鲁彦《关中琐记》记述："朝邑到郃阳有一百十里,渐走渐高,是上坡的路,还要翻沟。因此人家叫我天才黎明就起行,给我雇了一辆快车。所谓快车,就是两个骡子拉着走的……而快车也很慢,我的两个骡子和人家的一个骡子一样,一小时只能走十里路。这骡车……却还是初次坐,因此坐着也不舒服,睡着也不舒服,老是在车里碰着头,心像快被摇了出来,肠子震动得要断了一样。"

3 日上午十时半　到达朝邑县的两女镇。沿路村庄很少,人口稀疏。据王鲁彦《关中琐记》记述："一路往北,村落愈稀,差不多五里一个,十里一个,小的村落只有二三十家,没有街市,没有店铺,只有到了市镇,才有卖吃的。这一百十里中,车子只经过朝邑县一个市镇,叫做两女镇。十时半到那里……"

3 日下午二时半　从两女镇出发之后,沿途村落更稀少,一直饿着肚子,车子特地多走了十里路,下午两点半才弯到露井镇稍事休息。

3 日下午四时　从露井镇出发,此镇距离郃阳县城尚有三十里。

3 日天将黑时　到了距郃阳县城五里路的金水沟,此沟又长又难翻。据王鲁彦《关中琐记》记述:"金水沟一上一下,约有一里路。坡很陡峻,没有转弯休息的平地,没有攀手的东西,两边高耸着峭壁。头上的天是长的,只有一丈光景宽。"

同日　晚上,终于到达郃阳县城。

12 日　王鲁彦被聘为《春光》杂志撰稿人的消息,被当日的《西京日报》刊登。

> 上海春光书局现已发刊文汇刊物《春光》,撰稿者有郑伯奇、杜衡、何家槐、李辉英、宋之的、祝秀侠、魏金枝、王独清及鲁彦等人。

24 日　《西京日报》在第七版刊登一则短讯《郃阳中学校务蒸蒸日上——党晴梵谈积极改良校风》,写道"学校已聘请全国知名之文学家鲁彦及各科专家数人担任教务"。

31 日　鲁彦给覃英回信。据《婴儿日记》记述:"他要买的口琴不必买了,省下钱给孩子买一辆藤车。并嘱咐妻子买一册陈鹤琴编的《儿童心理之研究》来参阅。"

是月　鲁彦开始在郃阳县立中学教书。教学之余,常常外出了解当地的历史、风俗民情、老百姓的生活、山川地理风貌等,并把历史上郃阳曾经的辉煌、现实中郃阳的偏远、贫穷与落后以及特定的风俗:正月初五送穷鬼、正月初七招魂、正月十一逐雀儿、正月十二老鼠嫁女等都一一记写下来。

是月　散文《寂寞》刊于《青年界》第 5 卷第 3 期,署名鲁彦。初收于 1934 年 12 月上海生活书店版散文集《驴子和骡子》,现收于《王鲁彦文集》(叁)。文章叙写了自己一段寂寞难耐、几近抑郁的生活经历。当作者为发泄情绪而在松树旁静坐、小径上游荡、坟墓前逗留、木桥上俯视的时候,身旁的她只是像影子一样跟着他,对作者的情绪变化不做出任何回应,作者气得把她毫不留情地推开,离开她走到了很远、很远的地方。文章写得很模糊,为什么寂寞,陪伴作者的那个她是谁? 不得而知。

是月 短篇小说集《屋顶下》由上海现代书局出版,署名鲁彦。内收《自序》和《岔路》《屋顶下》《伴侣》《安舍》《病》《胡髭》《李妈》等7篇作品,为"现代创作丛刊"之十五。1936年上海复兴书局再版。1948年上海印书馆再版。

4 月

1 日 散文《四岁》刊于《文学》第2卷第4期,署名鲁彦。初收于1934年12月上海生活书店版散文集《驴子和骡子》,现收于《王鲁彦文集》(叁)。文章叙述作者去陕西教书时,在火车上看见一位中年妇女带着一个小男孩乘车,碰到查票员查票,因说不清楚小孩的年龄到底三岁还是四岁,而被要求花两元四毛钱补一张半票。妇女虽然有点心痛,但还是不愿意说假话。凸显了一个诚实而不懂变通,心疼钱又不愿说谎的劳动妇女的品质。

同日 散文《幸福的幻影》刊于《春光》第1卷第2期,署名鲁彦。现收于《王鲁彦文集》(叁)。文章回忆自己在20世纪20年代初期去音乐专门学校学乐器时与安娜产生了爱情,两人曾经一度非常幸福,女的唱歌,男的拉小提琴,还接吻、拥抱,后来不知什么原因分手了。十几年之后再回顾这段感情,作者觉得没有什么惋惜的,毕竟曾经的幸福留下来的幻影要比现实的幸福更长久。

4 日 《盛京时报》第六版的文章《上海的文坛》中在总结1933年上海的创作情况时,提到搁笔很久的鲁彦露面了。"在一九三三年。值得注目的事,是有些搁笔很久的老作家又全新露面了——如鲁彦、王统照、落华生等。这情形,是使刊载着这些人的大作的《文学》颇为自豪的。"

7日 骑驴子出郃阳县城,去东南三十里外的夏阳镇踏青,看到了陕北独特的景色。夏阳镇在黄河滩上,是通向山西的要道,即汉朝时韩信袭魏,以木罂渡河时预备木罂的地方。因为地下有喷涌的瀵水①,使得这个镇的地貌非常特别,一条车路穿镇而过,车路的东边已是"三步一株五步一株的高大的柳树榆树,全发了芽,间夹着的杏花桃花已经落红满地……一样一样的菜蔬都长得高大而肥美,像在福建所见的一样"。而车路的西边还是"干燥的灰白的粘土",是早春荒凉的景色。

另外,作者还看到山戎流传下来的每到寒食节要荡秋千的风俗。据王鲁彦《关中琐记》记述:"经过几个村庄,都用几个大木支起了一个很高很大的秋千。妇女们成群的在那里围绕着游戏,一个六七十岁小脚的老妇人抱了孙子,也在打秋千。她们都是从小耍惯了的。年年寒食前后一星期,妇女们都做这游戏。这原是山戎的游戏,唐朝的寒食节即有女子玩秋千,男女踢球的

---

① 瀵水:这是一个特别的水名,别的地方没有。《尔雅》云:"瀵,大出尾下",郝懿行作《义疏》,说:"瀵水喷流甚大,底源潜通,故曰出尾下。"《水经注》云:"(瀵)水出汾阴县(山西)南四十里,西区河(黄河)三里,平地开源,瀵泉上涌,大几如轮,深则不测,俗呼之为瀵魁。古人壅其流以为陂水,种稻,东西二百步,南北百余步,与郃阳瀵水夹河,河中渚上,又有一瀵水,皆相潜通。"又云:"(郃阳)城北有瀵水,南去二水各数里。其水东经其城内,东入于河。又于城内侧中有瀵水,东南出城,注于河。城南又有瀵水,东流注于河。"这里所谓的郃阳城,即指现在的夏阳镇,因从前的县城是在那里的。现在夏阳的瀵,只有三个,据说尚有两个已经干了。黄河渚中的一个也还在。河水是黄的,但瀵水却非常清,并不深,可以看到底。在岸上的三个瀵都很小,附近的灌溉全靠着这瀵水,农夫开了许多沟,引流着水出去,但水永不会干涸,甚至减浅,也不会高溢出来。

风俗,现在男子在寒食节踢球的游戏已经没有,惟有女子的游戏还保存着。"

15 日 《西京日报》在第五版登载一条由冯焰写的文化消息,报道鲁彦被聘为宁波《新文学》特约撰稿人的情况。

> 宁波的文学刊物《新文学》将于四月十五日出版,主编者为王任叔、杨阴森、史岩三氏。特约撰稿人有田汉、老舍、许杰、黄源、杨骚、孙席珍、王鲁彦、穆时英、何毂天、余慕陶、陈瘦石等二十余人。

21 日 给好友《西京日报》副刊《明日》编辑郭青杰写信:

老戈老哥:

> 到此后无日不思西来,乃为道路所困。日前有汽车开潼,当欲趁便,又为老党所阻。奈何奈何? 此间寂寞殊甚。闻长安多故友,愈增相思矣! 老哥乎,一别十年,何日得不复吟"长相思,在长安"之句耶? 时因风便,乞惠佳音,以舒积怀。

老弟鲁彦拜启,四月二十一日

这是鲁彦到陕西郃阳县立中学教书之后写给郭青杰的信,也是他给郭青杰写的第二封信。

28 日 这封写给郭青杰的信,被编辑标以《又是标榜》的题目,发表在《西京日报·明日》第 5 版上。

是年春 覃英在周贻白的帮助下寻找合适的房子,准备从江湾搬到上海市中心来。据 1946 年《文章》第 1 卷第 2 期周贻白的文章《悼鲁彦》回忆:"我们在泉州分手以后,他(鲁彦)又到福建莆田的涵江镇去教过书。随后我也因事离闽,由沪转汉,循平汉铁路到郑州,到北平,再从北平走津浦线转南京而上海。这一圈子绕过来之后,已经是二十四年(二十三年)的春天了,起初,我以为他或者在镇海,有一天,忽然在路上遇见谷兰,问起他们的近况,才知道鲁彦在陕西邰阳教书。几年的阔别,他的父亲已经去世,谷兰又添了一个女孩子,名叫丽(莉)莎。而且鲁彦的母亲也从镇海来到上海,正要找房子。于是,我便义不容辞地陪着谷兰到处觅屋……觅屋的结果,她们不久就搬到霞飞路嵩山路附近一家藤器店楼上。"

5 月

1 日 译作立陶宛作家 Vineas Kreve 著的散文《啄木鸟的命运》刊于《文学》第 2 卷第 5 期,署鲁彦译。

同日 译作捷克作家 Josef Simanek 著的小说《唐裘安的幻觉》刊于《文学》第 2 卷第 5 期,署鲁彦译。

同日 覃英与鲁彦母亲准备搬新家,整天忙着检查和清点家具。

2 日 覃英与鲁彦母亲一早,先把家具从二楼搬到楼下,接着,叫了搬场车来装好家具,之后覃英抱着莉莎、祖母抱着恩哥,走到弄堂外去坐车。把家从江湾搬到上海城内霞飞路嵩山路附近一家藤器店二楼一个临街的房子里。与江湾的住处有上下两层的宽敞相比,这里只有一层,显得狭小很多。《婴儿日记》记载:"我住的一间楼房,靠南开窗,还有一扇门通到平台,平台的窗子,就临着马路。这段路上的电车最多,汽车也多,所以房子觉得很闹。我的房子后面一间,是祖母(王鲁彦的母亲)住的,再后面便是一个小小的娘姨住的房。总共就是这么楼上三间,和一个长的平台。楼下是开店的,前面便是马路,后门走弄堂进出,但是脏得很。除了楼上,孩子们简直没地方可去,比起在江湾,是有天壤之别了。"

3日 《西京日报》当日发表了一则消息,报道邻阳中学学生与当地士绅发生冲突的情况,可见当时邻中的情况比较复杂。

> 双方用武彼此受伤。邻阳县立中学校自党晴梵任校长后,对于校务之推进不遗余力,所聘教员如王鲁彦等,均海内知名之人士,只因经济困难,不易发展,党乃来省请求辅助。该县有士绅刘某者,为拥护党任校长最力之一人,其用意尽在借党之招牌以图操纵县政而已,不料党至邻阳后,只知改进校务,不为他人利用。刘在失望之下,又不得再行把持校务,遂一反其拥护之心而作种种破坏之举动,百方阻挠县府,不发邻中经费,以致邻中日在风雨飘摇之中。事为邻中学生知悉,乃往质问,不意刘竟持刀枪向学生进攻,遂大起冲突,结果学生受伤多人,刘亦受有微伤,其详细结果,尚待探悉云。

6日 由于刚搬入的霞飞路嵩山路新居楼下就是马路,路上车水马龙,出去不安全,恩哥从幼儿园回来后就只能在平台和房子里玩,没地方可去,莉莎也只能整天关在家里,这种状况反倒促进了他们兄妹的感情。因为在江湾的时候,恩哥从幼儿园回来之后就去同学家里玩。

7日 周贻白的太太来拜访覃英她们,得知莉莎吸奶的时候老出汗,就主张给她吃些米饭或蔬菜之类,以增强营养。

8日 《西京日报》在第五版刊登一篇没有作者姓名的文章,题为《王鲁彦去邻阳的前后——被劣绅称为下等人 将来西安小住一时》,除说明鲁彦来邻阳教书的原因外(这部分内容已移到前面条目),对其来邻阳中学教书后的遭遇作了详细说明。"邻中的经费本来每月有地亩附加八九百元,基金万余元,每月可得利息一二百元,勉强可以维持,晴梵君到邻中后,乃知基金不知怎样已失去大半,地亩附加三扣两扣,已成了五百元,每月尚领不到。"还提到学校因内部矛盾、收入锐减而前途渺茫,鲁彦因此很痛苦的情况。"地方劣绅又多方破坏,说请的教员,均为'下等人',说党君是'招兵不是办学'。如政府不设法助力,说部中不免关门。否则,便在不生不死中延长下去。鲁彦在此状态中精神非常痛苦,几次欲来西安,均因学校和学生的恳切挽留,不能成行。如眼前再无办法,鲁彦即来西安友人处小住,闻西安方面的友人,已去函欢迎云。"

9—10日 鲁彦的姐姐、姐夫、外甥从宁波来上海,去霞飞路嵩山路新搬的房子看望母亲与覃英她们。覃英陪着他们买东西。因为鲁彦在邵阳不能及时寄钱来,覃英在搬家时用去的超出预算部分的钱,不得不奔走设法去筹来。

12日 给周贻白写信,请其收转40元钱并请及时通知覃英去邮局取,并告知邵阳中学的现状以及自己的打算。不过这封信直到1945年6月在《文艺春秋·朝雾》第4期第47页才作为《遗墨》(手迹)发表。

> 前日接谷兰来信,即将迁至霞飞路,今日尚未得其迁移的来信,故寄其四十元托兄收转。伊自搬家后,手中无多余,信到后,请立即通知,嘱其向邮局去领为感(汇票上写明兄收)。学中情形殊坏,修甫颇狼狈,下期恐难继续。弟亦在此厌烦,下期决不敢再来矣。

15日 覃英发现女儿容易和女人亲近,但很害怕男性。对于常来玩的周贻白夫妇、汪馥泉夫妇都是如此。

17日 覃英发现女儿咳嗽得厉害,在如何让她痊愈的问题上,周贻白夫人和汪馥泉夫人发生了分歧。周夫人不主张小孩入医院,认为西药治咳嗽,效力很小,所以她给覃英一块化痰去咳的伏姜,要她蒸水给女儿吃。下午覃英去汪馥泉家,和他们谈起女儿的病。汪夫人说恐是热咳,伏姜吃不得,而且她认为久咳不宜。要是单方吃了不见效,还是找医生看好些。覃英回家后,煮了一些橘皮冰糖水,去了伏姜不用,费了很大的力气,才喂进去三四茶匙。

23日早上 覃英陪汪馥泉夫妇带他们的小女孩去上海市中心的红十字会医院看病。

16日 端午节,周贻白太太买了两串丝线做的香袋儿给恩哥和莉莎。

23日 覃英代鲁彦给去世一周年的父亲做纪念活动。据《婴儿日记》记述:"今天是孩子们的祖父的周年纪念,照例我们一家人都应当回宁波家里去的。因为彦不在家,没人照顾,便依从了祖母的意思。做一桌菜,就在现在住的屋子里。挂着相片摆供烧纸。还约周、汪两家人来吃饭。"

25日 译作芬兰作家 Johannes Linnankoski 著的小说《海基勒家之事》刊于《矛盾月刊》第3卷第3、4期合刊,署鲁彦译,未完。

同日 小说《鼠牙》刊于《文学》第3卷第1期,署名鲁彦。初收于1935年12月上海文化生活出版社版短篇小说集《雀鼠集》,现收于《王鲁彦文集》(贰)。小说叙写邻居阿长嫂和阿德嫂发现自己家放在共用祖堂谷仓里的稻谷少了以后,先是挖洞监视对方,又在半夜里去现场捉贼,结果在祖堂门口打了起来。后来两家又各自养猫,利用猫捉老鼠、猫去邻家偷食这样的方法互相斗争,后来阿德嫂设计把阿长家的老猫捉住并杀死,阿长嫂也把阿德家的小猫抓住杀掉。最后双方借老鼠嫁女儿的风俗,把老鼠赶来赶去,矛盾不但没解决,而且愈演愈烈。作者用诙谐、幽默的笔调,揭示了这两位女性在心理、行为、思想上的愚昧无知、粗俗浅薄和可悲可叹。

月底 据《每周评论》第 129 期题为《王鲁彦西安待聘》的消息,鲁彦已经被陕西省立西安高级中学校长聘为国文教师。

> 王鲁彦自与覃(谭——引者)昭仇离后,常往来于厦门上海,藉卖文过活。然卖文所入甚菲,王以此终非久计,很想献身教育界,以卖文为副业。因鉴于东南各省均人浮于事,欲谋一讲席,殊属不易,于是缚被赴西安。近得陕西某巨公之介,往见该地省立高级中学校长。校长已允聘为国文教师。聘书日内可发。

上半年 被《矛盾月刊·弱小民族文学专刊》聘请为负责人。据《矛盾月刊》第 2 卷第 6 期第 177—178 页创始周年号汪锡鹏的文章《读者·作者·编者》记载:"三卷三期发刊《弱小民族文学专刊》,特请王鲁彦、钟宪民两氏负责,并特约顾仲彝、黎锦明、谢六逸、马宗融诸先生撰稿。"

7 月

1 日 小说《枪》刊于《文学季刊》第 3 期,署名鲁彦。初收1935 年 12 月上海文化生活出版社版短篇小说集《雀鼠集》,现收于《王鲁彦文集》(贰)。小说叙述国民党一位杨姓连长在带副兵上金沟前线剿匪途中烟瘾发作,从马上掉了下来,他的副兵把他背到了一个窑洞里面,在里面烧起烟泡让他吸,才使杨连长起死回生。可是没等他吸完最后一盅,土匪就上来了,一声枪响,杨连长在吸烟的满足中倒在了土匪的枪下。揭露了国民党军队管理松弛、官兵吸食鸦片成风导致部队战斗力下降的现状。

月初 开始放暑假,鲁彦离开邰阳县立中学回上海。据王鲁彦《关中琐记》记述:从郃阳乘车往南回潼关的两天途程中,从车上由远到近眺望华山。第一天看到了华山顶上银白光辉的云,第二天下午看见了华山最高的峰及周边不断变幻的像鬼怪、像儿童、像鞑靼人、像女人、像两个打坐的和尚的山峰,还有华山胜迹、最险峻的鲫鱼背。

在此期间　在潼关往长安去的路上经过华州,听到关于金钱龟的民间传说。据王鲁彦《关中琐记》记述:明末清初一个名叫李凤山富翁,因吝啬、作恶甚至出言不逊而震怒了上天,上天派下一个神,用一场山崩把这户人家收灭,使他们一家人变成金钱龟的民间传说。唯有一位善良的丫鬟逃过此灾难。

约5日　与汪应果一起从潼关出发去临潼的骊山游玩。汪应果专门撰写了《送鲁彦行》刊载在《西京日报》1934年7月16日第五版,文章记载了他与王鲁彦在临潼的游玩经过。

早上五点半钟　鲁彦与汪应果会面。

早上六点多　鲁彦与汪应果来到车站。汪应果拿着行李,鲁彦去买车票,可是挤不通。

早上八点左右　汪应果通过站长买到了两张车票,本来想买好一点的汽车的票,没想到买到的是"一部最后开走的汽车,也是最丑的汽车"。鲁彦对此颇有怨言:"你认识那站长,他给你一部最后而且最坏的汽车。倘使在外面买来,一样花钱,却至少要好一点。"其实,汪应果认识的那个站长已经被调走,这个站长不认识汪应果。

早上八点多　鲁彦与汪应果一起乘上了去临潼的汽车。车上很拥挤,里面的人多到几乎喘不过气来。汽车在路上出了两次毛病,经过近两个小时的行驶,他们俩终于到了临潼。下车后,鲁彦又到车站去问,是否还有上东路去(潼关)的汽车。车站上的人说,只有邮政车。

中午　与汪应果一起开始泡温泉。临潼的水太热,大热天去泡热水澡很不舒服,但是大家都没说什么。鲁彦怕热,所以,他泡了没多长时间就出来了。

下午　鲁彦一个人去车站等东去潼关的汽车。鲁彦最担心的是天气要变,如果住临潼,不知哪一天方能有动身的机会,但是没等到车。从车站回来后,经汪应果介绍认识一位洗澡的年轻人,他自己有车,可以送鲁彦和汪应果去潼关,而且"从潼关到汉口的车票,从汉口到南京的船票,从南京到上海的车票,通通由他送免票"。但有一个要求,就是"今天同回西安,明天同到农林专校去看看,然后由武功坐原车返潼关"。鲁彦没有同意,只答应到西安。

傍晚　与汪应果一起乘坐这位年轻人的车回西安,在车上,这位年轻人向另一位乘客介绍:"这是王鲁彦,大幽默家。"然后一路向西,就顺利地到达西安。

鲁彦在《关中琐记》中对此行也有详细记载。温泉的位置在骊山脚下;温泉的规模是两家澡堂,几间中国式的房子,里面开了几个池汤,每一个池汤约一丈宽,一丈半长;温泉的水质很热,非常的清,洗在身上,的确连皮肤都滑了;温泉的源头在东边一家澡堂后面的一个井似的圆池,现在这里的水是专门吃的;女人洗澡的池汤为泉源首先经过的一个,据说即为贵妃所洗浴的地方,特名为贵妃池;澡堂的票价最高的一元,此外几角不等;到温泉的交通:只有早晨坐着东行的车到临潼,下午坐了西行的车返长安。

5日　《时事新报》(上海)刊登出一则题为《浦东中学扩充校务》的消息,报道王鲁彦被上海浦东中学聘为下半年的国文老师的情况。

> 浦东中学下学期拟扩充校务,提高课程标准,数理化教员方面经聘有吴月舫、王季梅、陆祖龙、夏承法、黄钦翔、余炳成、黎昆宏等。语文教员方面,英文为魏荔洲、何尚友。国文为汪静之、章铁民、王鲁彦等。均为国内著述丰富经验湛深之有教学者云。

但是,王鲁彦下半年没有去应聘去浦东中学,而是带着全家去了陕西省立西安高级中学教国文,因为 5 月底该校校长已经答应聘他为国文教师。

6 日 在长安游玩,终于看到了它坚固高大的城墙、全国唯一的碑林以及文化的落后和发展的艰难。鲁彦去郃阳的时候是直接从潼关出发北上的,没有经过长安,此次结束在郃阳中学的教学工作回上海,到达潼关之后,与汪应果一起头天出发去临潼游玩,然后从临潼乘车西行来到长安,于是看到了这一切。据王鲁彦《关中琐记》记述:"长安的城是伟大而雄壮的,它像北平的城,高大坚固。街道店铺、住屋、饮食以及许多生活方式,都像北平。骡车、人力车、水车,也像北平的。街上的土的颜色,土的气息,也是北平的。""北平有民众所酷嗜的雄壮的京调,长安有民众所酷嗜的凄厉激昂的秦腔。北平有很多的古物,长安也相当地丰富。南城的碑林,集合了几千个历代的碑,有伟大的《十三经》全碑,有最高大、碑石最好、雕刻最精的玄宗的《孝经》碑,有和书坊中摹印出来不同的名家的真迹。中国字的艺术,完全给保存在这里了。这不但北平没有,走遍天下也没有的。""充满着历史的回忆的古迹,虽然已被时代洗涤得荡然无存,但那永久不变的天下第一终南山依然横在长安的南门外。我们可以一级一级的走到大雁塔的顶上,把终南山全景收在眼帘的。""提高文化的呼声是高的,长安城里有着大小七八个报馆,但没有什么杂志,好的印刷机也还没有。整个陕西只有一个高级中学,就在长安城里。大学是没有的。""今日的陪都没有电灯(只有机关和大商铺自用的),没有自来水。"

7 日 从西安乘上火车回上海。

9 日上午八时左右 鲁彦回到上海的家中,与分别四个月的妻子儿女重逢。

13 日 《西京日报》第 5 版,发表一篇由冰苔写的题为《欢迎鲁彦先生》的文章:

曾在邻阳中学教书的作家王鲁彦先生,最近已来西安了。听说下半年将任教省立高中了;如果是事实,我想这对于咱们这荒漠一样的文坛(如果说也可以称做"文坛"的话)终是一件应该说几句话的事情。

鲁彦先生的作品,我只是零星的读过些杂志上的短篇;如果说这些短篇可以代表一个作家的话,我觉得作者善以一个细小的事件和人物,深深激荡着读者的心,如一秋叶,落在平静的湖面上,会激起波澜来。我们常常怀着一颗沉重的同情心,关切着故事里的主人——一个老头或一个愚蠢的农夫灰黯的结局。(虽然有时我并不十分同意作者给他的命运)题材多半是过去的或社会角落里的事件或人物,虽不是时代的尖端,却也是人生途中必有的事情。

鲁彦先生也是一位长于以幽默的笔调写作的作家。但他不像老舍的专门同人逗笑;也不像张天翼的强调的夸大的诙谐;他的幽默只加深了故事的怆凄,勾引读者更大的同情。——这样,算是我认识的作家鲁彦先生。

浩大的灾荒、病疫、兵、匪,已使西北的农村以及整个社会破产到极端；造成你想象也想象不出来的惨状；几百万的饿毙者，几百顷的荒地，怕在人类史上都是稀有的惨案。这对于从事于文艺服务的朋友们，将是多么伟大的历史题材。然而我们的文艺上所表现的是什么呢？——一张白纸！

在这个唯一的文艺性质的副刊上，充满了千篇一律的个人生活的描写。不是说从前有个姑娘怎么爱我，便是说我几点钟起床，几点午餐。初学习写作的青年也总是先来一首情诗，或是"意X妹"的小说。仿佛咱们这世界已经是天下太平，人人都饱着肚皮，剩下的就只有性欲问题了。

自己拿血肉造成的事件，只能让别人制成片子，作为宣传"人道"的工具，这是怎样愚蠢的事呀！

然而鲁彦先生也毕竟到咱们西安来了。我们除了以欢迎一个作家的热诚欢迎鲁彦先生以外，还希望他以细腻的笔调，敏感的心情，用更大的同情心，写这比他过去作品都更惨凄的故事。使这伟大的文艺宝藏，在中国文坛上开一朵灿烂之花。也不枉一个作家到西北来一趟。

鲁彦先生，咱们是这样欢迎你的。

其实，鲁彦要到8月底才去省立西安高级中学任教，估计媒体人士消息灵通，从当地相关机构提早知道了这个消息。

从这则消息中可以看出，鲁彦去省立西安高级中学教书，在当地还是产生了一定的反响，文章的作者对于西安文艺发展的落后、鲜少优秀作品的现状是比较了解的，对于王鲁彦的创作实绩、风格也是了解的，于是把振兴当地文艺的希望寄托在他的身上。

18日 好友章铁民带着他十几岁的孩子来看望鲁彦一家。据《婴儿日记》记述：那孩子长得非常强健，肤色是红黑的，筋肉是坚固的。章铁民说还记得这孩子生后不久，他的父亲便给他用冷水洗浴，抱到外面吹风的情景。

24 日 半夜里抱着生病的女儿，助她安睡。

25 日 上午煮了半锅冬瓜汤给女儿当开水喝，到下午她的热便慢慢退下去了。

27 日 家里来了几个不曾来过的客人（具体是谁已无法考证），他们和鲁彦坐在那儿谈话。女儿又开始发热，哭闹得很厉害。祖母说昨夜里鲁彦不该勉强她压迫她，更不应该打骂她，使她受了惊，所以发热。

28 日 夫妻俩发现女儿的体温又高起来，急忙想方设法给她降温。

是月 与周贻白见面，把他委托代拓的曹全碑原碑拓本送给他。

是年夏 据1946年《文章》第1卷第2期周贻白的文章《悼鲁彦》记述：鲁彦与谭昭正式解除婚约。

8 月

3 日 《时事新报》（本埠附刊）（第二版）《出版界》刊登一则消息，报道了王鲁彦的翻译作品已在《中国文学》八月号上发表的情况。

上海环龙路五十号中国文化书局总发行之《中国文学》月刊，八月号已出版，要目有张资平之《瓦萨曼的作品及〈诺趣史〉之排犹太主义》，胡怀琛之《介绍诗人丁鹤年》，叶永臻、金满城、周楞伽、余慕陶、萧作霖、林适存、漫礁之创作；王鲁彦、章铁民之翻译；赵景深、李苏菲之散文；汪静之、艾琦、邵冠华、吴惠风、林英强等之诗歌；以及殷作桢之译剧

《骑队》……

5 日 《时事新报》(本埠附刊)在《出版界消息》栏目刊登一则消息,报道王鲁彦的散文与诗即将在《世界文学杂志》上发表的情况。

> 黎明书局特聘伍蠡甫主编《世界文学杂志》,闻创刊号已定九月中旬出版,内容精湛,计有华青、徐仲年、韩侍桁、汪馥泉、方光焘等君的评论;李青崖、章友三等人的名著检讨,伍光建、傅东华、洪深、刘麟生、顾仲彝、黎烈文、马宗融、王鲁彦、黄源等君的散文与诗……

13 日 家里装了电话,鲁彦通过电话与友人交谈。

18 日 鲁彦的姐姐来上海给大女儿办嫁妆,覃英一整天陪着她在街上买东西。

21 日 因鲁彦决定下半年带全家去陕西省立西安高级中学教书,所以提前开始整理家具,并打算送母亲回宁波镇海乡下。

22 日 下午,鲁彦母亲和姐姐一起回宁波镇海,并把上海家里的家具也带回去。

23 日 下午三点,带着妻女、儿子,在汪馥泉夫妇、周贻白夫妇的送别中搭上小汽车来到火车站。据《婴儿日记》①记载:鲁彦一家到车站以后,因为行李多,鲁彦带着恩哥到买票处和行李处去了许久,覃英抱着女儿在等候室里。4 点钟全家坐上了去陕西的火车,但车上已几乎没有位置。费了很长时间,才找到了两个不相连的空座。覃英的座位,还是王鲁彦的一个福建学生让出来的,与王鲁彦的座位隔着七八排。因闷热和口渴,女儿哭闹了

---

① 由上海出发至省立西安高级中学,从 8 月 23 日至 11 月 30 日凡涉及家庭、女儿的内容都是出自《婴儿日记》,不再加注。

一阵,鲁彦抱着她走动了两三趟,又给她减少衣服,喝了点开水,才平复下来。女儿隔着七八排座位望过去,看到了爸爸和恩哥,跳起来,挥着手叫他们。鲁彦向她做手势,她也学着做。到了晚上,鲁彦预先问明几个旅客下车的时间、地点,守住他们的座位,不让后上来的人占去,才弄了两排面对面的座位,又设法将皮箱横搁在两排位子中间,恰巧两边靠住了椅边,不致倾倒,从而给女儿做了一张旅行床。

24 日 火车由南京浦口摆渡时,夫妻俩买了几碗稀饭和熟鸡蛋当中饭。车到徐州时停下来,全家下车,走过天桥去等候陇海路的车子,全家人又到馆子里吃了一顿饭。陇海路的车厢里搭客少,座位空,女儿和儿子便显得很舒适、自由。过了郑州,气温降低不少,暑热退尽。由于不知道路上的气候变化如此明显,夫妻俩只带了几件单衣,只能给女儿、儿子穿上几层单的。火车一路西行,一家人睡了一晚的安稳觉。

25 日下午一点 火车到潼关,下车后全家住在中国旅行社。由于客满了,一家人只能住到一间又黑又狭窄的房间里。

26 日 由于从潼关到西安的汽车路不久前被山洪冲坏,尚未修好,鲁彦决定带领全家从潼关搭火车先去渭南,再由渭南坐汽车去西安。早上 7 点,全家走到火车站,坐到猪圈似的车厢里,没有椅子,只能坐在被包和箱子上面。因为路况不好,火车一直到中午 11 点钟才开。开车不久,天就开始下雨,而且越来越大,下午 4 点才到达渭南,但安顿下来颇费了一番曲折。据《婴儿日记》记载:"下车以后,既雇不到洋车,又雇不到货车载行李。我们没有伞,便站到雨底下,让它淋得一身透湿……后来雇到了两辆载行李的推车,我们便跟在后面向城里的路上走。那路滑得立不住脚,我们东偏西倒地一脚一脚踏过去,半点钟久才困难地踏过一个斜坡路。这时前面来了一辆空的洋车,我便先抱了两个孩子坐上去……到城里问,没有一个客舍不是人满了的。我便到汽车站去等彦,过一会,他来说到城外离车站不远的地方一个小学校,交涉好了去暂住一下。我们又坐车退回城外。"

26 日　当晚全家住在渭南城外离车站不远的一个小学校里。

27—28 日上午　继续住在渭南城外离车站不远的小学校里。鲁彦和叶先生每天到西关去看有没有汽车,回来总是懊恼的神色。天是晴了,汽车路不知要到什么时候才能通车。

28 日下午　全家搬到渭南当地的教育局,预备第二天一早搭车去西安,因为教育局房子不多,当天晚上,覃英仍带着女儿去距离车站不到半里远的女子小学校住了一晚上。

29 日早上八时以后　全家终于搭上了去西安的汽车,但全家分乘在两辆车上。一路上道路泥泞,颠簸动荡,十分辛苦。

同日下午三时　终于到达西安东城,省立西安高级中学已经派工人在那里等候他们。但因学校教员房子不够,不能住家眷,王鲁彦全家只能暂时住到旅舍去。

30 日　全家还是住在西安的一个旅舍里。

9 月

1 日下午　全家搬入省立西安高级中学教员宿舍,因为一时找不到相当的房子,只好将就地住在狭小的两间教员室里。虽然狭小,可是比起住在旅馆里要便当多了。

同日　散文《听潮的故事》刊于《中学生》第 47 期"潮"栏,署名鲁彦。初收于 1934 年 12 月上海生活书店版散文集《驴子和骡子》,现收于《王鲁彦文集》(叁)。此后,除了被选编入各种文选或辞书外,20 世纪 80 年代开始,还陆续被选编为大中小学语文课文。文章描写自己在普陀岛度蜜月时,本该在美丽的海天景色环绕中颐养心情、培养感情,却被一个前倨后恭的势利寺僧的行为所激怒,于是借写海潮来发泄内心的不满情绪,最后借章铁民放在他那里的一套军服把这个势利寺僧震慑住。作者运用通感、拟人、博喻等手法,辅之以大胆新奇的联想,把月光下静的海、潮涨潮落的时刻、"海怒"到来的瞬间都描写得栩栩如生、气势蓬勃。给人以如见其物、如入其境的美感享受。同时表达作者诅咒一切,不愿接近一切坏的恶的生活的意志和期待革命浪潮到来的渴望。

据 2008 年 4 月第 48 期《绿土报·书文漫话》中王尔龄的文章《关于鲁彦〈听潮〉的访谈——访鲁彦夫人覃英》记述:1982 年 10 月王尔龄曾采访过覃英,曾就该散文是否有虚构成分和创作缘由提过两个问题:

一、"《听潮的故事》有没有小说化的地方?"覃英不假思索地回答:"没有虚构。1929 年,鲁彦失业了。我们回到他的故乡镇海,便有普陀山之游。在普陀山,我们确实碰到了散文里所写的事情。其中所叙,包括我怕听潮音,对和尚趋炎附势表示不满,都是真的。"

二、"这篇散文,虽然题目是听潮,但是引动他写作的还是那个寺僧的炎凉变化心态,不知是否如此?"覃英回答说:"是的,这两种潮引起了他的心潮,因此才有这篇散文的写作,非写不可了。""鲁彦就是这样一个人,只要碰到不合理的事,尽管他明天的吃饭还没有着落,也会辞职,卷起铺盖离开。这样的情形不止一次。"

同日　散文《关中琐记》刊于《中学生》第 47 期,署名鲁彦。初收于 1934 年 12 月上海生活书店版散文集《驴子和骡子》,现收于《王鲁彦文集》(叁)。散文叙写自己去陕西郃阳县立中学教书时一路上的所见所闻以及学期结束乘汽车离开郃阳回潼关的观察所得。作者采用了比较、想象、对比等多种修辞手法,将夏阳镇的春天、华山险峻雄奇的山峰、华州金钱龟的传说、华清池曾经发生的历史故事、长安古城的建筑、郃阳县众多的风俗都写得生动传神,显现出关中特定的人文地理及历史景观。

　　同日　散文《驴子和骡子》刊于《文学》第 3 卷第 3 期,署名鲁彦。初收于 1934 年 12 月上海生活书店版散文集《驴子和骡子》,现收于《王鲁彦文集》(叁)。文章前半部分写自己如何与一头黑色、年轻、性格刚烈的小叫驴斗智斗勇的过程。先是不让他骑,骑上了又险象环生,不是冲到馒头铺前想去吃馒头,就是想要去咬对面来的母灰驴,还冲进村庄去寻找饲驴的槽和水桶。我跳下来,拖它回城,它又耍赖不肯走。我踢它鞭它,并再次骑上去,结果被它从头上掀了下来。最后在驴主人的帮助下,我才从困境中解脱出来。由此得知驴也有生的欲求和挣扎反抗的勇气。后半部分写自己坐一辆骡车去旅行,骡子拉着八百多斤的东西,已经走了一上午,很饥饿疲乏了,主人还在拼命用鞭子驱赶它,让它跳跃着跑着。看到这个状况,我不禁自责起来。并由骡子生存的艰难,联想到自己此次远离繁华都市上海来到西北教书也是因为生活拿着鞭子在驱赶着之故。

　　2 日　全家终于安顿下来,大人通过充分的睡眠,消除了疲劳。女儿却开始腹泻,搞得夫妻俩很紧张,煮了一些带来的神糷给她吃。

　　2—12 日　在适应学校教学工作之后,开始忙于安顿生活。

儿子、女儿先后患腹泻,人生地疏,娘姨还没雇到,许多事情得夫妻俩自己做。

15 日下午　与妻子覃英一起带着孩子去玩了半天,晚上想看戏,因恐两个孩子病体新愈,不能支持,买了一些零星东西,回家时已过八点。女儿在车上便睡着了。

19 日　夫妻俩发现女儿经过半个多月与乌鸦的接触,竟与乌鸦成为好朋友,她听得出乌鸦的叫声,一看见乌鸦便向它招手,知道它栖息在树上。

22 日下午　夫妻俩带着孩子到校外大操场去观看陕西预选参加华北运动会人选。还顺便沿着小道去城墙上走了一趟,女儿高兴得手舞足蹈,听到羊在叫,她也学着叫。晚上,鲁彦吹口琴给家人听。

23 日　教学之余,享受家庭温暖、儿女亲情。女儿喜欢找恩哥和鲁彦玩闹,只要听到爸爸的脚步声、咳嗽声,便喜欢得跳起来。

27 日　因为覃英两天前吃了一点月饼患严重的腹泻,身体虚弱,没有奶给女儿吃,女儿通宵哭闹。为了让妻子尽快康复,鲁彦整晚抱着哭闹的女儿在隔壁房间里安抚她。

29 日　夫妻俩发现女儿已经会在鲁彦的指点和教导下,对某些字有了辨析能力。鲁彦偶然抱着她指着贴在墙壁上的课表里面的"王"字教她说"王",她也用一个指头去点着,不说出声来。

秋天　看到了凄凉秋雨不断落着的西安街头的独特景色。据王鲁彦《西安印象记》记述:"凄凉的秋雨继续不断的落着,把我困住了。西安的建筑还在开始的尖梢上,已修未修和正在修筑的街道泥泞难走。行人特殊的稀少,雨天的店铺多上了排门。

只有少数沉重呆笨的骡车,这时当作了铁甲车,喀辘喀辘,忽高忽低,陷没在一二尺深的泥泞中挣扎着,摇摆着。一切显得清凉冷落。"

同时 也看到了西安人眼里的吉鸟——乌鸦。据王鲁彦《西安印象记》记载:"天方黎明,穿着黑色礼服的乌鸦就开始活动了,在屋顶,在树梢,在地坪上。"自从西安被指定为国民政府的陪都以后,被认为是吉鸟的乌鸦一年比一年多起来。这些乌鸦常住的地方是城南隅孔圣人的庙里以及它后面的碑林,城北隅的"绥靖公署",还有省立西安高级中学、西安师范等。

10 月

8 日 《西京日报》发表一则题为《高中生组织艺林社》的消息,报道王鲁彦被省立西安高级中学学生组织的艺林十日社刊物聘为执笔人的情况。

> 每于十日出刊一期,省立高级中学校学生田玉林等为研究文艺,求其深造起见,曾集合该校同学等组织一艺林十日社,定期每十日出刊一期,内容纯系文艺性质,闻执笔人为冷梅、王鲁彦、汪以果、赵文杰、王志刚、郭清洁、张岳龄、马伯超、刘仲哲、董仲苏、彭微、金魁之等。现悉该创刊号业经付印,双十节前即可出版云云。

9 日上午 夫妻俩带儿子到医院里去看病,顺便也带女儿去看一下脸上的癣,据医生说是湿气,给配了点药。从医院回来,鲁彦又去学校上课。

10 日 带着妻儿和同事汪、郭两位先生一起去看电影。

12 日 夫妻俩带着女儿一起去逛街,并去一位姓景的先生家里拜访了一段时间。

15 日 《西京日报》刊登一则题为《高中成立文学研究会》的消息,报道王鲁彦在省立西安高级中学成立文学研究会、担任指导老师的情况。

王鲁彦等指导组织省立高级中学校,日前举行训育会议,兹录志其议决案如次,一、规定学生课外运动时间表案,议决,通过;二、课外运动,应由何人负责监督案、议决,除体育教员训育主任每次到场指导外,本级级任于本班运动时间内,须到场点名监督;三、改定作息时间课表案,议决,通过;四、学生沐浴,应如何办理案,议决,由事务处向澡堂接洽减价办法;五、成立文学研究会案,议决,推王鲁彦、郝子俊、白森元指导组织;六、级任与本级学生个别谈话,应如何进行案,议决,(一)本学期内每生最少谈话一次,(二)谈话表由调育处拟制。

16 日 与妻子覃英讨论如何教育孩子的问题。鲁彦认为父母是孩子学习模仿的对象,大人一定要注意自己的行为。

21 日 鲁彦一家特约同事吴先生和他的小孩一道到西安南城大雁塔和宋家花园去游玩。本来预备坐马车去的,因价格谈不成,便坐洋车。那里离城十多里,一路经过平坦的田畴,满眼是青黄的麦、黍。女儿莉莎和儿子恩哥脱了棉帽子,显出从未有过的快乐。鲁彦骑自行车带着覃英和女儿,或前或后,恩哥和四元(鲁彦家里新请的一个帮工)骑一辆车。回来时,路过大雁塔,他们又去爬了大雁塔。

24 日晚上 鲁彦一家去戏院看戏。

28 日早上 鲁彦一家出发去东园看菊花,他们坐车出了东门后舍车走路。吴先生把自行车借给鲁彦骑,女儿不要四元和母亲抱着走路,而是要坐到鲁彦的车上去。

30 日　给女儿过周岁生日。因没钱请客,鲁彦便请了两小时假和妻子一道带她去照相,给她照了三张独自的像:一张是坐在椅子上的,一张是坐到地上的,一张是站着的。另外和父母一块儿坐着照了一张大的,并到馆子里吃了一顿饭。

同日　历时一年的《婴儿日记》结束撰写。

11 月

是月　有一位叫拙辍的学生于 3 日写了一篇文章,把王鲁彦在省立西安高级中学上课的情况、他的衣着、外貌做了真切的描写。据《十日谈》第 45 期拙辍的文章《记王鲁彦》记述:"不晓得谁的力量,竟使先生在到这荒漠的西北。这灰色的古城——西安,给我们学校代课,但是,我们是下班,而学校只仅上班,原因是'才疏学浅'不配教我们。""为了要看一看王先生究竟是怎样的,我在上历史堂的时候,偷偷溜了下来,爬在毕业班教堂的窗外看他。""一架托力克,小背头,两颊有肉,尤其是两个脸蛋子特别丰满,上唇和下巴有点胡髭,但却不是那黑鸦鸦雾沉沉地一片,大概他是常常刮的吧!身穿一套毛哔叽西装,足蹬尖头皮鞋,现在天凉了!他穿的一件什么呢的夹袍,内套开司米毛衣。"

12 月

是月　散文集《驴子和骡子》由上海生活书店出版,署名鲁彦。上卷收《雪》《父亲的玳瑁》《开门炮》《寂寞》《四岁》《我们的太平洋》《听潮的故事》《驴子和骡子》等 8 篇作品,下卷收《船中日记》《厦门印象记》《西行杂记》《关中琐记》等 4 篇作品,该书为傅东华主编的"创作文艺"之十七。1935 年 4 月再版。

是年 课余时间,去西安城里观看市井生活现状和古城风貌。据王鲁彦《西安印象记》记载:在东大街的口子,他看到了"新筑的辽阔的马路,和西边巍峨的钟楼以及东边高大的城门",仿佛觉得自己又到了故都北京的禁城旁;那些来来往往的汽车、叮当叮当的人力车、搅起阵阵烟尘的骡车、来往如梭的行人形成的热闹街景,像极了十年前的北京城。最热闹的莫过于两旁开满店铺、人行道上也摆满摊子的东大街,这些摊子上摆满食品、水果、生活用品、古董、小玩意儿等物品。此外,鲁彦还发现了位于南院门的"陕西省党部"高大的墙门口、永久巷里的"省府委员会"的住宅——"彭寓",还发现了警察和禁烟委员会在装模作样地查鸦片,而当地人在官府的眼皮子底下大胆地吸食鸦片、熬制鸦片的情况。以至于作者误入学生家里时,家长竟拿出一套吸烟工具让其吸,足见当地吸食鸦片情况之严重、官僚机构管理之松弛。

是年秋 见证了"国民政府"特派大员的一些丑行。据《西安印象记》记载:在国难当头、亡国灭种的当口不是去前线杀敌,而是跋山涉水、一路重兵开路、跑到陕西中部县的黄帝坟去祭祀的"盛况"。对此鲁彦用嘲讽的口吻加以讽刺:"这是一件最伟大最严肃也是最困难的事情。由西安到中部县的车路崎岖万状,而且无水可喝,无饭可吃,据说一路还须带重兵步步开路。最后我们的代表终于尝尽了困顿艰险,朗诵了庄严的誓词,又带了许多慷慨激昂的五七言诗句回来了。"还出了一个"述黄帝之功绩"的题目让学生写作文,以批判这样的现象。

是年冬 见证了青年们的抗日激情。据《西安印象记》记载:一大批热血青年——黄帝的后裔,在寒冷的冬天进行艰苦的学习和军事训练。"乌鸦们还没醒来,号声动了,我们坚强结实的未来的英雄们便在冰天雪地里集合了起来,穿着一身灰色的棉制服,不发抖不喊冷,挺着腰,静静地等待着军事教官在朦胧中的点卯。"三个月之后他们坐着火车开拔去前线。

下半年 一直在省立西安高级中学教书,课余时间继续进行创作和翻译。

1935年(乙亥,民国二十四年) 34岁

▲1月13日,中国共产党中央政治局于贵州遵义召开"遵义会议"。会上重新确立了毛泽东在党内的正确领导。

▲7月6日,国民党政府派代表何应钦与日本驻屯军司令官梅津美治郎签订《何梅协定》,取缔河北省的反日团体和反日协定,华北主权被放弃。

▲8月1日,中共中央发表《为抗日救国告全体同胞书》(即"八一宣言"),要求停止内战,一致抗日。

▲10月19日,中央红军与陕北红军会合于宝安西北之吴起镇,胜利地结束了二万五千里长征。

▲10月,赵家璧主编的《中国新文学大系》由上海良友图书公司开始陆续出版。全书分10集,于次年2月出齐。

▲12月9日,北平学生发动"一二·九"抗日救亡运动。

1月

1日 散文《人类的戏剧》刊于《西京日报·明日》,署名鲁彦。该文没有收进《王鲁彦文集》(叁),是一篇佚文。文章用戏谑的语言描摹新年来临时大家互相拜年、恭贺的场景,并借用时

间的口吻提醒大家："你们又大一岁了，你们愈走愈缩短了你们的生命，你们从此离开你们的坟墓愈近了。"庆贺新年欢乐的背后蕴含的是对时间易逝的悲哀，提醒世人不要忘记时间的无情、生命的短暂。

同日 《西京日报·明日》刊登一则《今年的〈明日〉》的消息，报道了鲁彦译作《阿斯巴西亚》即将刊出的情况：

鲁彦先生给我们译了一本波兰斯文妥珂夫斯基的五幕悲剧，由本年起开始刊登，同时我们特约了几位长期撰稿的朋友，我们希望读者与投稿诸君时时给我们以鼓励，因为《明日》的发达与否，是以此为基础的。

9日 散文《汽笛》刊于《西京日报·明日》，署名鲁彦。这篇散文也没有收进《王鲁彦文集》(叁)，是一篇佚文。文章回忆1933年春夏之交，为了把父母接到上海来住，作者在江湾镇租了一套带花园的楼厢房，可是刚刚租好，父亲就去世了。于是在父亲去世三周之后，把极度悲伤的母亲接来江湾镇居住。为了减轻母亲的悲伤、化解母亲的寂寞，还把姐姐一家从乡下接来上海。房子旁边每天要过两趟火车，每当火车经过，母亲都会带着小孙子或外孙去窗口观看，时间长了，母亲内心的悲伤在孩子们的欢笑声和窗外的鸣笛声中慢慢淡下去了。体现了作者的一片孝心。

同日 译作波兰剧作家斯文妥珂夫斯基著的五幕话剧《阿斯巴西亚》刊于《西京日报》第5版副刊《明日》，署鲁彦译。后续一直连载到7月29日才结束。

1月10日至15日，18日至20日，21日至28日连载，未完；

2月1日至3日，8日至15日，21日至23日，28日连载，未完；

3月3日至6日,13日至20日,21日至29日,31日连载,未完;

4月1日至5日,8日至9日,11日至12日,18日至19日,21日至25日,26日至27日连载,未完;

5月1日至2日,4日至6日,15日至19日,21日至24日连载,未完;

6月1日至3日,12日至13日,20日,22日至23日,27日至30日连载,未完;

7月10日至15日,21日至29日连载,全剧完。

16日 《西京日报》搞了一个专门描写乌鸦的专栏,因为乌鸦在西安是神鸟,禁止捕杀。鲁彦参加了这个活动,但没有及时交稿。于是《西京日报》在第八版发了一则简讯,插在时无榭写的《乌鸦》一文中间,内容为:"鲁彦欠这一期关于乌鸦的稿子。"

是月 见证了陇海铁路延伸段顺利完成的事实。据《西安印象记》记载:陇海铁路从潼关往西延伸一百多公里到西安,当局洋洋得意,报纸出增刊庆祝,从未见过这怪物的男女老少,成千上万地跑出家门,围观叹羡着这世界上的奇迹。铁路运输的便捷使大量的旅客和山一样的货物来到了西安,使得西安城迅猛地发展起来。

2月

3日 是1934年的除夕,没有文字记载鲁彦一家回南方过年,从他给汪馥泉写的信看,应该是在西安过的年。

13日 散文《我的春天》发表于《西京日报·文学周刊》第9版《春之特辑》上,这篇散文没有收入《王鲁彦文集》(叁),是一篇佚文。文章叙写自己幼小时与父亲一样,每年会在立春这一天书写"立春大吉""新春如意"等大字，表达对未来的期望。成年以后，不再参与这样的活动，总是让父亲自己去写、去贴对联。步入中年之后，仍然看到父亲通过对立春的虔诚表达对生活的信心，而我却看不到生活的希望。最后，在慨叹父亲和他的时代离去的同时，反问自己拿什么教育自己的孩子。

是月　给上海的《现代》主编汪馥泉写回信。告知对方自己的生活现状以及无暇创作的原因。

馥泉兄：

半年不见消息，忽得来信，喜出望外。我们在这里（在西安，编者加）没有一件如意事，又少朋友，精神物质两皆痛苦，故亦无心写信给上海的朋友们。《现代》归你主编，老朋友自然不能不寄稿子，但可怜我天天忙得要命，没有一点写文章的心境。这半年来，不曾写过一篇文章。满想寒假中来动手，不料今日硬逼着要上课了。随笔小说，今年又无希望。只有翻译，尚能于百忙中赶一点。但短篇材料没有，只有长篇的。我这里有一部芬兰的喜剧，还有一部最新的一九三四年的世界语创作小说，字数均在五六万，由你挑选。我可等你的信就动手。近来译书销路有点转机否？我还有一部现成的世界短篇小说集及莫里哀的喜剧均未脱手。便请代我兜揽主顾。现代书局有我的《屋顶下》，一九三四年的版税账也请代我叫书局送来。拜托拜托。暑假时我们准定回来了，这苦地住不下去。周夷（贻）白、钟宪民[1]是我的

---

① 钟宪民（1910—？），浙江崇德人。卒年不详。在上海世界语学会学习世界语，1927 年开始致力于对外介绍中国文学，同时也将许多外国文学作品，特别是苏俄和东欧国家的文学作品通过世界语介绍到中国来。代表作有《世界语初级文法》、《阿 Q 正传》（世界语译本）、《约翰·克里斯多夫》等。

老朋友，见面时说我想念他们，生活不好，故都不高兴写信去呢。

给你们祝福。

鲁彦二月　日（二十四年）

3 月

1 日　汪馥泉主编的《现代》杂志第 6 卷第 2 期第 136 页，在题为《琐琐屑屑》栏目下面的《文化界杂讯》后面刊登了一则消息，报告了王鲁彦的近况。

王鲁彦现在西安省立高级中学任课，太太覃女士、儿子恩哥、女儿丽莎一齐搬到了西安。

2 日　鲁迅写完了《中国新文学大系·小说二集序》，对鲁彦的小说作客观、深刻的评论，指出他是一位"乡土文学的作家"。

看王鲁彦的一部分的作品的题材和笔致，似乎也是乡土文学的作家，但那心情，和许钦文是极其两样的。许钦文所苦恼的是失去了地上的"父亲的花园"，他所烦怨的却是离开了天上的自由的乐土。他听得"秋雨的诉苦"说——

"地太小了，地太脏了，到处都黑暗，到处都讨厌。人人只知道爱金钱，不知道爱自由，也不知道爱美。你们人类的中间没有一点亲爱，只有仇恨。你们人类，夜间象猪一般甜甜蜜蜜的睡着，白天像狗一样的争斗着，厮打着……"

"这样的世界，我看得惯吗？我为什么不应该骂呢？在野蛮的世界上，让野兽们去生活着罢，但是我不，我们不……唔，我现在要离开这世界，到地底去了……"

这和爱罗先珂（V. Eroshenko）的悲哀又仿佛相象的，然而又极其两样。那是地下的土拨鼠，欲爱人类而不得，这是太空的秋雨,要逃避人间而不能。他只好将心还给母亲,才来做"人",骗得母亲的微笑。秋天的雨,无心的"人",和人间社会是不会有情愫的。要说冷静,这才真是冷静;这才能够和"托尔斯小"的无抵抗主义一同抹杀"牛克斯"的斗争说;和"达我文"的进化说一并嘲弄"克鲁屁特金"的互助论;对专制不平,但又向自由冷笑。作者是往往想以诙谐之笔出之的,但因为太冷静了,就往往化为冷话,失掉了人间的诙谐。

然而"人"的心是究竟还不尽的,《柚子》一篇,虽然为湘中的作者所不满,但在玩世的衣裳下,还闪露着地上的愤懑,在王鲁彦的作品里,我以为倒是最为热烈的了。

在这篇序中,鲁迅正式提出"乡土文学"这个概念,而且对蹇先艾、裴文中、许钦文、王鲁彦、黎锦明等作家的代表作品提出了自己中肯的意见。从此王鲁彦正式以乡土文学作家的身份进入研究者和读者的视野。

3日 《华南日报》(第十一版)刊载了一则题为《艺苑行情》的消息,报告了王鲁彦的行踪及创作极少的情况。

王鲁彦去春赴陕,即在邵阳中学教国文,本学期转到省立西安高级中学。王年来文兴阑珊,绝少创作,兼有译品在报上发表。

5日 进步文化界发表提倡简化汉字的《推行手头字缘起》活动,鲁彦为发起人之一。①

---

① 参见陈子善、刘增人编:《鲁彦年表》,覃英编《中国现代作家选集——鲁彦》,人民文学出版社 1992 年版,第 287 页。

5 月

1 日 散文《故乡的杨梅》刊于《文学》第 4 卷第 5 期,署名鲁彦。初收于 1937 年 4 月上海文化生活出版社版散文集《旅人的心》,题目改为《杨梅》。现收于《王鲁彦文集》(叁),题目仍改回《故乡的杨梅》。作者回忆小时候在故乡贪吃杨梅的情景以及杨梅的外形、颜色、味道,字里行间充溢着温馨的亲情和童年的乐趣。故乡的一切,像一幅图画镌刻在作者的心中。正是这一份质朴、感人的故乡亲情,使病中寂寞、愁苦的作者暂时摆脱了现实阴影的笼罩。

10 日 译作来自 R. K. 诗抄的《译诗三首——没什么能够保险、合适的帽子、酒精的好处》,刊于《新文学》第 1 卷第 2 期,署鲁彦译。1947 年 3 月 1 日在《文潮月刊》第 2 卷第 5 期重新发表,题目改为《鲁彦遗诗抄》。

19 日 上午九时前往西安师范学校大礼堂,参加西京世界语学会成立大会,到会五十余人,被选为西京世界语学会主席,并向大会报告筹备该学会经过……又与陈声树、王心白等被大会选为理事。

20 日 《西京日报》20 日刊登了题为《世界语学会昨已成立,今开理监会议》的消息。

21 日 参加西京世界语学会在陕西省立西安高级中学召开的理监联席会议,积极推动会务。①

是月 为《婴儿日记》作序,载 1935 年 5 月上海生活书店版

---

① 参见《世界语学会昨已成立,今开理监会议》,《西京日报》(第七版)1935 年 5 月 20 日。

《婴儿日记》，署名鲁彦、谷兰。序文首先表达自己对《婴儿日记》像对女儿一样充满了"艰苦，欢慰与惭赧"之情。同时，谈到女儿是在自己正想放手干点事情的时候不经意间来到母亲体内，女儿出生之后，生活更加艰难，自己肩上的责任也更重了。如今女儿已一周岁，看着她可爱的样子，过去一年的艰辛也就忘了。最后，谈到这本书存在的问题以及自己仍然十分喜欢的原因："它至少烙上了他们三个生命的痕迹。"

6 月

1 日　散文《清明》刊于《文学》第 4 卷第 6 期《随笔》栏目，署名鲁彦。初收于 1937 年 4 月上海文化生活出版社版《旅人的心》，现收于《王鲁彦文集》（叁）。文章把自己少年时与族人一起在清明节去嘉溪山祖坟所在地上坟的生活片段：族长如何组织宗亲坐船前去、自己上船时的急迫、母亲怕自己淋雨回家拿伞并拼命追赶已经开启的船只的状况、沿途看到的江南美景、到墓地时与同伴们赤脚跳入溪水上山的欢快、在墓地里爬树采摘花粉的尽兴和回家时的高兴都很形象地描写出来。

10 日　《西京日报》刊登一则题为《世界语学会广征会员》的消息，报道王鲁彦领导西安世界语学会广征会员的情况。

> 本市世界语学会，自成立以来，即推定王鲁彦等负责进
> 行，兹该会最近已印就入会志愿书多份，分发各发起人，请
> 为广征会员云。

11 日　据《时事新报》（上海）（第三版）刊登的消息，文学社、文学季刊社等进步文化界发表《对于文化运动的意见》，反对提

倡读经救国的复古运动,鲁彦是签名人之一。^① 这一事件在是年《芒种》第 1 卷第 7 期第 277—279 页也有记载。

上半年 据《西安印象记》记载,鲁彦见证了因为最高军事领袖的几次莅临、中央代表团的扫墓祭祖,还有伟人名流的参观调查之后,西安城中的各主要马路被迅速地修筑起来,全国各地的人蜂拥而至,西安城里人满为患的事实。

上半年 继续在省立西安高级中学教书。

是年夏 据《西安印象记》记载,鲁彦见证和亲历了因为西安人口剧增,人们不讲卫生,随地大小便,导致苍蝇满天飞,给人们的生活带来危害的现象。

在此期间 为了抵抗苍蝇的侵袭,鲁彦去买了纱窗、门帘、臭药水、苍蝇拍;门窗全关上以后开始全家动手打苍蝇,但打不胜打。

在此期间 因为苍蝇带来的病菌,一家大小都生病了。"这个肚痛了,那个呕吐了,这个下痢了,那个发热了。"

在此期间 鲁彦找到了滋生苍蝇的大本营——厕所,发现那里粪便横流,已经有半个月没有挑粪夫光顾。原来汇集粪便的大坑在城南隅下马陵附近,因为最近此处发现了董仲舒的墓,大坑便被移到离城更远的南门外。挑粪夫每天进城的时间被限定在下午,粪桶又小,挑不胜挑,鲁彦他们住在较远地方的厕所就很少有挑粪夫光顾,而大房东、二房东不管此事,鲁彦只得自己到门口去守候挑粪夫。

在此期间 在门口守候了三天,没有守到挑粪夫,却守来两

---

① 参见陈子善、刘增人编:《鲁彦年表》,覃英编《中国现代作家选集——鲁彦》,人民文学出版社 1992 年版,第 287 页。

个"检查清洁"的势利警察。先是盛气凌人,只想推卸责任,鲁彦有点生气,差一点与他们争吵起来。后来这两位警察得知大房东是"省政府"参议员,而且跟他们局长是朋友,态度就一百八十度大转弯。下午两点,来了挑粪夫,厕所暂时被出清。大家又把煤油、臭药水、煤灰一齐撒下去,苍蝇暂时减少了一点,但一两天之后又恢复原状。鲁彦简直绝望透顶。

7 月

18 日　天津《庸报》发表一则消息,报道王鲁彦在省立西安高级中学的教学现状,以及因为提出　则在校刊上出一期欢迎某要人专号的建议不被采纳而成为文学爱好者谈话材料的情况:

> 王鲁彦任教于陕西省立高级中学校,一般学生既不热烈欢迎,亦无反对表示,甚为平平,惟前次某要人到陕西,王在高中校务会议席上,提议在校刊上出欢迎某要人专号,未能通过,一时传遍陕西知识界,成为许多爱好文学者谈话的材料。

8 月

19—20 日　鲁彦带着全家离开西安回南方老家了。这是根据虚睨于 21 日写的一首题为《鲁彦南归》的诗歌内容和诗后所署日期推断出来的。另据 21 日《西京日报》(第七版)刊登的一则题为《世界语学会办第二期讲习班》的消息里提到"西京世界语学会成立以来,蒙党政军学各界人士之赞助,会务进行颇称顺利,第一期讲习班现已结束,成绩尚有可观,该会日前开会,除改选职员王鲁彦因南下辞职由陈声树递补等议案外,并议决:(一)续办第二期讲习班……"可知王鲁彦确实于 20 前回南方了。

24 日 虚眈写于 8 月 21 日的一首题为《鲁彦南归》的诗歌,发表于《西京日报·明日》副刊,里面明确表示鲁彦全家已经乘上南归的火车。

> 是谁从陌生把我们拉上相逢/在这里同度着飘零的人生/时光好不姑息人们的留恋/像一条无情的皮鞭,轻幻地/又似一缕缥缈的青烟。

> 飘零人的足本无定踪/在你的身后已拖着一条长的鞭影/朋友,你现在又要南行。

> 秋露湿醒了沙滩卜居的群雁/在梦里希望着南国的温暖/末了事都掀在负重的过往/到明朝,便成了天各一方。

> 我的心紧缩得像担力的铁链/偏逢着惹人愁烦的落雨天/丽莎也知道这离别的滋味/静静地,在瞪着眸子的灵慧

> 房间的空气有点异样/各人的脸都闪着灰暗的暗光/时光更显得伸长了腿/把我们剩给了最后一刻/我们的喉咙都像有点苦涩

> 在我的记忆里永不会忘掉这一个两天/朋友! 你带着新秋要离开西安/当火车的窗隙透进了拂晓/朋友! 你身后的旅程正是潼关/在车厢里你再慢慢的细嚼留恋。

> 八,二一,于西京鲁彦居停处

下旬 从西安回老家时,途经上海,在此地停留了 5 天,与

茅盾、黎烈文①、孙师毅②、巴金等许多久别的朋友重逢。

　　是月　由西京世界语学会创办、王鲁彦参与讲课的第一期
世界语讲习班结束。③

9月

　　4日　《西京日报》（第五版）登载了一条简讯,要王鲁彦携带
名章去报社会计股领取 7、8 月份的稿费。

　　　　本社七、八两个月份稿费,已经结算清楚,下列诸君,请
　　携带名章向本社会计股领取:

　　　　亚宣、闻晚、行军、艾沙、戴施、大奶、梅荪、萍萍、庠天、
　　王符、鲁彦……

　　6日　天津《庸报》又发了一则消息,报道王鲁彦离开省立西
安高中的原因及去向。

　　　　作家王鲁彦,任教于陕西省立高中,已经一年,因学生
　　多不满王之行动,遂被当局辞退。王日前已携其夫人及其
　　男女公子,由陕起身赴沪。

　　按:关于王鲁彦在省立西安高中教书到底是一年还是一年

　　①　黎烈文(1904—1972),湖南湘潭人。笔名李维克、林取等,著名作家、翻译
家、教育家。15 岁初中毕业后考取上海商务印书馆编译所书记员,1938 年任福建永
安改进出版社社长兼编辑部主任。1946 年赴台湾任《民生报》副社长兼总主笔,1947
年开始任台湾大学文学院西洋文学系教授,执教 20 余年。
　　②　孙师毅(1904—1966),江西南昌人。别名施谊。中国电影编辑、歌词作家。
1934 年为联华影业公司编写电影剧本《新女性》,并与聂耳开始合作创作主题歌。
1938 年在武汉参加周恩来领导的军事委员会政治部第三厅工作。1958 年调文化部
参加电影资料馆的筹建工作。
　　③　参见《世界语学会办第二期讲习班》,《西京日报》1935 年 8 月 21 日(第七
版)。

半,在此之前都说是后者。笔者在撰写《王鲁彦评传》时,翻阅江西人民出版社 1984 年版《王鲁彦研究资料》中曾华鹏、蒋明玕编的《王鲁彦生平和文学活动年表》,里面明确写着:"(1935)年底,从陕西返回上海。"而广西人民出版社 1986 年版《鲁彦作品欣赏》中郑择魁编的《鲁彦年表》里写得稍微模糊一点:"年底,重又回到上海,住梵皇渡路,与茅盾、黎烈文等为邻,经常往来。"《新文学史料》1980 年第 2 期陈子善、刘增人写的《鲁彦夫人覃英同志访问记》中写:"一九三五年底,我们重又回上海,住在梵皇渡路,茅盾、黎烈文、孙师谊等人都住在附近,经常往来。"最近查到的天津《庸报》上的报道明确说明是被当局辞退的,且 8 月 20 日左右就已经回南方。不过从鲁彦在当年 2 月写给《现代》主编汪馥泉的信中已经流露出"暑假我们准定回来了,这苦地住不下去"的说法以及后来他写给汪应果的信中也说是一年,把这些内容串联起来,应该说王鲁彦于 8 月 20 日左右回南方的说法还是站得住脚的。所以在没有发现更确切的资料之前,本年谱暂且按照他是 1935 年 8 月 20 日左右回宁波镇海老家的说法。

月初 从镇海老家给汪应果写信,说明自己回到家里的时间、途经上海时的情况等。信中说:

凡美①:

我们到家一星期了,没有尽先写信给你,想你也能猜想到我们有不少的琐事忙着的。

我们一路都好,过沪时勾留了五日,见到许多久别的朋友。等待着我着手著译的工作很多,这半年内可以作一个

---

① 凡美,即汪应果,他是《西京日报》的撰稿人之一,并在《西京日报》上开辟了《凡美信笺》栏目,刊登朋友们寄给他的信。

自由的人了。

在西安住了一年,似乎并没有见到天空。只有故旧的天是特别大,变化特别多。我们的屋子在青山与绿水的围抱中,一到晚上遍地起了音乐。水面的萤火与天空的星光映摆着。你想想这是一个什么样的世界吧。唉唉！西安归来,真想江南老了。

乌鸦又该成群的在你头上飞过,哇哇地叫着了吧？苍蝇少了吗？年青人为什么要在那样的地方多年作客呢？请多多保重,好好保重。

鲁彦　月　日

（该信被以《凡美信笺:鲁彦寄自镇海》为题刊登在12月18日《西京日报》上）

9月上旬至12下旬　住在镇海老家,继续创作和翻译。

10 月

1日　《西京日报·明日》上刊登了一则秦人写的题为《〈渭流〉第一期十月一日出版》的消息:报道了夹人君的《王鲁彦眼中的陕西》一文在里面发表的情况。

陕西留沪青年多人,所主办的《渭流》半月刊,闻第一期已付印多日,内容有夹人君的《王鲁彦眼中的陕西》、宋岚君的《关于恋爱题材》、华图君译的《新的学生生活与工作》、杨戢君的《瀛河旁》、思默君的《新文字在西安》、沙克君的《一个剪影》等多篇,下月一日定可出版。

12 月

是月　短篇小说集《雀鼠集》由上海文化生活出版社出版,

署名鲁彦。内收《惠泽公公》《亚猛》《车中》《桥上》《枪》《鼠牙》等6篇作品,为巴金主编的"文学丛刊"第一集之一^①。

是年 据 1935 年 12 月 14 日《西京日报·明日》的《凡美信笺》一栏《林一波寄自郑州》信中,林一波向凡美(汪应果)吐露了自己近年的生活颠簸以及复杂的心绪,在信件末尾,写道:"鲁彦及你等计划的《文学杂志》及世界语学会进行得怎样了? 这些都是留在这风市里的我所热望而想知道的。"可见王鲁彦曾打算与汪应果等一起创办一本《文学杂志》,同时兼顾世界语运动。

是年底 从镇海回到上海,在梵皇渡路(当时的越界筑路区)租下一幢楼房。据《新文学史料》1980 年第 2 期刘增人、陈子善的文章《鲁彦夫人覃英同志访问记》记述:王鲁彦一家与茅盾、黎烈文、孙师毅等成为邻居,这时巴金也在上海,他们之间经常来往。

是年底 在上海欧嘉路桥边的开明书店编译所里见到已经分别十五六年的老朋友傅彬然,十分高兴,鲁彦当时是去看望开明书店出版部主任徐调孚的。据 1945 年 3 月《抗战文艺》第 10 卷第 1 期傅彬然的文章《忆鲁彦》回忆:"我和鲁彦,阔别十五六年之久,直到抗战前两年,才在上海欧嘉路桥边开明书店编译所里见了面,他是来看徐调孚兄的,起先并不知道我在那里,看见了,自然高兴,当初分别的时候,大家还是毛头小伙子,现在都已经是三四十岁的人了。以后有一个时候,大家同在上海,见面还是不多。"

---

① 文化生活出版社于 1935 年成立(初名文化生活社),由巴金任总编辑。这一年年底,巴金开始主编《文学丛刊》第一集,在 16 本著作中,收入了王鲁彦的短篇小说集《雀鼠集》(1935 年 12 月出版),与鲁迅、茅盾、郑振铎的作品集并列。1937 年 4 月出版第四集中,又收入王鲁彦的散文集《旅人的心》。

1936 年(丙子,民国二十五年) 35 岁

▲5 月 31 日,在上海召开"全国各界救国联合会"成立大会。会议讨论通过《抗日救国初步政治纲领》,主张各党各派立刻停止军事冲突,建立一个统一的抗日政权。

▲9 月 20 日,鲁迅与巴金、王统照、林语堂、周瘦鹃、茅盾、郭沫若联名发表《文艺界同人为团结御侮与言论自由宣言》。

▲10 月 19 日,上午 5 时 25 分,鲁迅在上海北四川路底斯高塔路大陆新村寓所逝世,享年 56 岁。

▲11 月 23 日,国民政府下令逮捕沈钧儒、章乃器、邹韬奋、李公朴、王造时、沙千里、史良等救国会领导人,史称"七君子事件"。

▲12 月 12 日,张学良、杨虎城发动"西安事变"。

1 月

1 日   散文《西安印象记》刊于《文学》第 6 卷第 1 期,署名鲁彦。初收于 1937 年 4 月上海文化生活出版社版《旅人的心》,现收于《王鲁彦文集》(叁)。文章叙述自己在西安一年生活的所见所闻:如被视为吉鸟而从不猎杀的乌鸦,以至于该鸟多到成灾;因控制不严而在西安街头到处可以看到熬制鸦片的土灶和能轻易买到烟土的现实;由于不注意卫生,以至于街巷里粪便横流、住民家中苍蝇成堆、人们因不卫生的环境而生病;在外敌入侵之时,国民党政府官员不是率领士兵抗战,而是去黄帝陵祭祀、搞迷信活动;而一些热血青年,在训练几个月之后就上前线杀敌,

体现华夏儿女英勇顽强的精神等。

是月 据《报报》1936 年 3 月 14 日文侦写的文章《赵家璧倒楣记》记述:受郑振铎的邀请,前去豫园路公馆中参加他设的宴会,参加者还有巴金、赵家璧、李健吾、吴文琪等。

春初 搬到极司菲尔路(今万航渡路)信义邨二十三号一所假三层楼房里,前面有院子,后面有天井。据 1946 年《文章》第 1 卷第 2 期周贻白的文章《悼鲁彦》回忆:由于空间比较宽裕,于是把他的姐姐和外甥也接来上海。而鲁彦则埋首于这个幽静的环境,努力写他的小说,他唯一的长篇小说《野火》,便是在这一时期完成的。直到 1937 年抗战全面爆发之后的深秋,王鲁彦才带着全家离开这里回镇海老家。

2 月

1 日 中篇小说《乡下》刊于《文学》第 6 卷第 2 期,署名鲁彦。1936 年 7 月由上海文学出版社出版单行本,署名王鲁彦,为"小型文库"丛书之六。现收于《王鲁彦文集》(肆)。小说叙述陈家村三个亲如兄弟的村民:阿毛、三品、阿利与当地乡绅及恶吏进行艰苦斗争,最终被恶吏们一个个迫害致死。揭示乡村恶势力的猖獗和农民生存的艰难,指出唯有村民们团结起来,拧成一股绳,才能推翻反动政权的真理。小说成功塑造了三个农民形象,尤其是阿毛,性烈如火,面对以强生乡长为代表的乡村恶势力不肯低头、妥协,即使被关进监狱三年,出狱以后,他一直伺机复仇,最终在追杀恶人的过程中掉到河里淹死。阿毛形象开启了王鲁彦长篇小说《野火》中阿波、华生等疾恶如仇、誓与乡镇恶势力斗争到底的农民形象的先河。

7 日 被上海沪江大学聘为国文教员。据《民报》第六版刊

登的《学校消息》报道:

上海沪江大学本学期招考新生,业经揭晓,于今日(星期五)开学,上午八时始,在图书馆举行新旧生注册,下星期一(十日)上午七时四十分举行春季开学礼后,即按照课程表上课。并探闻该校教职员本学期甚少更动,惟沪东公社仇子同博士,因事辞职,遗缺以汪承镐先生继,仍聘任□□,南方大学教授骨友勤先生担任社会学教员,王鲁彦先生为国学教员云。

3 月

1 日 散文《钓鱼——故乡随笔》刊于《文学》第 6 卷第 3 期,署名鲁彦。初收于 1937 年 4 月上海文化生活出版社版《旅人的心》,题目改为《钓鱼》,现收于《王鲁彦文集》(叁)。文章叙写自己少年时酷爱钓鱼,每到夏天都会去钓鱼,即使被母亲责骂,也还是一边读书一边偷偷地钓鱼。1924 年夏天带着女友(谭昭)回家举行婚礼,看到一群青少年都在河边钓鱼,想要钓鱼的欲望再次萌发,但碍于自己已是成年人,没有去。后来终于在堂叔家旁边的小河里钓了三天鱼。30 年代中期,鲁彦再次回到家乡,至亲的堂叔已经去世,自己也因生活所迫,失去儿时的钓鱼热情。文章用钓鱼这一小事,勾连起自己少年、青年、中年三个时段的生活,以显现社会的发展以及自己人生的变迁。

4 日 短文《好人与坏人》刊于《报报》第二版,此文没有被收入《王鲁彦文集》(叁),是一篇佚文。文章指出尽管大家都愿意做好人,不愿意做坏人,但在当时的世界,要想活下去,只能做坏人,不能做好人。

7 日 《报报》第二版《文化消息》栏刊登一则消息,对王鲁彦离开沪江大学的原因及后续事项做了报道。

王鲁彦在沪江大学任课,因不惯于奔波,已请陈之展代课,近正从事"长篇创作"并为《世界文库》翻译《法老》。

16日 书信《紫竹林小札》发表于《人世间》(汉口版)第1期,署名鲁彦,内收王鲁彦写给史济行的四封信。1948年9月1日在《春秋》第5卷第4期(9月号)《随笔》栏目重新发表,题目改为《在普陀的时候》,署名鲁彦。现收于《王鲁彦文集》(叁)。

4月

13日 《报报》再次刊载了钱戈哥写的题为《王鲁彦在沪江大学》的文章,对于王鲁彦上课的情况以及离开沪江大学的原因作了详细说明。

在中国作家中,王鲁彦的名字该是大家所熟悉的,此学期被聘在沪江大学教国文。

王鲁彦第一次进沪江,给爱好文艺的同学很多热力和影响;因为在沪江,文艺是那样冷落,再加上当局者对于国文不知提倡和鼓励,所以有一个作家能够来教书,自然是给了许多希望和兴奋。

他第一次进课室,给学生们的一个印象便是:头发那么长呵。真的,王鲁彦差不多有三四个月不剃头了,再架上那副宽大的眼镜,怪不得使同学们好笑,有一次不知是哪位性子好,寄了一封信和一张理发券给他,上面写着:"王先生,恭请你剃头一次。"

第二天王鲁彦来了,头发果然剃过了。他那幽默的笑,很给同学许多兴奋。

王鲁彦在教书时候很幽默,又很和蔼。常是说:"你们懂不懂啊?""你们的意思怎样?"我记得曾有一次在《散文》

课上,有的同学喜欢读古文的散文,有的同学喜欢新文学的,于是意见纷歧,闹得很利害。

王鲁彦踌躇不决,最后他说:"我注重你们大家的意思吧,请你们付表决。"

后来付表决的结果,赞成新文学散文的同学胜利了,但是王鲁彦不忍使对方太失望。他说:"各一半吧。"

王鲁彦因为往返不便,每天从法租界坐车子到杨树浦,差不多要费去好几个钟头,又因为校中新教员没有供宿的权利,所以他感觉到很多不便,虽然对学校当局有过几次的争议,皆不得效果,于是便早有了"避让"之念,此次,适乘身体略有感冒,便停止来校了。沪江当局乃请国文系主任王治心先生前往探视,结果说:"鲁彦有病。"于是乃请汪馥泉、陈子展两位先生授课。

实在,王鲁彦的生病与否另是一个问题,而他最大的不满便是沪江当局不给一个住宿的地方。现在他正埋首在翻译《法老》及为《文学》写稿。但,沪江同学对王鲁彦的退避,却很有一些留恋哩。

是月 徐沉泗、叶忘忧编选的《鲁彦选集》,由万象书屋出版,署鲁彦著。

5月

1日 散文《我们的学校》刊于《作家》第1卷第2期,署名鲁彦。初收于1937年4月上海文化生活出版社版《旅人的心》,现收于《王鲁彦文集》(叁)。文章叙述自己在离开学校20年之后的1936年,路过学校时上岸走进母校,发现学校已经发生了巨大的变化,接着重点回忆自己读高小时徐校长、几位任课老师丰富的知识、认真的工作态度以及爱生如子的师者风度，自己在这里一年半里的学习生活以及因为徐校长被校董辞退而与其他二十几位同学一起自动退学以示抗议之事，表达对母校、老师的喜爱和尊敬之情。

是月 书信《致汪馥泉函二通（封）》发表于1936年5月上海生活书店出版、孔另境编的《现代作家书简》，信末署名鲁彦。1982年2月广州花城出版社再版。现收于《王鲁彦文集》（叁）。

春夏之交 与身为中央特派员的冯雪峰见面，他是春天时来到上海的。据《新文学史料》1980年第2期刘增人、陈子善的文章《鲁彦夫人覃英同志访问记》记述：冯雪峰低调、热情和诚恳的态度给鲁彦夫妻留下深刻的印象。

6 月

1日 长篇小说《野火》开始登载在巴金和靳以主编的《文学季刊》第1卷第1期，署名鲁彦；同年7月1日第2期、9月1日第4期、10月1日第5期、11月1日第6期、12月1日第2卷第1期连载。

1937年5月20日由上海良友图书印刷公司出版单行本，署名鲁彦，为赵家璧主编的"良友文学丛书"第38种。因抗战，良友出版社也受到很大影响，这本书当时进入读者手中并不多。

1944年11月由重庆独立出版社出版单行本，著名鲁彦；为朱秀侠、韩侍桁主编的"独立文艺丛书"之一，出版时经国民党检查机关删节。

1948年10月，中兴出版社把《野火》改名为《愤怒的乡村》出版。现收于《王鲁彦文集》（伍）。

小说创作的背景：30年代中期的农村，中国共产党正在领导农民进行反剥削和压迫的斗争,这一场斗争规模空前,无论是北方的敌占区、游击区还是江南封建势力比较强的地区都在轰轰烈烈地开展,它要求每一个人都需明确地表明自己的立场和态度。王鲁彦为了证明自己是站在被压迫民众这一边的,就创作了这部反映当时社会现实的长篇小说,开始尝试运用阶级斗争的观点来重新观照乡村中的矛盾和斗争,走上了现实主义的创作道路。

小说叙述位于作者家乡太甲山对面的傅家桥,以华生、阿波、秋琴等贫苦农民为一方,而以傅青山乡长、阿如老板、孟生校长等乡村恶吏为另一方,双方围绕华生与阿如老板等之间因轧米事件、挖井事件、温觉元收税及调戏妇女事件、阿如老板在收租时打死阿曼叔事件等进行了惊心动魄的较量。虽然小说最后以阿波和华生被乡长傅青山勾引来的反动军警抓走的悲剧形式结束,但希望的火种并没有熄灭。小说塑造了几个意志坚决、决不妥协的血气方刚的农民形象(华生、阿波、秋琴、葛生嫂等),也塑造了几个乡镇恶吏和地主形象[乡长傅青山、阿如老板(地主)等],体现了作者创作思想的飞跃式进步。

这部小说在《文学季刊》上发表之后,得到学界好评,但出版过程较为曲折。据上海文化生活出版社 1956 年 3 月版《愤怒的乡村》中覃英的文章《〈愤怒的乡村〉后记》记载:"由于《野火》暴露了统治阶级的狰狞面目,反映了农民的反抗情绪,在重庆出版单行版的时候遭到国民党文化特务机关的检查,删改了最后农民群众起而斗争的情节,原稿也被没收了。因此第一次出版的《野火》是有些残缺不全的。""一九四六年……我和上海一家出版社接洽出版这部长篇小说,改名《愤怒的乡村》,我的意思是:一则使读者不把它和国民党特务删改的《野火》混同,一则觉得这个标题更能表明作者的主题思想。"

同日　小说《中人》刊于《文学》第 6 卷第 6 期，署名鲁彦。初收于 1937 年 1 月上海良友图书印刷公司版短篇小说集《河边》，现收于《王鲁彦文集》（肆）。小说叙述美生嫂从南洋带着丈夫的灵柩和处理完丧事以后留下的五百元钱回到镇海老家朱家桥后，村里就开始传言她带回了巨款。乡长借着给美生嫂丈夫生前好友阿英哥与她之间做中人的缘由，敲诈去 200 元；阿英哥则做着要把房子卖给美生嫂的美梦；一般村民则期望美生嫂能出钱造桥修路、建医院。小说没有交代美生嫂今后的生活如何，但她身上的钱将被慢慢诈空的结局可以猜到。批判了乡间民众冷漠自私、金钱至上的思想行为。

15 日　小说《河边》刊于《作家》第 1 卷第 3 期，署名鲁彦。初收于 1937 年 1 月上海良友图书印刷公司版短篇小说集《河边》，现收于《王鲁彦文集》（贰）。小说叙述明达婆婆离家多年的儿子涵子回家后，发现母亲有病，就极力恳求母亲去医院看病。但母亲却坚持要去向菩萨求医，涵子无奈，只好陪着母亲到寺院里去拜见菩萨。母亲进入寺院后，并没有为自己求医，而是虔诚地为儿子祈福。小说歌颂了母爱的伟大。

是月　在鲁迅发起的《中国文艺工作者宣言》上签名。《宣言》说："当民族危机达到了最后关头"，"我们愿意和团结在同一战线的一切争取民族自由的斗士热烈地握手！"王鲁彦在 1930 年 3 月至 1932 年 11 月底远赴福建厦门集美中学、泉州黎明中学、晋江涵江中学教书。1932 年底回到上海之后，埋头著译。1934 年 2 月至 1935 年 8 月又在陕西部阳和省立西安高级中学教书。虽然他长期脱离上海，不写理论批评文字，也没有直接参加上海文艺界两个口号的论争，但他十分敬仰鲁迅，毫不犹豫地在宣言上签了名,表明他在民族危急关头坚定地和鲁迅站在一起,反抗日本侵略者,为争取民族自由而斗争的决心和信心。

对此,据《新文学史料》1978年第1期陈漱瑜的文章《访问巴金同志——谈〈中国文艺工作者宣言〉起草经过及其他》中作为发起人的巴金的回忆:"《中国文艺工作者宣言》是我和黎烈文起草的。当时《中国文艺家协会宣言》已经发表,鲁迅、黎烈文、黄源和我都没有签名。我和黎烈文都认为我们也应该发一个宣言,表示我们的态度。这样,就由我和黎烈文分头起草宣言,第二天见面时,我把自己起草的那份交给黎烈文。鲁迅当时在病中,黎烈文带着两份宣言草稿去征求鲁迅的意见,在鲁迅家中把它们合并成一份,鲁迅在宣言定稿上签了名。因此,正式发表的《宣言》很可能经过鲁迅的修改,但鲁迅到底怎样修改的,我就不清楚了。我只记得《宣言》中'一只残酷的魔手扼住我们的咽喉,一个窒闷的暗夜压在我们的头上,一种伟大悲壮的抗战摆在我们的面前'等语,是我草稿中的原话,我在别的文章中也这样说过。①《宣言》经鲁迅签名后就抄写了几份以《作家》《译文》等杂志社的名义分头去征求签名,胡风也去找他熟识的人签名。然后在《作家》《译文》《文学丛报》等刊物上同时发表。《宣言》发表以后,并没有开展什么活动。"

至于鲁彦是签在刊登在《作家》杂志或是刊登在《译文》杂志的那一份《中国文艺工作者宣言》上,就不可知了。

是年夏 鲁彦70多岁的母亲去世,死的时候周贻白和鲁彦夫妇在床侧。

由于鲁彦的父亲常年在外经商,他一直与母亲生活在一起。

---

① 见开明书店出版《新少年》二卷七期别册附录《新少年读本》(1936)第一篇。

鲁彦母亲性格坚韧要强、为人精明、生活刻苦,据《神州日报》1945 年 11 月 17 日王鲁彦的遗作《自传》记载:"因着疾病和死亡的接连的打击(贫困使他们失去了两个心爱的成人的儿女),以及邻人、亲戚的欺侮,我母亲曾经被迫带着子女搬离祖屋。但幸而母亲有着一副钢铁一般坚强的性格,她永远不肯对环境让步。不久她终于又搬了回来。""'咬紧牙关做人!'她常常说。我也跟着她整整的度过了十五(十七——引者)年。她一年到头,用咸菜汤给我们下饭,她自己有时竟用的盐汤。'从牙齿缝里省下来!'她说:'凡事不求人!'到后来,她终于买了几亩田,翻造了两间屋子,这才能够在乡里安静的住下去。"

母亲对儿女的要求很高,尤其对鲁彦,一直要求他好好读书。在《钓鱼》《童年的悲哀》两篇散文中,鲁彦记叙了母亲反对他钓虾、钓鱼、玩乐器的言行。在《母亲的时钟》里,更是详尽描写了母亲以时钟作为工具监督鲁彦和姐姐学习的做法。"自从有了时钟之后,母亲对我们的监督愈加严了。她什么事情都要按着时候,甚至是早起、晚睡和三餐的时间。""冬天的日子特别短,天亮得迟黑得早。母亲虽然把我们睡眠的时间略略改动了些,但她自己总是照着平时的时间。大冷天,天还未亮,她就起来了。她把早饭煮好,房子收拾干净,拿着火炉来给我们烘衣服,催我们起床的时候,天才发亮,而我们也正睡得舒服,怕从被窝里钻出来。"鲁彦就是在这位严母的敦促下长大的。

据 1946 年《文章》第 1 卷第 2 期周贻白的文章《悼鲁彦》回忆:他经常去鲁彦家里走动,鲁彦的母亲把他当作自己的子侄一样对待。周贻白对鲁彦母亲的印象也很好,认为她是一个慈祥而又和蔼的老太太,两个人之间建立良好的感情。所以在老太太弥留之际,听到楼梯上的脚步声时,还问媳妇覃英:"谁,是周先生来了吗?"周贻白知道后很感动,撩开鲁彦母亲床上的蚊帐发现情形不对,就嘱咐鲁彦不要出去,他自己也守在床前,直到鲁彦母亲咽气。不但给她送了终,还帮助鲁彦处理丧事,忙了两天才带着一种悲哀的情绪离开那所屋子。

是年夏 鲁彦把母亲灵柩寄放在上海南市。

鲁彦一家人

鲁彦摄于 1936 年

7 月

1 日 散文《孩子的马车》刊于《文学季刊》第 1 卷第 2 期,署名鲁彦。初收于 1937 年 4 月上海文化生活出版社版《旅人的心》,现收于《王鲁彦文集》(叁)。文章叙述作者一家住在上海城郊时,因周边邻居的小孩都有玩具,有的甚至有高级玩具汽车,自家的两个小孩也吵着向父亲要一辆玩具车,鲁彦因囊中羞涩,只能给他们买一辆廉价的木头小马车,不料小马车只玩了几天就坏了,显示出作者当时生活的窘况。

5日 小说《欢迎会》刊于天津《大公报》第三版。这篇小说没有被收入《王鲁彦文集》,是一篇佚文。小说叙述某年5月21日,傅家桥人全体出动,去码头迎接在外国兵舰上当厨子发了洋财并答应回家做慈善事业的傅阿宝的故事。欢迎仪式在万利学校举行,十分隆重。所有人都希望傅阿宝做有利于自己的慈善,但见识较广的傅阿宝提出先修建一条汽车路,大家虽然一时不满意,但经过傅阿宝一番说辞之后还是同意了。小说揭示了当地乡民在近代资本主义经济影响下价值观上的变化以及有钱人借慈善敛财、大鱼吃小鱼等的恶劣做法。

对此,据《神州日报》1945年11月17日王鲁彦遗作《自传》中阐述:"我们那里唯一正当而且有希望的职业是做生意,或者就在近边乡镇上,或者到远处城市里去。稍微多读几年书,在上海学会了几句洋泾浜,目的就在发洋财,当买办,谁赚得最多,也就是谁最体面。在外面做的什么事,什么生意,很少人过问。回来的时候,常常带来一箱箱的银子(后来有了钱庄银号自然用支票了),一路上,长袍马褂窸窸窣窣(后来自然是西装革履的声音),看起来斯文温雅,酷像文化人,到得家乡,拜天地,祭祖宗,买田地,造屋子(后来自然是洋房)。行有余力,就修桥铺路,起凉亭,盖寺宇,这末一来,大家就知道他是一个慈善家,借钱的就来了。于是利上加利,钱就更多,财产也更多了。'唉,你总是弄勿好,怎弄格呀? 要勿是自己人……'他还摇着头对那穷人说,埋怨似的劝他以后要争气,要多弄点钱,但同时他就把那人最后剩下来的破屋烂田都接收过来了。""'大鱼吃小鱼,小鱼吃虾公。'""这是我们那边流行的谚语,刻画出近代资本主义的定律,我们的乡村,远不如一般人所想象的那么单纯,那么安静。原始的农村社会已经找不到什么痕迹。它受到了近代大都市的影响,受到了现代世界经济组织的影响,于是它尖锐地剧烈地战栗着,冲突着,变成了新的乡村。人活在这样的乡村里,就像生铁进入熔炉,炼成了别的东西。"

是月 小说《银变》刊于上海开明书店版《十年》一书,署名鲁彦。初收于 1937 年 1 月上海良友图书印刷公司版短篇小说集《河边》,现收于《王鲁彦文集》(贰)。小说叙写毕家碶长丰钱庄的老板赵道生用勾结官府、欺压百姓、放高利贷、偷运现银卖给日本人等卑鄙和不正当的手段聚敛财富,最后成为一个拥有三十万财产的财主。但赵道生派去偷运现银的儿子被土匪头子独眼龙抓去做人质,并提出很高的赎金要求。不过真正使赵道生破产的是贪官。当仇家毕尚吉密告赵老板偷运现银卖给日本人一事之后,官厅并不是抓住赵老板进行严正审理,而是从郝县长、蒋科长、侦缉队长到赵老板的换帖兄弟林所长,都趁机向赵老板讹钱,使得赵老板最终家财散尽。小说在揭露赵老板罪行的同时批判了官厅的可耻、官员的卑劣。

是月 短篇小说集《十年》(正集),鲁彦、老舍等著,由开明书店初版。该集收有鲁彦的《银变》、吴组缃的《某日》、施蛰存的《嫡裔》、李健吾的《中国的最后一课》、靳以的《雪朝》、丁玲的《一月二十三日》、王统照的《站长》、凌叔华的《死》、巴金的《星》、萧乾的《鹏程》、徐霞村的《裁员》、叶圣陶的《英文教授》等短篇小说。

《十年》出版之后,《民报》于 9 月 27 日第十版刊登了郑康伯的文章《读〈十年〉》。他说:"《十年》是作为开明书店十周年纪念刊而出版的,《十年》第一集我愿坚定地说,这是一九三六年国内文学类著作中的精华。""鲁彦的《银变》,题材颇为新鲜,以私运现银为题来写作的,当自鲁彦始;其中穿插以官场的黑暗面,更将此辈生活在黑暗中的人群的丑态活形活现出来。这篇文学在组织上非常严谨,行文亦颇流畅,作者之于处理题材一道,似已获得了成功。"

8 月

4 日　给《鲁彦短篇小说集》作序,署名鲁彦。载 1936 年 8 月上海开明书店版《鲁彦短篇小说集》,现收于《王鲁彦文集》(叁)。序中说:"从开始写作短篇小说到现在,成绩是很少的。这里所收入的几乎把《雀鼠集》以前的作品全部包括在内了。它们原已收入在几家书店所出的单行本,但因为有的绝了版,有的搁了浅,所以现在把它们总合起来,选编一过。一则是,想保留自己费了心血所写的文章;二则是,也想得到一点版税的,倘若读者爱买我的书。""然而,发财的欲望是没有的。当今'我们这文坛'上,正高踞着把书店老板当作'老子'来侍候以'保全坛格'的文学商人。我的书'不见畅销',恐是'事实'。事实是在我不会投机,也不会标榜,对着那热闹的场面是以冷眼相待的。我做人如此,写文章也如此。"

16 日　译作瑞典作家 V. 海滕司顿著的小说《在暗礁间》刊于《译文》第 1 卷第 6 期,署鲁彦译。

是月　《鲁彦短篇小说集》作为"短篇小说全集丛刊"之一,由上海开明书店出版,署名鲁彦。书前有作者写的《序》及《我怎样创作——我的创作经验》,所收小说共分为四编:第一编收《狗》《秋雨的诉苦》《灯》《微小的生物》《童年的悲哀》《幸福的哀歌》等 6 篇作品;第二编收《小雀儿》《毒药》《一篇抄袭的恋爱故事》《他们恋爱了》《恋爱进行》《胖子》《胡髭》《病》等 8 篇作品;第三编收《出嫁》《黄金》《阿长贼骨头》《祝福》《李妈》《枪》《桥上》等7篇作品;第四编收《小小的心》《伴侣》《安舍》《岔路》《屋顶下》《鼠牙》《惠泽公公》等7篇作品。1941年1月由上海开明书店再版。

9 月

5 日　散文《战场》刊于《中流》创刊号,署名鲁彦。初收于1937年4月上海文化生活出版社版《旅人的心》,现收于《王鲁彦文集》(叁)。文章描写一个上下两层的玩具盒子里有7个玩具兵,通过人为操作,这7个玩具兵可以随意滚动、厮杀,或从第一层攻到第二层。上有飞机的轰炸,下有坦克、机枪手的攻击,七个玩具兵拼命挣扎、冲击、搏斗……作者通过这七个玩具兵的战斗惨状,暗示真实战场上的士兵的生命也被一些战争发动者掌控,带有一点批判的意味。

秋末　据1947年1月10日《春潮》第一集第二期师陀的文章《哀鲁彦》记述:与刚来上海不久的师陀见过一面。

10 月

月初　去探望病重的鲁迅。据《新文学史料》1980年第2期刘增人、陈子善的文章《鲁彦夫人覃英同志访问记》记述:"鲁彦一直十分敬仰鲁迅,他不止一次说过鲁迅是他的导师。事实也确实如此,从鲁彦许多作品的表现手法和艺术意境上,可以明显看出他受了鲁迅的影响。鲁迅病重时,他曾去探望。"

19日早晨五时二十六分　鲁迅逝世。下午三时,万国殡仪馆派柩车去迎接,遗体移到胶州路二〇七号馆次,经过殡仪馆工作人员的防腐工作，化妆小殓，暂厝在二楼二号房中，接受亲友们在三天内的祭吊。同时由蔡元培、宋庆龄、许寿裳、内山完造、A.史沫特莱、沈钧儒、曹靖华、茅盾、胡愈之、周作人、周建人组成治丧委员会，并发布讣告。

鲁彦参加由 30 名办事人员组成的"治丧办事处"，自始至终参与了守灵等治丧活动。据人民文学出版社 2016 年版《冯雪峰全集》第 9 卷第 53—56 页冯雪峰的文章《关于王鲁彦》回忆："鲁迅逝世是在 36 年 10 月 19 日。当时党派我参加鲁迅殡仪事务的主持，因为环境关系，我没有公开到殡仪馆去，只在一个傍晚跑过去一次，那时王鲁彦也参加守灵，我就同他见了面。"

20 日　散文《旅人的心》刊于《中流》第 1 卷第 4 期，署名鲁彦。初收于 1937 年 4 月上海文化生活出版社版《旅人的心》，现收于《王鲁彦文集》(叁)。作者回忆自己 18 岁那年春天，跟着父亲一起从家乡出发转道宁波去上海做学徒的经历。文章内涵丰富，有对宽厚善良、独自承担家庭重担的父亲的崇敬，有对家乡景色的生动描写，有对自己大半生贫穷、不安定生活的失望，有对黑暗社会的控诉，也有对茫然前途的叹息。其中对自己终于可以走出家乡去外面闯荡的激动心情描写得尤为生动。全文融叙事、写景、抒情为一体。

22 日下午 2 时　鲁迅的灵柩被送往万国公墓。他的棺木上覆盖着一面由民众献出的白底黑字的"民族魂"三个大字的旗子，在《安息歌》的乐曲声中，在一万多自动前来执绋送殡的青年学生和男女工人的目送和哀悼声中，鲁迅的灵柩被轻轻地放入墓穴。

在这个事件中，关于王鲁彦是不是抬棺人，有三种说法，一种是收入刘运峰编《鲁迅先生纪念集》(天津人民出版社 2007 年

7月版)的《鲁迅先生逝世经过略记》的记载,王鲁彦不是抬棺人。第二种是孔另境的说法,王鲁彦也不是抬棺人。第三种是周大风的说法,王鲁彦是抬棺人。

收入刘运峰编的《鲁迅先生纪念集》的《鲁迅先生逝世经过略记》一文中提到抬棺的人员是16个,分别是鹿地亘、胡风、巴金、黄源、黎烈文、孟十还、靳以、张天翼、吴朗西、陈白尘、萧乾、聂绀弩、欧阳山、周文、曹白、田军(萧军),没有王鲁彦。孔另境在鲁迅葬礼上担任办事人员,他去世后留下了一份清晰的抬棺照片,据其女儿孔海珠的考证,抬棺人是12个,分两排站立,每2人为一组,最前面是巴金和鹿地亘,后面依次是胡风、曹白;黄源、张天翼;靳以、姚克;吴朗西、周文;萧军、黎烈文。也没有王鲁彦。

笔者认为,王鲁彦与鲁迅关系很密切,鲁迅称他为"吾家彦弟"。鲁迅去世后,他参与了守灵活动。出殡的时候,作为最亲近的人肯定跟在灵柩旁边,在从外国殡仪馆到万国公墓的路上扶一把,尤其是棺木推入墓穴的时候搭把手,都是有可能的。据人民文学出版社2009年版《王鲁彦文集》(伍)第281—284页周大风的文章《忆鲁彦先生》记载:"我十四岁那年,在上海一个中学里读一年级,报载鲁迅先生逝世,出殡那天,我也臂缠黑布,在送葬队伍里窜来奔去,偶然在人丛中见到了张尔华老师,他指着抬灵柩的十几位人说,他们都是全国著名的作家。我因好奇,千方百计地从人群中钻进去,突然见到了鲁彦先生,但却无法与他打招呼及说一句话,被'维护秩序'的警察阻止了,只远远地在万国公墓边上站着,听人指着这几位抬灵柩的作家,这是谁,那是谁。有人指着鲁彦先生时说,鲁彦是鲁迅的学生,鲁迅先生叫他'彦弟',是一位多产的乡土作家。"周大风当时就在万国公墓现场,他的回忆应该也有一定的可信度。

下旬　邀请参加完鲁迅葬礼的巴金、冯雪峰来家中吃饭,三人谈得十分融洽。①

11 月

5 日　散文《活在人类的心里》刊于《中流》第 1 卷第 5 期,署名鲁彦。现收于《王鲁彦文集》(叁)。文章回忆自己 1920 年初在北京大学旁听鲁迅讲授"中国小说史"时的情景以及鲁迅去世时千万民众对他的敬仰。文中说:"在千万个悲肃的面孔和哀痛的心灵的围绕中,鲁迅先生安静地躺下了,——正当黄昏朦胧地掩上大地,新月投着凄清的光的时候。""我们听见了人类的有声和无声的唏嘘,看见了有形和无形的眼泪。""没有谁的死曾经激动过这样广大的群众的哀伤;而同时,也没有谁活的时候曾经激动过这样广大的群众的欢笑。""他沉着地继续着他的工作,直至他不得不安静地休息的时候。""还没见过谁将自己的一生献给全人类,做着刺穿现实的黑暗和显示未来的光明的伟大的工作,使那广大的群众欢笑又使那广大的群众哀伤。""只有鲁迅先生。""他将永久活在现在的和未来的人类的心灵里。"

22 日　给赵景深写了一封信,内容如下:

景深兄:

久未晤及,时深念念。近来想甚好也。弟在北新所出之《柚子》及《显克微支小说集》二书,不悉有无版税可取,目下存书若干,该局久未揭单寄来,拟恳老兄费神该局开明赐

---

① 参见徐开垒:《在人民的欢腾中——〈巴金传〉续卷 第一章第二节》,《民主》1991 年第 1 期,第 31 页。

寄,为感,专此奉商,并颂

　　撰祺

　　小峰兄均此问候。

鲁彦　顿首　十一月二十二日

极司非而路信义村二十三号

　　（该信题为《致赵景深信一封》刊于上海文艺出版社《中国现代文艺研究资料丛刊》1981 年 4 月第 6 辑第 225 页）

　　据鲁彦信末所写的地址,可以推断写信时间应该是 1936 年 11 月 22 日。他是 1936 年春末搬进信义邨(村)的,1937 年上海八一三抗战爆发之后不久,大概是 9 月底他就带领全家离开上海回宁波镇海老家。《文汇报》(上海)1936 年 12 月 4 日发表题为《记即将出国的茅盾先生》的消息里面有“后来茅盾先生搬到极司非而路信义屯去了,与王鲁彦、黎烈文比邻”一句,也证实王鲁彦当时住在极司非而路信义屯。信中所问的短篇小说集《柚子》是在 1926 年出版的,译作波兰作家显克微支的《显克微支小说集》从世界语译出,久已绝版,未曾续印,所以北新书局没有给他版税。

　　是月　陈筱梅主编的《鲁彦创作选》由上海仿古书店出版,署鲁彦著。内收《序》《李妈》《幸福的哀歌》《兴化大炮》《夜》《屋顶下》《恋爱进行》《黄金》《钓鱼》《驴子和骡子》。选集第 1—2 页陈筱梅的文章《鲁彦创作选·序》认为鲁彦作品对于乡村小资产阶级描写得特别多,也描写得特别好。并与鲁迅的作品展开比较,指出两者之间的细微差别,认为鲁彦大部分作品里都是赤熊熊的燃烧着向善的一股焦灼的热心,也指出鲁彦个别作品中具有教训色彩和语言有欧化倾向等不足。

12 月

1 日　小说《一只拖鞋》刊于《文学季刊》第 2 卷第 1 期,署名鲁彦。初收于 1937 年 1 月上海良友图书印刷公司版短篇小说集《河边》,现收于《王鲁彦文集》(肆)。小说叙述居于偏僻乡下胆小怕事的农民李国良送侄子到上海嫡亲堂阿哥李国材家之后,在堂哥家里被佣人欺负,到街上去买一双皮拖鞋,因不合蒋介石提倡的"新生活运动"①,一只拖鞋被警察没收;他把另一只拖鞋带回家想做个纪念,又在火车上被兵痞搜走并割得七零八落。小说嘲讽了势利小人,也批判了国民党兵痞的无赖行为。

是年冬天　和巴金、靳以一起乘火车去杭州救一个向巴金求救的姑娘。据四川文艺出版社 2019 年 1 月版李树德著作《那些朋友,那些书——忆巴金》中的文章《巴金与乡土文学作家王鲁彦》第 83 页记述:"就在这一年的冬天,巴金收到杭州一位姓王的陌生姑娘请求援助的长信,这位姑娘是巴金作品的读者。这个姑娘在信中说,她和后娘关系不好,受巴金的《家》的影响离开了家庭,外出工作。因为失恋她来到杭州准备自杀,她遇到一位远亲,便改变主意,到一座庙里带发修行。她渐渐发现,远亲与庙中的和尚有关系,而和尚对她存心不良。她为自己的命运担忧,她希望巴金来搭救她。巴金约了王鲁彦和靳以与他同去

---

①　新生活运动:由蒋介石在 1933 年 2 月 19 日提出,目的是加强他的独裁统治,配合他的军事"围剿",鼓吹"发扬四维八德",对人民进行蒙蔽和欺骗。蒋介石还自任"新生活运动促进会"的会长,让大小党棍以及宪兵、警察一齐出动,分布街头,强迫民众"依照准则,切实施行",其内容之杂范围之广,是闻所未闻的,如在一些人民日常生活方面的,所谓禁烟、禁赌、禁妓,以及广告标语要贴在一定的地方,取缔奇装异服,纽扣要扣好,不许行人当街吸烟等等。

杭州,巴金冒充这位姑娘的舅舅,替她付清了八十多元的房钱,交给她一张车票,让她到上海去找自己的真舅舅。那位姑娘最终逃离了陷阱,这一次,王鲁彦和巴金、靳以三个朋友一起向一个弱女子伸出援助之手,实践了他们一向倡导的帮助弱者的诺言。"

下半年 完成波兰作家普鲁斯的著名长篇小说《法老》的翻译,该书的出版过程比较曲折,最后由于战争原因没有与读者见面。据《新文学史料》1980年第2期刘增人、陈子善的文章《鲁彦夫人覃英同志访问记》中覃英在接受采访时阐述:"这是波兰著名作家普鲁斯的代表作,小说借用古老埃及的历史资料,反映当时波兰农民的贫苦生活和教士的反动面目,是鲁彦翻译作品中最后也是最重要的一部长篇。全书译成后交给生活书店,拟作为'世界文库'单行本出版,在报上登了出版预告,纸型也已经打好,因'八一三'战事而耽搁下来。后来生活书店把纸型运往重庆,准备在重庆付印,不料船驶至三峡时触礁沉没。而寄存在文化生活出版社的译稿底稿也在该社被日寇查封后不知下落。这部花费鲁彦不少心血的译稿竟落得这样的结局,真令人心酸。而今只剩下一本鲁彦当年翻译时用过的原版《法老》保存在巴金同志手中。"

1937年(丁丑,民国二十六年) 36岁

▲7月7日,"卢沟桥事变"爆发,中华民族进入全面抗战时期。

▲8月13日,日军进攻上海,中国军民奋起抵抗,"淞沪会

战"开始,史称"八一三"事变。至 11 月 12 日,中国军队全部撤出,日军侵占上海,上海沦陷。

▲8 月,《救亡日报》创刊,郭沫若任社长,茅盾、郑振铎、胡愈之等组成编委会。

▲同月,由阿英、丁玲、宋之的、夏衍等集体创作的三幕剧《保卫卢沟桥》在沪公演。

▲11 月 20 日,国民政府发表移驻重庆宣言。次年 8 月,国民政府驻汉口各行政机关全部迁移至重庆。

▲12 月 5 日,南京被日军包围,13 日,南京失守,日军制造了惨绝人寰的"南京大屠杀"。

1 月

10 日　短篇小说集《河边》由上海良友图书印刷公司出版,署名鲁彦。内收《河边》《一只拖鞋》《银变》《中人》《头奖》《陈老夫子》等 6 篇作品,为赵家璧主编的"良友文学丛书"第三十五种。1941 年 4 月上海良友图书印刷公司再版。1942 年 7 月辽宁文艺书局再版,署王鲁彦著。

3 月

10 日　散文《雷》刊于《新少年》第 3 卷第 5 期,署名鲁彦。初收于 1937 年 4 月上海文化生活出版社版《旅人的心》,现收于《王鲁彦文集》(叁)。文章叙述小时候碰到打雷天气,母亲总是张开双臂把吓得瑟瑟发抖的我护在胸前,尽管她自己也十分害怕。长大以后,我终于知道,母亲之所以这样做,是因为她身上负有保护小孩的责任。作者因此决定此后自己也应该担负起赡养老人和照顾小孩的责任。

15 日　小说《新年》刊于《文从》第 1 卷第 1 期,署名鲁彦,现收于《王鲁彦文集》(贰)。小说叙述上海祥泰南货店的伙计徐阿福与陈宝华、林贵生等伙计一起,在正月初一早晨开始聚赌,徐阿福从赢了 100 元到最后连本钱、压岁钱全部输光,甚至赊了 250 元,而这 250 元需要用三年时间从他的工资里扣还。小说表达了对徐阿福不懂得珍惜劳动所得、对父母妻子缺乏责任感的不满。不过,小说对于徐阿福赌钱的心理、神态描摹得很细腻、真切。

4 月

15 日　散文《母亲的时钟》刊于《文从》第 1 卷第 2 期,署名鲁彦,现收于《王鲁彦文集》(叁)。文章叙写母亲对父亲早年买回家的时钟十分钟爱,经常擦拭,并利用时钟敦促幼时的我和姐姐学习、生活。我成家后,母亲每次去我家都随身带着这个钟。天长日久,母亲与时钟之间产生了感应,在她病重的一个月里,原来很准时的时钟,常常无故停摆,而母亲在临死的那一个晚上居然隔着楼板听见时钟敲击 1 点钟的声音。文章表达了对母亲去世的悲悼以及对母亲的怀念之情。

是月　散文集《旅人的心》由上海文化生活出版社出版,署名鲁彦。内收《清明》《杨梅》《钓鱼》《我们的学校》《旅人的心》《孩子的马车》《战场》《雷》等 9 篇作品,为巴金主编的"文学丛刊"第四集之一,至 1948 年 10 月已出五版。

5 月

是月　被茅盾推荐与巴金一起编选《世界短篇小说大系》第

二本"新兴国"集,鲁彦独自承担极大部分的实际工作。[①]

上半年　在上海沪江大学教过一个学期的国文课。[②]

上半年　在信义邨住所曾与巴金见过一面。[③]

上半年　受显克微支擅长写历史小说的影响,开始研究清代史,进行历史小说创作的准备工作。对此,据 1946 年《文章》第 1 卷第 2 期周贻白的文章《悼鲁彦》回忆:"有人说鲁彦的文笔,是学鲁迅,其实不然,虽然他的《阿长贼骨头》一篇,仿佛是受了《阿 Q 正传》的影响。但据我所知,他于一切小说家中,最崇拜的是波兰的显克微支。他译过显克微支的小说,其尤为欣赏的一篇,却是周作人译的《炭画》。同时张友松译的一本《地中海滨》,他也向我特别提起过。我曾经拿显克微支的作品,和他的小说相比较,觉得他的话确有几分可靠。不过最可惜的,他不曾写出《你往何处去》那样具有历史意义的巨著,倘天假其年,我想鲁彦一定可以臻于那种地步。因为我知道他于我们最后分手的那年(1937 年 9 月),正在研究着清代史,似乎便是着手于写小说的准备。"

上半年　与冯雪峰见过几次面。据人民文学出版社 2016 年版《冯雪峰全集》第 9 卷第 53—56 页冯雪峰的文章《关于王鲁彦》记载:"从这时(鲁迅去世时——引者)之后到 37 年上半年之

---

① 参见靳丛林编:《巴金年谱》(上),吉林省函授学院中文系,1982 年 6 月,长春(1904—1949 年)。

② 参见刘增人、陈子善:《鲁彦夫人覃英同志访问记》,《新文学史料》1980 年第 2 期。笔者在《报报》上查询到,鲁彦是在 1936 年 2 月进入沪江大学教国文,后来因为每次来回路上要耗费几个小时,学校不予提供住宿而于 4 月就借病辞职。覃英是否记忆有误? 笔者存疑。但在没有查到确切的资料之前,仍放在这里。

③ 参见靳丛林编:《巴金年谱》(上),吉林省函授学院中文系,1982 年 6 月,长春(1904—1949 年)。

间,我去看过他两三次,谈些什么话,都已记不起来,但我留下的印象是他曾经表示过愿意接受党领导,靠拢党;当时,他的态度是诚恳的。我记得,我也向他表示过,希望他参加些文化界的抗日救亡活动,写些促进抗日运动的文章,同时要他多同茅盾接近(那时'文艺家协会'不起什么作用,新的文艺团体又没有成立,茅盾是在党领导下的文艺界的主要活动分子)。"

6月

27日 与王任叔、巴金、茅盾、胡风、柯灵等210余人一起发表宣言,反对《新地》辱华片,提出应烧毁全部底片不再上映,电影馆及制片公司应道歉。[①]

上半年 译作波兰作家普鲁斯的《〈法老〉原序》,刊于《世界文库月报》第4—5期第18—22页。署鲁彦译。

7月

1日 译作俄国作家育珂摩尔著的小说《七个人中间的那一个》,刊于《文学》第9卷第1期,署鲁彦译。

中旬 译作波兰作家普鲁斯著的《法老》第21章在上海生活书店七月出版的《世界文库》第一卷第29—30页刊载。署鲁彦译。

中旬 抗战爆发之后,民族矛盾激化,开始焦虑个人和家庭去向。于是去茅盾家里,与茅盾讨论有关战事和去向的问题。[②]

---

① 参见《上海文艺界发表宣言》,《大美晚报》1937年6月27日。
② 参见端木蕻良:《忆鲁彦》,《端木蕻良文集》第7卷,北京出版社2009年版,第317页。

中旬　在茅盾家中与端木蕻良①第一次见面,当时端木蕻良刚被茅盾从山东青岛召唤回来,鲁彦正在茅盾家里与其讨论一些问题。鲁彦穿着一件浅色长衫,说话声音平和,似乎对谁都不陌生似的,使端木蕻良觉得很亲切。②

8 月

13 日　日寇打响侵略上海的战争,广大市民陷入战火,此时鲁彦一家仍住在曹家渡信义邨。

是月　曾去环龙路的书店楼上看望过师陀③,这是他们第一次见面。据 1947 年 1 月 10 日《春潮》第一集第二期师陀的文章《哀鲁彦》记载:当时的鲁彦"穿着白斜纹布的长西装裤,白短衬衫,领口敞着,一双圆口黑布鞋,瘦弱的中上身材,长长的被暑气蒸红的脸,近视眼镜,头上戴着一顶顶便宜的呢帽式白草帽,手中拿着一把黑折扇"。浑身透露出一种既随便又潇洒、不拘小节的气质,使得师陀永远难忘。在师陀印象中,鲁彦是一个坦率、耿直、不苟且、不会搭架子的人。

---

①　端木蕻良(1912—1996),原名曹汉文(曹京平),辽宁省昌图县人。1932 年考入清华大学历史系,同年加入"左联",发表小说。曾任北京市作协副主席。代表作有长篇《科尔沁旗草原》,散文《土地的誓言》,短篇小说集《憎恨》,京剧《戚继光斩子》,长篇历史小说集《曹雪芹》等。

②　参见端木蕻良:《忆鲁彦》,《端木蕻良文集》第 7 卷,北京出版社 2009 年版,第 317 页。

③　师陀(1910—1988),原名王继曾,字长简,河南杞县柿园乡化寨村人。著名散文家、小说家、剧作家。代表作有短篇小说集《果园城记》,中篇小说《无望村的馆主》,长篇小说《结婚》,散文《保加利亚行记》,剧本《夜店》(与柯灵合著)等。

9 月

中旬　在某一个炮火声中的黄昏,鲁彦来到任钧家里,与他晤谈了很久,主要讨论将来的去向。当时任钧因为预料战争将要长期化,沪上决非可以久留之地,正忙于整理行装,准备携眷西行。鲁彦与他直谈到深夜才回去。①

下旬初　因为曹家渡信义邨靠近铁路,不时有流弹和飞机轰炸,鲁彦决定回宁波镇海乡下。他把书和笨重家具分寄到几个朋友家,也把一些东西寄存到住在法租界的周贻白家,在他们家过了一夜。第二天一早,同妻子覃英一起带着两个孩子,乘坐一艘拥挤不堪的宁波轮船回到镇海去了。据1946年《文章》第1卷第2期周贻白的文章《悼鲁彦》记载:"我记得我们分手时,是深秋时候的一个早晨,天好像还没十分亮。满天的重雾,冷风吹扑到面上来,引起一阵阵的寒噤,我送他们走出大门,他俩一人抱着一个小孩。可爱的丽(莉)莎,还沉沉地睡着未醒,鲁彦只向我说了一句'再会了!'他的面上虽然装出笑容,可是和周遭的空气全不相称。因为那时不知道是哪方面开始进攻了,隆隆的炮声,夹杂着可可可的机枪声,正向我们耳边传来,不由人意识到在这种环境之下,生命如同草芥。我们的相别,真不免'别时容易见时难'了!故当我把他们送上黄包车转过头来时,不期然地有点凄惶了!"

下旬　带着妻儿一直待在宁波镇海乡下家里,从事创作与翻译。

---

①　参见任钧:《敬悼鲁彦兄》,《时事新报》(重庆)1944年9月6日第4版。

10 月

10 日 散文《今年的双十节》刊于《烽火(呐喊)》(上海版)第6期"双十节特辑",署名鲁彦。现收于《王鲁彦文集》(叁)。文章叙述自辛亥革命之后,虽然每年国庆节都举行活动,但26年来内忧与外患交织,到现在不但东北变色,连平津也已沦陷,所以国人难以真正高兴起来。不过全国民众的抗日激情已经十分高涨,大家要用血肉来纪念这个双十节。文章显示了作者内心满腔的忧国忧民之情和抗日的决心。

是月 携全家到湖南醴陵。

11 月

是月 到长沙,在力报馆当编辑。据1944年9月《改进》第9卷第6期雨田的文章《悼鲁彦》记载:当时覃英在醴陵一个中学当教员,三个孩子由覃英照顾,覃英的弟弟覃必陶和妹妹覃必瑜一起帮着照顾孩子。

12 月

中下旬 与从桐庐经南昌到长沙的朱雯①在力报馆见面,相互畅谈撤退路上的经历。据《文汇报》(上海)1939年1月30日

① 朱雯(1911—1994),原名朱皇闻,笔名王坟、蒙夫。上海松江人。1928年开始发表作品。1934年与施蛰存合编《中学生文艺月刊》,1938年1月在长沙与鲁彦一起参加田汉主办的《抗战日报》的创办工作。1939年初回上海。抗战胜利后定居上海直至去世。代表作有短篇小说集《现代作家》,长篇小说《动乱一年》,译作阿·托尔斯泰《苦难的历程》、德国作家雷马克的《西线无战事》等。

（第二十版）朱雯的文章《一年来的作家动态》记述："他把一路上的经过告诉我，我也把自己怎样自浙江，怎样从江西转湖南的行旅讲给他听，使他非常惊异于我们长途跋涉的勇毅。"

下旬　一个晚上，应邀参加一个画报社编辑在一家西餐馆楼上招待在长沙的作家们的宴会，为了让在座的作家为他创办的一份杂志的创刊号写文章。一起参加宴会的还有魏孟克①、蒋牧良②、朱雯、罗洪③等。④

是年　《国闻周报》第 14 期第 76—78 页发表了赵仲群的文章《评〈鲁彦短篇小说集〉》，作者认为："这是去年文学界的一部重要集子；它正确的描写了在悲哀，无望，没落，同时又在逐渐走上新生途中的中国。它丰富可读——无论对于'青年'或'成年'。因为鲁彦先生是冷静的，这集子才并非完全以'伟大作品'支持着的作品。它虽然并不能便说是'伟大的作品'，但对于现代中国却作了正确而且老练成熟的描写。"

---

① 魏孟克（1911—1984），湖南长沙人，民盟会员。1933 年在上海加入"左联"，与鲁迅交往甚密。主张用连环画教育群众。代表作有《魏孟克杂文集》《魏孟克散文集》，自办《大众艺术》画报，另有采用连环画形式创作的《打渔杀家》以及英译本《阿 Q 正传》插图，译著文艺理论译丛《世界观与创作方法》等。

② 蒋牧良（1901—1973），原名希仲，后名牧良，笔名莲沛。湖南湘乡人。30 年代中期开始发表作品。代表作有短篇小说集《夜工》，小说通讯集《铁流在西线》，中篇小说《旱》等。

③ 罗洪（1910—2017），原名姚自珍，因特别喜欢罗曼·罗兰的小说和画家洪野的画，改名姚罗洪，笔名罗洪，江苏松江人。现代女作家。1931 年开始创作小说。代表作有长篇小说《春王正月》《活路》，报告文学集《咱是一家人》，小说及特写集《为了祖国的成长》等。

④ 参见朱雯：《一年来的作家动态》，《文汇报》（上海）1939 年 1 月 30 日（第二十版）。

1938年(戊寅,民国二十七年) 37岁

▲3月27日,中华全国文艺界抗敌协会在汉口成立,发表《中华全国文艺界抗敌协会宣言》。

▲6月15日,鲁迅先生纪念委员会编纂的20巨册《鲁迅全集》由复社正式出版发行。

▲10月21日,广州失陷。

▲10月25日,武汉沦陷,武汉会战结束。

▲12月29日,汪精卫发表"艳电",公开叛国投日。

本年,由光未然、高兰等倡导的朗诵诗运动掀起高潮。"文章下乡,文章入伍"形成运动并深入全国。

1月

中下旬 拜访到长沙不久的茅盾先生。茅盾于1月12日来到长沙,住在黄子通家里,逗留了半个月之久。据人民文学出版社1997年版《茅盾全集》(35)回忆录二集第159页茅盾的回忆:"我在长沙见到的朋友,除了张天翼,还有田汉、孙伏园、王鲁彦、廖沫沙、黄源、常任侠等。"

28日 开始为田汉主持的《抗战日报》编文艺版。为了宣传抗战,鲁彦大力提倡文艺大众化,并组织作家撰写这方面的文章,对此有多人记载此事。

据中国戏剧出版社1992年版张向华编撰的《田汉年谱》第254页记载:"1938年1月28日,经过一段时间积极筹备,并得到八路军驻湘办事处主任徐特立的支持和指导,在长沙创办《抗战日报》,(田汉)并任主编,王鲁彦、廖沫沙也是负责人。"

据连载于《救亡日报》(广州)1938年4月5、6日的朱雯的文章《文化动态在长沙》记载:"最早提议办这份报纸的是王鲁彦,《抗战日报》的名义是报纸问世前一天定下来的,那天在编辑部,还'决定了编辑部的责任,由鲁彦和田汉共同负责,但对外则用田汉主编的名义'。"

据《文汇报》(上海)1939年1月30日朱雯的文章《一年来的作家动态》补充记述:"报纸的内容和形式,都和《救亡日报》相仿佛,名称则为《抗战日报》,由田汉编辑新闻版,鲁彦编辑文艺版。创刊的日子是一月二十八日。""编辑部设在远东大戏院楼上。"

据《改进》1944年9月第9卷第6期雨田的文章《悼鲁彦》记载:"《抗战日报》的主编名义上是田汉先生,可是实际上负大部分责任的却是鲁彦,他写稿、拉稿、编辑、校对,有时候还得为经费奔走。白天他忙着拉稿和写稿,晚上忙着编辑和校对。报馆在城里,他的太太和孩子们住在隔江的水陆洲,记得□□的除夕那天,我遇见他,问他今天回不回水陆洲过年,他才恍然大悟,表示既然知道是除夕,无论如何得抽空回家去守岁,给太太和孩子们一点快乐。那时他已接连好几晚没有睡眠了。"

同日 参加由陈世德、杭立、郑旦等人发起成立的长沙世界语者协会及相关活动,一起参加的还有钟宪民、易绍培、顾成熙、欧阳晶等,他们都担任了世界语协会理事。协会还开办世界语班,学员达数百人。他们还积极从事抗日宣传活动,如排演歌舞、戏剧节目等,特别是长沙广播电台用世界语做国际宣传,播放了宋庆龄的《中国是不可征服的》《告英国人民书》等重要文章。每周一、四播送。①

30 日(除夕) 回到江对岸的水陆洲一幢民房的小楼上,与住在那里的妻子儿女一起过年、守岁。②

2 月

是月 应邀参加由田汉举办的招待会,欢迎来长沙的潘汉年。一起参加的还有茅盾、张天翼、黄源、钱君匋、朱雯、柳湜等。席间参与讨论由田汉发起的"对于那种用旧的方式来演出新的题材的戏剧"的问题。饭后,与田汉、茅盾同回《抗战日报》报社,参与讨论《抗战日报》报道内容的选择问题,认为《抗战日报》在继战时儿童保育问题之后,应该"讨论国际反侵略运动的问题"③。

———————————

① 参见侯志平:《世界语运动在中国》,中国世界语出版社 1985 年版,第 51 页。
② 参见雨田:《悼鲁彦》,《改进》1944 年 9 月第 9 卷第 6 期。
③ 参见张向华编撰:《田汉年谱》,中国戏剧出版社 1992 年版,第 267 页。

28 日　在田汉的陪同下，来长沙待了二十几天的郭沫若[①]与于立群、张曙乘车离开长沙去武汉就任第三厅厅长一职。4 月份，郭沫若安顿好工作之后，邀请在长沙的一批文化界人士，包括才认识不久的王鲁彦一起去武汉。

3 月

27 日　中华全国文艺界抗敌协会在汉口总商会礼堂成立。据北京大学出版社 1997 年版钱理群、温儒敏、吴福辉著的专著《中国现代文学三十年》第 446 页第二十一章"文学思潮与运动

---

　　① 郭沫若 1937 年 7 月 25 日刚从日本流亡十年回国，回国后在上海新结识了于立群，8 月在上海主办《救亡日报》。据《文史精华》2004 年第 4 期王谦的文章《郭沫若与国民政府三厅》记述：1938 年 1 月 6 日郭沫若正要去南洋筹措资金办报或搞文化工作，在途中接到了国民党将领陈诚从武汉打来的电报，1 月 9 日，郭沫若从广州到达武汉。第二天郭沫若与新四军军部通了电话，找到时任军长的叶挺。"与叶挺交谈后，方知道陈诚来电的意图。原来，蒋介石想在第二次国共合作上恢复大革命时期北伐军中的政治部，……由陈诚任部长，周恩来、黄琪翔任副部长。政治部下辖 4 个厅，即总务厅、第一厅、第二厅和第三厅。……周恩来起先不愿出任政治部副部长之职，认为做党部副部长可能引起两党摩擦。但蒋介石、陈诚等一再要周出任；后经中共中央同意，……周恩来这才出任了中将衔的政治部副部长。然而这第三厅，蒋介石则想请刚从日本回来在文化界孚众望的郭沫若当厅长。其用意是昭然的，那就是借以延揽大批文化、学术文学艺术界著名人士，既装潢了门面，又抬高了自己。"得知蒋介石、陈诚的用意后，郭沫若不愿当这个厅长。周恩来动员郭沫若接受这个工作，并要他把重点放到教育方面去。这时的郭沫若还在犹豫，后来政治部召开了一次部务会议，国民党方面没有邀请周恩来参加，郭沫若才生气地躲到长沙去了。

　　田汉在日本就认识郭沫若并与之建立良好的友谊，他热诚欢迎郭沫若的到来。从 2 月 7 日之后的 20 多天里，田汉一方面陪同郭沫若参加座谈、演讲、参观、游览、凭吊、听戏、讨论等活动；一方面经常与郭沫若讨论改编传统戏为抗敌宣传服务的问题，同时，利用一切机会劝慰郭沫若去担任第三厅厅长的职务。这时周恩来再次发出邀请，并派立群带他的口信去长沙，郭沫若最终同意了。王鲁彦就是在这个时候认识郭沫若的。

（三）"记述："1938 年 3 月 27 日,中华全国文艺界抗敌协会(简称文协)在武汉成立。发起人包括各方面的代表 97 人,选出周恩来、孙科、陈立夫为名誉理事。理事 45 人,其中有:郭沫若、茅盾、冯乃超、夏衍、胡风、田汉、丁玲、老舍、巴金、郑振铎、朱自清、郁达夫、朱光潜、张道藩、姚蓬子、陈西滢、王平陵等等。由老舍主持'文协'的日常工作。'文协'在成都、昆明、桂林、贵阳、宜昌、襄樊、香港等地建立了数十个分会,出版了会刊《抗战文艺》……'文协'的成立,标志着 30 年代无产阶级革命文学、自由主义文学,以及国民党民族主义文学等几种文学运动的汇流,组成了文学界的抗日民族统一战线,是现代文学史上第一次,也是唯一的一次包括国共两党作家在内的大联合。"自 1937 年 11 月 12 日上海沦陷后,国民政府决定迁都重庆,武汉成为迁移途中最重要的中转城市。茅盾、张天翼、柳湜、黄源、朱雯、罗洪、夏衍、钱君匋等文人也纷纷来到武汉,[①]共同商讨成立抗敌协会的事情。

鲁彦没有去参加会议,但被选为文协长沙分会理事。对此刊发于《中国现代文学研究丛刊》1989 年第 4 期日本学者杉本达夫的文章《文协的分会》中记载得比较详细:

> 文协发起时选出的四十五位理事中,也包含有几位各地方的人士,他们理所当然地被视为地方组织的核心人物,看来当初把他们选入文协理事会,即有成立各地分会的准备。根据文协一周年大会的组织报告中之'组织概况'看,人员情况如下:
>
> 成都:周文、李劼人、朱光潜、罗念生、马宗融。
>
> 桂林:巴金、夏衍、盛成。

---

① 王谦:《郭沫若与国民政府三厅》,《文史精华》2004 年第 4 期。

昆明：穆木天、朱自清、沈从文、施蛰存。

贵阳：谢六逸、蹇先艾、张梦麟。

香港：楼适夷、许地山、欧阳予倩、戴望舒、萧乾。

宜昌襄樊：陈北欧、田涛、孙陵、姚雪垠、臧克家。

长沙：张天翼、蒋牧良、王鲁彦、魏孟克。

其时张天翼、朱人鹤、朱笑雨三人为预备人员。另外，广州分会亦寄望于钟天心、胡春冰、祝秀侠、夏衍（夏于广州失陷后转移桂林）。

王鲁彦被选为"文协"长沙分会理事，但据《抗战文艺》1938年第1卷第5期白澄的文章《长沙分会在筹备中（长沙通讯）》记载，王鲁彦既没有参加1938年5月9日由张天翼召集的"文协"长沙分会筹备会，也没有参加1939年3月12日"文协"长沙分会的成立大会，那时王鲁彦已经到桂林。且该会很快就因不足10人，不符合总会要求而改为"长沙文协通讯处"。

是月 在长沙远东影戏院与咖啡馆旁边的《抗战日报》社址，与前来找他的许杰见面。据《新文学史料》1979年第2辑许杰的文章《我与鲁彦》回忆："那时，田汉在长沙办《抗战日报》，鲁彦在那里编辑副刊……《抗战日报》的所址，是设在一家叫做远东影戏院与咖啡馆的旁边的。那次我在报社里找到了鲁彦，我们就在楼下的咖啡馆里喝咖啡谈天。我们谈到了抗战的情形，谈到国际时事，谈到文化界的情形，也谈到文化界的内幕。那个时候，所谓摩擦，已成为一个时髦的口语。因此，我们也谈到摩擦。那一次，我们谈得很多，我们有些感慨，但也有些兴奋。最后，他谈到他们的副刊，正在讨论文艺大众化的问题，他要我写一篇文章。第二天就要交卷。我回来以后，第二天就写了一篇二三千字的短文送去。"

此后　在长沙《抗战日报》报社与许杰见过好几次面。不久许杰就离开长沙。据《新文学史料》1979 年第 2 辑许杰的文章《我与鲁彦》回忆："之后，我还到他报社里去了好几次。可是我不能久留长沙，在没有几时之后，我又离开了。"

4 月

1 日　在周恩来领导下，国民政府军事委员会政治部第三厅在武汉昙华林正式成立，郭沫若任厅长，专门从事抗日宣传工作。文化厅下设一个办公室和三个处（五处、六处、七处），每一处设三个科。此外"全国慰劳总会"和"战地文化服务处"也隶属第三厅领导。阳翰笙为主任秘书。第五处负责文字宣传，胡愈之任处长；第六处负责艺术宣传，田汉任处长；第七处负责国际宣传，范寿康任处长。鲁彦与刘季平①等文化人应郭老之邀来到武汉参加第三厅的工作，鲁彦在第七处，负责用世界语对外宣传。据《人民政协报》2012 年 12 月 3 日付晓峰的文章《作家王鲁彦的世界语人生》记述：当时第三厅创办了一个世界语刊物《中国导报》（半月刊），除了在《中国导报》用世界语发表文章以外，鲁彦还常常在武汉的世界语进步刊物《东方呼声》《抗战文艺》上发表文章，向海外揭露日寇在中国的侵略暴行，真实、客观地报道了中国人民不屈不挠的斗争事迹。在武汉三镇抗战的日日夜夜，在血与火的生活中，每一页都记录着他走过的战斗足迹。可惜这些文章能查到的很少。

---

①　刘季平(1908—1987)，原名刘焕宗，笔名力花、满力涛等，江苏如皋人。著名教育家。新中国成立后历任上海市政府秘书长、副市长，中共山东省委、安徽省委书记处书记，教育部副部长、代理部长等职。

14日　把长沙的《抗战日报》副刊交由周立波同志接编,自己由长沙抵达武汉。据1938年第2卷第1期第16页《抗战文艺·文艺简报》记载:"王鲁彦于十四日由长沙抵汉。"

20日　给孟十还写一封长信,该信被编辑加了一个《快要插秧了》的题目,发表在《大时代》1938年第13期第197—198页,①信中有孙福熙所作插画《后方将士》。该信没有被收入《王鲁彦文集》,是一封佚信。信中说:

十还②兄:

　　来信读到了,我最近到外县旅行了一次,所以迟复。这次旅行得到了从来未有的快乐,为此赶快写信告诉你,并请你将此信刊登,希望全国的同胞都能知道这好消息。我回来后曾把这好消息首先告诉了春苔(孙福熙)兄,我看见这位艺术家感动得只是连连点头,说不出话来,快乐得眼角湿润了。过了许久许久,当我告诉他,我要把这好消息带给全国同胞之后,他立刻自己提议说他就给我画一幅《后方将士》的插画寄给你同时发表,而且答应第二天就画好。你应该认识这位画家的吧?他有着一个最易感染的心灵,温和得像处女一般的性情,但同时却又非常沉着,不轻易动笔,不轻易发表作品的。自从他到长沙后,许多人请求他作画,他都没有动手。无疑的,他和我们一样,因了关怀整个民族生存的抗战,他的情绪常常难得平静下来。而今天则不然,

---

①　此信的部分内容刊登在《同仇》1938年第6期第8页,题名为《伟大的农民》。

②　孟十还(1918—?),辽宁人,原名孟显直,又名孟宪智。作家、编辑、苏俄文学研究者、翻译者、教师。曾留学苏联十年,是专攻苏俄文学的翻译家,同时也写新诗和散文小品,主编过《作家》,与鲁迅合作翻译《果戈理选集》。

我觉得他似乎把一切忧虑全忘却了,环绕着这位艺术家的心灵的仿佛是一幅和平安静的自然的图画:整洁的田野,平静的池塘,碧绿的稻秧,用新黄的泥土修筑过的田塍①,以及那从容不迫地工作着的农夫和骑在牛背上歌唱着的牧童……

是的,这一切最使人愉快的图画全映入我的眼帘了,当我这次旅行的时候。这是一幅好伟大的图画呵!在前方,日夜听见枪炮声,我们忠勇的将士无时无刻不在冲锋肉搏,为国家民族作壮烈的牺牲,而在后方的农村,却依然和往日一样的安居乐业,呈露着和平的景象,毫无战时的意味。

为什么只有和平的景象,而没有战时的意味呀?难道后方的同胞到现在还是醉生梦死吗?不,决不!后方的民众,连妇女一起,都早已受过三个月的军事训练了,只要给他们枪弹,他们就会对着我们的敌人瞄准。他们中间已经有不少的兄弟和儿子自动的或被征发的上前线去杀敌,因着这关系,他们所受到的痛苦,所感到的愁愤是最为深切的。他们决不会醉生梦死。他们现在能够安居乐业,正是他们认清了自己的责任,在支持抗战,在为国家民族尽最大的义务。在前线完全忘记了个人的一切,努力杀敌的同胞是伟大的,但在后方,随时随地可以触引起人生最悲痛的生离死别的,而我们的同胞却能自己抑制情感,更加辛勤而又从容不迫的尽自己的责任,这伟大是多么值得我们颂扬呵!又是多么值得我们感谢呵!抗战的必胜,民族的复兴,我们可以从这里得到铁一般的信证了!

---

① 原文如此,似应为"塍"。以下同,不另注。

270

在平时,湖南人原是当兵最多的,自从抗战以来,应征的也可以说是最多,很久以前,许多人曾因此对于田作起了很大的忧虑,因为湖南是产米最多的区域,丰歉关系着全国的安危,尤其今年是与抗战的前途有极大影响的。最近蒋委员长通令保护春耕以后,一般人忽然给提醒了,常常显得非常忧虑的说:

"今年谁去耕种呀,不是许多壮丁都上前线去了吗?"

但是我这次从城市出去旅行,所见到的怎样呢?我是坐火车出发的,坐汽车回来的,经过的地方不同,来回凡六七百里,所望见的几乎全是田野。

那些田野什么样了呢?贮满了水,仿佛湖沼一般发着明亮的光。底下是早已犁过了的松散的泥土,正游泳着成群的黑色的蝌蚪(有些地方已经听到了蛙诗人的歌声)。许许多多水田里这里那里划着方的,长方的,或圆的肥料圈,整齐得仿佛用仪器画出来的一般;有少数的水田已经开始在耙了,但大多数的却还静静地躺着,在等待稻苗的成长,这里那里插着一根短短的竹子,竹梢上挂着一块小小的红布,仿佛旗子似的,那就是曾经播了种子的地方;也有少数的地方已经密集地长了一二寸的嫩绿可爱的稻苗了,农人们现在正是休息的时候,很少出现在田野里,但他们第一期的工作时做得非常完善的,不但看不见一小块荒田,他们甚至把所有的田塍全修筑过了,田塍的两边全是新黄的泥土,田塍上面的两边长着碧绿的短短的野草,而中间则是一线黄色的行人道。这些美丽的田塍曲折纵横,使单调的水田变成了错综复杂的图案,在迅速地游行着的车中望去,仿佛卡通画家所添加的线条,处处有生命,都在水田里活动着,跳跃着。这真是至高的艺术,同时也就证明了我们的同胞不但能耐劳,能克苦,而且也沉着从容,足以担负天下最艰难的困厄,中国民族的伟大,恐怕就在这一特性上吧。中国是农业国,现在在前线浴血抗战保卫国家一寸一尺的土地的将士大半是农民,而在后方不荒废一寸一尺的土地,支持长期抗战的将士也是农民,谁说抗战的最后胜利不属于我们呢?

看吧,漫天遍野的碧绿的秧田就要出现在眼前了!在我们后方的将士的辛劳的手里,培养生命的粮食就会很快的成熟了!感谢而且祝福呵!

鲁彦敬白

(四月二十日)

这封信很长,核心内容是鲁彦到长沙外县乡下作长途旅行时,看到农民们一面准备抗战,一面施肥耙田,准备春耕,把准备工作做得非常充分,而且把每一块荒地都利用起来。甚至许多妇女在丈夫、兄弟上前线杀敌时,没有悲伤而是积极参加劳动,支持抗战,为国家、民族尽最大的努力。这个状况使鲁彦觉得国家有救、民族有救了。因为湖南、湖北是著名的产粮区,所谓“两湖熟、天下足”。所以从这次旅行中王鲁彦得到前所未有的快乐,马上给孟十还写了一封长信,希望将这个消息分享给全国的同胞,并请孟十还将此信刊登出来。还将好消息告诉了正在长沙的画家孙福熙,孙福熙也很感动,主动提议画一幅《前线将士》的画附在信后面发表。

同月 与同在第三厅军委会政治部第六处任职的傅彬然成了朝夕相处的同事。据 1945 年 3 月《抗战文艺》第 10 卷第 1 期傅彬然的文章《忆鲁彦》回忆:两人的关系又恢复到十七八年前在北京参加工读互助团时期的情景。据中国社会科学出版社2014年版陈星撰著的《丰子恺年谱长编》第339—340页记述：丰子恺于同年5月，应范寿康先生的邀请，参加过总政治部第三厅第七处的工作，与王鲁彦成为同事。

对于鲁彦在第三厅工作时的情况，据1944年4月25日《大众报》(澳门)上刊发的张十方的一封题为《桂林，春天里的秋天》的信中回忆，他是在报纸上看到王鲁彦已经喉咙失声、病情严重的消息后，开始回顾在武汉汉口总政治部第三厅第七处工作时王鲁彦的情况。虽然他自认不是王鲁彦的朋友，"但王鲁彦我是认得的，远在武汉会战第一年，在汉口交通路与江汉路，我们匆忙地遇着的时候，打个招呼，三十五六年纪，一副近视眼镜，脸型方楞，有点红润，裹在湖色纱长衫里的身姿显得很壮健"。

5 月

7 日　小说《炮火下的孩子》刊于《抗战文艺》第1卷第2期，署名鲁彦。同年5月10日第3期连载。初收于1938年7月汉口大路书局版短篇小说集《伤兵旅馆》，现收于《王鲁彦文集》(贰)。小说写一个受伤的战士李纪明在寻找部队的过程中，误入一线战场，听从命令后撤时，碰到一个寻找妈妈(妈妈被日本鬼子抓走)的8岁孩子，与孩子一起在日寇进攻前冒死撤回己方阵营。这是王鲁彦直接描写正面战争、双方交战场景的少数小说之一。

6 月

3 日　散文《伟大的农民》刊于《同仇周刊》第6期第8页。

这是鲁彦从 4 月 20 日写给孟十还信中的最后几段摘出来加一个题目而成的。该文没有收入《王鲁彦文集》，是一篇佚文。文章描写抗战大后方湖南的农民为了支援在前线浴血奋战的将士，不浪费一块土地，田头地边都种上了庄稼。苗壮的稻苗意味着未来的收获可以预期。为此作者感叹道："有这样伟大的农民，抗战焉有不胜的道理。"

26 日　被在汉口召开的中国世界语协会成立大会选为理事。

27 日　《新华日报》（第三版）刊登了题为《世界语协会昨开成立大会》的消息。

> 中国世界语协会昨天开成立大会，到会五十多人。由乐家煊任主席，报告开会宗旨，继由政治部代表叶籁士致辞，并由应汝卓等演讲，对国际宣传在抗战中的重要以及世界语在国际宣传上的功效，阐发得很详细，筹委会代表张一正报告筹备经过后，即通过章程，推举蔡元培、郭沫若、曾虚白、胡愈之、钟可托为名誉领事。王鲁彦等二十一人为理事。大会并发表宣言，号召全国世界语者加倍努力，贯彻"为中国的解放而用世界语"这一口号，以世界语服务于抗战。

整个夏季　据 1945 年 3 月《抗战文艺》第 10 卷第 1 期傅彬然的文章《忆鲁彦》回忆，鲁彦与傅彬然一起在第三厅军委会政治部工作。

上半年　其作品与穆木天、老舍、欧阳予倩等的作品一起被收入由王平陵主编、中国文艺社出版的抗战文艺丛书。据 1938 年第 1 卷第 3 期第 24 页《文艺（上海 1938）·文坛消息》记载："中国文艺社由王平陵主编，出版抗战文艺丛书一套，撰稿者为穆木天、鲁彦、老舍、王亚平、欧阳予倩、冼星海等。"

上半年　短篇小说《伤兵旅馆》刊于《中苏文化杂志》第 2 卷第 3 期第 44—45 页。署名鲁彦。初收于 1938 年 7 月汉口大路书局版短篇小说集《伤兵旅馆》，现收于《王鲁彦文集》（贰）。小说描写了远东旅馆里的老板娘张二娘对于从战场上撤退下来的伤兵很排斥，但这些伤兵和下级军官忍辱负重，主动与老板娘搞好关系，甚至在敌机轰炸时保护了她及她的小孙子，以自己的言行教育和感动了她，最后张二娘不但接纳了伤兵并热情为他们服务，还把所有的钱财贡献出来，把旅馆免费提供给伤兵们住，谱写出一幅民众觉醒图。

上半年　小说《重逢》刊于《文艺月刊》（战时特刊）第 2 卷第 1 期第 287—290 页，署名鲁彦。初收于 1938 年 7 月汉口大路书局版短篇小说集《伤兵旅馆》，现收于《王鲁彦文集》（贰）。小说描写逃离家乡一千多里的吴老伯，日夜思念五六年前为上前线抗日、中断学业、解除婚约、气死母亲、自己登报声明与他脱离父子关系的二儿子吴明，甚至做梦也梦到他。不料吴明受伤来到此地医院治疗，他登报寻找父亲，被表弟发现告知老伯。得知这一消息，吴老伯带着女儿、侄子一起去医院看望儿子，原来的恩怨早就烟消云散。吴老伯每天两次去看望儿子，亲自烧菜为儿子改善生活，终于儿子身体痊愈，重上前线杀敌。

7 月

是月　短篇小说集《伤兵旅馆》由汉口大路书局出版，署名鲁彦。内收《伤兵旅馆》《炮火下的孩子》《留守》《重逢》等 4 篇作品，为"大路文艺丛刊"之一。

9 月

中旬　与傅彬然分别。据 1945 年 3 月《抗战文艺》第 10 卷第 1 期傅彬然的文章《忆鲁彦》记载：他应广西朋友之请，离开第三厅前往桂林师范学校任教。

10 月

中旬　武汉外围吃紧，武汉市的文艺界人士，根据周恩来同志的指示，相继撤往湖南长沙、衡阳，继而撤往桂林、重庆。

下旬前半段　武汉失陷之后，鲁彦经湖南长沙带着妻儿来到桂林。

王鲁彦一家什么时候去的桂林，有好多资料都说是 11 月底。但根据科学出版社 2008 年版丰子恺①的《教师日记》记载：他的妻子 10 月 24 日下午在省立桂林医院待产时发生了子痫症，丰子恺于桂林师范学校所在地两江圩赶到医院时，王鲁彦、陆联棠、张梓生已先于丰子恺到达医院，在产房外面守候。由此可以确定，鲁彦到达桂林的时间不迟于 10 月 24 日。

下旬初　刚到桂林，曾与舒群②同住在桂林城内一家楼上的小屋里，当时舒群初到桂林师范教书。因桂林炎热、潮湿，蚊虫

---

①　丰子恺(1898—1975)，浙江桐乡石门镇石门湾人，原名丰润，又名仁、仍，号子凯，后改为丰子恺。堂号缘缘堂。笔名"TK"(FONG TSE KA)，法号婴行。中国现代书画家、文学家、翻译家、漫画家，被誉为"中国现代漫画的鼻祖"。新中国成立后，历任上海市人民代表、全国政协委员、中国美术家协会上海分会主席、上海文联副主席、中国上海画院院长等。

②　舒群(1913—1989)，满族。原名李书堂。黑龙江阿城人。大学毕业。舒群是1936 年发表第一篇小说《没有祖国的孩子》后终身沿用的笔名。1932 年参加第三国际工作，1935 年参加"左联"。代表作有《没有祖国的孩子》《第三战役》《这一代人》等。

扰人,鲁彦倾尽囊中银钱只买回一顶蚊帐,他把这唯一的蚊帐挂到舒群的床上。鲁彦的做法令舒群十分感动,认为他的为人品格可亲可敬。①

下旬　据《纵横》2008 年第 4 期舒群口述的文章《我和子恺》记载:每天晚上,王鲁彦都用那个能看星际的望远镜,在阳台上教舒群观看星象。

下旬　到国际通讯社工作。

27 日下午　与唐现之、朱雯等一起去车站给丰子恺送行。据科学出版社 2008 年版丰子恺的《教师日记》记述:丰子恺刚去省立医院看望妻子徐力民和刚出生的幼子新枚,并打算携小女儿丰一吟一起回桂益行(他们家所在地),但当日没有去桂益行的车,于是丰子恺与鲁彦等一到西湖酒店吃茶。当晚,唐现之(桂林师范校长)邀请丰子恺、王鲁彦、朱雯在乐群社吃便饭。饭后,其他人各自回家,丰子恺仍回到医院看望妻子和孩子。

29 日早晨　据王鲁彦《长沙大火前后》记载:在桂林国际通讯社工作的王鲁彦乘车从桂林出发,由公路返回长沙,进行战时采访。途经零陵、祁阳。

同日晚八时　据王鲁彦《长沙大火前后》记载:他们到达湖南衡阳,到车站询问工作人员去长沙的车辆情况,对方回答说刚巧有六辆空车开往长沙,大家可以搭这车子走,上了车再买票,但座位已全拆掉,因为是去装货的,明天恐怕没有车了。形势十分紧张。不过鲁彦他们当晚没去长沙。

30 日上午　据王鲁彦《长沙大火前后》记载:他与同事们终

---

①　王鲁彦十月中下旬到达桂林,因桂林属于中亚热带,10 月中下旬气温还比较炎热,加上潮湿,蚊虫较多是正常现象。

于坐着才修理好的车子向长沙出发,一共是三辆,全拆掉了座位。沿途看到的情景十分紧张,由长沙开来的军车很多,大部分是载着家具、行李和家眷。渡江过下摄司,渡口停下来排队的大大小小车辆有一两里长。车过湘潭,公路上渐渐开始混乱。除各种汽车以外,还有前后相接、满载行李的人力车、小车以及扶老携幼的老百姓,像潮水似的由长沙涌出来。

同日下午　据王鲁彦《长沙大火前后》记载:他与同事们进入长沙市。看到市面比两星期前所见时冷清不少,在街上攒动着的几乎尽是搬家的人和车子。鲁彦去看望以前认识的民政厅职员,也已奉命转移到湘西去了。

同日下午　据中国社会科学出版社 2014 年版陈星撰著的《丰子恺年谱长编》第 350 页记述:丰子恺进城探望在医院住院的妻子徐力民,顺带访问鲁彦夫人覃英。因为覃英常去医院看望丰子恺夫人徐力民,丰子恺为表感谢而回访。

是月　据陈星撰著《丰子恺年谱长编》第 350 页记述:与鲁彦同住在一起的舒群与丰子恺相识,丰子恺赠给舒群一幅画。

11 月

5 日晚上　据陈星撰著的《丰子恺年谱长编》第 351 页记述:丰子恺再次到桂林城里看望妻子徐力民,顺带访问鲁彦夫人覃英,知道她要迁居江东。

5—6 日　和同事们一起看到长沙大部分的商店已经关门,旅馆和饭店也都停止营业。

9 日　与住在长沙不同旅馆里的几个同事、朋友都被迫搬了出来。

12 日早晨　和同事们发现长沙买点心和果蔬也十分困难,

不过还有许多机关没搬迁完毕。老百姓的许多财产没法一起搬走，因为水陆交通很早就为当局所控制。火车站上聚集着许多候车的人民和伤兵，附近堆积着许多货物。

12日下午 和一部分朋友们一起离开了长沙去衡阳，但是有许多朋友却准备再住几天。

12日午夜 长沙城的大火从城内四处烧起来。

13日凌晨3时 大部分城区的火也被烧起来。

13日上午 丰子恺与张梓生一起来桂林城里访问范寿康夫人、鲁彦夫人覃英。①

14—16日 长沙城内继续放火。

这次长沙大火发生的原因及国民党政府采取的措施，据王鲁彦《长沙大火前后》记载：（一）由于地方军警负责者误信流言，事前准备不周，临时躁急慌报之所致。（二）曾从事破坏准备之人员及人民（自卫专员丁森等）由于敌机之连日轰炸及最近平江、岳州、通城、通山等县被炸之惨，激于民族义愤，以为敌寇将至，乃即自焚其屋，遂将准备工作变为行动，于是一处起火，到处发动，以致一发不可收拾。

火灾之后国民党政府采取了下列措施：

蒋介石亲临长沙，立即采取下列处置：一、逮捕首事有关人员，依法严惩；二、发付巨款，救济被难民众；三、调集重兵，加紧长沙防卫；四、改组地方军警机构，办理一切善后。

俞济时将军被任为长株警备司令，军部开入长沙，20日即奉命枪决首事负责人员三人，并张贴布告。

第九战区司令长官部第二政工大队数十人即于14日首先

---

① 参见陈星编著《丰子恺年谱长编》，中国社会科学出版社2014年版，第351页。

到长沙,从事掩埋救济,设立好几处收容所及施粥所,收容灾民颇多。长株警备司令部方面则设立伤病兵收容所。接着军委会政治部第三厅也到了100多人,参加各种救济工作。11月22日,成立"长沙市火灾临时救济委员会",筹集救灾经费。

18日 再次由衡阳乘车重返长沙,看到的情景十分凄惨。只见大批的小车和军队安静而且和缓地正沿公路向北行进。离南门尚远,即有烟火气扑鼻而来。朦胧中但见尚有几处火光熊熊,满是断砖残垣,电线纵横。时在黑夜,连天心阁亦难辨别。

19日 和同事巡视长沙街头各处。据王鲁彦《长沙火灾前后》记述:他们发现"西至河边,东沿铁路,北至湘春路,南至西湖路,从前城墙所在的地方,后来叫做环城马路的,在这一个范围之内(倘使照从前的说法,那便是城内)",没有被烧掉的建筑不到百分之一。商店几乎全部被焚毁,民居被毁者占原数百分之七十,死亡人口已查明者,约300人。这把大火不但完全摧毁了长沙市最繁盛的区域,而且烧过两道河,连水陆洲义渡亭北边以及荣湾市也被烧到。

20—28日 一直在长沙各处采访,直到28日晚上,才和同事们一起撤离长沙。距离起火的日子已经有16天,还有几处余烬未息,不过那是只限于煤堆和粮栈的。但是返回长沙的民众越来越多。据王鲁彦《长沙火灾的前后》记述:"倘非房屋被毁,其热闹当不亚于武汉撤退前的长沙,临时饭馆在瓦砾场中开设了不少,有几家没被烧却的旅馆和小商店也开门了。"

25日 据丰子恺的《教师日记》记载:"胡愈之自桂林来信,说已回到桂林。盖长沙自焚,第三厅也被烧在内,(宋)云彬、鲁彦夜半徒步逃出,不知去向。愈之刚于自焚前一日请假离开长沙,得免于难。"但据王鲁彦自己撰写的《长沙火灾的前后》记载,长沙大火是于 11 月 12 日午夜烧起来的,12 日下午,鲁彦已与部分工作人员离开长沙去衡阳,没有被烧到。

30 日 据《抗战文艺·文艺简报》1938 年第 3 卷第 3 期第 45 页报道:从广州、武汉等地撤退至桂林的文艺工作者夏衍、巴金、林憾庐、艾青、王莹、周钢鸣、林林、杨朔、特伟、白薇、李辉英、张周、田　文、董每戡等几十位成员,在月牙山倚虹楼举行临时座谈会,商议成立"文协"桂林分会事宜。并推举巴金、夏衍等为理事。

月底 与好友巴金在桂林见面。据中国青年出版社 2003 年版陈丹晨著的《巴金全传》第 576 页记载:"11 月,巴金到达桂林。与夏衍等文艺界同人筹组中华全国文艺界抗敌协会桂林分会,在此,先后见到友人胡愈之、艾芜、鲁彦、朱雯、缪崇群,以及日本作家鹿地亘夫妇等。"

月底 与巴金夫妇、罗洪等一起游象鼻山、七星岩等桂林著名景点。①

12 月

3 日 郭沫若领导的国民政府军事委员会政治部第三厅撤退至长沙之后,做出决定:第三厅大部分工作人员撤往重庆,留三分之一人员组建桂林行营政治部②。胡愈之、刘季平等一部分党的骨干力量以及张志让、田汉、马彦祥等被留在桂林,组成第

---

① 参见唐金海、张晓云著:《巴金年谱》,四川文艺出版社 1989 年版,第 513 页。
② 桂林行营政治部是中国桂林行营(1938 年 11 月底国民政府军事委员会决定在桂林建立西南行营,作为国民党正面战场在南方数省的军事指挥中心,并于 12 月 3 日正式成立)下属的一个部门,当时的主任是梁寒操,副主任是徐会之。

三科,科长(组长)是张志让①,刘季平是党小组长,大家称第三科为"小三厅"。②鲁彦也被留在桂林,并参与行营政治部驻桂办事处第三组的工作③。

5 日 据中国社会科学出版社 2014 年版陈星编著的《丰子恺年谱长编》第 355 页记载:因头一天桂林遭遇日机轰炸,丰子恺书两纸交陈瑜清托周丙潮代访蔡定远及王鲁彦夫人,表示若欲乡居,可代为觅屋。

18 日上午八时半 据宋云彬④日记,鲁彦参加桂林行营政治部第三组会议,讨论参加筹备庆祝元旦之事。

18 日中午 据宋云彬日记,鲁彦与宋云彬、卢鸿基一起在广东酒家吃饭,商谈工作。

18 日晚上 据宋云彬日记,鲁彦与宋云彬在柳州饭店吃饭,商谈编辑事宜。

19 日中午 据宋云彬日记,鲁彦与宋云彬、舒群、巴金、杨朔、张铁弦、丽尼在桂南酒家吃午餐,商讨出版文艺综合半月刊,定名为《一九三九》,拟于次年一月五日出创刊号。

---

① 张志让(1893—1978),号季龙,江苏武进人。中国当代著名法学家、法学教育家。1915 年去美国加利福尼亚大学、哥伦比亚大学及德国柏林大学攻读法学。1921 年回国后,先后任北京大学及上海东吴大学教授,复旦大学法学院院长。"九一八"事变后,积极参加抗日救亡运动。抗战全面爆发之后,参加郭沫若领导的第三厅工作。

② 参见徐健:《抗战时期文化名人群体与桂林文化城关系研究》,2006 年硕士论文。

③ 参见黄伟林主编、高蔚副主编、刘琴撰写:《桂林文化城作家研究》,中国社会科学出版社 2008 年版,第 88 页。

④ 宋云彬(1897—1979),浙江海宁人。曾用名宋佩伟。著名文史学者、杂文家、民主人士。20 世纪 30 年代主持编辑、校订大型辞书《辞通》。抗战期间在桂林参与创办文化供应社,编辑《野草》杂志。1949 年到北京参加教科书编审工作。

24日下午五时 据宋云彬日记,参加由张志让组长召集的会议,讨论工作进行办法。

25日上午八时 据宋云彬日记,赴西南行营政治部签到,开始正式办公。

26日上午七时半时 据宋云彬日记,赴西南行营政治部集合,参加八时开始的纪念周活动,至九时活动结束。

29日下午一时半 据宋云彬日记,听到警报声后,鲁彦与政治部驻桂办事处第三组同仁一起在行营后面的山洞中躲警报。三点零五分警报解除后,就与宋云彬等一起出外视察。当时正刮大风,全城黑烟弥漫,昏暗无光,沿城西行,至桂林中学,见到唐锡光等。忽又谣传有警报,两人急忙越城墙而走,行动颇为狼狈。

1939年(己卯,民国二十八年) 38岁

▲7月7日,中共中央发表《为抗战两周年纪念对时局的宣言》,提出"抗战到底,反对投降;坚持团结,反对分裂;坚持进步,反对倒退"三大政治口号。

▲8月,国民党政府制定《战时图书杂志原稿审查办法》,进一步钳制言论自由。

▲9月1日,德国入侵波兰。3日,英、法对德宣战。第二次世界大战正式爆发。

1月

1日早上 据宋云彬日记,鲁彦赴行营政治部参加元旦庆祝

大会及阅兵典礼,与大家一起在细雨迷蒙中站立了三小时。

1日晚上 据宋云彬日记,鲁彦请宋云彬来家小酌。

7日傍晚 据宋云彬日记,鲁彦在开明书店与傅彬然、宋云彬、舒群及张梓生等晤谈。

8日晚上 据宋云彬日记,鲁彦做东请朋友吃饭,在座的有宋云彬、傅彬然、舒群及唐锡光,大家畅所欲言,开怀畅饮。

11日晚六时 据宋云彬日记,鲁彦参加军委会政治部第三厅留桂同志在乐群社的聚餐。

16日 长篇通讯《长沙火灾的前后》刊于《国民公论》第1卷第5、6期合刊。这则通讯没有收入《王鲁彦文集》(叁),是一篇佚文。该通讯有六千多字,依据作者采访的行踪和观察了解所得,从"武汉放弃后的长沙""火灾那一天的长沙""火灾后的长沙""起火灾的原因""火灾后的紧急处置""火灾的善后""复生中之长沙""几点感想"八个方面依次写来,真实地呈现了武汉失守之后,在湖南多个县市被日机狂轰滥炸的情况下,驻守在长沙的湖南省主席张治中、国民党政府机关官员、部队官兵、老百姓对日寇入侵的强烈反抗态度,以及长沙大火起火原因、国民党政府的惩治政策等。

17日 据宋云彬日记,鲁彦帮宋云彬投递给丰子恺、傅彬然的信函。

22日 据宋云彬日记,鲁彦妻子覃英带着子女动身返回浙江,范荣根护送前去,准备由温州转赴上海。宋云彬为其写了两封介绍信,一封写给开明书店同人,一封写给马君松。因为温州是壮丁出海口,悬为厉禁,担心鲁彦家眷及范荣根前往温州会发生阻碍,特为修函给李伯涛,请其设法予以便利。

26日傍晚五时　据宋云彬日记,鲁彦与宋云彬、马彦祥[①]一起去孙师毅寓所访问。

28日　据陈星编著的《丰子恺年谱长编》第367页记述:丰子恺为医治幼子新枚的病足,与傅彬然、陆联棠、妻子徐力民携新枚一起进桂林城。顺带在下午访问了蔡定远,晚上访问了张梓生、王鲁彦等。

29日　与舒群一起居住的卧室被日机轰炸,挚友丰子恺赶来看望。对此,丰子恺自己在1939年1月29日的《教师日记》中也有记载:"访舒群,以一画赠之。画中写一人除草,题曰'除蔓草,得大道'。此青年深沉而力强,吾所敬爱。故预作此画携赠,表示勉励之意。舒群住南门内火烧场中。其屋半毁,仅其室尚可蔽风雨,但玻璃亦已震破,其室四周皆断垣颓壁似瓦砾场,荒凉满目。倘深夜来此,必疑舒群为鬼物。舒群自言,上月大轰炸时非常狼狈,九死一生,逃得此生,抢得此被褥。今每晨出门,将被褥放后门外地洞中。夜归取出用之。防敌机再来炸也。"

2月

4日上午十时三十分　据宋云彬日记,警报响起,鲁彦与宋云彬等避入附近的水龙洞,至下午二时许方解除警报。

11日晚上　据宋云彬日记,鲁彦与巴金一起去宋云彬寓所,傅彬然也在那里,大家一起畅谈,直至十时始散。

13日　据宋云彬日记,鲁彦得知妻子覃英及子女得李伯涛

---

①　马彦祥(1907—1988),中国戏剧导演、戏剧活动家、理论家。原名履,笔名尼一、司徒劳,系马衡之子。浙江鄞县人。代表作有专著《戏剧概论》,剧本《海上春秋》《江南之春》,译作《康波勒拓》(小说集,海明威),导演作品《武则天》《逼上梁山》《雷雨》《汉宫秋》《北京人》等。

相助,已顺利通过温州,并安然乘轮船赴上海,内心十分欣慰。

28日晚上 据宋云彬日记,宋云彬在回寓所时顺道来看望住在战地文化服务处的鲁彦,因为他有望远镜。借他的望远镜可以在星光灿烂的夜晚,非常清晰地窥看七姐妹星团。

3月

月初 开始在桂林中学教语文。[①]

7日中午 据宋云彬日记,鲁彦与宋云彬一起做东,在桂林皇城饭店给即将去浙江大学任教的丰子恺践行,当时浙大已迁移到广西河池宜山,一起出席宴会的还有汪毓灵、鲍慧和等人。

同日 《国际日报》(第三版)刊登了一则题为《文化报道》的消息,报告了王鲁彦在西南行营政治部工作的情况。

张志让、王鲁彦、宋云彬在西南行营政治部任职,编辑《士兵》三日刊及通俗小册子等。

11日晚八时 据宋云彬日记,鲁彦与唐锡光偕同章雪山一起去宋云彬寓所,相谈甚欢。

12日 据宋云彬日记,鲁彦向桂林行营政治部领导递交辞

---

① 关于王鲁彦在桂林中学教书的时间,有多种说法,大部分认为是1940年上半年,如龙谦、胡庆佳编著的《抗战时期桂林出版史料·编辑出版家简介》,漓江出版社1999年版第467页。有的说是20世纪40年代,如桂林中学官网《王鲁彦小传》。但刘琴的文章《迷失在"现实"中——王鲁彦的桂林"战场"》(黄伟林主编的《桂林文化城作家研究》,中国社会科学出版社2008年版第88页)明确指出:"1939年上半年,鲁彦兼在桂林高中(也是行营政治部驻桂办事处所在地)任教。"根据王鲁彦当时的情况,子女多,生活压力大,妻子已带着孩子回上海,有空余时间,桂林中学与工作所在地桂林行营政治部在同一地方,他又有多年的教学经验等因素综合考量,这种说法是站得住脚的。也就是说,王鲁彦在桂林中学任教始于1939年上半年,结束于1940年夏。本年谱采用这种说法。

呈,组长张志让特邀鲁彦吃晚饭,劝其打消辞意,宋云彬与刘季平在座作陪,从旁力劝,但没有结果。

14日 据宋云彬日记,鲁彦去行营政治部,发现张志让因连日工作十分忙碌,加上自己闹辞职,使得他心中耿耿,结果上吐下泻生病了,颇为感动。宋云彬乘机劝告鲁彦第二天照样去上班,鲁彦要辞职的态度有所松动。

15日 据宋云彬日记,鲁彦在大家的劝阻下,这一天终于照常去行营政治部办公。

同日晚 被邀请参加白崇禧在桂林乐群社举办的招待会。据佘爱春的博士论文《抗战时期桂林文化城的文学空间》(南京大学 2011 年)记述:一起被邀请的还有千家驹、夏衍、舒群、马彦祥、宋云彬等桂林文化界、新闻界人士百余人。白崇禧在招待会上发表热情洋溢的讲话,号召文化界以身作则,充分发挥文化宣传的力量,积极进行抗战宣传。此事,宋云彬日记也有记载:"夜,白主任在乐群社宴请文化界,余与鲁彦舒群均被邀列席,归寓已十时半矣。"

21日中午 据宋云彬日记,鲁彦应刘季平邀请,与其共进午餐。被邀请的还有张志让、廖体仁及宋云彬。刘季平此次请客的目的,是请两个月病假,在饭桌上有利于婉转地向张志让组长提出要求。

25日晚上 据宋云彬日记,张志让组长宴请胡愈之,宋云彬作陪,在座的还有李任仁。饭后胡愈之送给宋云彬一大匣美国板烟,宋云彬把这一大匣板烟的一半分给鲁彦。

4 月

4日中午 据宋云彬日记,张志让组长在桂林国际大酒店请刘清扬女士共进午餐,鲁彦和宋云彬一起参与陪同,席间谈得很畅快。

6 日晚上 据宋云彬日记,鲁彦与宋云彬、张铁生一起在开明书店宿舍下象棋。

7 日晚上 据宋云彬日记,鲁彦应邀出席章雪山在美丽川(一个饭店)举办的宴会,招待从冷江桂林师范学校来城里的贾祖璋,一同被邀作陪的还有宋云彬、胡愈之等。散席后,鲁彦又与张志让、宋云彬、胡愈之一起前往大华酒店喝咖啡,作长谈,直到晚上 11 点多才结束。

8 日晚上 据宋云彬日记,胡愈之做东,邀请鲁彦、张志让、宋云彬、张铁生在维他命菜馆吃饭,商谈工作。

13 日晚上 据宋云彬日记,张志让组长做东,邀请鲁彦、宋云彬、刘季平、胡愈之在维他命菜馆吃饭,共同商讨今后工作的方针与态度,至 11 点多方结束。

21 日下午六点半 据宋云彬日记,鲁彦应宋云彬之邀到桂东路昌生园小饮,同时被邀的还有艾芜、舒群、艾青[①]、杨朔[②]等。喝完酒以后,又一起去大华酒店喝咖啡。

29 日晚六时半 据宋云彬日记,鲁彦应艾青邀请,与其一起小饮。被邀的还有宋云彬、阳太阳、舒群。

是月 中华全国文艺界抗敌协会指定在桂林的总会理事巴金、夏衍、盛成为"文协"桂林分会的筹备员,着手筹备成立"文

---

① 艾青(1910—1996),真名蒋海澄,原名蒋正涵,字养源,号海澄。曾用笔名莪加、克阿、林壁等。浙江金华人,现代文学家、诗人、画家。代表作《归来的歌》《北方》《黎明的通知》《我爱这土地》。

② 杨朔(1913—1968),原名杨毓瑨,字莹叔。山东蓬莱人,中国现代作家、散文家、小说家,与刘白羽、秦牧并称为"中国当代散文三大家"。代表作有中篇小说《望南山》,散文集《海市》,长篇小说《三千里江山》等。

协"桂林分会的相关事宜。[①]

5 月

13 日　据宋云彬日记,鲁彦应胡愈之邀请在东坡酒家喝酒,同时被邀的还有宋云彬、张季龙等。

15 日　据宋云彬日记,鲁彦去新生活宿舍看望因中丹毒而患脚疾、发高烧、临时住在那里的宋云彬。

17 日晚　据宋云彬日记,鲁彦与宋云彬一起在长沙饭店吃饭。

18 日晚　据宋云彬日记,鲁彦与宋云彬一起吃具有家乡风味的排骨菜饭,两人对其手艺和美味极为赞赏。

28 日晚六时　据宋云彬日记,鲁彦应陈一之邀请与其一起小饮,同时被邀的还有宋云彬、舒群。

30 日　据宋云彬日记,鲁彦因受其他事情的刺激,再次向政治部提出辞呈。张志让组长坚决挽留他。

30 日晚上　据宋云彬日记,鲁彦接受胡愈之的邀请,与胡愈之、张志让组长、宋云彬在天然酒家吃饭,商谈鲁彦辞职之事,胡愈之似表示同意,宋云彬对胡愈之的态度感到吃惊。饭后,又一起到开明书店胡愈之的房内,胡愈之继续与鲁彦长谈,大约谈到午夜才结束。

31 日傍晚 6 时　据宋云彬日记,鲁彦与宋云彬在中山公园饮龙井茶、磕西瓜子,一直到晚上八点多才结束。

---

① 参见万一知编撰:《桂林文化城记事》(1938 年 10 月—1944 年 1 月),《广西师范大学学报》(哲社版)1980 年第 3 期。

6 月

1 日中午　据宋云彬日记,鲁彦与张志让组长、宋云彬在中山公园吃小笼馒头,味道很可口,但价格太贵,20 只小笼包要六毛大洋。

1 日晚上　据宋云彬日记,鲁彦又与宋云彬在开明书店吃夜饭,饭后一起去看艾青,中途又一起去吃点心,结束已经十点多。

17 日中午　据宋云彬日记,鲁彦与千家驹、张铁生、胡愈之、宋云彬在金龙酒家吃茶点以当午餐,下午 2 时,一起去定桂门外漓江中游泳。

18 日中午　据宋云彬日记,鲁彦应宋云彬之约,与覃必陶、萧而化一起同赴桂东酒楼吃午餐。

19 日　据宋云彬日记,鲁彦前往宋云彬住的东江路寓所,探望发烧的宋云彬。

21 日　据宋云彬日记,鲁彦与胡愈之一起再次前去东江路寓所看望刚刚病愈的宋云彬。

22 日　据宋云彬日记,鲁彦应宋云彬之约一起去漓江练习游泳,被邀的还有萧而化①。

23 日傍晚六时　据宋云彬日记,鲁彦与宋云彬一起去开明书店看望从冷江桂林师范学校来的贾祖璋,相谈颇久。

25 日　据宋云彬日记,鲁彦与宋云彬、覃必陶、萧而化等一起在漓江里游泳。

---

①　萧而化(1906—1985),江西萍乡人。中国作曲家,音乐教育家。代表作有大合唱《伟大的国父》,歌曲《远离别》《黄鹤楼》《平行调钢琴曲》30 余首。专著《和声学》《对位法》等。

27 日 据宋云彬日记,鲁彦妻弟覃必陶即将补鲁彦在行营政治部的缺。

28 日晚上 据宋云彬日记,鲁彦与外出归来的宋云彬、沈叔羊下象棋。

是月 据宋云彬日记,鲁彦正式从桂林行营政治部辞职,他的编制由其妻弟覃必陶补缺。

上半年 一直在省立桂林中学(行营驻桂林办事处所在地)教国文,且继续在桂林国际通讯社工作。

夏天 据1946年《文章》第1卷第2期周贻白的文章《悼鲁彦》回忆:"民国二十八年的夏天,谷兰同她的妹妹,忽然由桂林转香港到了上海,说是鲁彦要他们回来的,把他们寄存在我家里的家具之类取去,在榆林路租了一间房子住下。这时谷兰又生了一个男孩,取名恩悌(恩恺),也带到上海来。"

其实,根据宋云彬的日记和雨田、师陀两人的回忆文章可知,覃英及其妹妹带着几个孩子(包括新生儿恩恺①)应该是2月14日左右就到上海了。据宋云彬的日记记载,她们是1月22日从桂林出发转道温州,2月13日在温州乘上去上海的轮船,按照当时的船速,14日应该到上海了。先是租住在徐家汇,与好友雨田为邻,师陀也经常去看望她们。据《改进》1944年9月第9卷第6期雨田的文章《悼鲁彦》回忆:"民国二十八年(1939年)他在桂林的时候,我曾和她夫人以及孩子们同住在上海徐家汇的一个楼下。"

---

① 王恩恺的出生日期有两种说法,有的说是1940年,也有的说是1938年。最近王鲁彦与覃英的长孙王彦明拍给我一张上海市公安局的户籍证明,清楚地说明王恩恺出生于1938年7月21日。根据这张官方证明,可见当时周贻白看到的小孩应该是王恩恺。

而据 1947 年 1 月 10 日《春潮》第一集第二期第 38—40 页师陀的文章《哀鲁彦》记载:"大概是在民国二十八年,鲁彦夫人带着几个孩子回上海……起初他们住在徐家汇,出门是河滨菜园和荒地;后来搬到汶林路,因为和一位朋友同住,我常常过去闲谈。也许我跟孩子特别容易接近吧,以后便跟他们几个孩子熟识起来,常常带他们到公园去,看他们在草地上打滚翻筋斗。"

至于他们回上海的原因,据 1944 年《改进》第 9 卷第 6 期第228—229 页雨田的文章《悼鲁彦》记载:"他(王鲁彦)和太太分别时曾约定每月有八十元寄沪,同时太太再在上海找一点书教,大概足以维持生活。那时他们已有 4 个孩子,再加一个老妈子,六个人的生活每月至少在百元以上,而鲁彦因为卖稿的收入没有固定,时常不能按时寄钱,至于谷兰女士的职业,一到上海也就知道只是梦想,因此我们同住的半年,几乎天天在拮据中度日。孩子们的体质本不健硕,营养一差,更加多病。"这段回忆文字已经明确地说明,覃英和孩子们在上海已经居住了半年了,符合 1月 14 日她们到上海居住,半年之后再去找周贻白的说法。

所以她们 6 月份才去找周贻白,并从汶林路搬到榆林路租房居住。但在榆林路只住了两个多月,9 月初王鲁彦就召唤她们回桂林去了。据周贻白《悼鲁彦》回忆:"谁知住了两三个月,鲁彦在桂林来信,又催她们回去,同时写信给我,要我设法帮助她们动身。我又为她们忙了一阵,好容易买着香港船票,谷兰又带着孩子们重上征途。从此以后,我就再也没有接到过他们的来信。"

上半年 曾去浙江衢州中学短暂任教。据 1940 年 12 月 29日《前线日报》(第六版)登载的廖桑的文章《关于王鲁彦》回忆:"他在闽、浙、桂各省任中学教员几十余年,去年曾在浙江衢州中学任教,旋赴桂,曾编《抗战文艺》(桂刊),曾编《中学生》,现任柳州新办的某师范教职,最近写作较少。"

7 月

2 日　据宋云彬日记,鲁彦去东江路寓所看望在家休息的宋云彬。

4 日晚上　据《桂林文化大事记(1937—1949)》(第 79 页)记载:鲁彦去桂林南京饭店参加由文艺界组成的集会,并主持会议。与会者包括总会代表姚蓬子、陆晶清、程朱溪以及在桂的文艺工作者共三十余人,商讨正式成立"文协"桂林分会筹备会的事宜。会上推出于鲁彦、艾芜、艾青、李文钊、舒群、周立波、胡愈之、宋云彬、夏衍、田汉等 22 位筹备委员,并以筹备会的名义,发表"七七"抗战两周年纪念文章。筹备处设在太平路十二号。①

对此,刊登在《新文学史料》2000 年第 2 期的《宋云彬日记》(上)的记载稍有不同:"晚六时,舒群、艾青、周立波②三人出面,邀在桂文艺家在南京饭店聚餐,商量筹备全国文艺家抗敌协会桂林分会事,出席者 34 人,当场推出筹备者 21 人。"

5 日　《救亡日报》(第二版)发表了题为《桂林文艺工作者昨日举行聚餐会——成立文协桂林分会筹备会》的消息。

> 昨(四)日晚,桂林文艺工作者三十余人,文艺界抗敌协会总会代表姚蓬子、陆晶清、程朱溪等三人,假座南京饭店

---

①　从这一条开始,凡是与"文协"桂林分会有关的信息,均出自桂林市文化研究中心、广西桂林图书馆等编《桂林文化大事记(1937—1949)》,漓江出版社 1987 年版,以后在年谱中只标记书名和页码。

②　周立波(1908—1979),本名周绍仪,字凤翔,号刬卿,又名周奉悟,笔名有周立波、周德、张尚斌、雅歌、张一柯,湖南益阳人,中国现代作家、编译家。代表作有报告文学集《战地日记》,长篇小说《暴风骤雨》,专著《文学浅论》等。

举行聚餐,商讨成立中华全国文艺界抗敌协会桂林分会筹备会,由王鲁彦主席,当场推出艾芜、艾青、李文钊、舒群、盛成、林林、(周)立波、方振武、李任仁、胡愈之、王鲁彦、宋云彬、陈此生、夏衍、田汉、孙师毅、焦菊隐、钟期森、赖少其、特伟、白薇、阳太阳、欧阳凡海等为筹备委员,并将以筹备会名义,发表七七抗战两周年纪念文,临时通讯处暂设本市太平路二号内云。

同日晚上 据宋云彬日记,鲁彦去东江路寓所看望他,交谈至午夜 12 时方离去。

9 日 据 1939 年 7 月 9 日(第三版)《救亡日报》记载:"文协"桂林分会筹备会为抗战两周年纪念发表宣言,并在《救亡日报》上刊出。

21 日晚上 据《桂林文化大事记(1937—1949)》(第 81—82 页)记载:鲁彦主持召开"文协"桂林分会筹备会举行的第一次筹备委员会议,出席会议的有舒群、胡愈之、欧阳凡海、艾青等十余人。会上推选出李文钊、陈此生等负责分会总务,王鲁彦、艾芜等负责出版,并决定出版会刊。

筹备期间,鲁彦曾与一个人发生了冲突。据 1945 年 11 月 17 日《周报》(上海版)第 11 期艾芜的文章《关于鲁彦的回忆琐记》回忆:"在分会筹备期间,有一人想全揽在手里,鲁彦非常气愤,同他大吵一顿,将他赶开了。这个人用外国文写过一点文艺作品,向文艺青年演说,必然要提到他的大作,而且自称是巴尔扎克的先后同学,而平常则以国际问题专家的姿态出现,当德国法西斯进攻苏联的时候,则公开预言:三个月内,德军必定打下莫斯科和列宁格勒。鲁彦和他大吵的第二天,愤愤地对我说:'这坏蛋!他还想跑来把持哩!……我们文艺界根本不需要这样的人！'"因艾芜没有进一步透露,不知此人是谁。

22 日　据宋云彬日记,鲁彦赴省立医院看望在那里住院治疗脚疾的他。

28 日　据宋云彬日记,鲁彦去环湖北路十九号文化供应社参加会议,与会者还有曹伯韩、秦柳芳、张志让、张铁生、陈此生、胡愈之、宋云彬等。会议主要讨论分组办法、八月份编书计划及专任编辑人数。会议决定曹伯韩、宋云彬、张天翼为专任编辑,但张天翼尚未报到,暂由鲁彦代理。①

30 日　据宋云彬日记,鲁彦再次去环湖北路十九号文化供应社参加会议,重新讨论确定 8 月份编书计划。

31 日中午十二时一刻　据宋云彬日记,有空袭警报,鲁彦偕宋云彬躲入七星前岩小洞中。敌机投弹,声音非常凄厉,热风自洞口进入,妇孺惊呼,一时洞内骚扰得很厉害。直到三时,警报解除。此次空袭,省立医院及广播电台均被炸。

8 月

1 日　据宋云彬日记,文化供应社本定于今日开始办公,但办公桌尚未送来,无法工作。经公决,文化供应社成员将在 2 号上午在东江路四十二号(此处为鲁彦寓所)集会,顺便往舒(施)家园等处找房子,将编辑部迁移彼处,便于躲警报,且可安心工作。

---

①　王鲁彦在本年 7 月 28 日被任命为文化供应社代理专任编辑,10 月又转为正式的专任编辑,同时又是左翼读书会的主要成员之一。文化供应社对工作人员尤其是编辑队伍的业务提高和时事学习抓得很紧,每周都要召开一次读书会,请专人作报告并组织讨论。所以,即使《宋云彬日记》里不写明参加读书会的成员名单,我也把王鲁彦作为参加者,在年谱里面记进去。后面这样的情况都作如此处理。

2 日　据宋云彬日记,胡愈之等十余位文化供应社成员集中在王鲁彦寓所讨论编辑事宜。(施)家园暂无适宜房屋,鲁彦寓所亦不适合办公之用,胡愈之等决定,暂时仍在环湖北路十九号办公。

12 日上午八时　据宋云彬日记,文化供应社迁入九日刚买定的东郊龙隐岩附近的新居。新屋为三开间,两旁拆为四,客堂后附搭小屋半间。饭食雇大司务料理,虽无大鱼大肉,但尚不至以粝粢之食、藜藿之羹充饥。

17 日上午　据宋云彬日记,鲁彦前去参加文化供应社的编辑会议,胡愈之、宋云彬、曹伯韩等都到会。

18 日　据宋云彬日记,文化供应社刚购买的房子非常简陋,屋顶是用竹子盖的,一下雨便漏,当日宋云彬出面雇工人加盖稻草,并且把门前的地平整了一下。可是晚上下雨,屋子仍然漏。

23 日下午三时　据《桂林文化大事记(1937—1949)》(第 85 页)记载:鲁彦前去参加"文协"桂林分会筹委会在建设东路广西建设研究会召开的全体筹备委员会议,会上讨论分会成立的准备工作,决定进行会员登记。

27 日上午　据宋云彬日记,鲁彦前去文化供应社参加编辑会议。下午继续参加座谈会,谈论苏德互不侵犯条约及第二次世界大战,胡愈之发言最多,认为英、法、德目前不至于开战。

9 月

2 日晚上　据宋云彬日记,鲁彦与宋云彬一起前往乐群社,参加前线出版社韦永成在那里召开的文化界招待会。

3 日上午　据宋云彬日记,鲁彦参加文化供应社的工作会议。

5 日清晨 据宋云彬日记,鲁彦与宋云彬一起去九良下街访廖街长,未遇。因前几日文化供应社同事王穆夫返回湖南益阳原籍,二日向九良下街公安分局请求注销户籍,据称现在办理兵役时期,王为适龄壮丁,出境须有街长证明,否则户主须负匿报之责云云。晚上,两人再去,廖街长仍未回家,其家人言,可至施家园访陈副街长,复回施家园,找陈副街长,他答应明天午后一点给他们盖章。

九日傍晚六时半 据宋云彬日记,鲁彦应邀出席宋云彬在广东酒家为将去湖南教书的阳太阳、艾青举行的饯别宴。饭后大家去乐群社喝茶。

是月 据《桂林文化大事记(1937—1949)》(第 90 页)记载:鲁彦去参加"文协"桂林分会筹委会召开的第二次筹备会,讨论成立分会的有关事宜。

10 月

2 日下午三时 据《桂林文化大事记(1937—1949)》(第 90 页)记载:鲁彦前往桂东路广西建设研究会礼堂,参加由"文协"桂林分会在此举行的成立大会,到会各机关、团体代表及会员百余人。梁寒超主持并致开幕词。李文钊报告筹备经过,重庆总会代表夏衍宣读总会贺词,会议通过会章及几个提案:组建文艺界战地访问团、促进通俗文艺运动、注意培养文艺青年、举办青年文艺奖和文艺讲座。邀请黄旭飞、李任仁、梁寒超、白鹏飞、马君武为名誉理事,并选举了王鲁彦、夏衍[①]、林林、宋云彬、胡愈之等25人为理事,陈芦荻、杨晦、冯培澜、华嘉等16人为候补理事。总会发来贺电。

同日 《救亡日报》将文协总会的贺电全文发在上面:

中华全国文艺界抗敌协会桂林分会同人公鉴:

桂林为西南文化中心,我文艺界抗敌协会宣告正式成立以后,桂林文艺界必能群策群力在党政军督促协助下,追随桂林文化先进之后,建立坚强的文艺据点,推动抗战文化,争取最后胜利。总会特请盛成、夏衍二先生代表致辞:"敬祝成功,顺颂健康!"

同日 《救亡日报》还推出"中华全国文艺界抗敌协会桂林分会之成立纪念刊",发表了鲁彦的《我的希望》、(黄)药眠的《文艺界的团结》、李文钊的《献》、夏衍的《从切实的工作做起》、谷斯范的《动员作家们上前线去》等文章。[②]

对大会的其他事宜,据《学术论坛》1981年第4期华嘉的文章《桂林文化城思忆》补充:"大会还有一项来宾讲话,我记得有国民党的中央通讯社代表陈纯粹,桂系的《广西日报》代表莫宝坚等人作了祝贺大会的讲话。会上选举了桂林文协第一届理事会。"

文协桂林分会筹备期间,鲁彦做了很多实际工作,也得到了大家的肯定。艾芜、林林等曾就文协桂林分会的理事名单及负责人人选问题专门请示过李克农,并征得李克农的同意。对此,

---

① 夏衍(1900—1995),原名沈乃熙,字端先,浙江杭州人,中国著名文学、电影、戏剧作家和社会活动家,中国左翼电影运动的开拓者、组织者和领导者之一。代表作有《电影论文集》《夏衍全集》等。

② 参见《救亡日报》1939年10月2日。

艾芜和范泉在文章中各有回忆。据《新文学史料》1995年第4期范泉的文章《记艾芜——一个苦了一辈子、写了一辈子的作家》记述:"在武汉成立了中华全国文艺界抗敌协会后,桂林的文艺界决定成立桂林分会。作家王鲁彦热心会务,积极筹备,大家都拥护他承担负责人的工作。在分会成立前,艾芜把分会负责人的候选名单送请李克农(桂林八路军办事处主任——引者)审查,他表示同意。艾芜在后来写的回忆录中说:'桂林文艺界团结的好,一致抗战,王鲁彦是有一份功劳的。'"

同日 散文《我的希望》刊于《救亡日报》(桂林版)第四版"中华全国文艺界抗敌协会桂林分会成立纪念刊"上。现收于《王鲁彦文集》(叁)。文章在宣布文协桂林分会成立这一消息之后,提了六个希望:"我希望他(文协桂林分会)能成为西南文艺抗敌的中心机构,集中所有的文艺界的力量,脚踏实地,努力于民族解放的工作……我希望他一切工作都能针对着'抗敌'这一目标做去……我希望不断地吸收会员,希望他多多培养文艺青年。希望文艺不要与抗战脱节,多出些合于士兵和民众胃口的通俗文艺的读物。最后希望大家精诚团结,共同抗日。"

4日下午三时半 据《桂林文化大事记(1937—1949)》(第91页)记载:鲁彦前往中山公园茶亭,参加"文协"在那里召开的第一次理事会并主持会议,与欧阳予倩、黄药眠、艾芜、李文钊等九人一起被大会推定为常务理事。九位常务理事的分工是:王鲁彦、林林负责组织部;李文钊、陈此生负责总务部;黄药眠、焦菊隐负责研究部;艾芜、钟期森负责出版部。并决定10月19日举行鲁迅逝世三周年纪念大会。

12日 据《桂林文化大事记(1937—1949)》(第92页)记载:鲁彦去参加"文协"桂林分会第一次常务理事会,讨论筹备本月十九日鲁迅逝世三周年纪念大会事宜。

16 日　散文《假使鲁迅先生还活着》刊于《国民公论》(桂林版)1939 年 10 月 16 日第 2 卷第 8 期。现收于《王鲁彦文集》(叄)。文章首先谈了在鲁迅先生逝世的三周年中,正是中华民族走上光明大道、看见希望的时候,假使鲁迅先生还活着,他一定是无限的兴奋和快慰的。接着指出:由于思想文化界还存在"颇为混乱"的现象,我们的理论没有彻底克服那潜在心底里的恐日病和悲观论以及抵制汪兆铭(汪精卫)、周佛海、陶希圣等人公然投敌的行为。所以,全国的青年和斗士此时更迫切地需要鲁迅先生来领导。认为假使鲁迅先生现在还活着,这些问题就会得到解决。因为鲁迅于 1936 年 8 月已经发表过两篇文章,表示了热烈地拥护而且参加抗日统一战线的态度。最后,作者认为鲁迅先生的肉体虽然已经消失,他战斗的精神仍会永久地活着。文章显现出很强的说服力和号召力。

19 日下午三时　前往乐群社礼堂,参加由"文协"桂林分会发起的纪念鲁迅逝世三周年大会。到会的有党政各界人士数百人。大会由欧阳予倩①主持并致纪念词,由胡愈之报告上海鲁迅纪念会筹备委员会的工作情况,林山报告延安鲁迅艺术学院的情况,刘建庵报告木刻展览的情况。日本反战作家鹿地亘也在大会上发表了演讲。②

同日　散文《怎样纪念鲁迅先生》刊于桂林《扫荡报·瞭望

---

①　欧阳予倩(1889—1962),湖南省浏阳市人,戏剧家、编剧、导演,先后毕业于日本早稻田大学、明治大学。广西省立艺术馆(现广西壮族自治区群众艺术馆)首任馆长。代表作有话剧《潘金莲》《青纱帐里》《忠王李秀成》,专著《欧阳予倩戏剧论文集》等。

②　参见广西社会科学院、广西师范大学主编,杨益群、万一知、潘其旭等编著:《桂林文化城概况》,广西人民文学出版社 1986 年版,第 27 页。

哨》1939年10月19日第4版"鲁迅先生逝世三周年纪念特辑"中,该文没有收入《王鲁彦文集》(叁),是一篇佚文。文章首先指出纪念鲁迅先生固然不能忘记他的伟大贡献,但现在的主要问题是怎样把我们的工作与抗战结合起来。认为假使鲁迅先生还活着,他也一定会站在战斗的最前线的。因为,在抗日尚未发动和决策的时候,鲁迅就明确指出当前的任务是抗日、反汉奸。鲁迅去世已经三年了,应该要"检讨我们的工作",虽然团结和抗日做得不错,但反汉奸工作做得还不够。今日纪念鲁迅先生,必须牢记着"团结、抗日、反汉奸"三件大事。

同日 "文协"桂林分会主编的"鲁迅先生逝世三周年纪念特刊"在《救亡日报》上刊出,发表了鹿地亘的《忆鲁迅先生》、宋云彬的《述而不作——纪念鲁迅先生逝世三周年》、芦荻的《真理的明灯——纪念鲁迅先生逝世三周年》等文章。[①]

26—28日 据《桂林文化大事记(1937—1949)》(第94页)记载:参加"文协"桂林分会研究部召开的第一次文艺座谈会并在会上发言。黄药眠主持会议,讨论《文艺上的中国化和大众化问题》,莫宝坚、李文钊、艾芜等十余人相继发言。(黄)新波报告农民作家叶紫的死讯及发起募捐援助叶紫家属的情况。到会的会员及文艺爱好者数十人。

对此,由广西教育出版社1994年版蔡定国、杨益群、李建平等著的《桂林抗战文学史》第55—57页也有中肯的评价:"文协桂林分会于1939年10月初成立之后,即将'民族形式'的讨论当作一件大事来抓。在文协桂林分会会刊《抗战文艺》创刊号上,公开宣称该刊内容将侧重于民族形式的讨论。分会研究组

---

① 参见《救亡日报》1939年10月19日。

先后于本月(10月)26日和28日召开'文艺上的中国化、大众化'座谈会,由研究组负责人黄药眠主持。头次会议的参加者多达120多人,第二次50多人。在会上发言的有黄药眠、莫宝坚、艾芜、芦荻、孟超、冯培兰、韩北屏、李文钊、王鲁彦、林林、林山等。对于这场讨论的重要性,大家一致认为'文艺上的中国化、大众化'虽然是旧题目,但作为创造民族形式的两大元素,仍须重新再讨论。以便使抗战文艺更好地为群众所接受,成为动员人民群众参加抗战的有力武器。但在民族形式是形式还是内容的问题、对文艺的中国化问题、对民族形式是空泛的理论还是一种运动等三个方面争论很激烈,以至于在1941年1月12日,文协桂林分会研究委员会又召开了一次'民族形式问题座谈会',对相关问题再次进行讨论。"

28日 《救亡日报》刊出报道:"中华全国文艺界抗敌协会桂林分会为提高写作水平、普及文艺运动,组织文艺习作指导组,并刊出组织办法。"

是月 曾与许杰在桂林见面,陪同他去找胡愈之,又一起在国际通讯社里坐着交谈,晚上一起在一家饭馆吃饭聊天。据《新文学史料》1979年第2辑许杰的文章《我与鲁彦》回忆:"民国二十八年十月,我从柳州折回桂林,我要到环湖路开明书店去找愈之(胡愈之),却又碰到了鲁彦。之后我又同着鲁彦去找愈之。那时,愈之、鲁彦都在国际通讯社里。我们就在国际通讯社里坐谈,那一天晚上,愈之他们另有约会,我和鲁彦,还有云彬(宋云彬),也就在那一家饭馆里吃饭,我们也谈得很多……第二天,我和云彬去游了一天的七星岩,没有碰到鲁彦,第三天,我便离开了桂林。""这一次,鲁彦给我的印象,似乎更加沉默而深入。我回想起第一次见面时的情形,前后已隔十几年之久,但那股献身文艺的力量,却是始终保存着的,虽然他已失去不少的过去的风采。"

是月　被文化供应社①正式聘为专任编辑。② 其实文化供应社在 7 月 28 日刚宣布编辑人员名单时,鲁彦已经参加,不过那时他是顶替张天翼做编辑,非正式的专任编辑。

11 月

4 日　据《桂林文化大事记(1937—1949)》(第 96 页)记载:鲁彦参加由"文协"桂林分会成立的文艺习作指导组,为文艺青年评阅文艺稿件。第一期收录学员 60 名,为期 3 个月。主要评阅小说、诗歌、戏剧、散文、儿童文学、文艺评论,每人每星期寄稿

---

①　文化供应社:1939 年 7 月 16 日,胡愈之就已经有创办文化供应社的设想,并邀请宋云彬担任专任编辑(据其日记记载),又与救国会成员沈钧儒、老同盟会会员、时任广西省临时参议会议长的李任仁等人磋商,之后拟定由救国会和广西建设研究会共同创办,同时向当时的国民党政府经济部申请立案。7 月 28 日在环湖北路十九号开会,商讨八月份编书计划和专任编辑人数,初步开始运作。9 月才得到批准发给执照。10 月胡愈之代表救国会,陈此生代表广西建设研究会,会同社会知名人士 40余人,集资 12000 元筹建文化供应社股份有限公司。11 月召开股东大会,由张任民主持,选举李任仁、孙仁霖、陈劭先、邱吕谓、陈此生、张任民、胡愈之、沈钧儒、黄维、万仲文、李章达等 11 人成立董事会,并选出李任仁为董事长,陈劭先为社长。另外还选了苏希询、阳叔葆、陈丙南 3 人为监察人。社长之下设两个部,陈此生负责总务部,胡愈之负责编辑部。胡愈之当时建立了一个高水平的编辑部,担任编辑工作的有张志让、曹伯韩、宋云彬、傅彬然、王鲁彦、林山等人。这是由广西当局认可创办的一家最大的地方出版发行企业,它与国际新闻社、救亡日报社并称为"桂林三大进步团体",是这三大团体中唯一的书刊出版机构。地址在施家园。表面上看,文化供应社是由新桂系领导的官办出版机构,而实质上"是由八路军桂林办事处领导的"。是抗战时期,中共在国统区继生活、读书、新知等书店之后建立起来的一个重要的进步文化传播阵地。

②　见宋泉:《文化供应社及其抗战文化传播研究》,华中师范大学 2017 年博士学位论文,第 48 页。

1篇,由指导员指出优缺点,如系佳作,由指导组推荐给文艺刊物发表。指导组成员除了王鲁彦,还有欧阳予倩、欧阳凡海、司马文森、宋云彬、胡愈之、夏衍、莫宝坚等,共22位。

18 日 据《桂林文化大事记(1937—1949)》(第96页)记载:鲁彦参加"文协"桂林分会召开的常务理事会,决定由艾芜、钟期森、舒群、周立波、杨晦等共同组成编委会,负责出版会刊《抗战文艺》(桂版)。

19 日下午三时 据《桂林文化大事记(1937—1949)》(第97页)记载:鲁彦前往八桂镇公所,参加"文协"桂林分会召开的第二次座谈会,讨论"民间文艺研究"的问题。参加会议的还有黄药眠、孟超、司马文森、舒群、林山等40多位成员。

25 日晚上 据《桂林文化大事记(1937—1949)》(第97页)记载:鲁彦前往文园参加由"文协"桂林分会倡导,桂林文艺界、新闻界举行的集会,商讨成立桂林文艺界桂南前线慰问团事宜。与会者有"文协"桂林分会,"青记"桂林分会,中央社广西分社,《广西日报》《扫荡报》《救亡日报》《大公报》广西办事处、木协、漫协、国防新闻社等10个单位的代表。

29 日 据《桂林文化大事记(1937—1949)》(第97页)记载:鲁彦前往《扫荡报》社,参加由桂林文艺界、新闻界桂南文化慰问团发起举行的第一次团员大会。参加者还有文协桂林分会的钟期森、林林,中央新闻社的顾建平,《扫荡报》的卜绍周,《广西日报》的莫宝坚,国新社的范长江,战地新闻社的汪止豪,《桂林晚报》的范丹宇,《大公报》的钱庆燕,《珠江日报》的刘宁,《阵中画报》的梁中铭,木协的黄新波等,会上推荐范长江为慰问团领队。

12 月

4 日　完成长篇小说《春草》的部分内容,并在《广西日报》的《漓水》①副刊上开始连载。

6 日　据《桂林文化大事记(1937—1949)》(第 99 页)记载:鲁彦前往东坡酒家,参加由"文协"桂林分会召开的第四次常务理事会,参与议决组织桂林文艺界前线慰问团分别出发去南路和第五战区之事,并推定李文钊、舒群、黄药眠三人负责筹备。同时,预定会刊《抗战文艺》"桂刊"的首版时间和出版期数:1940年元旦出版,每月一期。

19 日下午五时　据《桂林文化大事记(1937—1949)》(第100 页)记载:鲁彦参加"文协"桂林分会召开的义卖劳军筹备会,决定义卖书报、杂志、文稿、原稿手抄本、名人及家属题字签名纪念册、绘画木刻、字画等,以筹集资金,支援前线。

下半年　多次参与文化供应社每周组织的桂林左翼文化界的读书会(座谈会)。

对此,宋泉在博士论文《文化供应社及其抗战文化传播研究》第 71 页阐述:"为了保证书刊出版的质量,文化供应社在干部培养上也采取了有效的措施来拓宽政治事业和提高政治思想水平。当时,在桂林还组织了左翼文化界的读书会,主要成员有张志让、陈此生、张铁生、姜君辰、千家驹、刘季平、宋云彬、王鲁彦、曹伯韩、傅彬然、秦柳方、杨承芳等,多为文化供应社以及其他文化团体的进步人士。读书会每周开会一次,每次有两项内

---

①　《广西日报》的《漓水》副刊,是在其前一个副刊《南方》1939 年停刊之后,在同年 9 月创刊的,由陈芦荻主编。

容:第一,例会指定一人作读书报告,展开讨论;第二,分析研究当前国内外的形势和舆论动态,根据各人所收到的各地报刊索稿要求,商讨写作计划,分配写作任务。有时还进行一些专题研究,如请徐特立先生讲唯物辩证法,还请刘介先生作广西苗族、瑶族研究的报告。读书会的形式'对当时西南一带的报刊舆论和思想斗争,起了一定的积极作用'。"

下半年　继续在桂林国际通讯社工作。

下半年　继续在省立桂林中学教国文。

下半年　开始认真阅读马列理论著作。据 1945 年 11 月 17 日《周报》(上海版)第 11 期艾芜的文章《关于鲁彦的回忆琐记》记载:他与鲁彦同住在施家园时,有一次偶然看见鲁彦打开箱子,里面有普列汉诺夫的《社会科学的基本问题》,莫斯科出版的《政治经济学》,高尔基的文艺论集等书,每本书的扉页上都有用红铅笔写的一个草体字'彦'。后来艾芜去看望在桂林中学教书的鲁彦,两人在桂西路上行走时,"书店门前的新书广告,以及玻璃橱窗里面的摆着红绿封面的新书,都不时使他们略微停下了脚步。在读书出版社的书店,他对那些精装巨册的译本《资本论》凝望了好一会,脸上露出热望的神情",艾芜怂恿他买,"鲁彦踌躇了一会,才说:'十六元一部太贵了一点,身上又没有多少钱,必须等到学校发薪水才能买。'我和读者出版社的经理刘尘君是认识的,就立刻介绍鲁彦去跟他会面,用了挂账的方式替鲁彦赊到一部精装本"。只可惜这本《资本论》于 1944 年 7 月在日本兵从湖南长沙向衡阳进攻的时候,鲁彦抱病由茶陵逃回桂林的路上,"因行李无法多带,装那本书和稿子的箱子,已给一个学生带到湖南莱阳乡下去了"。

是年　被聘为《中学生（战时半月刊）》①的编委及主要撰稿人。

是年　散文《雷雨声中》刊于《中学生（战时半月刊）》第 4 期，署名鲁彦。现收于《王鲁彦文集》（叁）。文章叙写了李君的母亲被从家乡接出来不久，家乡就沦陷了。老人念念不忘家乡，一直想要回去，李君一次又一次骗她，假意在清明节回家祭祖，购买很多家乡特产给母亲，甚至请一些老乡来陪母亲聊天，但仍难以解除母亲的思乡之情。最后母亲病重，知道自己回不去了，就恳求儿子把她的尸体运回去。揭露了战争使一般老百姓有家归不得的残酷事实。

是年　散文《两年前》刊于《中学生（战时半月刊）》第 5 期，署名鲁彦。现收于《王鲁彦文集》（叁）。文章叙写自己一家两年前住在上海一个弄堂里，空间拥挤、狭窄，但人际关系和睦温馨。抗战全面爆发之后，住在这里的人开始怀念家乡的父母，对于中国军队英勇反抗日本侵略者的状况欣喜万分。体现出作者内心的抗战热情。

是年　与周立波一起在桂林街头漫步。周立波发现鲁彦特别爱小孩，显现出他的大爱胸怀。据新文学选集编辑委员会编开明书店 1951 年版周立波的文章《鲁彦选集·序》回忆："我和鲁彦相处的日子很少，但在选编他的遗作时，我常常记起一件事情来。那是一九三九年在桂林的事，有一天我们同到街上走，碰到几个陌生的孩子在路边玩耍，鲁彦就站住，和他们亲切的谈

---

① 《中学生（战时半月刊）》杂志原名《中学生》，于 1930 年在上海创办，它是以高中生为对象，指导其文化学习的综合性月刊。抗战爆发后，上海沦陷。该杂志被迫于 1937 年 9 月停刊。1939 年 5 月，在胡愈之、傅彬然、宋云彬、丰子恺等的推动下，《中学生》在文化城桂林复刊，并改名为《中学生战时半月刊》。

笑,久久不想离开。这事给我留下深刻的印象。中年人是爱孩子的,但大都是爱自己的孩子,像鲁彦一样的把马路上的孩子当做自己的儿女般的喜欢,在旧社会里是很少见到的。鲁彦的这种情感,充分的表现在他的小说《小小的心》里。"

是年 被聘为《救亡日报》的撰稿人,并在其副刊《文化岗位》上发表过文章,但具体的文章名已经无从查考。①

是年 散文《新的枝叶》刊于《中学生》1939年复刊号第18页,署名鲁彦。该文旨在谴责日寇的炸弹夺去了一个小孩的生命,同时也使一棵茂密的大树枝干焦黑、树叶枯萎、周边草地被烧焦的暴力行为。但是随着冬去春来,大自然的生物又开始茂盛起来,包括那棵树。告诫大家牢记仇恨,并努力壮大自己。并警告日寇,生命是摧残不完的,"即使在岩石上,也要生长出新的枝叶呀!"

这篇散文被风下青年自学辅导社编入国语读本第二十六课,文后有作者简介、文章主要内容简介②。

1940年(庚辰,民国二十九年) 39岁

▲3月30日,在日本政府扶持下,汪精卫于南京组建国民政府。11月,汪精卫在南京正式就任伪国民政府主席。

▲7月7日,中共中央发表《为抗战三周年纪念对时局的宣言》,再次号召全国人民团结起来,为克服空前的投降危险而

---

① 参见佘爱春:《抗战时期桂林文化城的文学空间》,南京大学博士论文,2011年,第58页。

② 见《风下》1947年第98期,第144—146页。

斗争。

▲7月,日本提出建立"大东亚共荣圈"的侵略计划,妄图以日本为中心,建立日本在亚太地区的霸权。

▲8月20日—12月5日,彭德怀指挥第十八集团军在华北发动"百团大战"。

▲12月,国民党军队取得昆仑关大捷,日军退出南宁。

1 月

7 日上午 据宋云彬日记,参加文化供应社召开的读书会,听陈此生报告辩证法中"否定之否定",报告完毕以后,引起大讨论,至中午 11 时多才结束。

10 日 在《广西日报》第四版《漓水》副刊上,发了一则编后:

> 前因鲁彦先生生病致《春草》暂停刊两期,现鲁彦先生已病愈,《春草》于本期起续登,希读者诸君原谅。①

同日 长篇小说《春草》继续在《广西日报》的《漓水》(桂林版)第 47 期连载,署名鲁彦。该小说没有收入《王鲁彦文集》(伍),是一篇佚文。小说从 1939 年 12 月 4 日起在《广西日报》的《漓水》刊登第 1 期,一直连载至 1940 年 1 月 7 日的第 47 期,中间因鲁彦生病中断 2 期。从 1 月 11 日起又开始连载:

1 月 11 日至 14 日《漓水》载第 48 期至第 51 期,18 日《漓水》载第 52 期,20 日《漓水》载第 53 期,22 日《漓水》载第 54 期,24 日《漓水》载第 55 期,26 日《漓水》载第 56 期,30 日至 31 日《漓水》载第 57 期至第 58 期。

---

① 《广西日报》的前身是《桂林日报》,《桂林日报》创刊于 1934 年 9 月,1937 年 4 月 1 日更名《广西日报》。

2月5日至6日《漓水》载第59期至第60期,9日《漓水》载第61期,11日《漓水》载第62期,16日《漓水》载第63期,18日《漓水》载第64期。共七章(未完)。

王鲁彦原本想沿着《野草》的创作思路,继续反映浙东沿海农村农民与地主阶级之间尖锐、激烈的斗争。日寇的全面侵华改变了他的创作计划,他把《春草》的故事发生背景放在抗战全面爆发之后的江浙地区,描写一位上海籍爱国青年周旭摆脱旧家庭的阻拦,打算与15位具有高中或大学学历的朋友一起组成战地服务队到前线去为军队服务。为组织这支队伍,周旭离开上海来到绍兴乡下陈阳山的家里,打算一起去联络朋友。周旭的父亲得知儿子到绍兴后带着二儿子赶来阻拦。阳山的妹妹把其父亲要来的消息告诉周旭,并设法帮助他离开。第二天早晨,在绍兴车站,周旭碰到了陈阳山,他决定先回家看望父母,途中遇到了周旭的父亲和二哥,陈阳山把他们带回杨村,与自己父亲一起做通了他们的工作并送上去上海的车。之后陈阳山来到绍兴与周旭会合,一起商议去杭州找另一位朋友冯培坤,再共同讨论去南京参加抗战的事情。小说到这里就停止连载,至于后面的情节如何就不得而知。但从开头的架构推测,小说的内容应该也会很丰富。

14日上午　据宋云彬日记,参加文化供应社召开的读书会,听陈琼赞报告苏联新宪法。

15日　被前线出版社出版发行的大型文学刊物《笔部队》聘为"特大号"的主要撰稿人,该刊编辑为孙陵。①

---

① 参见广西社会科学院、广西师范大学主编,杨益群、万一知、王斌、潘其旭、顾绍柏编著:《桂林文化城概况》,广西人民出版社1986年版,第141页。

同日　短篇小说《杨连副》刊于孙陵编辑的《笔部队》(月刊)创刊号上。小说叙述一年前的秋天,作者在湖南一个小洲上认识了前来催运东西的杨连副和他的勤务兵赵吉民,他们花10元钱租住在作者的隔壁。其间与楼上的女租户发生矛盾,杨连副不但没生气,还主动上楼去道歉,带小孩出去玩,买糖果给他们吃,并借机把全院的孩子集中起来,训练他们如何布阵打仗,不到一个月,这批小孩被训练得有模有样。小说的题材很有特点。

　　18日下午　据宋云彬日记,参加文化供应社召开的读书会。

　　21日上午八时半　据宋云彬日记,参加文化供应社召开的读书会,听张健甫报告1927年大革命的情况,历时二小时。

　　28日上午　据宋云彬日记,参加文化供应社召开的读书会,听杨彦英报告民族问题。

2 月

　　4日上午　据宋云彬日记,参加文化供应社召开的读书会,听萧敏颂报告辩证法。

　　7日　据《桂林文化大事记(1937—1949)》(第106页)记载:鲁彦领导"文协"桂林分会,与"木协"总会、"漫协"总会、青记桂林分会等几个团体联合通电全国各团体、报馆,愤怒声讨汪精卫的卖国投降行为。

　　11日上午　据宋云彬日记,参加文化供应社召开的读书会,听傅彬然报告《封建主义是什么》。

　　14日　据宋云彬日记,鲁彦与其他同仁一起参加了社长陈邵先为欢迎傅彬然先生加入文化供应社在大华饭店的宴请,董事长李任仁也受邀参加。陈、李先后致辞,胡愈之代表编译所致答辞。

17日　据宋云彬日记,鲁彦参加文化供应社的晚会,每个人报告本周工作情况,并提出检讨。

18日上午　据宋云彬日记,参加文化供应社的读书会,张铁生报告《费尔巴哈论》。

22日　给《广西日报》总编辑莫宝坚先生写信,要求停止在《漓水》副刊上继续连载长篇小说《春草》,并要求把此信在该报副刊上发出来。信的原文如下:

> 宝坚先生:
>
> 　　《漓水》近来不常见到,而特刊和广告特别多。我的长篇小说《春草》这样继续刊载下去,读者一定会感到乏味,同时每次占了《漓水》不少的宝贵版面,也是很可惜的。因此,我决定中止发表了。这虽然有点对不起《春草》的读者,但想起来究竟比较好些,道歉只有让单行本出版时来弥补吧。至于《漓水》,以后各还短史写就,仍当随时投寄。敬希将此信发在《漓水》上。
>
> 　　此祝撰祺!
>
> 弟鲁彦
> 二月二十二日

《春草》只连载了前面七章,就停止连载,且最终没有完成,成为现代文坛的一大憾事。

25日早上　据宋云彬日记,参加文化供应社的读书会,林山报告《文艺的民族形式问题》,并重排报告人次序,又推定张铁生、陈此生为副主席,张季龙为正主席。

3 月

1 日　据《桂林文化大事记(1937—1949)》(第 110 页)记载：由"文协"桂林分会编辑和发行的《抗战文艺》(桂刊)创刊号出版。内容有《短论》《诗选》《文艺理论》《翻译》《会务报告》等栏目。上面发表了王鲁彦的《别忘记团结的重要》、黄约眠的《莱蒙托夫论》、臧克家的《呜咽的云烟》(诗)、林林的《关于形象》等文章。

同日　散文《别忘记团结的重要》刊于《抗战文艺》(桂刊)创刊号(第 1 卷第 1 期)。该文没有被收入《王鲁彦文集》(叁)，是一篇佚文。文章指出："我们必须记得团结的原则：不分党派，不分新旧，只要赞成抗日，只要不是汉奸！"并再次强调，要"深深地记住民族的危机，时时刻刻记住千千万万被迫害的同胞！别忘记团结比什么都重要！"

4 日　《救亡日报》(第二版)刊登一则题为《抗战文艺(桂刊)出版》的短讯：报告王鲁彦等的作品在《抗战文艺》上发表的情况。

　　　　该会会报《抗战文艺(桂刊)》第一期已出版，有鲁彦、舒群、立波、宋云彬、臧克家、黄药眠、林林、林山等作品。

9 日　据《桂林文化大事记(1937—1949)》(第 111 页)记载："文协"桂林分会今起开始办理的总会会员登记并要求 15 日登记完毕一事。该会研究部分为文艺创作、文艺理论、翻译、诗歌、戏剧等五组，将《抗战文艺》改为丛刊。

10 日上午　据宋云彬日记，鲁彦参加文化供应社读书会，会上千家驹报告上海经济情况，语多精辟。

12 日中午　据宋云彬日记，鲁彦与文化供应社同仁一起去尧山旅行。尧山距桂林城十余里,有两座寿佛寺,一在山下,一在山巅,每年阴历二月朔起至初八日至,进香者颇多。他们下午一时许到尧山,三时半下山回城。

17日上午九时　前往施家园49号,参加"文协"桂林分会在那里举行的文艺习作指导组联欢会。[①]

同日下午二时　据《桂林文化大事记(1937—1949)》(第112页)记载:鲁彦前往国新社礼堂,参加"文协"桂林分会在那里召开的第七次常务理事会。议决了为公演《三兄弟》《在旅馆里》等独幕剧而募集基金,推定欧阳予倩、夏衍、李文钊、焦菊隐、孟超等五人为筹备委员。决定筹办文艺讲座和创办《文艺通讯》等事项。

18日　"文协"桂林分会为募集事业基金首次召开演出《三兄弟》的会议。[②]

24日上午　据宋云彬日记,参加文化供应社召开的读书会,由张铁生主持,宋云彬报告《图腾主义》,一小时后完毕。

30日　《救亡日报》第四版以《我们的声音》为题,发表桂林文化界同人声讨卖国贼汪精卫的文章。有艾芜的《把它当成一面镜子》、李桦的《要提防"文化进攻"》、宋云彬的《肃清变相汉奸》、周行的《除恶务尽》、林山的《扑杀另一种狗》、周钢鸣的《铲除汪逆影响》、孟超的《怎样反汪》、黄药眠的《反对汪逆》、华嘉的《不仅打落水狗》、司马文森的《用团结和进步来打击汪逆》、廖冰

[①]　参见《文协桂林分会开常务理事会》,《救亡日报》1940年3月17日(第二版)。

[②]　参见《文协桂林分会筹演〈三兄弟〉》,《救亡日报》1940年3月18日(第二版)。

兄的《连狗狐蛇鼠也不如》、新波的《拆掉"反共"的牌子》等。①

31日上午　据宋云彬日记,参加文化供应社召开的读书会,听刘季平作报告。

是年春　与艾芜一起在七星岩躲日机轰炸的警报。据1945年11月17日《周报》(上海版)第11期艾芜的文章《关于鲁彦的回忆琐记》回忆:"在桂林七星岩的一处草地上,笼罩着春天的温暖的阳光,我和鲁彦却因躲警报躲疲倦了,日本飞机没来,而警报又未解除,便去那里晒太阳。"而刊登在《博览群书》2018年第1期第84—85页的刘铁群的文章《抗战文人与桂林的山》进一步补充:"当时艾芜一家就住在观音山下一间简易的竹楼里,平时垦荒、种菜、养猪、写作,敌机来的警报一响就带着家人躲到旁边的山洞里。而王鲁彦工作的文化供应社②也在山洞旁,警报一响王鲁彦也会躲到山洞里去。两人因此碰到。"

4月

6日　与桂林文艺界同人艾芜、宋云彬、孟超、林林、周钢鸣、胡愈之、夏衍、华嘉、司马文森等一起在《抗日救亡》第四版上发表文章,声讨汪精卫③的卖国投敌行径。这些文章被重庆《新华日报》在《文艺之页》转载。④

同日　杂文《呃,和平》刊于《新华日报》(重庆)"文艺之页"。

---

① 参见《救亡日报》1940年3月30日(第四版)。

② 文化供应社一开始的地址在东郊龙隐山脚的一座小竹屋里,既是办公室又是宿舍。业务兴旺之后,又在西门老君洞一带盖了一幢两层楼的房子,增设出版部、营业部、印刷厂。

③ 汪精卫于1938年12月18日公开投降日寇,与日本政府签订了卖国密约《日支新关系整顿纲要》。

④ 参见《救亡日报》1940年4月6日(第四版)。

文章很短,只有几句话。文章指出汪精卫所谓的和平,是拿着敌人施舍的刀子屠杀自己的同胞。

7日上午　据宋云彬日记,参加文化供应社召开的读书会。

11日　散文《弹弓》刊于《广西日报·漓水》第90期,署名鲁彦。该散文没有收入《王鲁彦文集》(叁),是一篇佚文。文章用嘱咐的语气告诉孩子:打弹弓之前先要练眼力,再练习如何瞄准,如何准确地使用手臂。不要用弹弓去打益鸟,而是要用弹弓去打全国人民共同的敌人——日本侵略者。现在练习弹弓是为了长大以后去开飞机大炮打真正的敌人。表达了驱逐侵略者的决心和愿望。

14日　据《桂林文化大事记(1937—1949)》(第117页)记载:鲁彦前往逸仙中学,参加由"文协"桂林分会举行的座谈会,讨论《我们怎么写?》一文。

17日上午　据宋云彬日记,鲁彦去文化供应社参加读书会,刘锡蕃报告苗瑶生活状况。

19日　据《桂林文化大事记(1937—1949)》(第118页)记载:漫画宣传队与"文协"桂林分会联合举办"漫画与木刻"讲座,该讲座由温涛、(黄)新波、廖冰兄等担任主讲,内容为漫画与木刻运动的发展历史、内容与技巧之研究等。

同日　据《桂林文化大事记(1937—1949)》(第118页)记载:中华全国文艺界抗敌协会进行会员登记,并征求新会员。

21日上午　据宋云彬日记,参加文化供应社召开的读书会,特请雷炳男作报告。

24日　据宋云彬日记,鲁彦去文化供应社参加读书会,张铁生主持,宋云彬报告《图腾主义》,一小时就结束。

28日上午　据宋云彬日记,参加文化供应社召开的读书会,听姜君辰作报告。

28 日　"文协"桂林分会迁入新的办公地址:榕荫路 26 号,改变了一直没有固定办公地址的状况。[①]

月底　黄宁婴[②]和陈芦荻[③]两位诗人去省立桂林中学拜访鲁彦。据《戏剧与文学》1946 年第 1 卷第 2 期黄宁婴的文章《记鲁彦先生》回忆:"民国二十九年的暮春时节,我刚从香港来到桂林,而且准备在那里生根的时候,一个冷雨霏霏的夜晚,芦荻兄带着我走进了省立桂林中学,通过那里旧的走廊,转入了那破破烂烂却使人感到古意盎然的教职员眷属宿舍,在一间毫无装饰,陈设得如此简陋,微醺着霉苔气味的住室里,我第一次会见了鲁彦先生,他正吃过了晚餐,坐在书桌旁休息,饭桌上还横七竖八地摆着碗筷,经过介绍后也没有寒暄,他便问我在这次的旅途上一定写了许多诗,朋友来得多了,要办的诗刊希望办得更好,可惜他自己没有写诗,今后也不打算写诗,不然,也可以给我们帮帮忙,又谈到教书对从事写作的人是不适宜的,因为他要剥夺了太多的精神与时间,但除了教书,我们这班人就更难找生活。"

5 月

月初　黄宁婴和芦荻再次去省立桂林中学教工宿舍拜访鲁

---

① 参见华嘉:《桂林文化城思忆》,《学术论坛》1981 年第 4、5 期。

② 黄宁婴(1915—1979),广东台山人。1932 年开始写新诗。诗人。1936 年与陈残云等出版《今日诗歌》。代表作有诗集《九月的太阳》《荔枝红》《黄宁婴诗选》,论文集《怎样改进粤剧》,剧本《粤海忠魂》(合作)等。

③ 陈芦荻(1912—1994),原名陈培迪,笔名芦荻。广东南海人。中国现代著名诗人。1937 年毕业于中山大学社会学系,1936 年与陈残云等人创办《今日诗歌》《诗场》,1939 年任《广西日报》副刊《漓水》主编。新中国成立以后,曾任华南文联文学部副部长,人民文学艺术学院教授。代表作有诗集《桑野》《芦荻诗选》等。

彦。因为没有提前打招呼,鲁彦没有准备,他们就在鲁彦家里用了一顿非常简单的晚膳。饭后还发生一件令人吃惊的事,由此引发了鲁彦的感慨。据《戏剧与文学》1946年第1卷第2期黄宁婴的文章《记鲁彦先生》回忆:"饭后我们围坐起来,在微弱的灯光下纵谈着,突然,我感到裤管里钻进了一件东西,我以为一定是耗子,仓猝地跳跃起来,那东西就从裤管里滚落了地上,迅速地向墙角里钻,原来是一条五六寸长的大蜈蚣!大家站起来把它打死了。之后,鲁彦先生冷笑地说:'这一类可恶的家伙,就常常趁我们搞得火热的时候,要想杀害我们!'我们听了,都报以会心的苦笑。是呀,像鲁彦先生这样坚贞的文化战士,国家非但不曾给他一丝的温暖,而且那像蜈蚣一样可怕又可恶的家伙,简直没有一刻松懈过对鲁彦先生的待机而噬的企图!"

12日 据《桂林文化大事记(1937—1949)》(第121页)记载:前往逸仙中学,参加由"文协"会桂林分会在那里举行的座谈会,讨论"抗战小说写作问题"。

26日上午 据宋云彬日记,鲁彦去文化供应社参加读书会,胡愈之报告《宪法问题》,耗时两小时。

6月

1日晚 据宋云彬日记,鲁彦去文化供应社参加读书会,宋云彬被推为主席。讨论下列问题:(1)思维与存在之关系;(2)相对真理与绝对真理;(3)自然科学与社会科学等。

6日 据宋云彬日记,鲁彦应邀观看新安旅行团借乐群社招待各界表演的新歌舞。之后傅彬然在豫丰泰安排小饮,同去的还有宋云彬、鲁彦、林山、朱光暄、唐锡光等。

同日 据《桂林文化大事记(1937—1949)》(第124页)记

载："文协"桂林分会诗歌组组织桂林街头诗运动。该运动即日起在街头开展活动,编辑出版了大幅诗壁报,内容有《六月街头诗宣言》及诗作十余首,桂林各报副刊同时刊出诗歌特辑,并加印数千份在街头散发,接着开展诗朗诵、诗广播等活动。

7 日晚 据宋云彬日记,鲁彦去文化供应社参加读书会,张铁生亦出席。

9 日 "文协"桂林分会诗歌组为发动诗歌通俗化工作而开展街头诗歌运动以及在李子园青年会召开街头诗运动座谈会。

16 日上午 据宋云彬日记,鲁彦去文化供应社参加读书会,秦柳芳做报告。

18 日 据《桂林文化大事记(1937—1949)》(第 124—125 页)记载："文协"桂林分会、中苏文化协会联合举行纪念高尔基逝世四周年大会,该会出席者有百余人。欧阳予倩主持大会,司马文森、林林、周钢鸣等先后发言。

30 日 据宋云彬日记,鲁彦去文化供应社参加读书会,张志让报告《国父的国家论与革命论》。

7 月

12 日下午一时半 据宋云彬日记,鲁彦去参加文化供应社召开的会议,讨论今后工作方针兼及工作分配等问题,胡愈之担任会议主席,至六时半方散。

16 日 据宋云彬日记,文化供应社迁了新址。

8 月

1 日 据《桂林文化大事记(1937—1949)》(第 130 页)记载:

鲁彦参加"文协"桂林分会、中华全国木刻界抗敌协会联合举办的暑期文艺写作研究班(以下简称"暑期文艺写作研究班")的讲课活动,该活动自八月一日起,至九月一日止,每星期一、三、五假桂市青年会礼堂举行,第二讲以后就改在中南路的八桂镇公所举行。概不收费。鲁彦承担第八讲《短篇小说研究》的讲课任务。其他主讲人和讲题是:

欧阳予倩:《怎样建立新戏剧》;

艾芜:《世界几个名作家写作法研究》;

宋云彬:《鲁迅杂文的研究》;

陈闲:《文艺作品的欣赏》;

周钢鸣:《文学写作的任务》;

司马文森:《写作过程的分析》;

林林:《诗的写作研究》;

夏衍:《剧作随谈》;

吴晓邦:《舞蹈的创作、批评及欣赏》;

温涛:《木刻艺术》;

(黄)新波:《绘画艺术》;

聂绀弩:《语文问题及语文运动》;

孟超:《临时讲话》(后改为《民族形式问题》)等。

对此,据《学术论坛》1981年第4期华嘉的文章《桂林文化城思忆》回忆:"我记得规模最大的一次是文协和木协联合举办的'暑期文艺研究班',于1940年8月3日开学,第一讲的地点在李子园的基督教青年会礼堂,第二讲以后就改在中南路的八桂镇公所。时间是每逢星期一、三、五的下午三时到五时……听课的人十分踊跃,每次都满座,还有站着听的,很受爱好文艺的广大青年群众的欢迎。"

同日 据宋云彬日记,胡愈之离开桂林前往香港,此去回桂无期。文化供应社的前途开始变得黯淡。

3日 据《桂林文化大事记(1937—1949)》(第131页)记载:"文协"桂林分会在青年会举行鲁迅诞辰60周年纪念会。该会由司马文森主持,宋云彬报告鲁迅生平,聂绀弩、谷斯范等相继讲话。

4日 《新华日报》(重庆)(第二版)刊登了一则题为《留桂文艺家举办暑期讲座》的消息。

19日 据《桂林文化大事记(1937—1949)》(第131页)记载:鲁彦前往八桂镇公所,为暑期文艺写作研究班学生主讲题为《小说写作法研究》(题目有变动,与刚公布时不同)的讲座。

同日 《救亡日报》(第二版)就刊登了一条题为《鲁彦先生讲小说作法》的消息:

> 暑期文艺写作研究班第八次公开讲演定本月(十九)日下午三时至五时,在八桂路八桂镇公所举行。特请鲁彦先生讲"小说写作法研究",欢迎文艺青年自由参加听讲。

据《东海》1957年3月第3期湘渠的文章《鲁彦琐记》记载:"那是一九四○年夏天,学校放暑假的时候,鲁彦先生来到了桂林。那时,桂林文协分会主办了一个暑期文艺讲习班,邀请在桂林的作家担任讲解专题。参加讲习班的有爱好文艺的青年一百余人。鲁彦先生担任《怎样写短篇小说》一题。他演讲那天,我去听讲,这是我第一次认识他。鲁彦先生长长的个子,清瘦的脸,脸上有很深的皱纹,看上去是四十多岁的人。他的态度很和蔼,举止文质彬彬。他说话的声音不很高,清朗而悠扬,听来明晰悦耳。""他举了莫泊桑的短篇小说《项链》来分析短篇小说的特点,我们都读过这篇杰作,因而感到亲切有味。他讲得很详细也有条理。他先讲解一个作者必须从生活中积累大量的创作素材，而又要在很多的素材中吸取题材。他再讲到作品开头的重要和困难，一个作者需要有很大毅力克服这个困难。他特别要大家注意小说中的场面变化和发展情况，着重指出创造人物的典型性格的重要。他又说，一篇好的小说，需要有一个最能激动人心的'顶点'，作者应该把自己的力量在这个'顶点'上表现出来，使主题达到充分的深刻为止。他说，文学是语言的艺术，作者必须斟酌每一个用字，只有不断锻炼词句，才能使作品达到优美而精炼。他告诉我们，福罗贝尔（福罗拜）如何教导莫泊桑用字，要做到'一字致人以力'——鲁彦先生把这句话重复了好几遍。"

27 日　据《桂林文化大事记（1937—1949）》（第 134 页）记载："文协"桂林分会、中国青年记者学会桂林分会在青年礼堂举行欢迎史沫特莱到桂的会议，并请她报告敌后情况。

30 日　参与讲座的暑期文艺写作研究班的培训工作正式结束。

9 月

1 日晚上　据《桂林文化大事记（1937—1949）》（第 135 页）记载：鲁彦参加在青年会草地上举行的联欢会，庆祝暑期文艺写作研究班于昨日结束。据《东海》1957 年 3 月第 3 期湘渠的文章《鲁彦琐记》回忆："一个月以后，在月光照耀下的晚上，在桂林群乐路青年会草地上，有二十多个著名的作家和一群爱好文艺的青年，在那里开联欢晚会。我又看到了鲁彦先生，他也没什么变化。那晚上，是文艺讲习班结束联欢晚会，我们每个人缴了二角五分钱，还吃到一点糖果。""会议主席是黄药眠，他在报告中提出要大家对讲习班提点意见。我记得我当时提出了两点意见，一个是许多先生讲解的范围太宽泛，缺乏系统性，只有鲁彦先生讲得较好，用一篇作品来具体分析，使人易懂而便于记忆。另一个意见是宋云彬先生讲解《怎样研究鲁迅杂文》，虽然内容很好，但因说话有浓重的浙江方言，使广西、广东的听众不容易接受，只有我这个浙江人，才完全听得清楚。我这么一说，会场上发出了笑声，不知谁在说'那是没有办法的'。""散会时，许是同乡的关系吧，鲁彦先生和宋云彬先生都走到我面前，问我什么时候到桂林，在什么地方工作，非常亲热而关切。于是我对鲁彦先生的印象又加深了。"

9日晚 据《桂林文化大事记（1937—1949）》（第135页）记载：鲁彦前往乐群社，参加"文协"桂林分会召开的换届筹备会议。推欧阳予倩为筹备主任，筹备会下设总务、交际、提案编辑三股，分别由陈闲、黄新波负责总务股，孟超、阳太阳负责交际股，芦荻、林林负责提案编辑股。

初秋 与第一次去他住处拜访他的艾芜讨论宇宙、星座等问题。据1945年11月17日《周报》（上海版）第11期艾芜的文章《关于鲁彦的回忆琐记》记载："第一次到他住处去看他，是一九四〇年，他在桂林做事情的时候，远离家眷，住在集体宿舍里。当时是晚间，他穿着短裤、木拖鞋，立刻带我上三层楼的晒台去纳凉。高临桂林城上的秋空，正是一天灿烂美丽的星子，和漓江两岸的灯火，互相辉映着。他同我谈着秋天的星座，并且带着小型望远镜，放在眼睛上，对天空极有兴趣地望了起来，随即也叫我拿望远镜看。要我先看天琴座中一颗最明亮最美丽的星子。他用很熟悉的声调介绍说：'那是秋天星空中的天王星，我们中国人叫做织女星的，看起来是一个，在望远镜内却是两个。'"

中旬 因敌机轰炸频繁,加上身体原因,带着全家离开省立桂林中学,前往柳州北面长安丹州(丹江县)新创办的省立柳庆师范学校教书,全家住在学校附近板江镇一个破庙的阁楼里。[①]

10 月

13 日 据《桂林文化大事记(1937—1949)》(第 139 页)记载:"文协"桂林分会举行成立周年纪念大会,并改选第二届理事,晚上还举行文艺庆祝会。王鲁彦没被选为理事。

同日 《救亡日报·文化岗位》推出"中华全国文艺界抗敌协会桂林分会成立一周年特刊",发表了宋云彬的《两愿》、徐迟的《桂林分会是文协心脏》、周钢鸣的《运用地利与人和》、谷斯范的《两点希望》、芦荻的《纪念文协一周年》、李育中的《祝》等文章。在对过去一年的工作加以总结的同时,也对未来一年的工作提出希望。[②]

11 月

20 日 散文集《随踪琐记》由上海三通书局出版,为"三通小丛书"之一。收录《厦门印象记》《西行杂记》《关中琐记》三篇游记。署鲁彦著。

是月 短篇小说集《桥上》由上海三通书局出版。

是年 王鲁彦主持工作的"文协"桂林分会遵照我党提出的"文章下乡,文章入伍"的号召,有计划地组织在桂的作家、戏剧

---

① 参见刘增人、陈子善:《鲁彦夫人覃英同志访问记》,《新文学史料》1980 年第 2 期。

② 参见《救亡日报·文化岗位》,1940 年 10 月 13 日。

家参加各种社会活动和政治活动,如集会、游行、讲演等,还组织他们到工厂、农村、街道去,进行抗日宣传活动,多次组织作家战地访问团、战地采访团、战地文艺工作团等,奔赴前线,在进行抗日宣传中体验生活。同时,经常组织作家参加各种文艺讲习班、讲座和培训班,传授知识,培养人才。根据抗战文学运动的需要,"文协"桂林分会联合中华全国木刻界抗敌协会(简称"木协")、国际新闻社等,先后多次举办文艺、新闻讲习班和讲座,系统地向青年作者讲授文艺、新闻写作的基本知识。其中规模最大的是"文协"桂林分会和"木协"于1940年8月联合举办的"暑期写作研究班",聘请王鲁彦、欧阳予倩、艾芜、周钢鸣、黄药眠、聂绀弩、林林、司马文森等,共进行了14次讲座,每次都座无虚席,听众踊跃发言。还根据各个时期文学界出现的争论问题,请有关专家学者作专题讲授,有意识地组织大家开展《文艺上的中国化与大众化》《诗歌的发展方向问题》《文学创作语言运用问题》《抗战小说写作问题》等专题讨论,明确了抗战文艺创作的方向,加深了对文学创作规律性的认识,使青年文艺工作者迅速成长。①

是年 王鲁彦曾经去周泽钊医师诊所做过痔疮切除手术。对此,《新文学史料》1995年第4期范泉的文章《记艾芜——一个苦了一辈子、写了一辈子的作家》记载:"王鲁彦当时患有痔病,需要开刀,但又无钱治疗,痛苦异常,幸经人介绍,到周泽钊医师诊所免费动了手术,得以痊愈,据鲁彦说,这个诊所对贫困的文化人都可以免费治疗……原来这是党在桂林的一个地下联络

---

① 参见蔡定国、杨益群、李建平等著:《桂林抗战文学史》,广西教育出版社1994年版,第36—37页。

站。医师周泽钊,留学德国,在桂林当过医院院长,思想进步,曾在去延安的途中,被国民党发现后折回。他与周总理商量,周总理给他一笔钱,要他在桂林开设私人诊所,并派女党员担任护士工作,成为党在桂林的一个据点。全国解放后,周泽钊任四川省卫生厅厅长、北京医院院长。"

1941年(辛巳,民国三十年)　40岁

▲1月6日,蒋介石一手制造"皖南事变"。

▲1月15日,延安成立鲁迅研究会。

▲5月19日,毛泽东在延安干部会议上做了题为《改造我们的学习》的报告,延安整风运动进入准备阶段。

▲10月19日,延安各界举行鲁迅逝世五周年纪念大会,萧三、丁玲在会上讲话。

▲11月,为庆祝郭沫若五十寿辰和文学创作成就,重庆、香港、延安三地文化界人士分别集会。

▲12月8日,日本发动"太平洋战争",国民政府对日、德、意宣战。是日,侵沪日军占领了上海公共租界,上海的"孤岛"局面结束,完全处于日军控制之下。

1月

9日　《神州日报》(第六版)刊登了蓝瑛写的题为《一九四〇年上海文艺运动的回顾》(续)的文章,提到王鲁彦译的《最后的一个》6月份将在《文学译丛》出版。

19日　散文《买米归来》刊于《前线日报(战地综合版)》第7

版。该文没有被收入《王鲁彦文集》(叁),是一篇佚文。文章记叙了自己的一次买米经历:天不亮就出门,在米店外排队等候,为躲警报老板跑路,自己冒着空袭危险继续等待,终于警报解除老板回来,有幸买到米。回家看到妻子正为无米之炊叹息、儿女们嗷嗷待哺的状况,不禁想起朱子的格言:"一粥一饭,当思来之不易",提笔把它写在纸上,并贴在厨房的土墙上。文章真实地反映出大后方桂林城当时的生活现状。

是年春　生病,在家养病。

5 月

16 日　中篇小说《胡蒲妙计收伪军》在《新道理》第二十一期开始连载,一直至二十六期连载完毕。该小说没有收录进《王鲁彦文集》(肆),是一篇佚文,到目前为止,五、六两章的内容还没有搜寻到。小说采用章回小说的结构形式,叙述青年知识分子胡志敏听到故乡吉林省密山县(今黑龙江省密山市)被日寇占领的消息后,潜回家乡与好友蒲逸民(女)一起,组织起抗日民众队伍,并加入了东北抗日联军。又与蒲逸民一起化装打入敌伪司令部,并成功地在春节期间率领伪军反正。但蒲逸民却因过度疲劳,晕倒在地,被一位车夫救起送往哈尔滨治疗,终因路途遥远,病情加重,无法医治去世。小说不但成功地塑造了胡志敏、蒲逸民两位抗日战士的形象,也传达了作者的爱国思想。

6 月

17 日　据《大公报》报道:作家巴金、鲁彦、阳太阳日内抵桂,伍禾已先到,"文协"桂林分会准备开欢迎会。

是月　其作品与巴金、鲁迅、郭沫若、谢冰心、郁达夫、张天翼、叶圣陶等的作品一起,被中英出版社(出版地不详)编入《中国近代短篇小说选》并出版。

上半年　在丹江县的柳庆师范教书。

是年夏　鲁彦在柳庆师范教书时染上了瘴气,高热几十天不退,曾在丹州医院住院治疗,但无法治愈只得转回桂林治疗,第四个儿子王恩恺[①]因无人照顾且经济困难,暂时寄养在当地一户人家家里,其余人随鲁彦一起重返桂林。据《新文学史料》1980年第2期刘增人、陈子善的文章《鲁彦夫人覃英同志访问记》中覃英回忆:"到了一九四〇年秋天,桂林经常遭到敌机的轰炸,鲁彦的身体也更差了,我们就迁居柳州附近的丹江县,在柳庆师范教书糊口。次年夏天,鲁彦在那里染上瘴气,高热几十天不退,又无医无药,我们只得重返桂林。"

据《作家鲁彦和夫人教育家覃英文选》[②]中鲁彦与覃英的儿子王长安[③]的文章《片段回忆》记述:"应是1940—1941年间,父亲应聘到丹州柳庆(即现在的柳州师范)师范学校任教,全家从桂林迁到学校附近的板江镇一破庙的阁楼居住,方便妈妈任教和我和妹妹弟弟上学,父亲到丹州学校去讲课要坐船来回,这样

---

①　笔者曾电话采访过王恩恺,据他介绍,他是不到两岁的时候被送到当地一户周姓的破落户地主家里,到四五岁的时候,就给地主放牛、养猪、种菜,做小长工。1953年,不小心从树上掉下来,一只手受伤,因为当地根本没有医院,只吃了一点草药,所以这只手一直伤着,无法劳动。一直到1955年,母亲覃英经过多方打听才找到他,把他接回上海。之后通过手术才基本康复,但还是留下了残疾。

②　http://luyanqinying.netor.com.

③　王长安应是鲁彦和覃英的长子王恩珂,因为鲁彦与前妻谭昭所生的儿子叫王长佑,自从鲁彦和谭昭分手以后,王长佑一直在湖南,没有见过鲁彦,且改姓谭。这个片段的内容与王恩珂的生活更接近。王恩珂当时已有10岁,而且一直与王鲁彦和覃英在一起生活。而"王长安"应是依着"王长佑"而取的。

适应的日子过了没多久，不到两学期吧，灾难就降临到我们家了：一是父亲因水土不服得病，便秘而肛门裂口，被医生不当开刀治疗不收口，后传成肠结核，从此不治（那时还无链霉素），四年里，又扩展到肺结核，继而喉头结核失声，最后全身结核衰竭而亡。二是不到两岁的四弟不得已寄养而失散，那时父亲在丹州医院住院治病，我（十岁吧）和妈妈轮流在医院陪护，四弟有好心街坊帮忙照顾。父亲要转回桂林治病时，想先暂时寄养，等父亲病情缓和后再接回家。哪知贫病交加，再逢战争动乱，失去联系也无力接回。是以，丹州之行，灾难临头，开始了我们的家破人亡。"

刊登在《东海》1957 年第 3 期湘渠的文章《鲁彦琐忆》对于鲁彦抱病回到桂林之后的生活状况、心情也做了回忆："又过了半年多（上一次见到鲁彦是 1940 年的 9 月——引者），那时我在文化供应社编辑部工作。同事中有一位鲁彦夫人的妹妹（覃必瑜），她也是搞文艺的，对鲁彦先生的生活和工作情况很熟悉，我们常常谈起他。""'他的生活很艰难，'有一次，她提起鲁彦先生，感喟地说，'孩子多，单靠他一个人卖文来维持生活，最近，他又病了，真是贫病交迫，使他的性情也变得不好了。他常常一个人关在屋子里，不许别人吵扰。也不愿说话，和往常大不相同。平日他很喜欢朋友，又爱好音乐，对世界语有特殊的兴趣，碰见年轻人，总是介绍这种语文，鼓励人家学习。他常说，年轻人最有希望，最可宝贵，要帮助他们成长起来。其实，他自己就怀着一颗年轻人的心，对文学事业作不倦的努力。可是，生活无情地打击他，疾病又常常折磨他，使他的创作的情绪受到很大的影响……'"

7 月

1 日 据《大公报》(桂林版)(第三版)消息,王鲁彦得到重庆文艺奖助金管委会发放的补助金 500 元。

21 日 王鲁彦因身体原因辞去三(丹)江柳庆师范学校的教职,携家眷回到桂林。《大公报》(桂林版)(第四版)为此发表一则消息:

> 文艺家纷纷来桂,王鲁彦、阳太阳已到,熊佛西、洪深将随来。

> [本报专访]小说家王鲁彦去年秋曾自桂往三江柳庆师范学校执教,唯因该地水土恶劣,今春以来疾病缠绵,日前已辞去教职,携眷来桂养疴。据王氏云,现将于本市觅一较静寓所,从事疗养,最短期内,将暂搁教鞭,专事写作……

24 日 据《桂林文化大事记(1937—1949)》(第 172 页)记载:当晚 7 时,鲁彦参加"文协"桂林分会在青年会草地召开的全体会员及文艺讲习班会员的联欢会,该会同时欢迎铁血剧团及新到会员王鲁彦、阳太阳。鲁彦因离开桂林去丹江柳庆师范教书达一年时间,这次从丹江刚回到桂林,故称为新到会员。

9 月

8 日 与从云南来到桂林的巴金夫妇成为近邻。巴金当时住在东江路福隆街文化生活出版社的一座木制小楼里,一方面经营文化生活出版社,同时着手长篇小说《火》(第三部)的写作。

鲁彦一家当时也住在东江路福隆街，两人关系十分亲密。①

9 日左右　由巴金提议，并与艾芜、张天翼、鲁彦等商量，拟在桂林筹办宣传抗日的大型纯文学杂志《文艺杂志》。其实当时的政治、经济、军事、文化大环境对于刊物的创办都不十分有利。首先，"皖南事变"发生不久，国共关系十分紧张；其次，桂林的政治环境也发生变化，桂系白崇禧、李宗仁一派逐步对国民党顽固派有所迎合，国民党的势力开始渗入广西，进而加强了对桂林各部门的管控，形成森严的文网制度；再者，大后方文艺运动走入低潮，桂林文学活动遇冷，文化市场中市侩主义抬头，出现鱼龙混杂、问题迭出的复杂场面。这些因素使得王鲁彦创办刊物更为艰难曲折，但他没有在严峻的现实面前低头退缩，而是毅然接受了这个艰巨的任务。对此，据《新文学史料》1980 年第 2 期刘增人、陈子善的文章《鲁彦夫人覃英同志访问记》中覃英回忆："当时，巴金、艾芜、张天翼、黄新波等许多文化人都集中在桂林，大家深感应该办一个像样的刊物来宣传团结抗日，反对分裂投降。巴金同志看到鲁彦有病在身，又拖着一堆孩子，实在是贫病交加。为我们的生机着想，他便主张由鲁彦编辑刊物，由我以三户书店的名义出面作发行人（实际上是生活书店发行），大家共同支持，这就是后来于一九四二年初创刊的《文艺杂志》。"

此后　开始抱病筹备创办《文艺杂志》。

中旬初　给远在福建永安的王西彦②写快信，向他约稿。王

---

①　参见唐金海、张晓云编著：《巴金年谱》，四川文艺出版社 1989 年版，第 571 页。

②　王西彦(1914—1999)，原名正莹，又名思善，小名余庆。浙江义乌人。著名作家、文学教授。1937 年毕业于北平中国大学国学系，开始文学创作。代表作有短篇小说集《夜宿集》《家鸽》，长篇小说《林野恋人》《古屋》，中篇小说《还乡》《风雪》，专著《文学·科学、哲学》《文学与社会生活》。

西彦因为心情不好,没有给鲁彦寄稿子,只回了一封简短的函。据《新文学史料》1986 年第 2 期王西彦的文章《恓惶的港湾——〈乡土·岁月·追寻〉之十一》记载:"正当一九四一年我起意摆脱《现代文艺》编务时,九月初接到一封从桂林寄永安的快信。拆开一看,写信人原来是文学前辈鲁彦同志,他说创办了个名为《文艺杂志》的大型刊物,刚在集稿,要我尽快寄近作去。他还列举了好多位已经交稿或答应写稿的朋友的名字,他们大都是我的熟人。在这以前,我虽然未曾和他见过面,但早已是他的读者,而且从朋友们的谈话中知道他为人忠厚热情,还知道了一些关于他的故事,所以接到他的约稿信时并没有什么陌生的感觉。再则,从他信中列举的名字看,《文艺杂志》的阵容可以说是第一流的,我自然非常愿意参加进去。我立刻给他回了一封信,把我可能的去向告诉他,大概还写了一个攸县六轮陂的新地址。"

是月　因痔疮发作再次住院,至 11 月初才出院。在此期间数次开刀,身体稍有恢复,即在病床上组稿、审稿。

秋末　托人给师陀转了一封信,告诉师陀,要办《现代文艺》(《文艺杂志》),要师陀写稿。①

11 月

3 日　给王西彦写去一封催稿快信,连带谈到自己的病情,还介绍了杂志筹备的进展情况、大致的出刊时间。据《新文学史料》1979 年第 5 辑王西彦的文章《在魑魅的追逐下——记鲁彦的

---

① 参见师陀:《哀鲁彦》1947 年 1 月 10 日《春潮》第一卷第二期,第 38—40 页。

病和死》转录的鲁彦原信："前得复书①,知即将来湘,现在想早在那里住了很久了。我因病在医院住了将近二月,开刀数次,现始渐见痊愈,不日当可出院。杂志事因此耽误了很久,到最近始能发排第一期,又因印刷迟缓,出版恐在年底,就索性把它当作一月号了。你的稿子希早日赐下,以便在十二月初将第二期稿发排……"

月初　从医院出院。

9 日　又给王西彦写去第三封信。据《新文学史料》1979 年第 5 辑王西彦的文章《在魑魅的追逐下——记鲁彦的病和死》记载:"过了几天,又接到他九日寄的信,大意是说,第二期快发稿了,我的稿子要从速寄去,还问我打算在湖南久住否,计划如何。接到这样的信,稿子自然是非写不可了,但在写作时,同时臆测着他的为人。从信上看来,他不仅是一个诚朴的人,而且还应该是一个热忱的人;但他病了,住了两个月的医院,还开了几次刀,究竟是什么病呢? 对于文人生活的困苦,遭遇的悲惨,我是早已体验到了的。我很觉怃然。不过稿子终于写成了,马上寄给他了,那就是我的第一个长篇小说《古屋》的第一部分。"

中旬　鲁彦又给王西彦写了第四封信,这是一封长信。据《新文学史料》1979 年第 5 辑王西彦的文章《在魑魅的追逐下——记鲁彦的病和死》记载:"接到我的稿子,他立刻来了一封较长的信,给我预支来稿费,告诉我杂志第一期的阵容,开列了很多熟人的名字。说是为了赶日期,是'三家排两家印'的;又说

---

①　鲁彦在 9 月初曾经给王西彦写过一封约稿信,当时王西彦正准备离开福建战时"临时省会"永安,摆脱《现代文艺》的编务,去湖南攸县。由于当时王西彦心情不好,加上行前匆促,没有给鲁彦寄稿子去,只写了一封简短的回信,说明原委,请他原谅。这就是"复书"的由来。

第二期已付印,第三期正在集稿,要我再给他赶写一篇小说。这封信给我的印象是,一个刚出院的病弱的人,苍白着脸孔,冒着寒冷的天气,奔走于印刷所和印刷所之间,又忙碌于给相识和不相识的朋友写约稿信,把自己的全副精力都灌注在那个即将出版的杂志上面。我很有几分感动,并且焦灼地期待第一期杂志的寄达。"

25 日 中午,由妻子覃英掌厨,炒了几个菜,把朋友们请来,为巴金过生日,大家一起热热闹闹地吃了一顿生日面条。据《人民政协报》2014 年 4 月 11 日李树德的文章《抗战时期,王鲁彦一家曾为巴金过生日》记述:"1941 年 11 月 25 日这天,巴金清晨起床,从枕头底下发现王鲁彦的女儿莉莎悄悄送来的捷克制毛织围巾,巴金这才想起今天是自己 37 岁的生日,他深为感动。中午,王鲁彦夫人覃英又掌厨,炒了几个菜,请朋友们来热热闹闹地吃了一顿生日面条,为巴金过了生日,也为当时生活在阴霾天气中的朋友们,暂时增添了些许的快乐。"

是月 向巴金约稿,请他为《文艺杂志》创刊号撰写中篇小说。巴金因此构思了中篇小说《还魂草》,小说以王鲁彦的女儿王莉莎和重庆互生书店老板吴朗西的女儿作为书中利莎的模特儿,描写袁利莎和秦家风两个女孩的友谊以及日本侵略者对这种友谊的摧残。当秦家风被日本飞机的炸弹炸死之后,袁利莎想寻找黎先生所讲的童话中的还魂草来救活好友,即使用自己的鲜血来灌溉这棵小草,让它长出粗壮的叶子来救活朋友也心甘情愿。利莎的愿望自然是不可能实现的,但两位小朋友之间纯真的友谊十分感人,且侵略者的罪行已昭然若揭,小说中的还魂草正是中华民族坚持抵抗外敌入侵意志的象征。①

是月 《文艺杂志》创刊号正式发排。

是月 师陀把鲁彦约写的稿子完成并寄给他,同时告诉鲁彦他想去内地。②

12 月

7 日下午二时 据《桂林文化大事记(1937—1949)》(第 188 页)记载:鲁彦前往广西剧场,参加"文协"桂林分会在此举行的第二届年会。与会者五十余人。由欧阳予倩任主席,田汉致开幕词。鲁彦与艾芜、田汉、邵荃麟、司马文森、欧阳予倩、宋云彬、聂绀弩、巴金等 15 人被选为理事;葛琴、熊佛西、芦荻、莫宝坚等 7 人被选为候补理事。会议勉励作家同人注意锻炼身体,务使文章下乡、入伍,深入大众。会议讨论并作出下列决议:为死难的文艺工作者募捐、要求限制印刷商无限增加印刷费并请出版界提高稿费、增设文艺家宿舍、经常与各杂志社取得联系等。

12 日下午二时 据《桂林文化大事记(1937—1949)》(第 189 页)记载:鲁彦前往广西艺术馆,参加"文协"桂林分会在那里召开的三届一次理事会,到会的有艾芜、田汉、邵荃麟、司马文森、欧阳予倩等 15 位理事。鲁彦与欧阳予倩、田汉、李文钊、邵荃麟等 5 人被选为常务理事,但因身体原因没有安排负责具体事务。会议讨论并决定组织文协受难同志救济委员会,救济受难同志,推选田汉、欧阳予倩、李文钊任筹备委员。会议决定提高稿费,最低每千字十二元,版税最低 15%,会议还商讨了由港

---

① 参见唐金海、张晓云编著:《巴金年谱》,四川文艺出版社 1989 年版,第 573 页。
② 参见师陀:《哀鲁彦》,载 1947 年 1 月 10 日《春潮》第一卷第二期,第 38—40 页。

返桂的文化人等问题。

28日 据《桂林文化大事记（1937—1949）》（第 190 页）记载：鲁彦前往艺术馆参加"文协"桂林分会召开的理事会，选举研究部各组负责人。经过讨论决定由邵荃麟为理论组长、艾芜为小说组长、彭燕郊为诗歌组长、孟超为通俗文艺组长、许之乔为戏剧组长。公推欧阳予倩为受难同志救济委员会召集人。选举通过黄若海、严恭、王乃光等 8 人为会员。

同日 据《桂林文化大事记（1937—1949）》（第 190 页）记载："文协"桂林分会举办的文艺习作指导组成立，录取学员 60 名，学员习作由夏衍、舒群、焦菊隐、艾芜等人轮流评阅。

年底 前往正阳路大华饭店，参加"文协"桂林分会在那里召开的茶会，与会者有近两百人，茅盾、夏衍等从香港回来的文艺界人士都参加了，会场上气氛很热烈。[①]

是年 因不满一个骗子的行径而主动给广西省教育厅写信，要求免去他的教师资格，从此结束了他多年的教师生涯。据1945 年 11 月 17 日《周报》（上海版）第 11 期艾芜的文章《关于鲁彦的回忆琐记》回忆："曾有一个人要到广西三江去做一个中学的校长，尽力设法把鲁彦拉去教书，好衬托他的地位。鲁彦觉得既然对方讲得诚诚恳恳的，不好意思不予帮助，便慨然去了。结果却是遇见了一个骗子，做的事情和嘴里说的话相反，而且一些思想进步的教员都遭到歧视。鲁彦对此是绝对不能忍受的，他不但辞职，而且写信给广西省国民党教育厅免他的职（广西的中学，由校长推荐教员，再由教育厅加以委任）。教育厅方面的熟

---

① 参见彭燕郊：《从一个欢迎会说起》，见广西社会科学院主编，潘其旭、王斌、杨益群、顾绍柏选编：《桂林文化城纪事》，漓江出版社 1984 年版，第 544 页。

人，劝他不必如此，因为免职一事，是对教书的人一种严重的惩罚，加在一个优秀的教育者身上是不适合的。但鲁彦对教育现状愤愤太深，决心不再苟合下去，坚持要求免去他的职务。这是给国民党教育界一个尖锐的讽刺，他宁愿挂着被免职的名声，让公道的有正义感的人们去评判一下，到底谁是谁非。从此他结束了他多年来的教师生活。"

是年　给在云南昆明教书的诗人方敬写信，向他约稿。据《革命日报》1944年10月20日方敬的文章《挽词——献在鲁彦灵前》回忆："三年前我才与鲁彦开始通信。那时我在昆明教书，他在桂林编《文艺杂志》。他常来信要稿。他接到稿子后必立刻回信说明什么时候刊登。刊物必按期寄出。因此我知道他是一个认真的编辑。"

1942年(壬午，民国三十一年)　41岁

▲1月1日，由中、美、英、苏4国领衔，26个国家签名的《联合国家共同宣言》发表，世界反法西斯同盟正式形成。

▲4月3日，中共中央宣传部发出关于讨论毛泽东整顿三风报告的决定，成为延安整风运动开始的标志。

▲5月，毛泽东发表《在延安文艺座谈会上的讲话》。

▲6月8日，中共中央宣传部发出《关于全党整顿三风学习运动的指示》。自此，延安整风运动开始。

▲11月，苏联红军在斯大林格勒开始对德国侵略者进行反攻。

1 月

4 日晚六时　据《桂林文化大事记（1937—1949）》（第 192 页）记载：鲁彦前往艺术师资培训班礼堂，参加"文协"桂林分会在那里举行的新年晚会。到会的有田汉、欧阳予倩、熊佛西、聂绀弩等一百余人。李文钊主持并致辞。表演的节目有熊佛西的"文艺漫谈"，欧阳予倩夫妇的昆曲和平剧演唱，韩北屏的诗歌朗诵，田汉的平剧演唱，演剧五队、铁血剧团、石联星等的歌咏。

7 日　据《桂林文化大事记（1937—1949）》（第 192 页）记载："文协"桂林分会的会址迁到三多路马房背九号第十九房。

11 日　散文《我渴望见到故乡》刊于桂林《扫荡报》第 4 版上。该散文没有被收入《王鲁彦文集》（叁），是一篇佚文。文章描写新年来临时，自己不由得想起家乡的美丽、亲人过年时的忙碌以及辛勤劳动的各行各业民众等。不过，作者最思念的还是已逝的父母，于是更加迫切地产生要回故乡的念头，文章最后，表达了对入侵者强烈的仇恨。字里行间充满浓郁的情感。

15 日　据《桂林文化大事记（1937—1949）》（第 192 页）记载：由王鲁彦主编、覃英发行的《文艺杂志》创刊号正式出刊。社址在东江路福隆街 32 号。创刊号是特大号，有 128 页，内容非常充实，在栏目上包括小说、诗歌、散文、戏剧、论文和翻译几个部分。封面装帧朴素大方，在目录上配有精美的图案，封二和封一是图书、卫生、医药等广告，显得厚实美观。创刊号上刊登了老舍的三幕话剧《大地龙蛇》、张天翼的长篇童话《金鸭帝国》、巴金的中篇小说《还魂草》、艾芜的短篇小说《突围后》、沙汀的短篇小说《模范县长》、方敬的诗歌《战士之家》、张天翼的论文《谈哈姆莱特》等。不但阵容强大，而且作品质量上乘，一出场就体现其雄厚的实力。

按:《文艺杂志》共出了 3 卷 15 期,王鲁彦主编。其中第 1 卷共 6 期(1942 年 1 月 15 日—10 月 15 日),第 2 卷共 6 期(1942 年 12 月 15 日—1943 年 11 月 1 日),第 3 卷共 3 期(1943 年 12 月 1 日—1944 年 3 月 1 日),至 1944 年 6 月桂林第一次大疏散停刊,历时 2 年多。由于王鲁彦的身体原因,第 2 卷的第 5、6 期由王西彦代编,第 3 卷的第 1、2、3 期由端木蕻良代编。鲁彦病逝和桂林失守之后,为纪念他,该刊被迁到重庆出版新 1 卷,由邵荃麟接编,人生出版社发行。新 1 卷从 1945 年 5 月到 9 月共出了 3 期,封面上印有"王鲁彦创办,荃麟接编"等字样。①

该杂志是月刊,16 开本,原定每月 15 日出版,第 2 卷第 5 期开始改为每月 1 日出版,每期 96 页,其中创刊号及第 2 卷的 2、3、4 期增大号都增加到 112 页至 118 页,每期发稿约 20 万字左右。由桂林文艺杂志社出版,并先后由桂林大地图书公司、桂林东方书店、桂林侨兴出版社和三户图书社总经销。

该刊发表了许多进步作家的作品,其中长篇小说有王西彦的《古屋》、艾芜的《故乡》、端木蕻良的《科尔沁旗草原》(第二部)、沙汀的《奈何天》、骆宾基的《少年》等。中篇小说有巴金的《还魂草》、王西彦的《风雪》、易巩的《衫寮村》等。短篇小说更多,较为著名的有茅盾的《闪击之下》《过封锁线》,巴金的《某夫妇》、蹇先艾的《孤人》等。剧本有老舍的《大地龙蛇》、李健吾的《草莽》、袁俊的《美国总统号》、以群的《姊妹》等。童话有张天翼的《金鸭帝国》等。诗歌有玉杲的《大渡河的支流》,还有臧克家、

---

① 参见云仙、敏之、定与:《王鲁彦与〈文艺杂志〉》,南充师院学报(哲学社会科学版)1984 年 3 月 1 日,第 1 期。

任钧、方敬、王亚平、邹荻帆等的诗歌。论文有冯雪峰的《什么是艺术力及其他》、臧克家的《谈灵感》等。以及各种译作、散文等。

由于该刊采用独特的办刊宗旨和文化诉求，体现与众不同的办刊风格和艺术个性，新老兼用、兼容并包，每期必有译文，支持乡土文学的用稿策略，尤其是主编王鲁彦从刊物筹备起就抱病写信约稿、审稿、跑印刷所的态度，使得该刊不但具有强大的作者阵容，而且发表的作品影响广泛，在大后方桂林脱颖而出，不仅真实地展示了桂林文化城及大后方国统区错综复杂的文学现状，而且再现了当时抗战文学的发展变化以及对文学主体性的追求。同时，也很好地体现了抗战时期知识分子即使身处困境，仍以一己之力进行民族救亡的坚韧品性以及建构"伟大的抗战文学"的执着追求。在宣传抗战的同时不忘文学的启蒙功能，对桂林抗战文化城的繁荣和大后方抗战文学的发展起到了重要的作用。[①]

因此，学界对这本杂志评价很高，司马长风称它为抗战时期出版于西南文化中心桂林"水准最高的文学期刊"[②]。王西彦认为它是"几种文艺刊物中的翘楚"[③]。而《广西大学学报》(哲学社会科学版)1981年第2期李建平的文章《"桂林文化城"期刊简介》(下)则认为："由于王鲁彦的努力，使得《文艺杂志》在政治、经济条件都极端困难的情况下，一直支撑到1944年3月。无论从刊物内容的翔实和它所拥有的众多的作家、读者来看，《文艺杂志》是起到了后期'桂林文化城'中坚刊物的作用的。王鲁彦

---

① 参见佘爱春：《抗战时期桂林文化城的文学空间》，南京大学博士论文，2011年。

② 参见司马长风：《中国新文学史》(下卷)，昭明出版社1978年版，第29页。

③ 参见王西彦：《在魑魅的追逐下——记鲁彦的病和死》，《新文学史料》1979年11月第5辑。

在桂林文化城中的功绩不能不记载一笔。"

　　同日　短篇小说《陈老奶》刊于《文艺杂志》(桂林版)创刊号,署名鲁彦。初收于 1942 年 4 月重庆烽火社版短篇小说集《我们的喇叭》,现收于《王鲁彦文集》(贰)。小说叙述陈老奶早年丧夫,独自拉扯大两个儿子。日寇入侵后小儿子走上抗日前线,加入反侵略战争的行列;大儿子在家经商,叫不久因病去世。陈老奶身心受到巨大打击,但她很快战胜内心的悲伤,帮助媳妇持家、抚养小孙子,并做一些小活计赚钱养家,还与诬陷大儿子的恶棍无赖进行斗争,直到耗尽精力而逝。小说塑造了一位坚韧勤劳、精明能干、富有牺牲精神的中国女性形象。

　　17 日　给姚蓬子写信约稿。

蓬子:

　　　　稿子到了,真是望眼欲穿呵。第二期即可刊出,为了这一个刊物,我把朋友们都弄得太累了。老舍怎样了?他在头晕的时候给校阅剧本。老巴赶了四万多字的中篇,老在深晚冻着,病了一次至今未十分显得壮健。艾芜、靳以也辛苦得厉害。我想起来真是十分感慨……艾芜编的《文学手册》[①]以四百五十元卖了版权,现在销到一万余。××(书店名,姑隐。——记者),××(书店名,姑隐。——记者)的书,大家都拿不到钱,天翼来信亦甚愤慨。而一般书店还想把版税减到百分之八。×××××(书店名,姑隐。——记者)曾提出过,你说今年想借钱出几本书,不知如何出法?

---

　　①　艾芜的《文学手册》1941 年 3 月由桂林文化供应社出版,是该出版社策划的一套以青少年为读者对象的普及文化读物,是当时颇受读者欢迎的畅销书,好友巴金和鲁彦曾力劝艾芜收回版权,后又经陆续修订,至 1942 年 10 月已出至"增订五版"。

你不能在重庆多想点办法，让我们这些衣食尚难维持的文人少受点剥削吗？……

弟鲁彦（元月十七日）

（此信后刊于 1942 年 3 月 20 日姚蓬子创办的《文坛》创刊号"作家书简"上）

姚蓬子当时在重庆创办了一本杂志《文坛》，并在北碚白象街开办一家作家书屋。鲁彦于 1929 年在南京国民政府中央党部宣传部国际科工作时曾与姚蓬子之间有交集，也有一定的友谊。所以，在《文艺杂志》创办之始，也向姚蓬子写信约稿。姚蓬子交了一篇题为《岁暮随笔》的文章，被发在《文艺杂志》第一卷第二期上。

从信的内容看，《文艺杂志》创办之初，作家们都在辛勤写稿支持王鲁彦办刊。其中提到的老舍"在头晕的时候给校阅剧本"，"老巴赶了四万多字的中篇"，"艾芜、靳以也辛苦得厉害"，应该分别指刊载于《文艺杂志》创刊号上的老舍的《大地龙蛇》、巴金的中篇小说《还魂草》，艾芜、靳以也在为《文艺杂志》赶写稿子。信中还谈到艾芜的《文学手册》销量大，但有两家书店出了书以后作家拿不到钱，张天翼为此很愤慨之事。一般书店还想把版税减到百分之八，体现出作家与出版商之间的分歧。最后询问姚蓬子的出版计划以及希望他给予帮助等。

是月　师陀收到鲁彦年前写的回信，告诉他如果想去内地，金华①已经准备好旅费。并要师陀把《法老》的译稿寄给他，为买米吃，鲁彦急于拿出去发表。不过师陀根据鲁彦提供的两处地址去找，一处说没有，另一处同住的那个人据说跟日本人办的"中华电影公司"有关系，师陀不敢去找。所以没有完成任务。②

2 月

12 日 据《桂林文化大事记（1937—1949）》（第 196 页）记载：参加由"文协"桂林分会召开的理事会。会议决定由田汉、李文钊、欧阳予倩等筹组"文协"受难同志救助会，还讨论了将稿费提高到最低每千字十五元、版税最低额为百分之十五的问题。

15 日 主编的《文艺杂志》第一卷第二期出版。该期发表了巴金的短篇小说《某夫妇》、王西彦的长篇小说《古屋》（第一部分）、李健吾的八幕剧《草莽》（部分）、蹇先艾的短篇小说《孤人》、刘北汜的散文《黑夜》等。在这一期的作者中，刘北汜还是西南联大的学生，是一个新人。鲁彦在第二期就大胆采用他的文章，体现了他"新老兼用、兼容并包"的用稿策略和积极培养新人的意图。这一期杂志出版得很顺利，因为读者的需求量大，为赶时间，采用"三家排两家印"的方式。

同日 《时事新报》（重庆）第四版《艺文坛》一栏，登载了一条消息："王鲁彦编之《文艺杂志》上月底在桂林出版，闻第一期

---

① 金华是浙西重镇，抗战初期成为浙江政治、军事、文化中心，也是来自全国各地的抗日救亡团体的活动中心之一，十数种期刊在此创办。周恩来曾于 1939 年 3 月 17 日抵达金华，视察浙江抗战情况。但 1942 年抗战已进入相持阶段，金华也已失陷，相关机构已经内撤，师陀想去内地没有成功。这里的"金华已经准备好旅费"一句，可能是指在金华的相关机构已经为师陀等想去大后方的青年准备好旅费。

② 参见师陀：《哀鲁彦》，载 1947 年 1 月 10 日《春潮》第一卷第二期，第 38—40 页。

定印一万册，自信并不赔本。"

　　同日　散文《给读者》刊于《文艺杂志》（桂林版）第一卷第二期。现收于《王鲁彦文集》（叁）。文章如实阐述了《文艺杂志》的编辑们收到创刊号后发现上面存在问题时的难受心情、杂志产生时印刷方面的困难、对于国民党当局腐败的愤恨、对出版界摘摘抄抄拼凑现象的不满等；以及杂志社成员为了让杂志更早与读者见面，在炮火轰击下，在生病的时候、在寒冷的天气里、在新年时辛勤工作的情况。最后叮嘱读者要珍惜编者付出的艰辛劳动，显现其创办《文艺杂志》的宗旨"乃是对当时某种风气的反抗"[①]，以及秉承五四以来文学革命的战斗传统，自觉地为抗战服务。

　　同日　散文《鞭炮声中》刊于桂林《扫荡报·星期版》"春节专页"。该文没有收入《王鲁彦文集》（叁），是一篇佚文。散文描写自己在辞旧迎新的鞭炮声中，头晕目眩、眼睛模糊。然后引出四年前在上海的寓所内，听到卢沟桥炮声响起之后，收音机里传来救亡图存呼声时的激动心情……朋友的来访把他从沉思中惊醒，拉回到现实。散文借助梦境和幻觉以及不断反问自己的方式，揭示作者渴望战争胜利的心情。

　　是月　给短篇小说集《我们的喇叭》写后记。署名王鲁彦。载 1942 年 4 月重庆烽火社版短篇小说集《我们的喇叭》。现收于《王鲁彦文集》（叁）。文章回顾了这几年来自己创作数量减少以及出这个集子的原因：一是理论图书读不进去，影响了自己的"意识"和"观点"的形成。二是怕写那些有关恋爱或肉感的事

---

　　① 参见王西彦：《在魑魅的追逐下——记鲁彦的病和死》，《新文学史料》1979年11月第5辑。

以及那些轰轰烈烈的热闹场面。三是身体的原因,好不容易拿起笔创作,"病忽然来了,纠缠不清"。当然最主要的原因是当时的文坛"太热闹"了,于是决计也来编《文艺杂志》凑凑热闹。同时抨击了一些文人与出版界互相竞赛翻版的不良现象,作者不愿意站在任何一方,而是想用自己的笔来搅一搅局。这种种原因,使他开始爱惜自己的文章,把几个短篇积集出版。即使文章数量不多,有几篇还是前几年写的,也要贡献出来参加抗战。

是月 给住在湖南攸县六轮陂的王西彦发一封电报,要他到广西平乐中学去担任高中部的国文教员。王西彦推掉另外一个教书的机会来到桂林,两个人终于见面了。据《新文学史料》1979年第5辑王西彦的文章《在魑魅的追逐下——记鲁彦的病和死》回忆:"我们的见面,是在大约两个月(从1941年11月中旬算起)之后。收到《文艺杂志》创刊号后不久,突然接到他一个电报,约我到广西某学校去教书。当时我已经答应另一个朋友到另一个学校去教书了,就给他回了一个电报和一封信去婉谢。谁知道他立刻写来了一封长信,辞意恳切,要我一定到广西去,还例举出种种必去和可去的理由,以稀有的坦率,说如果我去广西,能使他的工作计划得到一些支持。当时彼此还是新交的朋友,这封信使我为难。显然,如果我依然谢绝他的邀约,是会叫他不愉快的。而且,如果我去广西能对他的杂志有些帮助,也是义不容辞的事。因此,没有多加考虑,我就回电应了,自然,同时却不能不对另一个朋友失了信。"

3 月

9 日 前去拜见刚在旅馆住下的茅盾夫妇。同去的还有田汉、欧阳予倩等。茅盾夫妇经过 3 个月跋涉,从香港来到桂林。据《新文学史料》1985 年第 4 期茅盾的文章《桂林春秋》回忆:"我们在旅馆暂时住下。我们的钱袋,经过三个月的难民生活,也快掏空了。德沚认为当务之急是租一间房,自己起伙,以便节约开支。我支持她的想法,但提醒她,一切要因陋就简,只要有一个安静点的写作环境就可以了,因为我们不见得会在桂林长住。所以当桂林的朋友田汉、欧阳予倩、王鲁彦、孟超、宋云彬、艾芜、司马文森,以及先我从香港脱险的夏衍、金仲华等闻讯来看望我,并问我今后有何打算时,我总是回答,打算好好修整一下。"

15 日 主编的《文艺杂志》第一卷第三期出版。该期发表了艾芜的短篇小说《逃难中》、沙汀的短篇小说《合和乡的第一场电影》、李广田的散文《礼物》、芦荻的诗《母亲》、虹飞的论文《鲁迅的语言》等。该期的出版也十分顺利,销量也很好。

同日 散文《火的记忆》刊于《文艺杂志》(桂林版)第 1 卷第 3 期,署名鲁彦。现收于《王鲁彦文集》(叁)。文章回忆自己少年时两年之内的两次救火。一次是邻居家着火危及自己家,鲁彦敲锣、递水桶帮忙扑救邻居家的火,当火延及自己家时,悬空爬上阁楼,把家里最值钱的财物抢救出去。一次是 5 里路外的乐家大院着火,鲁彦得知后,跑得比水龙会的人还要快,几次冒着烈火冲进婶子家抢救财产,当烈火烧到堆放物品的田野上时,又迅速转移箱笼,使叔叔一家免受损失。作者回忆少年时的救火,是为表达对于日寇在中国烧杀抢掠行为的愤怒以及与他们进行殊死搏斗的决心。

同日 书信《答和风先生》作为编者按刊登于《文艺杂志》第一卷第三期,署名鲁彦。现收于《王鲁彦文集》(叁)。对于杨和风先生提出的问题逐个给予回答。

和风先生：

　　承你殷勤地从远道寄信来，鼓励我们，我们实在非常的兴奋。同样的信，我们也收到不少了。因为编者长期在病中工作，分不出精神和时间来，没法一一作答，只好把十分感激之情默默地抑藏在心底了。

　　你问到这杂志是不是同人杂志，为什么没有征稿规约。这一点，你多看几期，一定会明白它不是的。我们并没有狭窄的派别门户之见，只要不违反抗战的国策，同时又有艺术价值的作品，我们都极其欢迎。我们事前曾经发过广泛的信，请求从事写作的文友们给我们寄稿来，只因战时，大家流动性很大，好些人的地址不详，得不到我们的信，或者生活过于紧张，一时不能寄稿来。杂志和出版，没法向不认识的人征稿，自然得请熟朋友们给以热烈的帮助。这大概就是使你误会为同人杂志的原因了。

　　说起征稿规约，我们觉得这东西没有道理。无论相识的和不相识的寄稿来，我们首先以为这是对这杂志的爱护和帮助。而我们所给的稿费即使比同地的刊物高一点的话，这也仍然是薄酬，无足道的。倘使我们应该有稿约，那么这稿约应该是一种热烈的友谊，一种严肃的工作。

编者　鲁彦

　　中旬　一个下雨天，在桂林东江路福隆街一幢木头楼房里与前来拜访的王西彦、平乐中学校长、好友艾芜见面。据《新文学史料》1986 年第 2 期王西彦的文章《恓惶的港湾——〈乡土·岁月·追寻〉之十一》记载："我在一个雨天到达桂林，找好住处去东江路福隆街一幢木头楼房看他。楼房很狭窄，堆满了零乱的杂物，还拥挤着一群孩子，最小的一个刚出生不久，正在襁褓中嘤嘤啼哭，一望而知家庭生活的贫困窘迫。鲁彦正因病躺在床上，见到我时兴奋得像个小孩，马上就要跳下床来，并声明说，他的病住医院开了刀也不见效，肛门创口发作了，刚刚大便过，所以躺床休息一会儿：'不过不要紧，只要创口不发作，就跟健康人一个样。你第一次来桂林，总得玩玩七星岩。好在它离这里不远，明天我陪你一起去。'分明是初次见面，刹那间却似乎是旧识。这也不仅指他身上流露出来的毫无掩饰的热情，就连他那出生在浙东宁波地区所特有的脸型、笑容和口音，都给了我一种亲切感，完全没有通常初见新朋友时的距离。他告诉我，平乐中学的位置原来是他妻弟覃必陶的，因为覃又受了桂林高中的聘书，现在请我去代半年的课，如果觉得不合适，代到暑假就可以离开。'你来到广西，就近就可以和你商量商量刊物的事情。'他说出这句话时，就负疚似的笑着。事有凑巧，正在这时来了平乐中学的校长，一位有着一双小圆眼睛的矮个子，刚一介绍就嚷嚷着要我第二天就跟他一起上平乐，经鲁彦反对才答应在桂林待几天；接着又来了艾芜同志，我们更是相见恨晚，彼此简直有说不完的话……正由于鲁彦的热情性格和艾芜的真挚态度，使我到达桂林的第一天就充分感到友情的温暖。"

第二天晚上 （王西彦到桂林的第二天） 鲁彦在正阳路某酒家以文艺杂志社名义宴请茅盾、巴金、萨空了、艾芜等文艺界的朋友，王西彦也在被邀请之列。据《新文学史料》1986 年第 2 期王西彦的文章《恓惶的港湾——〈乡土·岁月·追寻〉之十一》记载："晚上，在正阳路一个酒家以文艺杂志社名义宴请文艺界朋友。客人中间有刚从香港脱险归来的茅盾同志和萨空了同志。我和艾芜都参加了。在宴席上，作主人的鲁彦兴致显得很高，有说有笑，完全不像个身患重病的人。他把刚从印刷所取出来的第三期杂志分赠给大家,得到参加宴会者的一致赞扬,认为在内容的充实和形式的大方上,的确是同类刊物中的佼佼者。主人自己也对杂志前途充满信心。"

第三天上午 (王西彦到桂林的第三天) 去王西彦的住处找他,两人一起逛街并交流文艺界的情况。据《新文学史料》1986年第2期王西彦的文章《恓惶的港湾——〈乡土·岁月·追寻〉之十一》记载:"第三天上午,鲁彦到我的住处找我,两人并肩走在马路上,听他介绍桂林文艺界的近情,说了很多愤慨的话。当时,抗战的形势急剧变化,政治斗争尖锐复杂,文化思想界呈现出一种扑朔迷离的状态。就拿文艺界的情况来说吧,鱼龙混杂,各逞其能,有些现象的确令人丧气。'风气实在太坏了,'他愤愤地说,'我创办《文艺杂志》就是为了向这种风气挑战!我的身体还不错,今后不但要把杂志好好办下去,还要多写些作品!'于是,他又鼓励我一通,要我多写作品。他的率真与乐观,给了我很大的惊讶。我想到自己即使在永安的山城里,有时还难免感到应付的困难,何况他是在桂林这样一个群龙聚首的文化中心?我很担心他这种过高的热情会经不起现实的碰撞。只是自己比他年轻,彼此又是初会,才把疑虑埋在心里。"

第四天 (王西彦到桂林的第四天) 一大早送王西彦去平乐高级中学任教。据《新文学史料》1986年第2期王西彦的文章《恓惶的港湾——〈乡土·岁月·追寻〉之十一》记载:"第四天一大早,我就随同姓刘的校长启程去平乐……天下着雨,鲁彦打着伞到江边送行,再三叮嘱授课之余要多写小说,《文艺杂志》每期都可以发一篇。我感激他的好意,满口答应了他,也下了这样的决心。"

是月 曾带病去看望刚从香港逃回桂林的叶以群等人。据

《新华日报》1944 年 9 月 3 日第四版叶以群[1]的文章《悼鲁彦》回忆："两年半以前，我们刚从香港逃出，到了桂林，鲁彦听到了消息后，立刻扶病来看了我们，我们深感到同道者的友情与温暖。那时他已经患痔，不便行动，大部分时间只能卧在床上。"

是年春 《文坛》1942 年创刊号第 3 页登载了一则题为《文坛杂碎》的消息："巴金近编《呐喊丛书》，第一部即为鲁彦之《我们的喇叭》。"

4 月

3 日 《时事新报》(重庆)《青光》副刊(第四版)上登载一条与鲁彦有关的消息："曹禺来渝，据谈新作剧本《家》，将在鲁彦编辑之《文艺杂志》发表。"

12 日 诗歌《我是国兵》刊于《大同报》第 4 版。这是到目前为止查询到的第二首诗歌，该诗没有收入《王鲁彦文集》，属于佚诗。

15 日 主编的《文艺杂志》第一卷第四期出版。该期发表了刘北汜的散文《沉》、易巩的中篇小说《杉寮村》、王鲁彦的短篇小说《千家村》、唐骏的散文《独语》、袁俊的三幕六场喜剧《美国总统号》等。这一期与第五期转由三户印书社印刷。

同日 小说《千家村》刊于《文艺杂志》(桂林版)第 1 卷第 4 期，署名鲁彦。1946 年 11 月 1 日《文潮月刊》重新发表，署王鲁彦遗著；初收 1945 年 11 月上海文艺书屋版短篇小说集《抗战小

---

① 叶以群(1911—1966)，原名叶灿、叶华蒂，笔名以群。安徽歙县人。中国文艺理论家。曾留学日本。1931 年回国后，曾任左联组织部部长，编辑过《北斗》《抗战文艺》等杂志。1949 年以后，曾任文化部对外文化联络局副局长、上海市文联副主席、上海市作协副主席等职。

说集》，现收于《王鲁彦文集》（贰）。小说叙述主人公秋光得知家乡遭遇三次战争后，赶回家乡去慰问村民。当秋光走进千家村时，发现人们情绪紧张、心情沉重。原来人口兴旺的千家村，已被战火摧残得只剩下一百多户破碎的家庭。村民们在逃难的过程中死的死、伤的伤。第二天一早，秋光又重新奔赴前线，去为乡亲们复仇。控诉了日本侵略者对中国人民犯下的滔天罪行，体现了作者强烈的爱国主义精神。

20 日　因编辑《文艺杂志》过度疲劳，病情恶化，被迫住进桂北路一家叫芙蓉的私人外科医院进行开刀手术，一直到 6 月份才出院。据《新文学史料》1979 年第 5 辑王西彦的文章《在魑魅的追逐下——记鲁彦的病和死》记载："《文艺杂志》第四期出版后，两个多月不见第五期。写了信去问，才知道鲁彦又进医院去了，病情很不好；同时杂志搁浅了，杂志社和出版的书店发生纠葛，闹得简直要涉讼了。"

住院期间　曾给王西彦写过一封信，王西彦通过信的内容和字体判断出鲁彦当时的心情不是很好。据《新文学史料》1979 年第 5 辑王西彦的文章《在魑魅的追逐下——记鲁彦的病和死》记载："他的来信写得很草率，是在床榻上写的，字里行间充满着愤怒与抑郁，不过并不十分绝望。他认为自己的病是暂时的，和书店的纠葛也是暂时的，一切都有待将来的重新开始。"

26 日　据《桂林文化大事记（1937—1949）》（第 206 页）记载："文协"桂林分会于下午二时在广西艺术馆召集的以"保障作家合法权益"为中心的文艺座谈会。鲁彦因病缺席。该会主要讨论版税及稿费问题，决定向出版商及书商提出关于出版经费、支付版税、新书加价是否抽取版税、贴用版税印花、出版与契约、发表费等 7 个具体建议。并推定茅盾、田汉、司马文森、宋云彬、李文钊、秦似、胡危舟等9人负责办理此事。

是月 短篇小说集《我们的喇叭》由重庆烽火社出版,署名鲁彦,内收《我们的喇叭》《伤兵旅馆》《杨连副》《陈老奶》等4篇作品和作者《后记》,为巴金主编的"呐喊文丛"之一。

5 月

1 日 杂文《我们的喇叭》题记刊于《自由中国》第2卷第1、2期合刊,署名鲁彦。现收于《王鲁彦文集》(叁),改名为《我们的喇叭·后记》。

10 日下午二时 据《桂林文化大事记(1937—1949)》(第208—209页)记载:因病缺席"文协"桂林分会在广西艺术馆举行的保障作家权益代表会。前次推举的茅盾、胡风等9位均出席了会议。会议决定在短期内由桂林市内文艺刊物编辑人举行聚餐会,交换关于稿费意见后,另开茶会,邀请本市各大书店负责人共同洽商,并支持上述讨论决定的内容。

13 日 给蹇先艾①写了一封信。内容如下:

××兄:

> 承赐两稿,甚感。《春酌》已发排在五期,《父母》可编入六期,不久亦将送审发排。弟病年余未痊,近又入院开刀,迄今满二十三日,尚难起床,情形甚苦,故久未函复,乞谅。四期三五日内可出版。五期开始校对。印刷殊坏,下卷始能调整,殊觉对作者与读者抱歉。因老板只想赚钱,弟无法

---

① 蹇先艾(1906—1994),笔名罗辉、赵休宁、陈艾利、蔼生等,贵州遵义人。1919年去北京读小学,1930年毕业于北平大学法学院经济系,1923年开始发表文学作品。代表作有短篇小说《水葬》,短篇小说集《朝雾》《一位英雄》《酒家》,散文集《城下集》《离散集》《乡谈集》,中篇小说《古城儿女》等。

过问也。二卷一期拟在六月十日送审发排，因印刷迟缓，不得不提早。仍希兄有稿赐下。读《春酒》与《父母》感慨殊深；然另有一种儿女则殊有希望也，愿兄稍自慰。贵州生活如何？兄已在彼住久了，有意到这边来过一些时候否？西彦现在本省省立平乐高级中学任教，兄如有意，随时可去该校，弟与西彦当为接洽。广西省中任两班国文，目下待遇每日约×百××元。由贵州来路费亦可交涉由校方负担。此间米价新秤百斤××××元，火柴每盒××元，物价奇昂，但不知比贵州如何？请斟酌，草草祝好。

弟鲁彦 五月十二日

（此信后被蹇先艾刊于 1945 年 3 月 26 日的《贵州日报·新垒》）

蹇先艾共寄给鲁彦 3 篇小说：《孤人》《春酒》和《父母》，实际只在《文艺杂志》第 2 期刊登了《孤人》，在《文艺杂志》第 5 期刊登了《春酒》，《父母》并未发表在《文艺杂志》第 6 期。据《文讯月刊》第 6 卷第 2 期 1946 年 2 月 15 日蹇先艾的文章《悼王鲁彦》记载："为了我的小说《父母》被扣，在《文艺杂志》上预告了而不能发表，也引起过他极大的愤慨。"至于为何被扣，囿于资料，难以考证。也有可能是其内容触及国民党统治的黑暗，被相关部门扣下。

24 日下午二时 因病缺席"文协"桂林分会在广西艺术馆举行的文艺杂志丛刊编辑人员讨论保障作家权益问题的茶会。决定今后稿费应安排工价增加百分之二十，并积极向各出版社及书店提出版税意见，务求保障作家的权益和生活。①

25 日　散文《从灰暗的天空里》刊于《现代文艺》（福建永安版）第 5 卷第 2 期，署名鲁彦。现收于《王鲁彦文集》（叁）。文章叙述在病室中的我，看着大自然美好的春天景色，回想这大好河山被日寇铁蹄践踏蹂躏、田野里饿着肚子的农夫在辛勤劳作等现状，尤其是想起江南山清水秀的家乡也被敌人践踏着、被同胞的血涂满地面的情景。不由得热血沸腾，要投身战斗。体现出坚实有力的思想内容和情感上热烈奔放极富感染力的艺术特点。

月底　在桂北路的芙蓉私人外科医院再次接受手术。刚好王西彦从广西平乐高级中学辞去教职回湖南，途经桂林去看他。当时的鲁彦精神状态还好，对办好杂志富有自信，仍在病中看稿、写催稿信。但杂志已经与书店发生纠葛。据《新文学史料》1979 年第 5 辑王西彦的文章《在魑魅的追逐下——记鲁彦的病和死》记载："经过桂林时，到芙蓉路一家私人外科医院去看望鲁彦。当时，他正在施行痛苦的手术……""接着，我们谈到杂志，他的愤慨又来了，给我详细的叙述杂志跟书店起纠葛的起因和经过。病床前的桌子上，在大小药瓶中间，堆积着发表有《风雪》的第五期杂志的纸型。病床上，挤满着朋友的来信和稿子。他一面病着，一面仍然在为朋友写信（躺着写），在看稿，在给杂志校对的。他说，杂志的销路很好，各方面的影响都不坏，稿件也充足，正是有为的时候，偏偏纠葛发生了。自己也病下来了……""'不过不要紧，'他仍然富有自信，'道理在我这边，不怕他

---

① 参见万一知编：《桂林文化城记事》（1938 年 10 月—1944 年 11 月），《广西师范学院学报》1980 年第 3 期，第 70 页。

不讲理,他害不死杂志……害不死……'"

(王西彦访问鲁彦之后)第二天 邀请王西彦住到他们家里去,要和王西彦详谈杂志的事情。据《新文学史料》1979 年第 5 辑王西彦的文章《在魑魅的追逐下——记鲁彦的病和死》记载:"第二天,我便从旅馆搬到福隆街他家里,在离开他所住那小楼不远的一个菜园里,有一间空着的小楼房(他的夫人覃英收拾出来的),变成了我临时的寓所。这时节,因杂志的脱期,医药费用的浩大,他的经济状况愈益窘迫了。四个孩子四张小嘴,连女佣人是七口之家,编辑费的收入一经落空,在物价高涨的大城市里,怎么能够维持下去呢? 他的妻子覃英同志,每天要从东江的福隆街赶到桂北街的芙蓉医院照料病人,家里还放着一个未满周岁的婴儿,又得张罗粮食和医药费用,弄得憔悴不堪。这不仅是一个杂志的生存问题,而且是一个家庭的生活问题了。"

王西彦为了杂志的事情找艾芜商量,并多方斡旋,但没有成功。几天之后,他就回湖南攸县乡下去了。

6 月

18 日 据《桂林文化大事记(1937—1949)》(第 213 页)记载:"文协"桂林分会邀集桂林诗歌界人士为纪念伟大的爱国诗人屈原和庆祝诗人节在漓江举行划船聚餐会。鲁彦因病缺席该聚餐会。

是 月 开始自学俄文。据王鲁彦 1943 年 1 月 28 日写给学生华新的信中提及"几个月前,也是我躺在病床的时候,我曾经开始学习俄文,想在三年之内把它学好"推断出来。

7 月

月初 从芙蓉私人外科医院出院。

15 日 主编的《文艺杂志》第一卷第五期终于出版。因王鲁彦生病住院达两个多月,同时又与大地图书公司、侨兴出版社发生矛盾,致使刊物不能按期出版。该期刊出茅盾的短篇小说《闪击之下》、王西彦的中篇小说《风雪》、李广田的散文《到橘子林去》、芦焚的短篇小说《邮差先生与灯》、方敬的诗歌《村庄》等。

月底 第四次住院开刀。这是从鲁彦于 8 月 11 日写给王西彦的信中推断出来的。据《新文学史料》1979 年第 5 辑王西彦的文章《在魑魅的追逐下——记鲁彦的病和死》记载:"弟因第四次开刀,又半月不能行动,而病仍难速愈,决计日内出院了。"

鲁彦的痔漏症总共开过 8 次刀,即便如此,还是没有中断《文艺杂志》的约稿、审稿、校对工作。对鲁彦的这种精神,莫洛先生十分肯定:据 1949 年人间书屋版莫洛的文章《陨落的星辰·王鲁彦》第 6 页记述:"鲁彦在贫穷、疾病、剥削、迫害之下,撑持着主编这本杂志足足两年。"

8 月

11 日 给住在湖南攸县六轮陂的王西彦写信。据《新文学史料》1979 年第 5 辑王西彦的文章《在魑魅的追逐下——记鲁彦的病和死》记载,王鲁彦在信中说:"近得友人支持,集款数万,并有经验丰富和可靠的人任发行,除陆续出版杂志外,拟出丛书。版税百分之十五,八千以上者酌加,三个月一结账。一切求对得起作者读者,杂志内容与形式将有所改善。杂志社现已改名为

'文艺杂志出版社'矣。"但是王西彦对于他这种盲目的乐观非常
担忧。

9 月

15 日 小说《樱花时节》刊于《文学创作》(桂林版)第 1 卷第
1 期,著名鲁彦。现收于《王鲁彦文集》(贰)。小说借助安徽芜湖
一个酒馆老板李君的视角,描写了一个叫屋恭卡西的日本下级
士兵的命运。屋恭卡西一开始也跟别的士兵一样杀人放火抢
劫,但他每次到李老板处喝酒之后都会留下钱。时局稍微平稳
之后,李老板的家人回来了。屋恭卡西经常来他这里喝酒,且很
喜欢李老板 5 岁的儿子。有一天他很高兴地告诉李老板,一周
以后可以回日本与家人团聚。可是不久又接到上级要他移防外
地的命令,不能回家的他就自杀了。小说把普通日本士兵和发
动战争的日本军阀区别开来,这个题材在当时的文学作品中尚
不多见。

20 日 据《桂林文化大事记(1937—1949)》(第 222 页)记
载:鲁彦参加了"文协"桂林分会在艺术馆召开的理事会。会上
讨论作家版税和该会工作以及基金问题。会上推举胡风、李文
钊和胡危舟草拟出版合同。

是月 从三户印刷厂校对《文艺杂志》回来,走到艾芜先生
的家去拜访,刚巧湘渠也在场。据《东海》1957 年 3 月第 3 期湘
渠的文章《鲁彦琐记》记载:"另一次见到鲁彦先生是在他编《文
艺杂志》以后了。有一天,他到艾芜先生家里,我们正在吃饭。
他扶病前来,左手支着一支手杖,右手下夹着一束校样。我仔细
看着他,果真不是第一次所见的鲁彦先生了。他的精神很委顿,
背也有些佝偻,说话声音很缓慢。这个变化,使我惊讶。""'要一

本杂志编得很好,确是不容易,'他一边坐下,一边说,'内容充实果然重要,编排形式也不能马虎。'这天,他是从'三户'印刷厂校对《文艺杂志》回来走到艾芜先生的家。那时,他的痔疮发得很厉害,行动异常不便。从他的住处走到观音山,约有五里路,实在是很费力的。但他不肯轻易把校对的工作委托给别人,这种认真负责的精神,使人永远难忘。'"他走后,艾芜先生对我说:'鲁彦对一切事情很认真的,他主编的杂志取稿很严正,形式也力求精美。所以《文艺杂志》一出版,便受到广大读者的欢迎,第一期还重版了一次。每期销路激增起来,他也更重视自己的工作。可是他的健康状况很不好,叫人担忧。'"

这一段文字没有写明具体时间,但有一句话:"这天,他是从'三户'印刷厂校对《文艺杂志》回来走到艾芜先生的家。"据 2011 年毕业于南京大学的佘爱春的博士论文《抗战时期桂林文化城的文学空间》记载,《文艺杂志》曾经更换过四个印刷所:"第 1 卷 5、6 期为三户印刷所,第 2 卷第 1 期为标准活板纸型所,第 2 卷 2、3 期为青年书店桂林印刷所,第 2 卷第 5 期又换到三户印刷所。"在第 2 卷第 5 期时,王鲁彦已经把《文艺杂志》委托王西彦主编,自己随妻子到湖南茶陵休养去了。第 1 卷第 5 期鲁彦是在医院的病床上编的。所以,只有 1942 年 9 月编校第 1 卷第 6 期时才跟这段叙述对得上号。

10 月

5 日　主编的《文艺杂志》第一卷第六期出版,与第五期又间隔了两个多月,而且出版时间也由 15 日改到 5 日。延迟的原因还是因为鲁彦生病,及与出版社、印刷所发生矛盾。该期发表了邹绿芷的诗《关河草》、缪崇群的散文《希望者》、臧克家的论文

《谈灵感》、段若青翻译的普希金的剧本《石人》等作品。

同日 在《文艺杂志》第一卷第六期上刊登了王鲁彦的第一则启事："本人自去年秋患直肠周围溃疡症，前后住医院施用手术凡八次，至今未见痊可，本编校等事，平日均系卧床倚枕而作，自今年四月起，体力愈差，助理乏人，多未能即复，诸希见谅为尚。"向读者报告了自己的病况以及解释为何来信不能及时回复的原因。

上旬与中旬之交 又住院一周。①

是月 给王西彦写信。据《新文学史料》1979年第5辑王西彦的文章《在魑魅的追逐下——记鲁彦的病和死》记载：王鲁彦在信中"一反以前乐观自信的口吻，一开始便说，他出院已两月有余，病迄未见愈，月初且又转恶，又在医院住了一星期，现在虽稍有好转，行坐仍然不便，又说，为杂志事，心绪恶劣已极，出版社本已筹备有绪，不意遭人威吓要挟，那位合作的友人不敢合作了，出版社不得不宣告流产。'然弟朋友多，皆加支持，今又得集款五万元，已将二卷一期付印，丛书事仍在计划中，要看能否再集款五万元，大约必可成。事业既已无法停止，移住湖南②不可能，单送孩子来，以身体弱总觉不放心，只好暂时作罢。'"。鲁彦当时处于多重矛盾中，疾病久治不愈，出版社因遭人威吓而宣告流产，去湖南疗养的事暂时不能实现，单把孩子送去儿童福利院又不放心，因此心绪十分恶劣。好在众多朋友帮忙，集款5万

---

① 参见王西彦：《在魑魅的追逐下——记鲁彦的病和死》，《新文学史料》1979年11月第5辑。

② 这里的移住湖南，是王西彦当时在桂林时对鲁彦的建议。王西彦认为病如不好，事业无法顺利进行，不如移住湖南，暂时脱离所谓文化中心的恶浊空气，先把病治好再说；不然，也应该把小孩子送到湖南的难童保育院里去，减轻家庭负担，集中全力医病。结果鲁彦没有听从这个建议。

元,从而将《文艺杂志》二卷一期付印。

同时 又给王西彦寄去一卷油印启事,共七大张,是报告杂志创办经过和跟书店发生纠葛情形的。对此,据《新文学史料》1979年第5辑王西彦的文章《在魑魅的追逐下——记鲁彦的病和死》记载:"这时节,一卷六期的杂志仍未见印出,市政府出面调解,结果是要他依旧和原来书店合作,再订第二卷合同。我知道他决不会接受这种调停。随后,我又接到书店方面的启事,各持一理,互相攻讦,纠葛显然无法得到比较合理的解决。于是我就写了一封信给他,劝他向书店让步,看在杂志和健康的份上,放弃一些不必要的争执。这封信却意外没有接到回信。"

15日 据《桂林文化大事记(1937—1949)》(第225页)记载:"文协"桂林分会为筹募基金决定在三教西餐厅召开游艺筹备会。

19日 据《桂林文化大事记(1937—1949)》(第225页)记载:"文协"桂林分会于下午在百东门剧场举行"诗歌·音乐·戏剧晚会"。现场由新中国剧社演出《希特勒摇篮曲》,演剧四、五队合演《躲警报》,胡危舟、韩北屏、叶仲寅表演诗朗诵等。

11月

3日 鲁彦于5月8日写给一个家乡亲朋的回信以《鲁彦在桂林》为题,被登在《浙江日报》第4版。该信没有被收入《王鲁彦文集》,是一封佚信。信的内容如下:

××:

……我自去年三月起患病迄今未愈,先后住在医院里凡六个多月。最近又在医院开刀,到今天还不能起床。本来是小病,给庸医弄出毛病来,变成肛门内溃疡,长期痛苦不堪,故一再诊治,开刀至第四天。

《文艺杂志》是熬着病在床上编出来的。一则想做一点有意义而且适合的工作,二则儿女多,借此弄一口苦饭吃。几年来因种种关系,我不能做一点有助于抗战的工作,亦未曾做出于个人或亲戚朋友有益的事,衷心苦悲。

家母灵柩尚停南市未得安葬。今仲生兄又惨离人世,令人泪流。故乡情形无时不在念中,诚如来书所云无从打探也。倘有暇,还请详为告知。对于你个人,我的意思还是继续在报馆工作,艰苦地再度过一些日子。……

鲁彦草复

五月八日

这封信没有写明收信人,根据内容可以推测该人是家乡人,不然鲁彦不可能告知他母亲死后灵柩尚停于南市一事,也不会给他出谋划策。

12 月

2 日下午一时 据《桂林文化大事记(1937—1949)》(第 231 页)记载:鲁彦前往广西剧场,参加"文协"桂林分会在那里召开的第四届会员大会并选举第五届大会理事会,到会者 70 余人。田汉主持并致辞,李文钊报告会务。鲁彦与田汉、欧阳予倩、宋云彬、巴金、邵荃麟、艾芜等 25 人被选为理事。穆木天、陈闲、骆宾基、端木蕻良等 7 人被选为后补理事。同时,鲁彦又与田汉、胡风、聂绀弩等一起被大会推举起草向斯大林致电的电文。

中旬 给王西彦写回信。据《新文学史料》1979 年第 5 辑王西彦的文章《在魑魅的追逐下——记鲁彦的病和死》记载:"一直到了十二月,他的信才来。说是病好了,二卷一期的杂志已在装订,是自己独立印行的。又说,出版社仍在进行,丛书年内可以先送审两三本,催我赶快寄书稿去……信里还说到要写一篇恋爱小说,分明是体力见好的证据。"

15 日 主编的《文艺杂志》(桂林版)第二卷第一期在延期两个多月之后终于出版。刊登了艾芜的长篇小说《故乡》,茅盾的短篇小说《过封锁线》,张天翼的作品研究《读〈儒林外史〉》,厂民的诗歌《漠地诗钞》之《沙溪、庙子、井泉、夜、晨》,孟十还译的高尔基小说《窦拉》等。从这一期开始到第四期因与出版社、发行单位、印刷所等各方面的矛盾有所缓和,出版得还比较顺利。

21 日 散文《鸽子》刊于《扫荡报·现代文艺》创刊号第 4 版,该散文没有收入《王鲁彦文集》(叁),是一篇佚文。散文描写每日破晓,就被一群鸽子安详但略带几分悲苦的叫声吵醒,作者被这声音带到遥远的黄土高原深处的北方小镇。在那里,他与住在屋顶上的鸽子和谐相处了三个月,可是这平静被一个无知的小孩破坏,他拆坏鸽巢,折断小鸽子的翅膀,扯掉它的头毛与尾毛。此后,那里再也没有鸽子降临,只有其悲苦的叫声永远留在作者的耳膜里。文章表达了作者爱护弱小生命的愿望。

是月 把家从东江福隆街搬到西外街朱紫巷,因被竹篱笆围着的小木屋里只住着三户人家,所以又名"三家村",周围的风景很不错。

月底 给王西彦写了一封长信。据《新文学史料》1979 年第 5 辑王西彦的文章《在魑魅的追逐下——记鲁彦的病和死》记载:王鲁彦在信中"把自己的住处描写了一通,把近郊的环境说得简直佳胜异常,犹如人间天堂,字里行间,充满一个天真无邪的小孩子似的欢愉"。

是月 与黄宁婴在桂林正阳路见过一面。据《戏剧与文学》1946 年第 1 卷第 2 期黄宁婴的文章《记鲁彦先生》回忆,他是在鲁彦肺病发作、声音失声之前见到的,推测起来大概在这个月。"有一次,他和两个人去过正阳路,跟我打了一个照面,他向我点点头招呼,相对笑了一笑,却没有交谈,我才知道我们这淡淡的交情还不曾在他的记忆里消融掉。"

是年冬　在西外街朱紫巷的"三家村"寓所与巴金见面交谈,并送他到附近的洋桥头。据《新文学史料》1983年第1期巴金的文章《写给彦兄及附记》①记载:"正是在两年前,有一天傍晚你从桂林三家村寓所把我送到洋桥,我要你送我进城,到一家小馆里吃点东西,多谈个把钟头,你因为天晚身体不舒服,不肯进城。我们站在洋桥头,随便谈了一刻钟的闲话,然后你支着手杖一拐一拐地走了。我望着你那歪斜地走着的身影,在逐渐加浓的夜色中消去,我的心忽然隐隐地痛起来,泪水迷糊了我的视线。彦兄,我不是在为你哭,我是在哭自己。我那时就想到在你身上也活着我那一部分活动,快乐的岁月,它们快要跟着你死去了。"

是年冬　路经桂林的文怀沙②去南门外(西外街朱紫巷)的"三家村"看望鲁彦。据《宁波日报》2004年10月13日王芳的文章《亲友故乡深情忆鲁彦》记述:"那年,文怀沙路经战时的桂林,特意去南门外三家村看望鲁彦。其时,鲁彦正在桂林抱病主办一份大型文艺刊物《文艺杂志》。一见面,鲁彦即请文怀沙再次

----

①　这篇文章最初写于1944年8月的重庆,发表于1945年5月《文艺杂志》(重庆版)新1卷第1期,题目是《写给彦兄》。

②　文怀沙(1910—2018),斋名燕堂,号燕叟。别名文哲褧、文贯之,笔名王耳、司空无忌。生于北京,祖籍湖南。著名红学家、金石家、书画家、国学大师、楚辞研究专家等。参与编著《中国古典文学研究丛刊》《屈原〈九章〉今绎》《屈原〈离骚〉今绎》等。

吟诵那四句《离骚》①中的词。待文怀沙吟完,惊讶地发现鲁彦正在流泪。'他心里委屈得很呐!'文怀沙说。"

是年 敦促端木蕻良完成长篇小说《科尔沁旗草原》第二部。据《新文学史料》1993 年第 1 期端木蕻良的文章《忆鲁彦》记载:"鲁彦早就知道我的长篇小说《科尔沁旗草原》还有第二部没有着笔,就一直鼓励我把它写出来。虽然,那时我身体很坏,心情尤其不好,但他热情地说:'你能写多少就写多少,每期登一点就可以,只要你肯写就行。'当我答应下来时,他笑得那么愉快,如同他自己完成一部长篇一般。""我终于开始写《科尔沁旗草原》的第二部,这和鲁彦的鼓舞是紧紧联在一起的。正当我身体很差的时候,要我扛起一个长篇担子,是否能兑现,实在难说。一旦交不了卷,可对不起鲁彦夫妇一片好意。但是,想起鲁彦那纯朴的笑容,我勇气就来了。决定写下去。虽然后来,因战火烧到眼前,加上大病,我没有能够把第二部写完,但这,如果没有鲁彦夫妇的热情的浇灌,这少数的几章,也是不会出现在人世间的呢!"

1943 年(癸未,民国三十二年)　42 岁

▲3 月 24 日,《新华日报》首次在国统区报道了毛泽东《在延安文艺座谈会上的讲话》的内容。

▲5 月 15 日,共产国际执行委员会主席团做出《关于提议

---

① 鲁彦与文怀沙是故友,他最爱听文怀沙吟咏屈原《离骚》中的四句词:"吾令羲和弭节兮,望崦嵫而勿迫;路漫漫其修远兮,吾将上下而求索。"

解散共产国际的决定》,5 月 26 日,中共中央发表完全同意解散共产国际的决定。

▲10 月 19 日,《解放日报》全文发表毛泽东《在延安文艺座谈会上的讲话》。

▲11 月 22 日至 26 日,罗斯福、丘吉尔、蒋介石三国首脑举行开罗会议,讨论对日作战及战后大计。12 月 1 日,中、美、英发表《开罗宣言》,宣称:三国必战到日本无条件投降为止。

1 月

6 日　与覃英所生的小儿了工思琪于桂林山世。

10 日　给王西彦写了一封回信。此前王西彦为了支持鲁彦的工作,于 1942 年底编了一本小说集(《风雪》——引者)寄给他,满以为鲁彦的出版社能顺利办起来,心中暗暗为他高兴,却收到了他的回信。据《新文学史料》1979 年第 5 辑王西彦的文章《在魑魅的追逐下——记鲁彦的病和死》记载,王鲁彦在信中说:"来信及书稿已收到,当即将书稿送审,杂志社事得兄鼓励相助,衷心甚感。惟弟殊不幸,杂志纠纷已了,社事始上轨道,个人忽患重病矣。盖前患肛门内症,据医云名属结核性,故累次开刀,至今未痊,且连创口亦不肯收复。前因未见有任何特殊症候,仅请医听诊数次,并作痰与血液之检查,结果皆无所得,未与重视。乃近两星期忽患咳嗽,喉痛,哑嘶,夜热,昨作 X 光透视,则证明系两肺尖发炎,喉医检查,则又认为喉头结核合并症。病情严重。眼前尚能平安度过,据云亦须静养半年,现医已禁止工作与谈话,心中殊苦……"王西彦发现这封信字迹潦草,他推测写信人显然是躺在床上写的,而且第一次详细谈了自己的病情。

中旬　又给王西彦写了一封短信,再次谈及自己的病。据

《新文学史料》1979年第5辑王西彦的文章《在魑魅的追逐下——记鲁彦的病和死》记载,王鲁彦信中说:"弟病已多方证明系肺结核。现隔日注射葡萄糖钙一次。药费甚贵,不知能打几针,亦不知能见效否耳。"病情确诊之后,治疗的方案发生了变化,但肺结核在那时是绝症。从这封信开始,鲁彦流露出不安与担忧的情绪。

15日 主编的《文艺杂志》第二卷第二期出版,发表了靳以的小说《乱离》、端木蕻良的小说《海港》、陈烟桥的艺术史论《鲁迅与木刻》、胡风的文艺评论《关于抽骨留皮的文学论》、克锋的译作《德国诗选》等作品。这一期出得也比较顺利。

28日 给学生华新①写信。

华新:

　　许久没有接到你的信了,思念不已。我近来忽又病上加病,竟患起结核病来。用X光透视结果,不过锁骨以上的两肺尖在发炎,是肺病的初期,稍加疗治,就不足为患的。但因为又合并喉头结核,就觉得相当讨厌了。前些时候,我还能发出嘶哑的声音,现在却只能发出细细的耳语一般的声音了。结核菌到了喉头,应该是严重的。但一个病人还没有到不能说话的时候就不会说话,心里的苦闷是还过于病势的严重的。将近两年来,因肛门周围的溃疡,我不能好好的坐也不能好(好)的走,现在却连说话的权利也被剥夺了,

---

① 华新:王鲁彦的学生,因为信中有一句"我曾经教过你国文"。鲁彦一生育人无数,从湖南长沙、北京、上海、福建(厦门、泉州、莆田)到陕西(邠阳、西安)、广西桂林中学、柳庆师范,只有福建莆田涵江中学教书时,有其他地方的学生吴际汉、方清辉跟着鲁彦到涵江中学听课,鲁彦帮助学生看稿并推荐给报纸发表以及离开后仍有联系的记载。后来到西安中学教书后,与当地爱好文学的学生也常有书信往来。但这个学生究竟是福建的还是陕西西安的,到目前为止尚未找到确切的文字材料。

你可以想到我的心情如何。然而，我也够能忍耐了。一年中用了八次手术，与病魔相搏斗之外，还和人妖相搏斗。有人说我脾气坏，那完全是恶意的诬蔑，企图用这大帽子来推翻一切是非，把罪名归到我身上来。病魔侵蚀我身体，要使我死，我偏挣扎着要活，这脾气应该是不算坏的。何以我的病用手术七八次不会好，现在全明白了，原来暗角里藏有结核菌。《文艺杂志》的纠纷何以闹了那么久，也是因为暗角里藏有结核菌。现在，病原总算找出来了，虽然讨厌，我仍在耐心的治疗，也正如对《文艺杂志》一样，我仍把它编下去出下去。这世间，给我们的痛苦也真够了，我自然不会是一个乐天主义者。人生究竟是短促的，一个人不怠的工作，成绩尚且有限得很。我的病使我长期不能工作，在我是比失音更痛苦的。几个月前，也是我躺在病床的时候，我曾经开始学习俄文，想在三年之内把它学好。我觉得多学一种外国文，好像多长了一双眼睛，一对耳朵，一张嘴巴，一双手。不但增长自己的学问，也增加自己的工作，无奈几个月来老是因为生病，又没有人教，不能一直学下去，想到从前没病时不曾学习，真是懊悔极了。现在常见好些青年少年老成，摆出什么都懂的样子，不爱下苦功读书，不禁为之忧愁。你是一个谦虚刻苦的青年，我希望你更加努力。我不懂法文，你学的虽不够，但你在这方面已经是我的老师了，虽然我曾经教过你国文。最近医生不让我工作，家里的人也在劝阻我，我只得再过许久才写信给你了。愿你健康。

鲁彦一月二十八日

这封信被卫民编的《当代作家书简》（1943 年 7 月上海普及出版社出版）收录，并编辑进"为战斗与苦难所承受的"一辑中，编者给这封书信加了一个题目《与病魔、人妖搏斗》。①

信中非常详细地给学生华信谈了自己的病情:从双肺尖炎症加上喉结核从而导致失音的病情细节,到自己内心的痛苦与挣扎都写到了。但他认为别人说他脾气不好是一种恶意的侮蔑,这里面纠缠着他与三户书店和侨兴出版社因为《文艺杂志》出版发行中产生的矛盾,有点负气的成分。可贵的是即使如此,鲁彦还是不想倒下,还想要把杂志编好、编下去,甚至还想借着生病的机会学俄语,以增长自己的学问,有利于自己的工作。其实,鲁彦学俄语真正的目的是学习苏联社会科学和文艺理论著作,提高自己的理论水平,这一点艾芜在《关于鲁彦的回忆琐记》中曾经谈到过。最后不忘鼓励华新努力学习。

是月 因结核菌侵蚀到肺部和喉头,导致病情加重、声音喑哑。

是月 曾给王西彦写过几封信,但都很简短。很显然病情的确诊以及发展的迅速,使得鲁彦心情很不好。

据《新文学史料》1979 年第 5 辑王西彦的文章《在魑魅的追逐下——记鲁彦的病和死》记述,作者对此表达了自己的担忧与看法:“景象是可以想见的。虽然杂志在出版(此时二卷第一、二期已出),出版社也在进行,但鲁彦本人的病情既然如此,一切困难便只有增加。就拿杂志来说,第二卷的内容显然比不上第一卷了,这也是主编人情绪不安和精力衰退的表现。至于出版社,我即使不十分明了合作者的情形,不过象鲁彦那样的人,在经营商业的事情上,总是不会十分相宜的吧? 何况又患那样讨厌的重病呢? 我的推测没有错,因为此后他的来信变得很简短,很少

---

① 参见张眱:《王鲁彦佚简六通及其他》,《新文学史料》2021 年第 4 期。

提起自己的病情,仅只要我给杂志寄稿。如果事业顺利,心境愉快,病情好转,他的信一定会不同些。他是一个有些孩子气的人,最喜欢朋友能分享他的喜悦……因此,每次接到他简草的信,我便惴惴不安,暗暗地为他模拟一番穷困窘迫的生活和凄楚绝望的心境。"

2 月

26 日　给蹇先艾写信,告诉他自己久病不愈的情况以及内心的苦闷。据《中国文学》1946 年第 1 卷第 3 期蹇先艾的文章《悼鲁彦》回忆:"我接到他的最后的一封信,是民国三十二年二月二十六日写的,他有这样几句话。'……弟久病不愈,每日卧床时间居多,近复忽患喉症,暗哑已有一个月有余。医云系结核病,须长期疗养,苦恼之至……'"

3 月

15 日　主编的《文艺杂志》第二卷第三期出版,发表了端木蕻良的长篇小说《科尔沁旗草原》(第二部)、李辉英的短篇小说《边理杰》、周立波的散文《夏夜》、邹荻帆的诗《来自田间的人们》、方敬的诗《行吟的歌》等。第二卷第一至第三期,总经销改为东方书店。第一期由标准活板纸型所印刷,第二、第三期由青年书店桂林印刷所印刷。

4 月

20 日　据《桂林文化大事记(1937—1949)》(第 245 页)记载:"文协"桂林分会在艺术馆举行中华全国文艺界抗敌协会成

立五周年纪念会。鲁彦因病缺席。到会的有田汉、欧阳予倩等一百余人。纪念会首先由田汉致辞并简述文协成立五年来的伟大成就,熊佛西、许之乔等相继发言。会后有诗歌朗诵等节目。

是月 给王西彦写信。据《新文学史料》1979年第5辑王西彦的文章《在魑魅的追逐下——记鲁彦的病和死》记载:王鲁彦信中说:"来书久未复,以诸事不如意故,劳远念甚歉。弟病仍如故:喉哑,咳嗽,隔日发烧。此间不乏名医,但多固执为肺结核,除疗养以外云无他法,对咳嗽发烧亦未能制止。弟疑病不简单,发烧犹似疟疾,乃医多不听。盖未能尽心尽力为人医治也。弟自发病至今,已逾三月,病状未见减轻,颇为绝望。且住在桂林,烦恼生气之事太多,殊难静养。前更议去湖南,将杂志停办,或请兄接编,乃意见未能一致。人多云此间医药便利,不宜离开。实则弟已屡为医药所误矣。且家中吃饭人多,米价近已狂涨近八百,有趋千元之势(梧柳早过千元),维持为难,心中苦虑。亦实非疗病之道,奈何奈何? 今年出版界不景气已降临,读者购买力弱,银根紧,成本高,桂林出版家已有数家倒闭。文艺杂志社前曾集有股款六万元,一方面因受总经售书店之影响,三期竟至无法从印刷所取出。结果只得解散,交与侨兴出版社代印代发。《风雪》因此在这里搁了许久。上月×××所办××书房索稿,觉得既无另外可办之处,久搁亦多损失,就介绍给了他。想能得兄同意(弟自选集亦交渠出版),以兄云将来桂,故未与订立合同。今日之出版家无一可信任者,作者殊无法不受剥削与欺侮……弟极想移家至衡山、攸县或茶陵,甚至即使个人也想到湖南小住,望那边物价、医院情形,见示一二……"

信中告诉王西彦六个方面问题:一是自己的病三个多月来不见好转,外加烦恼生气事太多,很难静养,产生去湖南疗养的想法,但杂志无人接编。二是物价上涨迅速,维持生活有困难。三是出版界不景气,读者购买力低,已有数家出版社倒闭。四是因集股款取不出,《文艺杂志》第三期无法从印刷所取出,只得交由侨兴出版社代刊代发。五是把王西彦题为《风雪》的书稿介绍给了×××所办的××书房。六是自己想移家至湖南衡山、攸县或茶陵养病,希望王西彦打听一下当地的物价和医院情形。

这些内容使得王西彦十分不安和担忧。尤其是鲁彦把王西彦的一本书交给了一个××书房去出版,王西彦并不认识该编辑,觉得自己也不可能跟这个人接近,心中有些不快,赶紧给鲁彦写信,要求亲自去订立出版合同,并拒绝预支××书房的版税。

月底 鲁彦收到王西彦的信以后,马上回了信。据《新文学史料》1979年第5辑王西彦的文章《在魑魅的追逐下——记鲁彦的病和死》记载,王鲁彦在信中说:"知兄将来桂林一游,企盼之至,希能迅速启程。弟病近日稍愈,然尚不知能恢复否?杂志事弟殊难处理,精神甚不佳,仍须长期休养。兄来桂决将以杂志编务相托,如兄见允,可再作一卷的计划,否则弟愿停刊。如何祈即电复为幸……"

同期 王西彦马上给鲁彦回了一个电报,请他对杂志作"长期抗战",对疾病也作"长期抗战"。

5 月

上旬 在朱紫巷的家里接待深夜冒雨从湖南攸县六轮陂来到桂林的王西彦,当时心情很激动。据《新文学史料》1979年第5辑王西彦的文章《在魑魅的追逐下——记鲁彦的病和死》记载:"我的到临,使病人大感兴奋。他重新穿衣起坐,忘记自己的痛苦,微笑着向我道着欢迎。可是他声音喑哑,人瘦了,须发却长了。在昏黄的油灯光下,一望而知,病魔已经残酷地夺去了他的健康。""他便用微弱而喑哑的喉音,说出版社的成立和解散,说杂志的将来,说自己的病情。他的语调迫切,情绪兴奋,虽然不时为咳嗽所阻,却仿佛有千言万语,需要不待选择也不能节制地倾吐出来。说到后来,他几乎要手舞足蹈起来。"

上旬 与从福建省建阳徐市集中营中获救、路经桂林前去重庆的冯雪峰见面。

据《新文学史料》1979年第5辑王西彦的文章《在魑魅的追逐下——记鲁彦的病和死》记载:鲁彦当时很高兴地告诉他这些内容:"你知道吗? 雪峰来桂林啦! 他来啦,你知道吗? 他这次吃的亏太大了,他患肋膜炎,人家给他开刀,连麻药也不用,就这样抽去他两根肋骨! 明后天他就会来看我,你们可以仔细谈谈,关于杂志,还有关于我的病……"在病中与久违的老友见面,自然是一件很高兴的事情。所以"病人(王鲁彦)纯然变成一个孩子,简直眉飞色舞,完全忘记了自己的病苦。被父亲所惊醒,孩子们也起来了,揉着惺忪的小眼睛,躲在门边窥视。病人这一场兴奋,持续了颇长的时间,才以我再三劝阻而平静下去。这一晚,我就跟他的儿子搭铺,许久许久还听到他的剧咳声"。

按:冯雪峰因邻村一个在金华某报馆做事的名叫朱侃的青年,在写给他的信中提到"国际新闻社金华分社"被查封一事,被金华宪兵连在邮局检查到,那青年被捕,他也因此于1941年2月26日在义乌神坛村家中被捕。

2月27日至月底,冯雪峰在金华宪兵连被审讯,因不肯在报上登"同共产党及新四军没有关系"的启事,被送到上饶宪兵第四团(集中营)。在那里数次被审,先后被送往"第三战区专员室政治处""茅家岭禁闭所""周田村特别训练班"关押。在"茅家岭禁闭所"关闭期间"得了类似回归热的病"。幸被浙一师同学郭静唐认出,郭设法买来医治"回归热"的特效针剂,使其病情逐渐好转。5月上旬,因白天过度劳累,夜里沉睡在两块高低不平的铺板上,左侧胸部被硌伤。6月上旬,伤处逐渐形成脓肿。在此期间,请特训班毛鹏仙①给胸部脓疮开刀清脓,由于手术时仅用盐水浸泡过的布条包扎创口,消毒不严,造成了感染,最后转化为肋骨结核病。下半月,经郭静唐引荐,与《前线日报》主编宦乡相识。

1942年6月上旬,日军攻占上饶,集中营向福建迁移,冯雪峰随医务所人员行动。此时,郭静唐被营救出狱,他一出去就开始设法营救冯雪峰。7月至10月,集中营迁移至福建建阳徐市。11月,郭静唐和宦乡以"保出治病"为名,把冯雪峰救了出来。

此后,冯雪峰在宦乡的前线日报社和丽水庆元下济村浙江省第二保育院休养,稍有好转后,就远涉千里去沦陷区的家乡寻觅妻儿,并终于见上了一面。1943年2月把妻儿接到丽水,4月底,与桂林方面取得联系后,独自搭上一辆装满货物的汽车到达广西曲江。5月初从曲江转乘火车到达桂林,住在桂林文化供应社邵荃麟处。通过邵荃麟,将自己被捕、关入上饶集中营及离开集中营的经过报告给中共南方局(重庆八路军办事处)。在桂林停留的半个月时间内,与聂绀弩、骆宾基等见面,并去探访重病中的王鲁彦,还与到桂林的王西彦见面及交谈。②

对于这次见面,据人民文学出版社2016年版《冯雪峰全集》

---

① 毛鹏仙:难友中的外科医生,与林秋若同被关在"女生班"。
② 参考王嘉良《冯雪峰年谱》。

第 9 卷第 53—56 页冯雪峰的文章《关于王鲁彦》记载："43 年我从浙江到重庆去,于 5 月间路过桂林,当时邵荃麟在桂林负责文艺界的领导工作,王鲁彦同邵荃麟有联系,但他肺病已经很严重,邵荃麟告诉我后,我特去看他。我记得他说话声音已经很低,呼吸已相当困难,说话不多,只记得他确实说过党对他有照顾,他非常感激的话;同时,好像也说过他的病大概不会好。希望我也能帮助覃英和他的小孩之类的话。我记得,因为他当时很动感情,我在他那里留的时间不长。这就是 43 年 5 月间我在桂林去看他的情况。我路过桂林时就去看过他一次。"

他们的相见,刊登在《新文学史料》1980 年第 2 期刘增人、陈子善的文章《鲁彦夫人覃英同志访问记》中,覃英有补充:"一九四三年,雪峰同志从上饶集中营出来,路经桂林时还特地来看望鲁彦……记得雪峰当时曾亲口告诉我们,在上饶集中营,他肺病加重,再加胸部伤口溃疡,已经奄奄待毙。国民党匪徒见他昏迷不醒,误认为已经死去,把他丢在破庙里。幸亏难友发现了他,用竹片刮去他胸口的烂肉和脓血,把盐水浸的布带裹在他胸前,才把他从死亡线上抢救过来。后来经党组织营救,得以脱离虎口。鲁彦正好也是患肺病,听了雪峰这席话,就和他抱头痛哭,雪峰同志还解开衣服让我们看胸前的伤疤。雪峰同志历经磨难,九死一生,并没有颓唐,更没有向反动派献媚,他又去找党,在坎坷的道路上更加忠心耿耿地为党工作。他去重庆前还再三鼓励我们要坚强地生活下去,奋斗下去。见我们生活困难,他到重庆后自告奋勇为鲁彦的《野火》寻找重版的书店,因为姚蓬子的作家书屋拒不接受,他才只好介绍给另一家书店,以解决我们的燃眉之急……"

见到王西彦之后的第二天　与再次前来拜访的王西彦一起

交流了当时桂林出版界的乱象以及他们各自对此类现象的不同观点。据《新文学史料》1979 年第 5 辑王西彦的文章《在魑魅的追逐下——记鲁彦的病和死》记载:"第二天,他拿出一副喷射器,用药水喷射了一通喉咙,开始跟我长谈。为了补充发声的不足,他同时用笔写。除了把昨夜的说话重新详尽地复述一遍外,他终于谈到出版家不可信任的事情上,我的看法跟他不尽相同。老朋友是老朋友,有长期的交往和社会信用作保证,不能因一时的意气,遗弃宝贵的友谊。出版家良莠不齐,也有长时期的交往和社会信用作保证,不能因一时的意气,就一概加以否定。人终是人,各有自己的处境,朋友之间,应该互相谅解。我这些话,他自然听不进去。唯恐他太激动,我几乎默不作声。"

见到王西彦之后的第三天 再次与前来拜访的王西彦交流。当王西彦把在丽君路邵荃麟家里后楼上与冯雪峰见面的情形告诉鲁彦时,他高兴得像个小孩似的,还对时局发了一通牢骚。①

20 日 主编的《文艺杂志》第二卷第四期出版,刊出了臧克家的诗《月亮在头上》、公木的小说《鸟枪的故事》、以群的四幕剧《姊妹》、李广田的散文《没有名字的人们》、穆木天译的法国巴尔扎克小说《长生不老药》等。这一期也因为鲁彦的生病,导致杂志出版拖延了两个月零 5 天。

同日 《关于张天翼、蒋牧良、王鲁彦先生病况的报告》一文刊登在《文艺杂志》第二卷第四期上,里面介绍了张天翼、蒋牧良和王鲁彦的病况。"为了答复许多朋友和读者关切的询问,我们

---

① 参见王西彦:《在魑魅的追逐下——记鲁彦的死和病》,《新文学史料》1979年第 5 辑。

现在将本刊(《文艺杂志》)二位作者和编者的病况,在这里作一点报告。"其中关于王鲁彦病况的介绍是:"王鲁彦先生:近两年来他行坐都不便,以前患直肠周围溃疡症,用手术八次,皆未痊愈。今年一月初忽然咳嗽,发热喉痛,暗哑同时发作,X光透视,两肺尖阴暗不明。医生说是肺结核兼喉头结核,近来他的病象渐渐减轻,精神好了许多。只是暗哑已有四个月了,说话异常困难,喉痛也时常发作。(文志编辑室,五月十日)"

28日 据《桂林文化大事记(1937—1949)》(第247页)记载:"文协"桂林分会为保障作家的生活召开理事会。鲁彦因病缺席。该会决定重订稿费标准:各种著译文稿发表费每千字为白米一斗,并与版权之报酬照发表费加倍计算。

是月 因病情没有好转的迹象,只好请王西彦代为编辑《文艺杂志》第二卷第五、第六期。

6月

7日下午二时 "文协"桂林分会在社会服务处举行的茶会。鲁彦因病缺席。参会者有该会会员及诗歌工作者。李文钊主持,田汉、熊佛西、柳亚子等人相继发表了演说,阐述了纪念屈原的重大意义。会上有诗歌朗诵和新诗展览。

19日下午二时 据《桂林文化大事记(1937—1949)》(第248页)记载:"文协"桂林分会在马背房会址举行本市文艺刊物编辑及发行人的联谊会,到会的有十余人。鲁彦因病缺席。此次会议主要商讨作家的稿费问题,并决定了三项原则:(一)拥护文协所提倡的"千字斗米"运动;(二)因米价波动极大,故暂定七、八月份出版的杂志,每千字八十元,九月以后则以上月最高和最低米价的平均数为标准;(三)决定采用的稿件,经看清样后即付稿费。稍微提高了一点作家的收入。

是月　因为与侨兴出版社为了《文艺杂志》的出版与发行产生的种种纠葛无法解决，又一次病情加重，发热而住院。家里的经济状况堪忧，生活陷入困境，病人的心情很差。

对此，据《新文学史料》1979年第5辑王西彦的文章《在魑魅的追逐下——记鲁彦的死和病》记载：《文艺杂志》创办以后是由侨兴出版社发行的。杂志社与侨兴出版社的关系，名义上虽为总经售，实际上却由侨兴出版社出资印行，杂志社只按月领取编辑费和稿费，由杂志社将稿费分寄给作者。正经理除了负责侨兴出版社的业务之外，自己另外开办一家出版社，王鲁彦便是合作人之一。虽然在订合同时是由《文艺杂志》和侨兴出版社共同出面的，实际上却瞒着大老板，另外假设一个出版社，用侨兴的钱付印刷费、编辑费和稿费，再拿现成的杂志批卖给侨兴，一转手之间，截取了发行杂志的全部利益。后来大老板发现出版社内部有问题，就请来会计师清查账目。这件事情使侨兴出版社不但拒绝把全部大样已经校对完毕、打成纸型的《文艺杂志》第五期送到印刷所去，甚至连编辑费和稿费都不发了，而且一耽搁就是半个多月。这也使得王鲁彦寝食难安，病情骤然加重，热度增高，不得不进医院去。当时王鲁彦家里不仅没有医药费，连买米的钱也发生恐慌。"女工辞退了，孩子辍学了，饭由三餐减为两餐，覃英同志一身充当病人的看护、孩子们的母亲、家庭的主妇与女工，整天东奔西走，刻无宁暇。病人的脾气越益变坏了，有时简直不可理喻。在这种情形下，病情好转的希望，自然是很渺茫的。""鲁彦是一步一步地离开了朋友，落入群小的陷阱里去的。"

上半年　湘渠与艾芜一起进城，顺道去看望病中的鲁彦，这是湘渠最后一次见到鲁彦。①

上半年　文怀沙再次去看望鲁彦,当时他的嗓子已经沙哑得发不出声音。②

是年夏　方敬③与(陈)占元④一起去医院看望王鲁彦。据《革命日报》1944 年 10 月 20 日方敬的文章《挽词——献在鲁彦的灵前》记载:"后来我来到桂林,他正卧病在医院。他差不多已不离病榻。病反复无常,药又不见效。我同(陈)占元去看他的时候,他一定还要爬起来倒茶,觉着天热又把蒲扇递给我们。我们所谈的主要是他的病况及刊物,他很想把刊物办好,希望朋友们帮忙。他也渴盼他的病早愈虽然是难治的肺病再加上难治的痔疮。他谈话很刚直,由于兴奋,他精神显得很好。临别还忍痛蹩着脚送我们到大门口,又把他手上唯一的刚出版的杂志送我。"

7 月

月初　从医院出院回家,刚巧方敬要从寄居在鲁彦家附近的楼房搬走,鲁彦连忙叫妻子追出来询问方敬的新地址。⑤

中旬　与方敬在路上碰见并站着聊了一阵《文艺杂志》的情况。⑥

---

① 参见湘渠:《鲁彦琐记》,载《东海》1957 年第 3 期。

② 参见王芳:《亲友故乡深情忆鲁彦》,《宁波日报》2004 年 10 月 13 日。

③ 方敬(1914—1996),重庆市万州区人。诗人,散文家,文学翻译家,教授。代表作有诗集《雨景》《声音》《行吟的歌》,散文集《风尘集》等。

④ 陈占元(1908—2000),广东南海人。1927 年赴法留学,1934 年回国,开始了法国文学的翻译活动。是著名的法国文学翻译者和研究者,一生翻译了 50 多部作品和文章。

⑤ 参见方敬:《挽词——献在鲁彦的灵前》,《革命日报》1944 年 10 月 20 日。

⑥ 参见方敬:《挽词——献在鲁彦的灵前》,《革命日报》1944 年 10 月 20 日。

25 日 《新华日报》(第二版)发表了一篇默寒写的题为《动员的浮沉》的桂林通讯,里面提到很多作家当时的惨况,也提到了王鲁彦的情况:"作家王鲁彦更是病滞桂林,他病得很重,肺结核,肛门结核,再加上喉结核。朋友们都说他的病是很难挽救了。"

是月 拒绝艾芜与王西彦一起提出的把恩哥、莉莎等二个较大的孩子送到湖南的难童保育院去的建议。据《新文学史料》1979 年第 5 辑王西彦的文章《在魑魅的追逐下——记鲁彦的死和病》记载:"这次我来桂林,艾芜便来鲁彦家研究病人的诊治休养,主张先把较大的三个孩子送到湖南的难童保育院去,不仅可以减轻负担,更可以避免疾病的传染。保育院这方面,由我去想办法,一切都可放心。""但鲁彦拒绝了。""'你们的打算很好,不过我还不到骨肉分离的时候!'说这话的时候,他的语调很悲愤,仿佛站在他面前的不是焦灼地为他策谋设法的友好。"

8 月

是月 《新生月刊(汉口)》第 5 卷第 8 期上发表题为《张天翼、鲁彦贫病交加》的消息。"张天翼近在宁乡抱病,其夫人在致女作家彭慧函中称,天翼所患系初期肺病⋯⋯在桂林主编《文艺杂志》之王鲁彦,近亦在桂卧病,病势甚剧⋯⋯"

9 月

1 日 《文艺杂志》《文艺生活》《创作月刊》等被国民党广西

省政府查封。[①]

25—26 日　桂林《大公报》连续刊登了寒流写的《桂林作家群》一文，报道了留桂作家王鲁彦、艾芜、穆木天、彭慧、端木蕻良、田汉、安娥、欧阳予倩、熊佛西、巴金、林焕平、胡仲持、周行、周钢鸣、司马文森、聂绀弩、孟超等作家在险恶的政治环境中所过的贫困生活。据《广西师范学院学报》1980 年第 3 期第 71 页万一知编的《桂林文化城记事》(续)(1938 年 10 月—1944 年 11 月)记述："这一群文化工作者有一个共同表现，就是各处一隅，无声息的混日子，集会、座谈，早已消去了过去的逸兴。许多人在秋风瑟瑟中已作冬眠准备。"

10 月

1 日　在王西彦编校、艾芜的帮助下，《文艺杂志》第二卷第五期终于出版。刊载了伯超的小说《萨尔温江的格一普》、刘北汜的散文《路旁》、冀汸的诗《仇恨烧灼着》、茅盾译的苏联苏尔来夫的小说《他的意中人》、周行的短论《涉及创作问题的二三小感》等作品。从这一期开始，刊出的时间改到每月 1 日。这一期的组稿、审稿，王鲁彦还是参与把关的，所以刊物的编排基本上还与以前几期保持一致。

上旬　因妻子覃英受到湖南茶陵二中的聘请，"文协"桂林分会决定委托端木蕻良接管《文艺杂志》的编务。

其实，杂志委托的过程还是很复杂和感人的。据北京出版社 2009 年 6 月版《端木蕻良全集》第 7 卷第 319—320 页端木蕻

---

① 参见万一知编：《桂林文化城记事》(续)(1938 年 10 月—1944 年 11 月)，《广西师范学院学报》1980 年第 3 期，第 71 页。

良的文章《忆鲁彦》记载："鲁彦最放心不下的,还是《文艺杂志》。一个老兵,是轻易不肯离开阵地的。这事他已考虑很久了。当然,覃英同志是可以担任起编务来,但是,覃英同志必须照顾他的病,他身边离不开亲人,何况孩子们还小。他有一个男孩子,已经寄养在湖南(广西柳州附近丹江县——引者)一个农民家中……重重困难摆在面前……""他们几次找邵荃麟同志,提出几个方案来商量。商量结果,荃麟同志同意由我代鲁彦来编辑《文艺杂志》。鲁彦和覃英都高兴地来找我作了最后的决定。""现在的年轻朋友们,也许不知道那时一个出版证是多么难得。如果鲁彦须要弄到一笔钱来医病,他只要把这个出版证出让就可以得到一笔可观的代价。但是鲁彦不是把编辑刊物作为个人的事业,而是作为人民事业的一个组成部分。所以他才找荃麟同志,征求他的意见。""荃麟也和我谈过这件事,我的健康状况也不算好,但我毕竟比鲁彦小几岁,我便说:'如果必须这样的话,我是可以做的。'""鲁彦得到这个消息,他立刻要覃大姐约我到他家里,把整个过程都对我讲了。""鲁彦告诉我:'我的心愿,就是要把刊物编下去,不使它夭折,其他要求,什么也没有。你认为可以的话,把主编的名字,改为你的也可以。我和覃英都同意! 只要把刊物维持下去。'""我说:'不,仍然用你的名字,我说一句不该说的话,如果你有什么不幸,这个刊物只要存在一天,也还要用你的名字。我对你的要求,就是能安心养病,把病养好了要紧!'"

中旬　鲁彦与端木交接完成后,就随妻子来到湖南茶陵养病。同时,把三个较大的孩子,送进湖南攸县宋庆龄办的难童保育院(王西彦的夫人在当院长)。

之所以选择去茶陵疗养,首先是覃英接到省立茶陵二中的聘请要去那里教书,而此时的鲁彦已经完全离不开亲人的照顾,家里又不能没有经济来源,这样既有利于覃英教书赚钱,也方便照顾鲁彦和孩子。其次,当时的茶陵尚未沦陷,位置偏远,暂时还比较安全。再者,三个孩子寄养的攸县难童保育院距茶陵较近,便于探望和接回,这对深爱自己孩子的鲁彦也是一种安慰。

中旬 覃英给王西彦写了一封短信,约略说到他们离开桂林到湖南茶陵完全是为了依顺病人的意思,并说病人非常挂念孩子们,要王西彦告诉他们多给病中的爸爸写信。[①]

16 日 给王西彦写回信。这是鲁彦给王西彦的最后一封信,信中对自己病情的好转抱有一线希望。据《新文学史料》1979 年第 5 辑王西彦的文章《在魑魅的追逐下——记鲁彦的死和病》记载,王鲁彦在信中说:"六日快信收到,医生知我的病,故累次劝我不再工作,不再讲话。我喉哑今已十个月,自己亦越来越惧怕,所以终于离开了桂林。来此非求乐土,无非可以略避烦扰与经济的煎迫,勉求温饱之外,希望能有益于身体而已。今幸尚有绵力自作摆布,且得友人之助来到茶陵。因初到稍感不适,又遵医嘱节劳之嘱,故许多信未写,或由谷兰代写。杂志事我离桂林前均已安排好,三卷一期都已编好审好发排。以后由端木蕻良接代,所有稿件均交端木。关于杂志,我从此告一段落,自问亦已无愧于心了。病中不拟再提这些麻烦事,病好了,再计划更有意义的工作。我现在最关切者乃是孩子们。儿女过于稚弱,今忽远离,恍如弃之,心中愧恨,梦魂难安。此间景物甚美,明春如得病痊,当约兄来此度暑……"

---

① 参见王西彦:《在魑魅的追逐下——记鲁彦的死和病》,《新文学史料》1979 年第 5 辑。

28日 "文协"桂林分会编辑的《二十九人自选集》,由桂林远方书店出版发行。自选集的执笔人为胡风、李文钊、胡绳、巴金、艾芜、张天翼、王鲁彦、骆宾基、司马文森、孟超、茅盾、夏衍、田汉、柳亚子、宋云彬、欧阳予倩、周钢鸣、邵荃麟等 29 人。鲁彦被收录的是《王鲁彦自选集》。[①]

下旬 冯雪峰从重庆来信告知《野火》已由韩侍桁联系出版,并寄来了稿费,鲁彦甚感欣慰。[②]

下旬 身体略有好转。来到茶陵之后,脱离了桂林文化界复杂的人际关系,有妻子的悉心照顾,又有冯雪峰、柳亚子等许多好友的关心和帮助,子女虽不在身边,但相距也不远,在这样的情况下,鲁彦身体开始略有好转。他也开始做久住茶陵的打算,甚至想把三部曲中的第二部长篇《春草》续写完成。[③]

是月 《图书印刷月刊》第 1 卷第 2 期刊发了一则广告:王鲁彦翻译的显克微支著的小说《老仆人》将由文学书店出版。

11 月

1日 在王西彦的编校和艾芜帮助下,《文艺杂志》第二卷第六期出版。刊登了丰村的小说《老乾尖子当兵去了》、黎央的诗《犁和土地》、王西彦的短评《关于你往何处去及其他》以及穆木天翻译的诗歌《我的童年》等。很明显这一期与第五期一样,在

---

① 参见桂林市文化研究中心、广西桂林图书馆等编:《桂林文化大事记》(1937—1949),漓江出版社 1987 年版,第 259—260 页。

② 参见覃英:《鲁彦生平与创作简述》,《中国现代作家选集·鲁彦》,人民文学出版社 1992 年版,第 262 页。

③ 参见刘增人、陈子善:《鲁彦夫人覃英同志访问记》,《新文学史料》1980 年第 2 期。

编排设计上简单了很多,虽然内容上王西彦仍力求与前几期的刊物大体保持一致。

是月 托人从攸县难童保育院接回几个孩子,一起住在茶陵二中教员宿舍,病中的鲁彦与儿女们一起共享难得的天伦之乐。

据人民文学出版社 2009 年版《王鲁彦文集·附录一》(伍)第 278 页王莉莎的文章《忆起儿时父亲在世时……》记载:"随着抗日战争的发展,生活更为困顿,父亲开始患病(因小刀口感染结核菌,五年间由肠、肺、喉结核,发展到全身结核而不治),不得已送我们进湖南攸县宋庆龄办的保育院(王西彦夫人当院长)。那时我约七八岁,爱哭的我非常想家,决定写一封信,可好多字不会写,又没地址,又怕挨骂,偷偷写了一个封信,压在床褥下,结果还是被发现了。那时我就想长大当文学家,像父亲那样,可以写好多好多字的书。我们兄妹几个曾几度入儿童保育院,生疥疮、长虱子、饿肚子是常事,只要有机会,父亲就会把我们接回家。这时的父亲已常躺在床上,妈妈教书,我带弟弟,做家务。病中的父亲教我削竹针织毛衣,教我们去池塘边挖蚯蚓钓青蛙,剥下皮来蒙在竹筒上当鼓打,还说如有弦可以做把胡琴子;还教我和哥哥捉柳蚕抽丝做钓鱼线。父亲喜欢钓鱼,却不吃的。这时的他,是否又想起了他自己的故乡的'阿成哥'和童年钓鱼虾的愉悦?呵!故乡早已沦陷,音讯全无,可故乡童年的记忆,留在他的作品中,他多么希望我们的童年也快乐着。"

大儿子恩哥还去该校的初中部上过学。据《株洲日报》2018年 10 月 15 日 B1 版张华娇的文章《作家鲁彦的茶陵时光》记载:2005 年 9 月,已近 80 高龄,曾获得国家发明奖一、二等奖和国家科委科技进步奖三等奖,享受国务院政府特殊津贴的金属材料科学家王恩珂,从网上得知茶陵一中将隆重举办建校 100 周年庆典的消息后,特意从北京发来贺信,称:"鲁彦、覃英携子女曾于 1943 年 9—10 月至 1944 年 5—6 月在茶陵省立二中(一中前身)校内居住与执教。学生王恩珂特向母校师生致敬,庆贺母校百年华诞。我因身体不适,未能下决心赴湘庆贺为憾。"并赠送《鲁彦选集》一本以示纪念。

是月 因为缺医少药,略有好转的病情很快就加重。经济状况更趋恶劣,虽然《文艺杂志》还在桂林继续出版,但低微的编务费,在经济上对他仿佛并没有太大的帮助。①

12 月

1 日 在端木蕻良编校下,《文艺杂志》第三卷第一期刊出。这一期开始,杂志的版本由 16 开本变为小 16 开本,封面设计变得简单、粗糙,页码也由原来的 96 页减为 90 页,内容的安排搭配变得比较随意,并取消了戏剧一栏,刊登的作品数量只有 11 篇,与前面每一期都刊登 16 篇或 17 篇相比,几乎减去了三分之一。不过还是刊登了王西彦的短篇小说《连绵雨》、黄药眠的诗《唉,你倒下去了》、韩侍桁译的罗顿贝尔格的短篇小说《战争的插曲》等作品。

同日 王鲁彦在《文艺杂志》(桂林版)第 3 卷第 1 期上刊登第二则启事:"彦以连年体弱多病,今遵医嘱,退修乡间,以资调护,文艺杂志社所有编排及接洽事务,完全委托至友端木蕻良先生代办一切,谨此声明,幸祈海内作家好友及万千读者仍以不断

---

① 参见王西彦:《在魍魉的追逐下——记鲁彦的病和死》,《新文学史料》1979 年第 5 辑。

爱护本刊之热忱，使有悠久历史之《文艺杂志》，得以一秉初衷，为中国文化作诚朴之耕耘。幸甚幸甚。"启事中正式说明这一期开始杂志委托端木蕻良主编，自己退修乡间养病。不过杂志上仍然写着"王鲁彦主编"字样。

1944年(甲申，民国三十三年) 43岁

▲6月，国共双方谈判在重庆再次进行。

▲9月5日，在重庆召开国民参政会三届三次会议。15日，林伯渠代表中共中央提出建立联合统帅部和成立联合政府的建议。

▲10月，国共谈判成僵局。

▲11月，中共中央派周恩来赴重庆，与国民党商讨建立民主联合政府的具体步骤，被蒋介石拒绝。

1 月

10 日 创作于1942年8月的短篇小说《破铜烂铁》，刊于《文风杂志》第一卷第二期。该文章没有收入《王鲁彦文集》(壹)，是一篇佚文。文章叙述一个收购破铜烂铁的老头，被汉奸打得精神有点失常。他坐在桂林街头骂人，把一个泥水匠误认为是两年前自己曾经在山东济南府揍过的一个小汉奸，泥水匠被老头骂得受不了就出来与老头在街上打起来，几个回合下来，老头就处于下风。旁边的人纷纷劝阻，两个人停止打架，泥水匠回去干活，收破烂的老头也挑着担子满街吆喝着收破烂去了。文章截取桂林街头的一景展开描写，看似无聊细碎，实际上表达

了抗日、反汉奸的思想已经深入人心。

15 日 《大公报》专门开辟一个题为《王鲁彦医药费》的专栏,用于登载关于医药费捐赠的相关消息:

> 名作家王鲁彦年来贫病交迫,最近肺结核复又转剧,现留医衡阳,情况困苦万分,桂市文化界闻讯后,特发起募捐医药费,一时响应者颇见踊跃。昨日由端木蕻良经手募得一万元。计端木蕻良本人捐二千元,开明书店二千元,三户图书社二千元,良友图书公司一千元,聂守先一千元,周鲸文一千元,熊佛西五百元,司马文森五百元。以上捐款已于昨日托交本报代为汇转。

16 日 《大公报》在题为《王鲁彦医药费》的专栏里,继续登载了消息:

> 李仁潮将军赞助捐募作家王鲁彦医药费,昨特捐款五千元,由端木蕻良经手交本报代为汇转。又昨日续收到曹天成捐款二百元。亦指作捐赠王鲁彦医药费之用。

19 日 《大公报》在题为《王鲁彦医药费》的专栏里又登载了一条简讯:

> 本报昨日收到区昶捐赠一百元。

24 日 《大公报》在题为《王鲁彦医药费》的专栏里又登载了一条简讯:

> 为王鲁彦募捐医药费,本报昨日收到刘慈顿捐赠邮票一百元,嘱代汇转。

26 日 《大公报》在题为《王鲁彦医药费》的专栏里又登载了一条简讯:

> 本报昨日收到秦军经手向西大教职员及学生募得一千六百元,托为待转。

是月　艾芜为给王鲁彦募集医药费,特意给浙江文友写信求助,浙江当地报纸上也曾著文倡议捐助,由于当时文人都很清苦,集款不多。①

是月　在《大公报》增设专栏,刊登消息、发起募捐之后,千家驹与文坛好友田汉、端木蕻良、熊佛西、金仲华、王西彦、陆联棠等也联名发起募捐,并在《广西日报》刊登数百字的《募款小启》。②

是月　柳亚子曾为鲁彦发起募捐医药经费。③

是月　桂林良友复兴图书印刷公司出版赵家璧主编的《二十人所选短篇佳作集》,收入茅盾、萧乾、叶圣陶、鲁彦、郁达夫、沈从文、朱自清、老舍、王统照、巴金、郑振铎、洪深、丁玲、张天翼、靳以、郑伯奇等人的短篇小说。④

2 月

1 日　在端木蕻良编校下,《文艺杂志》第三卷第二期出版,共刊登 12 篇作品。除胡明树的中篇小说《娜娜珂》、陈烟桥的论文《美术盛衰论》、高沃的散文《雾之恋》、沙汀的长篇小说《奈何天》(连载)之外,其他 8 篇都是翻译作品,几乎变成了翻译专号。很明显杂志的质量已经开始下滑。

同日　《大公报》在题为《王鲁彦医药费》的专栏里又登载了

---

① 参见李军:《王鲁彦生平及其著译略述》,《宁波师院学报》1984 年第 3 期。

② 参见魏华龄、李建平主编:《抗战时期文化名人在桂林》,漓江出版社 2000年,第 419 页。

③ 参见徐炜(范泉):《迎着敌人的刺刀——我编〈文艺春秋丛刊〉的回忆》,《中国现代文艺资料丛刊》第八辑,上海文艺出版社 1984 年版,第 310 页。

④ 参见广西社会科学院、广西师范大学主编,杨益群、万一知、潘其旭等编著:《桂林文化城概况》,广西人民文学出版社 1986 年版,第 114 页。

一条简讯：

> 本报昨日续收到端木蕻良经手募得的桂林文化供应社捐助的二千元,李任仁捐助的一千元,俞佐庭捐助的二千元,以及李芾甘(巴金)经手募得的何毅魂捐助的二百元。共计五千二百元。

同日 重庆的《新华日报》登出消息,端木蕻良、柳亚子、田汉和熊佛西等再次发起为王鲁彦代筹医药费的活动①。

3日 据《桂林文化大事记(1937—1949)》(第270页)记载:为王鲁彦募捐医药费,募得广州大学计政班同学及校友捐助一千八百元。

4日 《大公报》在题为《王鲁彦医药费》的专栏里又登载了一条消息：

> 本报昨日续收到高士其捐助一千元,广州大学计政班同学及校友共捐助一千八百元,计谭维汉、冯圣广、陈元厚、李曼青、元百芳、曾启成各二百元。冯峻明、朱冶平、李文、刘澄宇、夏杰华、李炬新,各一百元。

5日 《大公报》在题为《王鲁彦医药费》的专栏里又登载了一条简讯：

> 本报昨日代收中华学术资料供应社筹备委员会捐助一百元,胡和龙捐助五十元。

12日 《大公报》在题为《王鲁彦医药费》的专栏里又登载了一条消息：

> 湖南《中央日报》转来钟涛龙君捐赠王鲁彦医药费一千

---

① 参见曹革成编纂:《端木蕻良年谱》(续)(1941—1945),《抗战文化研究》(第七辑),第283页。

元。嘱本报汇转王氏。钟君本人现亦在病中,其热情殊为可佩。

又迄至昨日止,本报共代收二万六千三百五十元,除于一月三十日由湖南银行汇出一万七千二百元外,尚存九千一百五十元,日内即汇出。

3月

1日 由端木蕻良编校的《文艺杂志》第三卷第三期出版。该期发表了蔡楚生的《两封无处投递的信件》、黄药眠的短篇小说《李宝三》、陈迩冬的短篇小说《浔阳小景》等作品。恰值战事临近,出版社、书店纷纷转移,稿费和编辑费也没有着落,外加端木蕻良得了急性肠炎,刊物就顺势停刊了。

同日 在《文艺杂志》第三卷第三期上刊登了王鲁彦的第三则启事:"鲁彦自去秋因病移地疗养,住湖南茶陵乡下,所有寄私人信件,请转寄'茶陵,高陇,祖安中学,本人收'为感。"告知大家自己目前的去处、通信地址等。

4日 福建《联合周报·笔会》(第四版)"文化消息栏"刊登了一则消息:

名作家王鲁彦年来贫病交迫,最近肺结核复又转剧,现留医衡阳,情况困苦万分,桂市文化界闻讯后,特发起募捐医药费,一时响应者颇见踊跃,《大公报》发起募捐,端木蕻良手募得一万元,计端木本人捐二千元,开明书店二千元,三户图书社二千元,良友图书公司一千元,周鲸文一千元,高士其一千元,熊佛西五百元,司马文森五百元。

9日 《大公报》在题为《王鲁彦医药费》的专栏里又登载了一条《本报停止代收》的消息:

> 本报昨日收到坪石国立中山大学法学院各壁报社团汇来捐助王鲁彦医药费国币二千三百四十一元，日内即行汇出。查关于王君捐款历时已久，本报即日起停止代收。如尚有人愿意捐助者，请直接汇至"湖南茶陵盘古村四十号谭宅转交"，本报不再代转。

《大公报》多次报道王鲁彦的病情并为其募捐的善意之举，为贫病交织的王鲁彦暂时缓解了医疗费用和生活开支的困境。

13 日 《大公报》在题为《王鲁彦医药费》的专栏里又登载了一条消息：

> 本报昨日又收到西山寺巨赞法师代募王鲁彦医药费国币三千五百元，该款今日由湖南银行汇出。又该项捐款，本报已停止代收。

《大公报》发起的募捐活动到此告一段落，共代收捐款计三万余元。据《时与潮文艺》第 3 卷第 2 期第 126 页孙晋三、司徒美、贻德合写的《艺文情报》报道："王鲁彦医药费用桂大公报代收捐款计三万余元，现已停止收受。王仍在湘原籍养病。"

18 日 福建《联合周报》①刊登了一则题为《慰劳王鲁彦等作家 援助万湜思的家属——本报今天起举行照片展览募捐》的消息：

> 近年来文化界人士贫病交迫，名作家王鲁彦、张天翼、戏剧家蔡楚生均患肺病，木刻家万湜思则因肺病逝世。本社特定于本月十八、十九两日，假民权路参议会举行一次中

---

① 《联合周报》1944 年 2 月 3 日创刊于福建永安，刊物负责人为《东南日报》特派员兼永安办事处主任蔡力行。该报侧重报道国内外政治时事新闻，主张全民抗战，反对独裁专制，撰稿人多为在永安的抗战进步文化人士。1945 年 7 月，国民党当局镇压永安进步文化活动的"羊枣事件"发生，蔡力行被捕入狱，刊物随之停刊。

外时事照片展览会,入场券为国币3元,以券资所得援助王鲁彦、张天翼、蔡楚生三先生的医药费以及因肺病逝世的万湜思遗孤的教养费……这次展览由福建省党部宣传处提供照片四百余帧,都是由渝运到。预料观众必甚踊跃,本社并准备四封慰问信,欢迎观众签名。会后慰问捐款将分寄王、张、蔡三先生及万先生家属。①

同日 《联合周报》(第三版)刊出了《万人签名的慰问信》,分别为《致万湜思夫人朱湘怡女士》《致王鲁彦先生》《致蔡楚生先生》《致张天翼先生》,表达慰问之意。其中致王鲁彦的慰问信内容如下:

致王鲁彦先生

鲁彦先生:

在《联合周报》上看到您病了的消息,这给予我们很大不安。

我们这一些男的、女的、老的、少的,虽然和先生素不相识,但都曾经受到过您伟大人格的感召,在您灼热的情感里,把整个生命熔化过的。您的笔触,曾经抚摸过我们的创痕,您的言词,曾经启示过我们的前途,我们之间的灵魂,已经很相熟,很相熟了,心与心拉紧在一起,不是从今天才开始的。

今天,为了道义和责任心的驱使,我们签名在这封信上,以表示对你的敬爱和慰问,请您接受这一份微意。

您的病的起色,便是我们灵魂上重大负荷的卸释,也是

---

① 参见《慰劳王鲁彦等作家 援助万湜思的家属——本报今天起举行照片展览募捐》,《联合周报》1944年3月18日(第三版)。

国家和整个社会的喜悦！我们希望您马上康复，希望能够很快地再读到您病后的新作。

22日　西安的《西京日报》也登载了一条题为《永安慰问病贫作家》的消息：

> 此闻《联合周刊》为辅助贫病作家，前昨两日在此举行中外时事照片展览，各界人士颇多捐赠。省府刘主席亦特赠一万元，统计共逾二万元。该社备有慰问信四件，会后即分别寄赠贫病中作家王鲁彦、张天翼、蔡楚生，已故木刻家万湜思之遗孤。（中央社）

25日　《联合周报》刊出为王鲁彦、张天翼、蔡楚生募集医药费以及为万湜思遗孤募集教养费的启事，将征得的款项一一公布。

是月　曾去茶陵当地医院住过一次院，因没有钱，且当地医院设施落后，医治效果不好，不久便出院。[①]

是月　据《时与潮文艺》第2卷第5期第125页家钦的文章《艺文情报》记载，茅盾、夏衍等作家都为之募款："桂林作家群亦大都困于贫病，近又传王鲁彦病笃消息，其文坛好友孙伏园、沈雁冰、沈端先等正向各方募款，筹备医药费用。"

4月

7日　《联合周报》把中外时事照片展览会所得的捐款以及零星捐款，扣除其他费用实收的两万八千四百九十四元集中起来，分两次交由交通银行分别汇寄万湜思夫人、王鲁彦、张天翼、蔡楚生。第一批，给万湜思夫人六千二百三十四元，给王鲁彦五

---

① 参见《王鲁彦夫人来函》，《联合周报·笔会》5月13日。

千零四十元,给张天翼五千一百二十元,给蔡楚生五千元。^①

17 日 《新华日报》(第三版)刊登一则题为《全国文艺协会六周年纪念会讨论重要提案多起》的消息。消息后面又附一则短讯:王鲁彦得到三千元补助。

> [重庆十六日电]《大公报》为庆贺中华文艺界抗敌协会成立六周年,并对该会表示慰劳,特于十六日下午纪念会中,向该会致赠一万元,该款经大会主席团决议通过领谢,并以之分配转送贫病作家王鲁彦、张天翼各三千元,白薇、卢鸿基各两千元,以示殷切关怀。

18 日 在得知福建永安的《联合周报》发起募捐活动后,鲁彦委托夫人覃英写信向《联合周报》的领导和读者转达收到慰问信的感激之情,并汇报了自己的病情、所花费的医药费、住宿情况及将来的打算等。这封信被标以《王鲁彦夫人来函》的题目后,于 5 月 13 日在《联合周报·笔会》上刊出。信的内容如下:

王鲁彦夫人来函

××、××诸先生:

> 惠寄《联合周报》,都由高陇转来。(我这学期不在高陇,在茶陵城内省立二中)承关怀鲁彦先生病苦,发起募集医药费,鲁彦先生颇为感奋。物质的帮助,固然是迫切的需要,而最大的安慰,是这些同情,使他感到了温暖。他的病是肺结核并喉头结核以及直肠结核,肛门曾开刀数次不愈。自去冬转为严重,热度高,肛门痛苦加深,体力衰退,曾在这里的医院住了四十多天,花了近两万元而病不见丝毫减轻,出院又已四十多天了,仅请医生们打针和吃中药,现仍是不

---

① 参见《联合周报》1944 年 4 月 7 日。

好不歹的,这里没有好医生和设备周全的医院,但是要走动
又非常的苦难,为便于看护,他是和我以及孩子们同住学校
里,即算是静养的条件也都谈不上,正在设法找适宜的房
子。特此奉告。

　　敬颂

撰祺!

覃英四月十八日

（该信后刊于 1944 年 5 月 13 日《联合周报·笔会》）

25 日　张十方写了一封题为《桂林,春天里的秋天》的信发
表在《大众报（澳门）》上,里面有一段文字回忆到他们同在武汉
政治部第三厅一起工作时王鲁彦的状态以及短短五年时间把一
个健康之人压垮的感叹。"五年多的重担,将那么一个人压倒,
是一种寒冷的发颤的感念啊!"

　　是月　鲁彦夫人覃英在《当代文艺》特辑（1 卷 4 期）《作家生
活自述》上发表过一篇介绍自己最近生活状况的文章,但该文暂
时未找到。①

5 月

　　月初　鲁彦的病更加沉重,已经四个多月卧病不起。王西
彦回到湖南后曾去看望过他。据《新文学史料》1979 年 11 月第
5 辑王西彦的文章《在魑魅的追逐下——记鲁彦的病和死》记载:
"五月初,我重回湖南乡间,便从覃英同志信里,知道鲁彦的病更
加沉重了,肌肉羸弱不堪,已经不能躺着写信……覃英同志自己

---

　　①　参见广西社会科学院、广西师范大学主编,杨益群、万一知、王斌、潘其旭、顾
绍柏编著:《桂林文化城概况》,广西人民出版社 1986 年版,第 182 页。

已经转到城内另一个学校教书,留在保育院的大孩子,也在我离开时被接回去了。"

6 日 收到《联合周报》4 月 7 日通过交通银行汇过来的第一笔募捐款五千零四十元。[1]

8 日 委托夫人覃英写信感谢《联合周报》,此信也被标上《王鲁彦的病况——王鲁彦夫人来函》的题目于 6 月 10 日在《联合周报·笔会》(第四版)刊出。信的内容如下:

王鲁彦的病况

……王鲁彦夫人来函

××先生:

来示及惠寄之第一批捐款五千元,已于前日转到。因我等本期不在高陇祖安中学,函件转递颇费时日,寄款亦因此间无交通银行,须由衡阳再转湖南银行,谷兰函告鲁彦先生病况及将新址奉告,想当未达到也。

承〔蒙〕先生等如此关怀援助,鲁彦先生甚为感激,嘱笔致谢并祈代向各界热忱捐款人士道谢。鲁彦先生体力仍极衰弱,已四个多月未起床,热度多在卅九度左右,肛门创口痛苦仍不见减轻,致不能静养。因此地无较完善之医院,与资历深厚之医师,颇感求治困难,只好设法增进营养及注射补剂,希望扶植体力,自家抵抗。至鲁彦先生精神,则除大便后创口疼痛以外,甚为安静。此间学生多爱敬,亦曾发起捐助药资,并时来问候,不感寂寞。一切阅写均被禁止,惟于看报则坚不欲间断,每谈时事兴奋逾常,对《联合周刊》甚

---

① 参见《王鲁彦的病况——王鲁彦夫人来函》,《联合周报·笔会》1944 年 6 月 10 日(第四版)。

重视,因转递中有遗失者,嘱函某先生等请予补寄一份,不识可否?

　　专此并颂

撰祺!

覃英 五月八日

（原载于 1944 年 6 月 10 日《联合周报·笔会》）

　　覃英受鲁彦委托写的这封信,告诉对方,钱已经收到,但因为战争的关系,导致收款曲折。同时详细报告鲁彦的病况和求治之困难,还有鲁彦的日常生活以及当地学生们发动捐款、上门问候等情况。

　　12 日　《联合周报》又通过交通银行把第二笔募捐款两千五百五十元汇交给王鲁彦。[①]

　　13 日　《联合周报》刊出《本报停收援助作家》的启事,宣告募捐活动告一段落。据《新文学史料》2021 年第 4 期张朕的文章《王鲁彦佚简六通及其他》记述:"《联合周报》此次举办的中外时事照片展览会的动员效果十分良好,共售出门票七百七十张,共两千四百元整,而募捐所得共计两万三千五百七十二元,除《中央日报》《大成民主报》以及《联合周报》的捐款指定用途外,实际收得两万零五百七十四元。此次集中的展览募捐活动结束后,也经常有捐款寄到联合周报社,截止到 5 月 12 日,共收到三万一千四百九十四元,除《中央日报》《民主报》各捐一千元指定为广告费、《联合周报》捐一千元为时事照片展览布置费以外,实收两万八千四百九十四元。5 月 13 日,《联合周报》刊出《本报停收援助作家》的启事,宣告募捐活动告一段落。这批捐款 4 月 7 日

[①]　参见张朕:《王鲁彦佚简六通及其他》,《新文学史料》2021 年第 4 期。

由交通银行分别汇寄万湜思夫人六千二百三十四元，王鲁彦五千零四十元，张天翼五千一百二十元，蔡楚生五千元。覃英于5月8日来函中所说收到的'第一批捐款五千元'就是指的这批款项。5月12日，又汇交王鲁彦、万湜思夫人各两千五百五十元，张天翼、蔡楚生各一千元。"

中旬　鲁彦一家暂时居住的茶陵中学因日寇发动第四次湘北战争开始疏散。[①]

下旬　覃英发电报给上海的友人雨田，说鲁彦病危，托其帮助采购一种药剂。雨田明知在当时的战争环境中，邮寄十分困难，即使买了也不容易寄去，而且鲁彦的病情也不是几支药所能挽救的，但考虑到病人对生的留恋和病人家属对于亲人的不舍，决计帮忙购买，可是药尚未买到，日寇已经从长沙直取衡阳，鲁彦一家所在的茶陵中学也已被日寇占领，邮路中断，连电报也没法回复。雨田除了担心也别无他法。[②]

6 月

上旬　因湘北战争[③]爆发而避到茶陵去的王西彦，前去看望

---

　　① 参见覃英：《鲁彦生平和创作简述》，《中国现代作家选集——鲁彦》，人民文学出版社1992年版，第262页。

　　② 参见雨田：《悼鲁彦》，1944年《改进》第9卷第6期。

　　③ 1944年5月底，日军发起第四次湘北战争，目的是打通纵贯中国的大陆交通线，因此兵力大增。兵分三路，由鄂南、鄂西两翼配合临湘、岳阳一路主力，向南作钳形突击。而国民党并没有增加兵力，战略方针也仍按过去的三次会战的部署，因此处于被动。日军突破岳阳以南国民党军队的防线，渡过汨罗江沿粤汉铁路两侧南侵，东侧攻占平江、浏阳、醴陵、攸县和茶陵，西侧攻占湘阴、益阳、宁乡和湘潭，并在株洲切断铁路线，把省城长沙包围得严严密密的，迫使守军不得不弃城逃走；之后日军立刻展开对粤汉、湘桂两条线路联络点衡阳的包抄。

住在夫人覃英所在学校养病的鲁彦。据《新文学史料》1979年第5辑王西彦的文章《在魑魅的追逐下——记鲁彦的死和病》记述："正在这时，湘北战争突然发生了，长沙迅速失守。为安全计，我移避到茶陵。一到茶陵，我立刻跑去看望病重的鲁彦。我看到他一家人住在一个充当学校宿舍的破旧祠堂里，病人完全变了，躺在床上，几乎是奄奄一息了。原来红润的脸孔，变成瘦削而苍白；须发蓬松，两眼深陷；伸出胳膊和腿，只剩着皮包骨，好像枯柴杆子。看见我时，微微一笑，眼睛里随即闪现隐约的泪光。""谈到战事，他认为日本人一定要占领茶陵，学校已经临近放假，成为无政府状态，必须自行设法逃避。谈到病情，据说曾经昏厥过几次，至于有没有痊愈的希望呢，病人只是摇摇头，半晌没有言语。空气难堪地沉滞。""'不要焦虑，病也仍然会好起来的。'我笨拙地安慰他。""'不，'他摇摇头，'肖红，还有刻木刻的万湜思……都是一样的病，他们都死啦，都死啦！'"此时的王鲁彦已经清醒地意识到自己的结局。

    中旬   王西彦再次去看望鲁彦，情景更加凄惨。据《新文学史料》1979年第5辑王西彦的文章《在魑魅的追逐下——记鲁彦的死和病》记述："我第二次去看他时，他发烧了，只默默对坐了一会，未曾交谈。其实，即使他不发烧，还能有什么话好说？关于逃难，彼此同样束手无策；关于病情，他自己比谁都明白，徒然的安慰，已经完全无济于事了。"

    下旬   全家打算离开茶陵回桂林，但缺乏经费，于是覃英派人给王西彦送了一封信，向他借钱，王西彦自己也因战乱囊中羞涩，但还是勉强凑了一些，又写了一封信，一起给垂危的王鲁彦送去。据《新文学史料》1979年第5辑王西彦的文章《在魑魅的追逐下——记鲁彦的死和病》记述："几天之后，覃英同志突然派来一个人,给我一封信,说病人决定冒险冲过衡阳,到桂林去;虽然变卖了衣服,仍然筹不起旅费,问我能否想点办法。我简直愣住了。办法?什么办法?以病人的病情和战局的发展,冲过衡阳自然是一种冒险的行动,但不冲过衡阳去又有什么办法?我临时借到一点有限的钱,又写了一封信,一起给垂危的病人送去之后,我恍惚如在梦中。""第三天他们一家便走了,搭乘的汽车,是茶陵到莱阳的最后一班。不上一周,敌人逼近茶陵,我便匆促离开那个小城。"

离开茶陵时,鲁彦在经济上还得到开明书店路善涛先生相助。①

月底 鲁彦全家在日寇的进攻即将来临之际,拖儿带女,从茶陵搭乘随时有可能抛锚的汽车到衡阳,由于逃难者无数,在衡阳车站挤不上火车,在车站等了三天三夜,在车站工友的帮助下才挤上火车,一路上在茶陵中学两个学生的扶持下,历经 12 天,才得以二返桂林,其艰辛的程度一般人恐难以想象。对此,其妻子覃英和女儿王莉莎、著名编辑家徐炜(范泉)从不同角度做了回忆。

据《新文学史料》1980 年第 2 期刘增人、陈子善的文章《鲁彦夫人覃英同志访问记》中覃英回忆:"一路上颠沛流离,受尽折磨。国家的破败,民族的危亡,亲历身受的苦难,再加一家老小啼饥号寒,使鲁彦的病情急剧加重。一九四四年七月回到桂林时,他已奄奄一息,不能起坐了。"

人民文学出版社 2009 年版《王鲁彦文集》(伍)第 278 页王

① 参见刘增人、陈子善:《鲁彦夫人覃英同志访问记》,《新文学史料》1980 年第2 期。

莉莎的文章《忆起儿时父亲在世时……》记述:"当战火逼近,我们被卷入大撤退的洪流,躲警报、逃难。记得在衡阳火车站,他的学生带我和哥哥挤上了另外一节货车,和前面父母的车脱了钩分开了,我们大哭大叫,待车停下来,我们即在人山人海的车站寻找父母,突然看见父亲躺在一家小店门外的竹椅上,我们欢叫着跑过去,他抱着我高兴地流泪了,沙哑地说:'我以为再见不到你们了。'这是我第一次见到父亲流泪。""战火逼近时,他已病重,有朋友劝他留在敌后偏僻边远地区养病,但他不愿脱离抗战主体,硬是挤上最末一班汽车,在已经开始被有意破坏的公路上从茶陵出来辗转去桂林。这一路'逃难'真是一言难尽的折磨,不仅衣服丢弃,他的手稿(其中有尚未出版的长篇《野火》和译著《法老》)也被烧毁。他自己到桂林时真是'一息尚存'了。"

据上海文艺出版社1984年版《中国现代文艺资料丛刊》第八辑第310页徐炜(范泉)的文章《迎着敌人的刺刀——我编〈文艺春秋丛刊〉的回忆》记述:"他们带了三个儿女逃难。逃到衡阳,打算坐火车再回桂林,可是搭车的人拥挤不堪,他病体虚弱,上不了车,就在火车站等车,躺了三天三夜。最后连车站的工友都感动了,帮他上了车,才算到了桂林。可是经过这次长途跋涉的劳累,加上国事日非,忧患交迫,他终于不能支持,在八月二十一日(应为二十日——引者注)病逝。"

7 月

上旬 全家回到桂林,因为没钱医治,只得住进桂林一家疗养院。

15 日 王鲁彦等文化人的遭遇立即引起文协领导的重视,当日,《新华日报》发表全国文协总会起草的《发起筹募援助贫病作家基金缘起》一文,说明为改善作家的生活状况,特发起募捐援助贫病作家基金运动。此举受到社会各界人士的积极响应,个人、各团体都纷纷以各种方式展开捐款筹款。①

31 日 《西京日报》(第二版)发表一则题为《文艺抗敌协会援助贫病作家》的消息,报道当时中华全国文艺界抗敌协会援助鲁彦等贫病作家的情况。

[重庆三十日电]中华全国文艺界抗敌协会发起募捐,援助贫病作家基金,兹已募到一批,三十日由该会会员集议决定,先寄张天翼万元,艾芜万元,王鲁彦万五千元。王病危急;艾芜携眷属五日转徙柳州,正设法来渝;张天翼受湘战影响近于病中逃亡湘边。[中央社]

8 月

月初 鲁彦眼见不能全家撤离桂林,就叫女儿莉莎和二儿子王恩悌到丹江朋友家寄住。据人民文学出版社 2009 年版《王鲁彦文集》(伍)第 279 页王莉莎的文章《忆起父亲在世时》记述,临别时,鲁彦拉着女儿的手,瘦削的脸上淌满了泪水,微弱地说:"我再也见不到你们了……"

5 日 曾敏之在桂林《大公报》上发表了《流徙中的文艺工作者》一文,报道了桂林文艺工作者的疏散流亡情况:柳亚子和宋云彬到八步,胡仲持到平乐,艾芜在柳州,王鲁彦带病呻吟,司马文森、韩北屏和周钢鸣彷徨于柳州等。

上旬和中旬 继续在桂林疗养院住院。

对于鲁彦在桂林医院的一些情况,据 1944 年 10 月《青年文

---

① 参见张朕:《王鲁彦佚简六通及其他》,《新文学史料》2021 年第 4 期。

艺》第 1 卷第 3 期邵荃麟的文章《关于鲁彦的死及其他——〈青文〉书简》记载："鲁彦是 7 月初抵桂的,到桂次日,我去看他,觉得比去年坏了很多,瘦得不成样子,喉头患了结核,说话很不容易。他告诉我,杂志(《文艺杂志》——编者)上了人的当,弄得十分混乱,非常懊悔……""鲁彦到此时,只剩九百元,情形极其狼狈,他的病因此次路上太辛苦——走了十二天,在敞车上睡了四天四夜——便突然变严重。当时朋友们替他筹募了二万元请医治疗,后来又电你们设法,得到'文协'援助贫困作家基金的接济后,才算把他送入医院。但因针药太贵,几乎天天要找钱应付。到了七月十七日下午,病势突呈危象,即晚,他太太跑来找我,我次晨去看他,已不能言语,身体瘦得皮包骨头,宛如骷髅,叫人惨不忍睹。但他仍极力希望活下去,叫医生替他打葡萄糖……次晨,我正要去看他,到了半路,报丧的已经来了。我立即电'文协'总会请拨治丧费,一面由书业公会募了两万元,总算把丧事料理过去了。在我到医院以前,连入殓的衣着都无钱购买!一个文人下场如此悲惨,尚复何言!"

邵荃麟作为当事人,亲眼见证了鲁彦逝世前后的一些情况,里面所记载的场景、病人情况着实感人。不过这段文字中关于鲁彦去世的时间与其他人的说法不一致,公认的说法是 1944 年 8 月 20 日,可是邵荃麟说是 7 月 19 日,前后相差一个月零一天,而 8 月 20 日农历是七月初二,也不是 7 月 19 日。不过从邵荃麟的回忆文字中看出,王鲁彦当时是进了医院的,文协也给予了一定的经济援助,只因病情太严重,一点点钱解决不了问题,才导致去世。

中旬 在柳州《真报》当副刊编辑的黄宁婴曾经收到过陈残云写的一篇文章,也间接说明了王鲁彦去世前几天的情况。据

《戏剧与文学》1946年第1卷第2期黄宁婴的文章《记鲁彦先生》记载："前年(1944年)的夏天,敌人在湘北发动了空前的攻势,像洪水泛滥似的卷向南来,我们的崩溃竟至不可收拾,桂林的文友都心焦着鲁彦先生的安危,然而鲁彦先生也终于绻着重病的身躯回来了,我那时正在柳州《真报》编副刊,残云兄从桂林寄来了一篇稿,题目是:《何香凝先生的眼泪与王鲁彦先生的肺病》,我读完了流下了眼泪,我又含着泪去重读,文章里写出卧倒在医院里的鲁彦先生,嗓子已经沙哑得使人不容易听得清楚,但他还是挥动着颤抖的手,那么激昂,那么恨恨地喊出了对时局的不满——特别是这一次他所亲历政府不负责任,百姓气喘如牛的大逃难,他喊着要枪毙那些混蛋,他喊着民主……虽然围在他的周边的人都不能清楚他所说的每一句话,但没有一个人不受到感动,没有一个人的心理不起了可怖的震撼,更没有一个人敢去劝阻他的风暴似的激情。"

20 日 上午十一时三十分,在桂林疗养院内病逝。

《桂林文化大事记(1937—1949)》第289页记载:"《文艺杂志》主编,作家王鲁彦因病治疗无效,在桂林逝世,终年四十三岁。"

据杨益群、万一知、潘其旭等编的广西人民文学出版社1986年版《桂林文化城概况》第137页记述:"五四新文学运动初期的著名作家,《文艺杂志》主编王鲁彦,为病贫所蚀,上午十一时三十分,以喉头及结肠两结核症不治,在桂林疗养院内逝世,终年四十四岁(四十三岁——引者),去世时,仅有夫人覃英在场,场景极为凄凉。"

据《新文学史料》1980年第2期刘增人、陈子善的文章《鲁彦夫人覃英同志访问记》中覃英回忆:"他去世时开刀后的痔疮还未收口,肺部溃烂一直到喉头,令人惨不忍睹。"

同日下午 得知鲁彦去世的消息后,已经疏散到柳州等地的邵荃麟、曾敏之、端木蕻良、司马文森又冒着危险重聚桂林,在报上刊登讣告,撰写悼文,发起募捐,救助遗孤,为筹备追悼会四处奔忙。[1]

同日傍晚 桂林文化界二百多人举行了鲁彦逝世追悼会,由欧阳予倩主持,邵荃麟代表全国文协致悼词。

21 日 《桂林日报》第一时间报道当地文化界在 20 日为王鲁彦开追悼会的情况。

1944.8.20 追悼作家鲁彦

桂林文协

1944.8.20,鲁彦殁于桂林,当时桂林正处于沦陷前夕和紧急疏散之际,仍聚集了文化界二百多人举行了鲁彦逝世追悼会,由欧阳予倩主持,邵荃麟代表全国文协致悼词。消息与悼词全文发表在当时的《桂林日报》。

同日 《大公报》(重庆)(第二版)发表题为《王鲁彦病终不起,昨在桂林逝世》的长文。在回顾鲁彦的生平经历和创作翻译成就之后,对于王鲁彦灵堂所在地、入殓时的状况、妻儿悲哭的场景描写得很感人。"昨晚王氏遗骸入殓时,记者曾往探视,桂林疗养院殓房中横棺七尺,一灯如豆,房外夜雨如丝,纸灰飞扬,蔓草中秋蚤凄切,与王氏妻儿之饮泣声相应,构成一幅沉哀图,令人酸鼻。"还补充了说明丧葬费用的来源:"治丧费昨由其生前友好陆联棠向书业界募捐得二万元,欧阳予倩由艺术馆划拨万

---

①　参见万一知编写:《桂林文化城记事》(续)(1938 年 10 月—1944 年 11 月),《广西师范学院学报》1980 年第 3 期。

元应用。"

22 日早晨 7 时 桂林市文化界人士一百余人,在桂林疗养院公祭作家王鲁彦,欧阳予倩代表文协桂林分会致悼词,公祭后,将王鲁彦的灵柩移至七星岩后岩(星之岩之阳)背山面田、环境清幽的墓地下葬。死者生前好友文化界人士百余人前往执绋。墓碑上刻着"作家王鲁彦之墓"①②。

22 日 《新华日报》也刊登了一则题为《作家又弱了一个 王鲁彦病逝桂林》的消息,报道王鲁彦在桂林去世的情况。

> [中央社桂林二十一日电]作家王鲁彦,年前患肺结核症,居湘疗养,后因湘北战争局势紧张,避地来桂,转入桂林疗养院疗治,因旅途劳顿,病况恶化,终于昨晨不治逝世,享年四十四(三)岁。桂林文协分会,正筹设治丧会,处理善后中。王氏遗族,这里文化界也申请救济中。

同日 《大公报》(重庆)(第三版)也刊登了题为《王鲁彦病逝桂林》的消息,其内容与《新华日报》的完全相同。

同日 《大公报》(桂林版)发表题为《追悼王鲁彦筹备工作积极进行》的消息,对于出殡时间、安葬地点、遗孤抚养、《文艺杂志》续出以及桂林文化界人士筹备追悼王鲁彦的相关情况进行实时报道。

> (本市消息)作家王鲁彦病逝于桂林疗养院后,灵柩定今日上午七时出殡,暂葬于星之岩之阳,文化界人士及王氏亲友将前往执绋。关于王氏遗孤之教养,将由桂林文协发

---

① 王鲁彦的坟冢于 1958 年"大跃进"期间被摧毁,现今,其墓地已成为桂林市柑橘研究所苗圃的一部分。

② 参见广西社会科学院、广西师范大学主编,杨益群、万一知、潘其旭等编著:《桂林文化城概况》,广西人民文学出版社 1986 年版,第 137 页。

动文化界尽力援助,其生前主编之《文艺杂志》,拟将交由全国文协总会继续出版,以一部分所得做王氏儿女教育基金,昨日文协在广西省立艺术馆召开紧急会议,商讨追悼大会事宜,当即推定"王鲁彦先生追悼会"之发起人,并组织追悼会筹备会,选出欧阳予倩、陈纯粹、邵荃麟、钟期森、周钢鸣、魏志澄等为负责筹备人,进行筹备工作。

23日 《大公报》(桂林版)再次发表题为《王鲁彦灵柩昨日下葬　文协会举行公祭》的消息,对于出殡前的公祭仪式、出殡的过程做了报道。

王鲁彦灵柩昨日下葬　文协会举行公祭

作家王鲁彦病逝后,其灵柩已于昨晨七时出殡,桂林文化界人士前往执绋者约百人,出殡前曾举行公祭。在祭仪中,欧阳予倩代表桂林文协致悼词,语极沉痛。嗣由王氏妻儿致答谢礼,灵柩即移行,墓地在星之岩之阳。至追悼大会,筹备会定今晨开会,商讨进行事宜,各界如致送纪念礼物,将由大时代书局代收。

同日 《西京日报》(第三版)也登载了一条《王鲁彦病逝文协申请救济王氏遗族》的简讯。

24日 《新华日报》(第一版)发表题为《桂林各界筹备追悼王鲁彦,文协电唁王氏家属》的消息,对王鲁彦去世、入殓、出殡、安葬的情况,及桂林各界、文协总会的态度作了高度凝练的报道。

桂林各界筹备追悼王鲁彦
文协电唁王氏家属

(中央社桂林二十二日电)作家王鲁彦昨天逝世后,当即入殓,今晨出殡,暂葬桂林星之岩之阳。桂林各界正筹备追悼中。

（中央社讯）作家王鲁彦在桂病逝，中华全国文艺界抗敌协会，二十三日特去电吊唁其家属。

同日　《时事新报》(重庆)(第二版)也登载了一条题为《鲁彦遗体暂葬桂林》的消息：

[中央社桂林二十二日电]作家王鲁彦逝世后，当即入殓，二十二日晨出殡，暂葬桂林星之岩之阳，桂各界正筹备追悼中。

28日　好友文怀沙写于22日的悼念诗《喝苦酒　悼鲁彦》刊登在《新华日报》上。诗歌描述自己与王鲁彦的友情、鲁彦逝世前一年他们相见的情形，鲁彦的病情以及他的理想不能实现的苦恼，具有很强的感染力。在文怀沙眼里，王鲁彦是一位有着高尚人格的巨人，对于鲁彦的去世，他心痛无比。

同时　好友端木蕻良把蒲松龄《聊斋志异》上面的几句话，改写成一副挽联：

吊月秋虫，偎栏难自然，黑塞青林，君何竟去。

惊霜寒雀，抱树已无温，昏灯冷案，魂兮归来。

同日　《时事新报》(重庆)(第二版)刊登了黄芝□写的一篇题为《论救济贫病作家》的文章，针对社会上有些人的误解，谈了为什么要救济贫病作家，并以王鲁彦带病工作及至最后病死为例，说明救济贫病作家的重要性及意义。指出："王鲁彦先生如果他生活的条件较好一点，他的写作成就也应该更多一些，纵不能如此，他的病也应当轻减下来，至少，他也决不会像这样死了。鲁彦先生的死，给我们，给社会大众的印象应当是极深的了。"认为："鲁彦先生的死是中国文艺界的重大损失……也是抗战前途的损失，国家民族的损失。"

30 日　据《桂林文化大事记（1937—1949）》（第 289 页）记载：追悼大会在社会服务处礼堂举行，参会的有欧阳予倩、邵荃麟、曾敏之、端木蕻良、司马文森及王鲁彦夫人覃英等文艺界人士二百余人。由欧阳予倩主持追悼会，邵荃麟代表"文协"总会致悼词。中华全国文艺界抗敌协会桂林分会同人的《悼鲁彦先生》一文，对鲁彦一生及其在文学方面的贡献作了高度评价。

同日　《广西日报》（桂林版）第一版上发表了署名桂林文协同人的《悼鲁彦先生》一文，对鲁彦为人的正直善良、疾恶如仇，做事的严肃认真以及不断追求进步的创作思想和不断变化的创作手法等情况进行充分的肯定和高度评价：

鲁彦先生的死，在我们是失掉了一位在私交上真挚，在事业上忠贞的战友，这损失是难以衡量的。

比什么都更为基本，鲁彦先生是一个善良正直的人，因为善良，所以爱人；因为正直，所以敢于正视现实……鲁彦先生，终他的一生，始终具有强烈的正义感，那种疾恶如仇的灼热心肠，无论如何，这一点却保证了他作为一位作家的战斗事业的继续，直至最后。因此无论在他的初期或晚年的作品中，他所创造的形象，差不多都是历史重负下挣扎的苦恼的生灵，而又于泪光中闪现一丝笑影，在黯淡里透露出一点阳光，显然对人生一直寄与着不渝的希望。而他之选择弱小民族特别是东欧的作品，拿来介绍中国读者，也无非是为了想藉此来照出我们这东方古老大国的落后。到得后来，斗争越发残酷，视野既然变得广阔，灵魂也粗暴起来，他那杆笔就更加接近于人民的解放事业了。

是的，鲁彦先生不仅是一位清醒的作家，而且还是一名不懈的战士，虽然不属于勇猛的那一种，但无疑是属于坚贞的那一种,尽管有人已谥定了他,名之曰"本份"作家。他的生命的过早中断,表面上固然是由于贫病,究其实是更有深刻的原因在的。贫病是旧社会加于叛逆的作家们身上的"赐予",这是周知的事实,不待解说;但更厉害的却是精神上的桎梏,把一个人的灵魂弄到窒息的恶毒的禁闭。鲁彦先生的良心不但存在,而且一直是清醒着的,他当然不能忍受一个无声的中国横在他的周围,而况他身受的就正是关于友人的心血能不能与世人见面的焦虑,就正是由于特种市侩的敲诈而来的愤懑,就正是自己难于排解的一个理想与现实的矛盾的纠缠与那种咬蚀着一个人的灵魂的寂寞。不说别的,光是为了他所编辑的那份杂志,由于一种凡事不苟的认真精神,说是已使他弄得身心交瘁恐怕也不为过吧……鲁彦先生终于是抵不过黑暗势力的逼迫。苦恼死了。

……由于他已成为一个"看火者",但心中依然"燃烧着猛烈的怒火",这会成为再出发的一个起点……

……

这应该不是一个假定,而将成为一个兑现的预言罢。给他以暴风一样的人群是存在的,而那什么也扑灭不了的火种也是有的;有一天,等他以坚实的步伐走到(一个像鲁彦先生这样的良心清醒着的作家,是一定能走到的)他们那儿的时候,他恐怕早已把那个可怕的噩梦丢在后面。然而,可悲的是,魔鬼已不给他以再向前走去的时间了。

鲁彦先生已经永远离开我们了。全集的整理,编印,作品的研究,以至遗孤的教养的援助等等,自然都不失为纪念他的一个方法了;但为了光明的到来,首先,不能不击退那黑暗,重要的还是去争取那起码的民主权利,即言论、出版等自由。

31日 《大公报》（桂林版）继续刊登题为《桂市文化界追悼王鲁彦》的消息，对于头天下午一时到三时举行的追悼会情况做了更为详尽的报道。

桂市文化界追悼王鲁彦

（本市消息）作家王鲁彦之追悼会，昨日下午一时假社会服务处礼堂举行，到会各界二百余人。礼堂布置极为肃穆，中悬王鲁彦画像，左悬其创作年谱目录，并有王氏生平照片。各界致送之挽悼数十幅，大会仪式开始时，首由主席欧阳予倩献花圈并即席致词，谓王氏毕生从事文学事业不因贫困而移去之精神备致赞佩，并勉文化工作同志愈加团结与努力籍应其在天之灵。词毕继有社间□来宾刘蔡青、邵荃麟等先生演说，词毕，即有王鲁彦夫人覃英含泪致答词，谓因鲁彦之死，已减少生之勇气，然抚养遗孤，承死者遗志，则责有未完，今后当善尽未亡人之责以报答社会人士援助缅怀鲁彦之至意。词毕大会迄三时散。

是月 为唤起舆论的重视和社会各界的同情，中国文艺界抗敌协会发起了募集援助贫病作家基金运动，远在重庆的宋庆龄、冯雪峰、茅盾等亲自参加了义卖捐献活动。冯雪峰并遵照周恩来"善抚遗孤"的指示和叮嘱，派人寻找王鲁彦夫人覃英以便将抚恤金带给她。①

---

① 参见王西彦：《在魍魉的追逐下——记鲁彦的病和死》，《新文学史料》1979年第5辑。

9 月

1 日 上海《青年日报》刊登了题为《桂林文化界追悼王鲁彦》的消息。

> ［桂林三十日电］桂市文艺界人士,三十日下午,追悼王鲁彦,此含辛茹苦之文艺作家,倍极哀荣。（中央社）

3 日 梅林的《默哀》和叶以群的《悼鲁彦》两篇文章同时刊登在《新华日报·新华副刊》第四版上。《默哀》叙述鲁彦去世的消息传到在重庆的中华全国文艺界抗敌协会总会,晚上总会成员就在集会上默哀悼念他,默哀时间超过三分钟都没人出来制止,说明包括会长在内的成员都很悲伤。接着感叹作家的死亡好像秋天的树叶飘落一样,没人会引起重视,作为朋友也只能以默哀表示悲痛,说明在当时社会作家社会地位的低下。《悼鲁彦》描述了几个细节:以群他们刚从战火中的香港逃到桂林,鲁彦就拖着病体去看望他们;生病之后仍然躺在床上看稿、写信催稿;狭小的家里堆满稿子、小孩在地上乱爬;以及从湖南逃到桂林时骨瘦如柴的状况等。以此说明鲁彦待朋友的真诚、编《文艺杂志》的努力、当时生活的艰难。

5 日 《新华日报》(第三版)发表题为《文协总会追悼王鲁彦定十六日举行》的消息:

> 作家王鲁彦在桂病逝,中华全国文艺界抗敌协会总会定于十月十六日举行追悼会,如王氏友好各界致送唁词□仪,可直接送交张家花园六十五号该会收转。

6 日 任钧《敬悼鲁彦兄》一文刊于《时事新报》(重庆)第 4 版。文章在表达听到鲁彦去世消息的沉重心情之后,回顾自己与鲁彦相识的经过。认为鲁彦的病是慢性的,如果不是战争鲁彦不至于死。如果不是鲁彦"傻""轴",一定要当一个作家,也不至于这么穷,甚至因病而穷死。最后表示:假使鲁彦的病逝,能够或多或少地促起社会人士对于作家及其生活的关怀,少死几个人,则鲁彦将瞑目于九泉了。

8日 《大公报》(桂林版)刊登题为《王鲁彦家属鸣谢》的消息,对王鲁彦去世及后续的情况作第四次报道。

王鲁彦家属鸣谢

王鲁彦先生生前死后,多承各界友好或赠医药或赐唁慰问情,高谊存殁均在此致谢。

王覃英率子

王恩珂　王恩悌　王恩琪

女　莉莎鞠躬

王鲁彦去世不久,覃英与孩子们摄于重庆

16日 《社会日报》第三版发表一篇弱水写的题为《记病逝桂林之王鲁彦》的短文。

19日 王西彦在逃难途中,在湘粤赣交界处的小山城——汝城,从一家商店里借到一张来自广东曲江的报纸,从上面看到一则从桂林发出的简短电讯，据《新文学史料》1979年第5辑王西彦的文章《在魑魅的追逐下——记鲁彦的病和死》记载：报上的电讯说鲁彦"因旅途劳顿，自湘东茶陵至桂林后病情转恶；但以囊空如洗，无钱打针，终于二十晨逝世，厥状至惨，享年四十四（四十三——引者）岁"。这则消息从侧面印证了王鲁彦去世的时间和当时的情况。

26日　《民主报·新语》发表许钦文写的《悼鲁彦先生》一文。文章谈到自己虽然与鲁彦没有见过面、通过信，但总觉得鲁彦先生比他好。如果有机会见面，也许能一见如故。苏雪林先生把他们相提并论（苏雪林曾经写过一篇论文《王鲁彦与许钦文》刊于1934年《现代》第5卷第5期），认为他们的作品有许多相同之点。许钦文认为苏雪林这样说有一定道理，因为他和鲁彦生活于同样的时代，对于当时的旧社会起着同样的反应。不过令许钦文感到遗憾的是，随着鲁彦的去世，他与鲁彦的见面是永远不可能了。

是月　《联合周报》第2卷第3期发表了江燕写的《悼王鲁彦先生》一文。文章从"王鲁彦是中国文艺界的先进"和"王鲁彦又是中华民族最坚韧的斗士"两个方面概括王鲁彦的创作情况和思想人格。

是月　雨田①的文章《悼鲁彦》刊于《改进》1944年第9卷第6期。文章对于鲁彦不精于名利计算却热衷于所从事的创作编

---

①　雨田是许粤华的笔名。许粤华（1912—2011），浙江海盐人，笔名雨田。翻译家，散文家，是著名英美文学翻译家许天虹的妹妹。1926年毕业于嘉兴秀州女中。1929年与黄源结婚，1938年去福建永安改进出版社工作。1941年4月与黄源离婚。同年与黎烈文结婚，婚后育有一子一女。1946年随黎烈文去台湾，继续从事翻译和创作。代表作有译作《书的故事》《十诫》，短篇集《罪》，散文《母亲》《雨》等。

译工作,尤其是 1938 年初在长沙编《抗战日报》时一个人艰难独撑但不放弃的情状做了重点介绍,同时对于鲁彦身处清贫,但一直坚守文艺工作岗位和对恶势力不妥协的精神进行了褒扬。

10 月

月初 刊登于 1944 年第 4 卷第 5 期《时与潮文艺·艺文情报国内之部一》钱新哲的短讯《文坛作家王鲁彦在桂病逝》中透露出一些新的信息。

> 作家王鲁彦在桂林逝世,其棺木费系由友人及出版界合募。重庆中华全国文艺界抗敌协会定于本月十六日开追悼会。

13 日 当时在重庆的茅盾也特意致函全国抗敌文协秘书梅林,表达对鲁彦逝世的悼念之情。书简全文如下:

> 梅林兄:十日曾进城,因时间不够,未及访晤,回乡后便又伤风,十六日鲁彦追悼会恐不能参加矣。兹奉上国币壹仟元,请转致鲁彦夫人,区区之数无济于事,聊表微忱而已。并请对到会各朋友代达弟因病不能参加之意,至为感荷。
>
> 专此并颂
>
> 俪福
>
> > 弟　沈雁冰上
> > 十月十三日
>
> 附汇票壹纸计国币壹仟元正①

15 日 《天津华北新报》刊登了王焚的文章《悼鲁彦》。

16 日 重庆文艺界抗敌协会为王鲁彦举行追悼会。

---

① 参见邓牛顿:《书简说明》,《上海大学学报》1996 年第 4 期。

20 日　好友方敬写的《挽词——献在鲁彦灵前》刊于《革命日报》第 4 版。文章在谈到自己听到鲁彦死讯时的震惊与悲痛之后,回顾了自己与鲁彦相识的经过,十五六年前在上海的一家书店拜读他的小说集《柚子》和《黄金》。三年前鲁彦创办《文艺杂志》之后,向他约稿,频繁的通信使相互之间加深了了解。后来方敬来到桂林,又去医院看望鲁彦。认为鲁彦是"病死的""穷死的""逃难白白折磨死的"。他的这种与死神恶斗而死的方式,"已成了一种力量,在替穷病的作家呼吁,在对不合理的现实抗议。所以鲁彦的死含有先驱的意义"。整篇挽词体现了诗人深沉的愤恨与悲痛。笔者查阅了《文艺杂志》目录,发现方敬在上面发表了六首诗歌、一篇短篇小说、一篇译作。说明他对于王鲁彦工作的支持力度确实很大,中间建立起来的友谊也相当深厚,当听到王鲁彦去世的消息时,他心中的震撼和悲痛也可想而知。

是月　《青年文艺》第 1 卷第 3 期刊登穆素的文章《忆鲁彦》,对于 1928 年春天与王鲁彦一家在南京圣公会一幢洋楼里一起生活,当时王鲁彦孩子气十足的表现,多变而冲动的性格,与谭昭感情的变化,以及听到王鲁彦去世后的复杂情感都作了详尽的描写。

是年　《安徽日报》、江西赣州《青年报》等国内其他媒体上也登载了鲁彦逝世的消息。

据《新文学》1946 年第 1 期赵景深的文章《纪念两位朋友:王鲁彦、谢六逸》回忆:"前年(1944 年)我在安徽立煌,看见《安徽日报》上载有'文星殒命'的消息:'顷据中央社电,名作家王鲁彦氏业已病逝桂林。按王氏久任中学教师,平生创作态度极为谨严,战后主编《文艺杂志》,对于文化工作,贡献尤多,去岁十二月,《文艺杂志》三卷一期载有氏之启事,声明因病辞去编辑职务,退养乡间,遽意终以不治长逝,死年仅三十余岁(四十三岁——引者),从此文坛宿将又弱了一个了。'赣州《青年报》曾为鲁彦出过纪念专号,并征求款项救助遗孤。"

是年 《联合周报·文化消息》第2卷第8期发表题为《作家王鲁彦逝世》的消息,报道赣州《青年报》发起募集遗孤教养费一事:

> 作家王鲁彦逝世,身后萧条,赣州《青年报》发起募集遗孤教养费,读者捐款甚行踊跃,希望本报读者也慷慨解囊,款项可汇赣州该报收转。

是年秋天 因桂林被日寇轰炸之后几乎成为空城,不能安居,失去丈夫的覃英便匆匆由水路逃亡。当时身边有四个孩子,她一人无力照顾,便把女儿和小儿子分别寄养在生活书店丹江分店和在柳州的妹妹家中,然后带着能跑路的两个儿子去重庆。因一开始没有取道贵州省黔南布依族苗族自治州首府的都匀市,没有碰到冯雪峰和招待站的同志。后来历经千辛万苦,住难民营,挨饥受饿,终于绕道苗族地区到了都匀,在那里遇到田汉和安娥同志,才知道周恩来同志早就在那里设有招待站,并且派人找她们。招待站的同志见面之后,覃英与田汉他们同车经昆明到重庆。在重庆,覃英终于见到了冯雪峰同志,他把周恩来同志给的一万元(时伪法币一万元——引者)转交给覃英,使她们一家在饥寒交迫的危难中找到了依靠。后来一家人落脚在抗敌文协的张家花园。[①]

后续王鲁彦的一些好友纷纷撰文,表达对他的悼念。

---

① 参见刘增人、陈子善:《鲁彦夫人覃英同志访问记》,《新文学史料》1980年第2期。

后世影响

一、概论

迄今为止,尚没有王鲁彦全集出版,只有一套《王鲁彦文集》(5卷),也没有相关的研究会。在编辑其年谱的过程中,发现与创作数量几乎相等的译作没有结集出版感到十分遗憾。王鲁彦逝世之后,除1944年好友们发表的悼念文章之外,1945年以后,其生前好友继续撰文对他进行悼念:如巴金的《写给彦兄》(此文在《新文学史料》1983年第1期发表时后面加了一个附记,题目也改为《写给彦兄及附记》)①、聂绀弩的《怀柚子》②、胡道静的《桂林作家的流亡》③、范原的《鲁彦之死》④、傅彬然的《忆鲁

---

① 巴金:《写给彦兄》,《文艺杂志》(重庆版)1945年5月新1卷第1期。
② 聂绀弩:《怀柚子》,《艺文志》1945年第1期创刊号。
③ 胡道静:《桂林作家的流亡》,《文艺春秋(上海1944)》1945年3月15日。
④ 范原:《鲁彦之死》,《文艺春秋(上海1944)》1945年6月10日。

彦》①、简文的《作家王鲁彦的死》②、艾芜的《关于鲁彦的回忆琐记》③、黄宁婴的《记鲁彦先生》④、蹇先艾的《悼鲁彦》⑤、赵景深的《记鲁彦》⑥、周贻白的《悼鲁彦》⑦、师陀的《哀鲁彦》⑧等。新中国成立以后,还有湘渠的《鲁彦琐记》⑨、王西彦的《在魑魅的追逐下——记鲁彦的病和死》⑩、端木蕻良的《忆鲁彦》⑪等文章出现。进入 21 世纪之后,又出现了王莉莎的《忆起父亲在世时》⑫、周大风的《忆鲁彦先生》⑬等文章。这些文章对于王鲁彦的人格、作品作了中肯、恰当的评价,认为:"王鲁彦的死,是为了不堪流亡道路上的磨难而死的"(胡道静);"鲁彦先生之死,在我们是失掉了私交上真率,事业上忠贞的战友,这损失是难以衡量的"(范原);"他的死,正可以说明了文化人在这次流亡生活中所遍受到的折磨和苦难"(简文);"鲁彦先生一生都遭受着穷与病的无情的鞭挞,而且给穷与病迫害了,可是,鲁彦先生却从没有向穷与病屈

———————————

① 傅彬然:《忆鲁彦》,《抗战文艺》1945 年第 10 卷第 1 期。

② 简文:《作家王鲁彦的死》,《上海生活》(第二版)1945 年 1 月 21 日。

③ 艾芜:《关于鲁彦的回忆琐记》,《周报》1945 年第 11 期,《文艺新闻》1946 年第 3 期。

④ 黄宁婴:《记鲁彦先生》,《戏剧与文学》1946 年第 1 卷第 2 期。

⑤ 蹇先艾:《悼鲁彦》,《中国文学》1946 年第 1 卷第 3 期。

⑥ 赵景深:《记鲁彦》,《文艺复兴》1946 年第 1 卷第 6 期。

⑦ 周贻白:《悼鲁彦》,《文章》1946 年第 1 卷第 2 期。

⑧ 师陀:《哀鲁彦》,《春潮》1947 年第 1 卷第 2 期。

⑨ 湘渠:《鲁彦琐记》,《东海》1957 年第 3 期。

⑩ 王西彦:《在魑魅的追逐下——记鲁彦的病和死》,《新文学史料》1979 年第 5 辑。

⑪ 端木蕻良:《忆鲁彦》,《新文学史料》1983 年第 2 期。

⑫ 王莉莎:《忆起父亲在世时》,《王鲁彦文集》(伍),人民文学出版社 2009 年版,第 277—280 页。

⑬ 周大风:《忆鲁彦先生》,《王鲁彦文集》(伍),人民文学出版社 2009 年版,第 281—284 页。

过膝，向社会的冷酷乞过怜，向任何的恶势力妥协过"（黄宁婴）。

对王鲁彦作品的研究，从他走上文坛以来一直没有中断过，而且有越来越深入的倾向，这从本年谱主要参考文献罗列的关于他的专著、研究论文的数量可以看出。所以，鲁彦是一个有个性、作品有特色也有影响力的五四乡土小说的中坚作家。

覃英与 4 个儿子、大儿媳、女儿、女婿的合照

二、遗著和文集出版情况

1944 年 11 月 1 日　遗作《老处女和他的儿子》，刊登于《经纬副刊》第一卷第 2 期，第 48—55 页。该小说 1933 年 11 月 1 日在《文学》第 1 卷第 5 期上发表的时候，叫《安舍》，初收于 1934 年 3 月上海现代书局版短篇小说集《屋顶下》，2009 年收入《王鲁彦文集》（贰）时，题目被改回《安舍》。小说前面有一段编者按：

> 王鲁彦先生是我国一位著名的老作家，从事写作，有二十年以上的历史，最近因病逝世，噩耗传来，文坛同人，莫不痛悼，本刊特载其遗作，以示纪念之意。（编者）

是月　长篇小说《野火》在重庆独立出版社再行印刷，由于

1937 年 5 月由良友公司出版时为 32 开 446 页,因战争的原因销路不广。此次出版又由于《野火》暴露了统治阶级的狰狞面目,反映了农民的反抗情绪,以致遭到国民党特务机关的检查,被删了最后农民群起而斗争的情节。因此,印刷出来只有 32 开 416 页了。到 1948 年交由上海中兴出版社出版时,才由覃英在个别地方作补充修正,改名为《愤怒的乡村》,署鲁彦遗著,为"中兴文丛"之二。1956 年 3 月上海文艺出版社再版,署名鲁彦,书后有覃英作的"后记"。1957 年 10 月上海新文艺出版社再版。

1945 年 3 月 26 日 鲁彦于 1942 年 5 月 13 日写给蹇先艾的信被刊登在《贵州日报·新垒》第 4 版上,题名为《作家书简(四)》。信的内容本年谱已经在前面介绍过。这封信之所以会在时隔两年之后再被刊登出来,是因为 1944 年蹇先艾被贵州大学聘为中文系教师,举家来到离贵阳十多千米的花溪小镇。时任贵州日报社长的方秋苇请求蹇先艾为该报编辑一个副刊,蹇先艾答应了,并从自己所写的文章《一个新的战斗堡垒》标题中提取"新垒"二字作为副刊的名字。此后蹇先艾既在贵州大学教书,又负责《新垒》的编务,经常在贵阳、花溪两地往返。

蹇先艾在《新垒》第 6 期的"编者的话"中,解释发表作家书简的用意是通过这个途径窥见每个作家不同的风格及发现作家的真性情。所以一律用××代替收信人的名字和编者,因而他在鲁彦来信中被称为"××兄"。

6 月 书信片段《致友人信一封》刊登于《文艺春秋丛刊》之四《朝雾》,署名鲁彦。截图如下:

这是王鲁彦 1934 年上半年在陕西部阳中学教书时,写给周贻白的信。

根据周贻白《悼鲁彦》一文回忆:覃英在霞飞路租的房子是

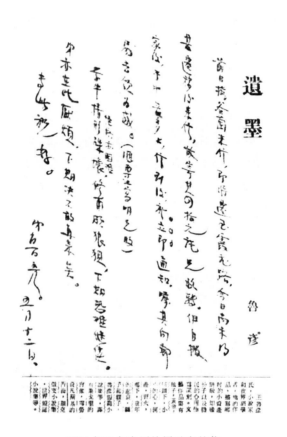

遺 墨

魯 彥

1934年王鲁彦写给周贻白的信

周贻白跟她一起参考并决定的,信中所提到的修甫是党修甫。

1945年7月　遗作散文《在伟大的胜利面前》,刊登于《文艺杂志》1945年7月1日第三卷第三期。文章表达了广大的文艺工作者在新时期的奋斗目标和战斗决心。提出:"首先,作为我们当前迫切任务的,便是为彻底消灭法西斯汉奸和打击一切反人民反民主的思想而斗争。这在主观方面是要求文艺的战斗和人民的战斗更密切结合,而在客观方面一个迫切要求,即是言论出版创作研究的自由……其次,从文艺工作本身来说,我们应该更肩负起国民精神代言人的职责,更深广地去反映和倾诉今天人民的愿望和表达人民的意志,这就要求每个作家更勇敢地投身于现实斗争,加强自己的战斗力量。"

1945 年 11 月 7 日 《自传》(鲁彦遗作)刊于《神州日报》第2 页。该作品并非王鲁彦所写的真正的《自传》,而是从王鲁彦的自选集序中把富有自传的成分剪辑出来,加上"自传"二字发表的。作品中王鲁彦介绍了自己的出生地,三面环山,一面是海。一条四通八达的河从村庄里流过,交通繁忙,物产丰富,邻村之间鸡犬之声相闻。村子里面有一条街,里面有各种小店,提供人们生活必需品。这里的人们经商意识很浓,但不重视读书。即使读书也是为了能多赚钱。外出经商或打工赚钱了,就回家光宗耀祖甚至放高利贷,吞没村人田产、财物,大鱼吃小鱼。因为受到现代世界经济组织的影响,原始的农村社会已经找不到什么痕迹,村民们拜金主义思想严重。接着介绍自己家从祖父起在这里生存的情况,祖父是一名中医;父亲十几岁外出学生意,学成后在外经商;母亲十分要强,即使每天喝咸菜汤也要把家撑起来,终于买了几亩田,造了两间屋,在这里扎下根来。王鲁彦在这里生活了 17 年,因父亲在他十三四岁的时候经常给他买旧小说看,使他后来走上了文学创作的道路。

1946 年 8 月 17 日 《文汇报》(第七版)在《晦庵书话》一栏刊登了一则题为《狂飙社》的介绍,说明王鲁彦《给海兰的童话》一书曾在狂飙社出版的情况。

狂飙社在上海出过刊物,印过单行本,有狂飙丛书、狂飙丛书第二、狂飙丛书第三三辑。长虹培良以外,尚有高歌、尚钺、沫鸿等人,在泰东、光华两书局出书者不下十余种。鲁彦《给海兰的童话》一书,亦列名其中,而为唯一之非社员之作品也。

1946 年 11 月 28 日 鲁彦小说集《故人的心》由文化生活出版社刊行。据《文汇报(上海)》第四版《出版消息》报道:"文化生活出版社刊行之林柯戏剧集之一《沉渊》、艾芜《南行记》、鲁彦《故人的心》三书亦同时出版。"

1947 年 5 月 巴雷编选的《当代创作文库——鲁彦杰作选》,由新象书店出版,署鲁彦著。

1947 年 6 月 覃英编的《鲁彦散文集》,由上海开明书店出版,署王鲁彦著。书后有覃英作的"后记"。为"开明文学新刊"之一。1949 年 1 月再版。

1947 年 9 月 徐沉泗、叶忘忧编选的《现代创作文库——鲁彦选集》,由中央书店再版,署鲁彦著。

1948 年 7 月 短篇小说集《屋顶下》,由上海印书局再版,署鲁彦著。

1948 年 10 月 10 日 小说《家俱出兑》(遗作),刊登于《春秋(上海)》(1943)第 5 年第 5 期(10 月号),署鲁彦遗著,同年 12 月 1 日第 5 年第 6 期(11 月、12 月号合刊)续完。该小说没有收入《王鲁彦文集》,是一篇佚文。小说描写经营饭铺的主人公冯启发老板,在土匪横行、经济萧条时期经营饭铺的艰难。冯老板算账时发现了混混秦老他们的赊账,但又不敢要账,反而耐着性子讨好他们。整部小说用对话展开情节,用细节写活了冯老板,语言已没有早期小说的欧化色彩。

1948 年 10 月 长篇小说《愤怒的乡村》,由中兴出版社出版,署鲁彦著。1956 年由文化生活出版社再版。

1949 年 1 月 《鲁彦散文集》,由开明书店出版,署王鲁彦著。

1951 年 7 月 周立波编选并作"序"的短篇小说、散文合集《鲁彦选集》,由北京开明书店出版,署王鲁彦著。为"新文学选集"第一辑之一;1952 年 1 月再版;1954 年 12 月北京人民文学出版社补入《陈老奶》,抽去周立波作的"序",重排出版。仍名《鲁彦选集》,1957 年 10 月第二次印刷。

1956 年 《愤怒的乡村》,由文化生活出版社再版,署鲁彦著。

1958 年 5 月 《鲁彦散文集》,由上海新文艺出版社出版,署王鲁彦著。书前有覃英作"前记",比 1947 年 6 月版《鲁彦散文集》多收入了 4 篇作品。

1976 年 陈信元编的《中国现代作家——王鲁彦代表作》,由兰亭书店出版,署王鲁彦著。

1981 年 4 月 书信《致赵景深信一封》被刊于上海文艺出版社《中国现代文艺研究资料丛刊》第 6 辑第 225 页,信末署名鲁彦。

1982 年 沈斯亨编的《鲁彦散文选集》,由百花文艺出版社出版,署鲁彦著。2004 年,该集被同一个出版社再版,并荣获国家首届图书奖。2009 年由同一出版社再版。

1983 年 8 月 短篇小说集《黄金》,由江西人民出版社再版,署王鲁彦著。

1984 年 2 月 《鲁彦散文集》由上海文艺出版社再版,署王鲁彦著。

1992 年 6 月 覃英主编的《中国现代作家选集——鲁彦》,由人民文学出版社和三联书店(香港)联合出版。

1993 年 8 月　短篇小说集《黄金》，由百花洲文艺出版社再版，署王鲁彦著。

1995 年　短篇小说集《寂寞集》，由中国青年版社出版，署鲁彦著。

1996 年　《鲁彦短篇小说选》，由开明出版社出版，署鲁彦著。

1997 年　乐齐主编的《鲁彦小说精品：乡土小说的拓荒人》，由中国文联出版公司出版，署鲁彦著。

1997 年　高远东编的《鲁彦》，由华夏出版社出版，署鲁彦著。

1998 年 5 月　短篇小说集《柚子》，由人民文学出版社再版，署王鲁彦著。

1998 年　短篇小说集《岔路》，由中国文联出版公司出版，署鲁彦著。

1998 年　短篇小说集《童年的悲哀》，由新世纪出版社再版，署鲁彦著。

1999 年　熊亮、魏继刚选编的《鲁彦胡也频散文小说选》，由重庆出版社出版，署鲁彦、胡也频著。

2000 年　高远东编选的《鲁彦文集》，由华夏出版社出版，署鲁彦著。

2001 年　《鲁彦经典》，由京华出版社出版，署鲁彦著。

2001 年　姜德明主编的《中国现代名家名作文库·鲁彦卷》，由中国戏剧出版社出版，署鲁彦著。

2004 年 8 月　沈斯亨编《鲁彦散文选集》，由百花文艺出版社出版，署王鲁彦著。该集子荣获国家首届图书奖。

2005 年　《鲁彦经典》，由大众文艺出版社再版，署鲁彦著。

2009 年 7 月 北仑区委宣传部组织编辑的《王鲁彦文集》(5卷),由人民文学出版社出版。其中《王鲁彦文集》(壹)、《王鲁彦文集》(贰)为短篇小说集,《王鲁彦文集》(叁)为散文集,《王鲁彦文集》(肆)为中篇小说集,《王鲁彦文集》(伍)为长篇小说、戏剧与附录。

2009 年 《鲁彦文集》,由线装书局出版,署鲁彦著。

2010 年 3 月 "中国现代文学大师精品集丛书"编委会编辑的《鲁彦精品集》,由世界图书公司出版,署鲁彦著。

2010 年 6 月 上海市作家协会、上海文学发展基金会主持、编纂的《海上文学百家文库全套·王任叔王鲁彦卷》,由上海文艺出版社出版。

2010 年 高远东编选的短篇小说集《秋夜》,由华夏出版社出版。署鲁彦著。

2012 年 散文集《听潮的故事》,由少年儿童出版社出版,署鲁彦著。

2012 年 黄勇主编的《中国现代文学名著文库·鲁彦》,由汕头大学出版社出版,署鲁彦著。2014 年汕头大学出版社再版。

2013 年 长篇小说《野火》,由中国国际广播出版社再版,署鲁彦著。

2013 年 短篇小说集《河边》,由中国国际广播出版社再版,署鲁彦著。

2014 年 《鲁彦精品选》,由中国书籍出版社出版,署鲁彦著。

2015 年 《鲁彦选集》,由开明出版社出版,署鲁彦著。

2015 年 散文集《听潮的故事》,由山东文艺出版社再版,署鲁彦著。

2015 年　长篇小说《愤怒的乡村》,由上海科学技术文献出版社再版,署鲁彦著。

2016 年　短篇小说集《寂寞》,由中国文史出版社出版,署鲁彦著。

2017 年　刘磊主编的精品文集《童年的悲哀》,由黑龙江美术出版社出版,署鲁彦著。

2018 年　《鲁彦精品文集》,由团结出版社出版,署鲁彦著。

2019 年 1 月　《大家小书——故乡的杨梅》,由北京理工大学出版社出版,署王鲁彦著。

2019 年　《鲁彦作品精选》,由云南人民出版社出版,署鲁彦著。

2019 年　《大家小绘系列·故乡的杨梅》,由黑龙江美术出版社出版,署鲁彦著。

2021 年　短篇小说集《炮火下的孩子》(中国 1921—2021 百年百部红旗谱)精装版,由中国言实出版社出版,署王鲁彦著。

2022 年 1 月　王鲁彦散文《故乡的杨梅》改名为《我爱故乡的杨梅》入选小学语文同步阅读(3)三年级上册,由长江文艺出版社出版。

2022 年 7 月　散文集《我爱故乡的杨梅》,由黑龙江少儿出版社出版,署王鲁彦著。

2023 年　陈思和、王德威主编的《史料与阐释·第九辑·王鲁彦》,由复旦大学出版社出版。

2023 年　《鲁彦选集》,由开明出版社出版,署鲁彦著。

三、家乡人民的纪念活动及衣冠冢的情况

2004 年

10 月 12—14 日　由浙江省委宣传部、省文联、省作协主办，宁波市文联和北仑区委、区政府承办的"王鲁彦作品研讨会"，在王鲁彦先生的家乡北仑举行。来自全国各地的专家学者，王鲁彦先生的子女①等 20 余人济济一堂，共同缅怀和纪念这位乡土文学史上的代表人物。

中国文联为王鲁彦作品研讨会的召开发来了贺电，省委宣传部副部长、省文联党组书记高而颐，宁波市委副书记陈群，全国政协委员、中国作协主席团委员、省作协名誉主席叶文玲出席研讨会并讲话。

高而颐同志说："王鲁彦不仅是一位现实主义文学作家，也是以鲁迅为首的中国左翼作家阵营中的一名坚贞战士，其一生为抗战和革命文艺作出了突出贡献，他是旧中国进步知识分子的优秀代表。举办王鲁彦作品研讨会，对解读和研究中国现代文学和抗战文艺，缅怀文艺前辈一生为文艺事业不懈奋斗的革命精神，促进浙江文学艺术事业的繁荣和发展，具有较大的现实意义。"

来自中国社会科学院、中国现代文学馆、北京师范大学、苏州大学、浙江大学等单位的王鲁彦研究专家，分别就王鲁彦作品

---

① 　他的子女王莉莎、王恩恺、王恩琪、谭涟佑、谭长佑、谭宁佑分别从北京、广州、上海、浙江衢州、广西赶来参加这个活动。王恩珂因妻子生病没有参加，王恩悌已过世。

中的社会心理剖析、王鲁彦在世界语翻译上的贡献等问题展开了研讨。王鲁彦先生当年的好友、95岁高龄的国学大师文怀沙先生特意从北京赶来，深情回忆起半个多世纪之前与王鲁彦相知相交的往事。中国美术家协会会员、广州美术学院教授王莉莎代表王鲁彦的子女在研讨会上发言。

根据高而颐同志的建议，宁波市和北仑区有关部门一致同意，在这次研讨会后，即着手搜集整理王鲁彦创作生平资料和所有文学作品，结集出版，让"收获归仓"；为王鲁彦塑像，以志纪念，让先生"魂归故里"；在家乡故居的附近，规划和适当保留与王鲁彦作品相关的历史遗存——"保护遗存"。《宁波日报》以"家乡人民要为王鲁彦先生办三件事"为题，报道了这次研讨活动。

值得一提的是，王莉莎特意请自己的同学、沈从文的女婿刘焕章做了一尊父亲的塑像，放在北仑区大碶镇文化站筹建的王鲁彦纪念室里，还将自己珍藏的父亲生前时常把玩的一架小小的望远镜捐献给纪念室。

11 月

1 日　著名音乐家周大风去北仑，与北仑区大碶街道的相关领导商谈成立社会艺术学校分校一事，同时，也向他们谈到关于为王鲁彦在杭州安贤园文化名人陵园设立衣冠冢的事情。周大风说：安贤园文化名人陵园同意免费提供一块墓地，墓前立一个铜像，铜像图纸由王鲁彦的女儿王莉莎自己设计。具体的联络人叫李钢。①

---

① 　以上内容摘自尚未出版的周大风《回忆录》。

2 日　王莉莎从广州来杭州找周大风,两人一起去安贤园文化名人陵园看墓址。①

2005 年
6 月

3 日　《王鲁彦作品研讨会在北仑召开》的消息,刊登于《中国现代文学研究丛刊》2005 年第 6 期。

---

① 这件事情最后没有完成。笔者曾请在中国计量大学教书的李丰源老师(他是我的学生)于 2022 年 10 月去安贤园文化名人陵园实地调查,同时询问过李钢,据李钢说,王莉莎去过一次以后就再也没有找过他,所以,在杭州安贤园文化名人陵园给王鲁彦设立衣冠冢的事情只有动议,没有落到实处。

主要参考文献

一、专著类（根据出版时间先后编排）

王瑶著：《中国新文学史稿》，上海文艺出版社 1954 年版，1982 年再版。

丁易著：《中国现代文学史略》，作家出版社 1956 年版。

刘绶松著：《中国新文学史初稿》，作家出版社 1956 年版，人民文学出版社 1979 年再版。

李辉英著：《中国现代文学史》，香港文学研究社 1972 年版。

周锦著：《中国新文学史》，长歌出版社 1977 年版。

丁望著：《中国三十年代作家评介》，明报月刊社出版 1978 年版。

司马长风著：《中国新文学史》(中)，昭明出版社 1978 年版。

夏志清著：《中国现代小说史》，友联出版社 1979 年版。

赵聪著：《新文学作家列传·鲁彦》，时报文化出版社 1980 年版。

尹雪曼著：《五四时代的小说作家和作品》，成文出版社 1980 年版。

周锦著:《中国新文学大事记》,成文出版社 1980 年版。

周锦著:《中国现代文学作家本名笔名索引》,成文出版社 1980 年版。

唐弢、严家炎主编:《中国现代文学史》,人民文学出版社 1980 年版。

范伯群、曾华鹏著:《王鲁彦论》,上海文艺出版社 1980 年版。

唐弢著:《晦庵书话》,生活·读书·新知三联书店 1980 年版。

茅盾著:《我走过的道路(上)·一九二七年大革命》,人民文学出版社 1981 年版。

九院校编写组:《中国现代文学史》,江苏人民文学出版社 1982 年版。

文天行、王大明、廖全京编:《中华全国文艺界抗敌协会史料选编》,四川省社会科学院出版社 1983 年版。

王大明等编:《抗战文艺报刊编目汇编》,四川社会科学院出版社 1983 年版。

曾华鹏、蒋明玳编:《王鲁彦研究资料》,江西人民出版社 1984 年版。

林志浩主编:《中国现代文学史》,人民文学出版社 1984 年版。

广西社会科学院主编,潘其旭、王斌编选:《桂林文化城纪事》,漓江出版社 1984 年版。

蓝海著:《中国抗战文艺史》,山东文艺出版社 1984 年版。

侯志平著:《世界语运动在中国》,中国世界语出版社 1985 年版。

文天行主编:《国统区抗战文艺运动大事记》,四川省社会科学院出版社 1985 年版。

杨益群等编:《桂林文化城概况》,广西人民出版社 1986 年版。

杨益群、王斌等编:《抗战时期桂林文艺期刊索引》,广西人民出版社 1986 年版。

郑择魁著:《鲁彦作品欣赏》,广西人民出版社 1986 年版。

桂林市文化研究中心、广西桂林图书馆等编:《桂林文化大事记》,漓江出版社 1987 年版。

魏华玲著:《桂林文化城史话》,广西人民出版社 1987 年版。

唐金海、张晓云著:《巴金年谱》,四川文艺出版社 1989 年版。

刁萦梦等编:《桂林旧事》,漓江人民出版社 1989 年版。

张向华著:《田汉年谱》,中国戏剧出版社 1992 年版。

中国新文学大系编委会编:《中国新文学大系 1937—1949》,上海文艺出版社 1990—1994 年版。

蔡定国、杨益群、李建平著:《桂林抗战文学史》,广西教育出版社 1996 年版。

钱理群、温儒敏、吴福辉著:《中国现代文学三十年》(修订本),北京大学出版社 1998 年版。

杨义著:《中国现代小说史》,人民出版社 1998 年版。

魏华龄、李建平主编:《抗战时期文化名人在桂林》,漓江出版社 2000 年版。

张菊香、张铁荣著:《周作人年谱》,天津人民出版社 2000 年版。

陈丹晨著:《巴金全传》,中国青年出版社 2003 年版。

魏华龄著:《一个独特的历史现象:桂林文化城》(上、下),漓江出版社 2003 年版。

刘淑玲著:《〈大公报〉与中国现代文学》,河北教育出版社 2004 年版。

魏华龄主编:《抗战时期文化名人在桂林》(续集),漓江出版社 2000 年版。

魏华龄等编:《桂林抗战文化研究文集》(1—8 辑),漓江出版社、广西师范大学出版社 1992—2005 年版。

吴世勇著:《沈从文年谱》,天津人民出版社 2006 年版。

雷锐著:《桂林文化城小说研究》,中国社会科学出版社 2006 年版。

王增如、李向东著:《丁玲年谱长编》,天津人民出版社 2006 年版。

赵凌河主编:《国统区文学的传播形态》,辽宁人民出版社 2006 年版。

丁帆著:《中国乡土小说史》,北京大学出版社 2007 年版。

钟文典主编:《桂林通史》,广西师范大学出版社 2008 年版。

周海波著:《现代传媒视野中的中国现代文学》,中华书局 2008 年版。

黄伟林主编:《桂林文化城作家研究》,中国社会科学出版社 2008 年版。

刘铁群主编:《桂林文化城散文研究》,中国社会科学出版社 2009 年版。

王艾村著:《殷夫年谱》,上海人民出版社 2010 年版。

王光东主编:《中国现当代乡土文学研究》(上、下),东方出版中心 2011 年版。

周春英著:《王鲁彦评传》,中国社会科学出版社2011年版。

陈星著:《丰子恺年谱长编》,中国社会科学出版社2014年版。

李树德著:《那些朋友,那些书——忆巴金》,四川文艺出版社2019年版。

成都市新都地区地方志编纂委员会办公室编,龚德明执笔:《艾芜年谱》,四川大学出版社2019年版。

黄乔生著:《鲁迅年谱》,浙江大学出版社2021年版。

李杭春、郁峻峰著:《郁达夫年谱》,浙江大学出版社2021年版。

钱英才著:《许钦文年谱》,浙江大学出版社2022年版。

二、作品类(按出版时间先后编排)

卫民编:《当代作家书简》,上海普及出版社1943年版。

鲁迅著:《鲁迅日记》(上下卷),人民文学出版社1959年版。

台静农著:《台静农短篇小说集》,远景出版社1980年版。

许杰著:《许杰短篇小说选集》,人民文学出版社1981年版。

王西彦著:《王西彦中篇小说选》,南方书屋1982年版。

许钦文著:《许钦文小说集》,浙江文艺出版社1984年版。

彭家煌著:《喜讯》,人民文学出版社1984年版。

茅盾著:《茅盾全集》(回忆录二集35),人民文学出版社1997年版。

胡愈之、戴文葆编著:《胡愈之出版文集》,中国书籍出版社1999年版。

茅盾著:《茅盾文集》,内蒙古人民出版社2003年版。

蹇先艾著:《蹇先艾文集》,贵州人民出版社2003年版。

丰子恺著:《教师日记》,教育科学出版社 2008 年版。

王鲁彦著:《王鲁彦文集》(5 卷本),人民文学出版社 2009 年版。

艾芜著:《大家小集・艾芜集》,花城出版社 2011 年版。

冯雪峰著:《冯雪峰全集》,人民文学出版社 2016 年版。

宋云彬著:《宋云彬日记》,中华书局 2016 年版。

三、期刊文章(按发表时间先后排列)

子海:《忆王鲁彦》,《十日谈》1934 年第 29 期。

汪应果:《送鲁彦行》,《西京日报》(第五版)1934 年 7 月 16 日。

拙辍:《记王鲁彦》,《十日谈》1934 年第 45 期。

天行(史济行):《环岛一周记》,《人世间》(汉口)1936 年 3 月 16 日第 1 期。

朱雯:《文化动态在长沙》,《救亡日报》(广州)1938 年 4 月 5、6 日。

周楞伽:《记田汉》,《杂志》1942 年 11 月 10 日第 10 卷第 2 期。

得先(谭昭):《我所知道的鲁彦》,《现代妇女》1944 年第 4 卷第 3—4 期。

雨田:《悼鲁彦》,《改进》1944 年 8 月 25 日第 9 卷第 6 期。

任钧(卢森堡):《敬悼鲁彦兄》,《时事新报》(重庆)1944 年 9 月 6 日第 4 版。

方敬:《挽词——献在鲁彦灵前》,《革命日报》1944 年 10 月 20 日。

黄宁婴:《记鲁彦先生》,《戏剧与文学》1946 年第 1 卷第

2 期。

　　蹇先艾:《悼鲁彦》,《中国文学》1946 年第 1 卷第 3 期。

　　天行(史济行):《鲁彦忆往录》,《茶话》月刊 1946 年第 4 期。

　　湘渠:《鲁彦琐记》,《东海》1957 年第 3 期。

　　曾华鹏、范伯群:《鲁彦小说散论》,《扬州师范学院学报》1959 年第 3 期。

　　许杰:《我与鲁彦》,《新文学史料》1979 年第 2 辑。

　　艾芜:《关于三十年文艺的一些感想》,《新文学论丛》1980 年第 1 期。

　　万一知:《桂林文化城记事》(1938 年 10 月—1944 年 11 月),《广西师范学院学报》1980 年第 3 期。

　　罗洪:《怀念萧珊》,《文汇月刊》1980 年第 4 期。

　　钱英才:《鲁迅与王鲁彦》,《宁波师专学报》(社会科学版)1981 年第 2 期。

　　李建平:《"桂林文化城"期刊简介》(下),《广西大学学报》(哲学社会科学版)1981 年第 2 期。

　　华嘉:《桂林文化城思忆》,《学术论坛》1981 年第 4、5 期。

　　金宏达:《论早期的"乡土文学"》,《中国现代文学研究丛刊》1982 年第 1 期。

　　柯文溥:《鲁彦在莆田》,《福建新文学史料集刊》1982 年第 1 辑。

　　钱英才:《王鲁彦短篇小说的创作特色》,《杭州师范学院学报》(社会科学版)1982 年第 2 期。

　　张复琮:《鲁彦小说简论》,《郑州师专学报》1981 年第 2 期(上)、1982 年第 1 期(中)、1983 年第 2 期(下)。

　　张复琮:《悲伤而执着前进,失望而奋力追求——鲁彦散文谈》,《郑州师专学报》1982 年第 3 期。

沈斯亨:《论鲁彦散文的创作特色》,《文学评论丛刊》1982 年第 11 辑。

巴金:《写给彦兄及附记》,《新文学史料》1983 年第 1 期。

程中原:《关于"明天社"》,《新文学史料》1983 年第 3 期。

云仙、敏之、定与:《王鲁彦与〈文艺杂志〉》,《南充师院学报》(哲学社会科学版)1984 年第 1 期。

丁言昭:《诙谐中透出辛辣——读王鲁彦的〈一只拖鞋〉》,《宁波师院学报》(社会科学版)1984 年第 4 期。

刘桂松:《言家乡之物 抒眷念之情——读王鲁彦散文〈杨梅〉》,《新闻通讯》1984 年第 8 期。

芷茵:《王鲁彦的短篇小说》,《宁波师院学报》(社会科学版)1984 年第 3 期。

李军:《王鲁彦生平及其著译略述》,《宁波师院学报》(社会科学版)1984 年第 3 期。

马蹄疾:《王鲁彦生年辨讹》,《社会科学辑刊》1984 年第 5 期。

胡凌芝:《寓精深于质朴——读王鲁彦小说〈一只拖鞋〉》,《名作欣赏》1984 年第 5 期。

茅盾:《桂林春秋》,《新文学史料》1985 年第 4 期。

万望月、张继厚:《〈听潮〉的思想初探》,《中学语文》1985 年第 5 期。

王向民:《王鲁彦三十年代在上海》,《绍兴师专学报》(社会科学版)1986 年第 1 期。

王西彦:《恓惶的港湾——〈乡土·岁月·追寻〉之十一》,《新文学史料》1986 年第 2 期。

胡凌芝:《王鲁彦与乡土文学》,《文学评论》1986 年第 3 期。

顾芝英:《忆鲁彦和爱罗先珂》,《鲁迅研究月刊》1986 年第 9 期。

[日]山口守著、赵博源译:《三篇王鲁彦论巡礼》,《苏州大学学报》1987 年第 1 期。

刘剑虹、赵则玲:《王西彦年谱简编》,《浙江师范大学学报》1987 年第 1 期。

陈一辉:《父子情与哲理诗——王鲁彦的〈旅人的心〉》,《扬州师院学报》(社会科学版)1987 年第 1 期。

李彪:《鲁迅小说的乡土特色与同期某些乡土小说之比较》,《九江师专学报》1987 年第 4 期。

郝胜道:《五四时期农村妇女题材小说漫议》,《信阳师范学院学报》(哲学社会科学版)1987 年第 4 期。

李建平:《抗战时期国统区小说创作的重要一翼——简评抗战时期桂林文学界的小说创作》,《广西大学学报》(哲学社会科学版)1988 年第 4 期。

陈继会:《文化视角中的"五四"乡土小说》,《文艺研究》1989 年第 5 期。

[日]杉本达夫著、李家平摘译:《文协的分会》,《中国现代文学研究丛刊》1989 年第 4 期。

王润华:《五四小说人物的"狂"和"死"与反传统主题》,《文学评论》1990 年第 2 期。

钱英才:《吴越文化与浙东乡土文学》,《杭州师范学院学报》(社会科学版)1990 年第 4 期。

水南:《王鲁彦散文的艺术特色》,《杭州教育学院学报》1991 年第 1 期。

徐越化:《论茅盾的〈王鲁彦论〉》,《湖州师专学报》1991年第2期。

徐开垒:《在人民的欢腾中——〈巴金传〉续卷 第一章第二节》,《民主》1991年第1期。

李彪:《试比较鲁迅与同期作家的乡土小说》,《南昌大学学报》(人文社会科学版)1993年第2期。

易小明:《乡土文学的分野》,《山东医科大学学报》(社会科学版)1993年第4期。

曾华鹏:《论王鲁彦的乡俗小说》,《扬州师院学报》(社会科学版)1994年第3期。

隋清娥:《论王鲁彦小说现实主义创作方法的形成与发展》,《聊城师范学院学报》(哲学社会科学版)1995年第3期。

范泉:《记艾芜——一个苦了一辈子、写了一辈子的作家》,《新文学史料》1995年第4期。

钱英才:《浙东乡土小说的地域风彩》,《宁波师院学报》(社会科学版)1996年第1期。

王文强:《王鲁彦研究述评》,《宁波大学学报》(人文科学版)1996年第1期。

蒋菁:《〈听潮〉语言运用析论》,《阅读与写作》1996年第12期。

牟书芳:《巴金与王鲁彦、沈从文——文学创作中的人道主义》,《岱宗学刊》1998年第2期。

常江虹:《论人是否知己?——评茅盾左翼思潮时期的八篇"作家论"》,《惠州大学学报》(社会科学版)1999年第1期。

戴永课:《五四乡土小说创作简论》,《娄底师专学报》2001年第1期。

王鸿儒:《植根于中国现代乡土的文学——王鲁彦、蹇先艾乡土小说之比较》,《常州工学院学报》2002年第1期。

吴长盛:《王鲁彦与世界语》,《老世界语者》2002年第27期。

邹永常:《农业自然经济的挽歌 社会历史发展的必然——鲁彦小说〈黄金〉读解》,《兵团教育学院学报》2002年第4期。

李曙豪:《"桂林文化城"的报刊编辑》,《传媒》2003年第8期。

白晓明:《宁波籍现代作家作品举隅》,《宁波教育学院学报》2002年第4期。

袁荻涌:《王鲁彦与外国文学》,《贵州师范大学学报》(社会科学版)2003年第6期。

巴金:《关于〈中国文艺工作者宣言〉及其他》,《鲁迅研究月刊》2004年第9期。

今哲:《现代作家、翻译家王鲁彦》,《今日浙江》2004年第10期。

赵新顺:《王鲁彦——乡村小有产者的表现者与批判者》,《新乡师范高等专科学校学报》2004年第3期。

赵新顺:《现代意识观照下的乡民精神世界——王鲁彦小说乡土意识论》,《殷都学刊》2004年第3期。

傅红英:《在现代乡土群体中卓然独步——"五四"浙东乡土作家群创作的价值估定》,《浙江师范大学学报》2004年第6期。

王芳:《亲友故乡深情忆鲁彦》,《宁波日报》2004年10月13日。

沈斯亨:《鲁彦小说的现实主义》,《广播电视大学学报》2005年第1期。

张生:《〈现代〉小说的另一面:危疑扰乱,焦躁,讽刺与寓言——以黎锦明、张天翼、王鲁彦等人为例》,《江苏社会科学》2005 年第 2 期。

秦弓:《论王鲁彦小说的心理世界》,《广播电视大学学报》(哲学社会科学版)2005 年第 3 期。

周兴华:《"我"与"我们":茅盾作家论的意义标志》,《文学评论》2005 年第 4 期。

白晓明:《从语境看几位宁波籍作家作品的乡土风格》,《浙江万里学院学报》2005 年第 5 期。

王吉鹏、黄一帼:《鲁迅与王鲁彦》,《海南师范学院学报》(社会科学版)2005 年第 6 期。

周春英:《论王鲁彦乡土小说的地域文化特色》,《内蒙古财经学院学报》(综合版)2005 年第 4 期。

钟丰丰:《站在传统失落与现代追求的交汇处——浅议王鲁彦之乡土小说》,《宝鸡文理学院学报》(社会科学版)2005 年第 6 期。

崔淑琴:《试论王鲁彦乡土小说中的经济意识》,《中山大学学报论丛》2006 年第 1 期。

姚冬青、于春波:《特殊而又沉重的出嫁——简评〈菊英的出嫁〉》,《林区教学》2006 年第 4 期。

柯文溥:《鲁彦在厦门事迹考》,《南京师范大学文学院学报》2007 年第 1 期。

韩守泉:《巴金与泉州情缘》,《炎黄纵横·人物春秋》2007 年第 1 期。

杨凯:《王鲁彦小说〈黄金〉的讽刺艺术》,《文学教育(上)》2007 年第 2 期。

辜也平:《巴金三次福建之行时间考》,《中国现代文学研究丛刊》2007 年第 4 期。

曾华鹏：《半个世纪的学术探求》，《东方论坛》2007 年第 5 期。

曾斌：《沉默的艺术——〈一个危险的人物〉价值形成机制》，《乐山师范学院学报》2008 年第 2 期。

兰楠、鲁渭：《繁复的焦灼　永恒的徘徊——试论〈菊英的出嫁〉中的多重纠缠》，《南方论刊》2008 年第 7 期。

李小倩：《在"人"的柔软处动笔——试论王鲁彦的人道主义》，《大众文艺》（理论版）2008 年第 8 期。

佟丞：《浅谈王鲁彦小说中爱的悲剧》，《河北大学成人教育学院学报》2008 年第 3 期。

舒群口述：《我和子恺》，《纵横》2008 年第 4 期。

周春英：《王鲁彦乡土小说的民俗事象研究》，《宁波教育学院学报》2008 年第 5 期。

夏娇、汪丹：《论俄国及东欧文学对王鲁彦乡土小说的影响》，《晋城职业技术学院学报》2008 年第 2 期。

周春英、孟莹莹：《女性意识的萌芽——论王鲁彦笔下的女性形象》，《宁波教育学院学报》2009 年第 4 期。

周春英、曹妍：《王鲁彦小说叙事技巧探析》，《宁波大学学报》（人文科学版）2009 年第 5 期。

于宏伟：《在整合与转化中走向成熟——浅析王鲁彦乡土小说风格的流变》，《理论界》2009 年第 7 期。

车小伟：《人性的异化——王鲁彦小说的另一种解读》，《语文学刊》2009 年第 8 期。

黄露露：《王鲁彦小说综述》，《文教资料》2009 年第 18 期。

于宏伟：《论王鲁彦乡土小说的创作风格》，《青年文学家》

2010 年第 3 期。

得先(谭昭):《青少年时期的鲁彦》,《新文学史料》2010 年第 3 期。

潘桂生:《丰子恺在桂师从事艺术教育的一些往事》,《桂林高等师范专科学校学报》2010 年第 4 期。

陈纯洁:《王鲁彦乡土小说的美学意蕴》,《广东技术师范学院学报》2011 年第 5 期。

蔡登秋:《"菊英的出嫁"的风俗隐喻》,《三明学院学报》2011 年第 4 期。

陈霄:《王鲁彦短篇小说民族性和现代性浅析》,《广西教育学院学报》2011 年第 5 期。

周春英:《王鲁彦研究资料中的一些错误》,《中国现代文学研究丛刊》2011 年第 11 期。

项耀瑶:《论王鲁彦对鲁迅小说人物叙事的承传》,《淮海工学院学报》(人文社会科学版)2012 年第 2 期。

张静、刘彩珍:《宁波籍作家的创作对提升宁波文化影响力研究》,《宁波职业技术学院学报》2012 年第 1 期。

周春英:《王鲁彦的佚文及佚事》,《新文学史料》2012 年第 1 期。

李燕妮:《生存之难,求索之坚》,《博览群书》2012 年第 6 期。

余连祥:《现代江南市镇文学中的留守女性形象》,《湖州师范学院学报》2012 年第 4 期。

付晓峰:《作家王鲁彦的世界与人生》,《人民政协报》2012 年 12 月 3 日。

《〈王鲁彦评传〉简介》,《宁波大学学报》(人文科学版)2012 年第 6 期。

周春英：《论经济因素对王鲁彦乡土小说叙事的影响》，《中国现代文学研究丛刊》2013年第6期。

周春英：《从传统到现代——论王鲁彦小说〈屋顶下〉中婆媳关系的新质》，《广播电视大学学报》（哲学社会科学版）2013年第2期。

张娟：《王鲁彦、沈从文小说的写实特征》，《芒种》2013年第22期。

张娟：《乡土小说写实与抒情的分野》，《芒种》2013年第24期。

孙荣：《述评王鲁彦小说创作中的乡民性格及其表现形式》，《湖北函授大学学报》2014年第2期。

于元明：《王鲁彦小说中国民精神现代性的建构》，《南都学坛》2014年第2期。

谢秀琼：《无政府主义与王鲁彦的早期创作》，《宁波大学学报》（人文科学版）2014年第2期。

李树德：《抗战时期，王鲁彦一家曾为巴金过生日》，《人民政协报》2014年4月11日。

谢秀琼：《乡土空间的"永恒"与"变迁"——论王鲁彦的离乡与精神返乡》，《学术交流》2014年第4期。

杨剑龙：《论鲁迅的影响与王鲁彦的乡土小说创作》，《吉林师范大学学报》（人文社会科学版）2014年第3期。

刘佳：《拉斯普京与鲁彦作品中的人道主义精神之比较》，《牡丹江教育学院学报》2014年第9期。

李文革：《王鲁彦的创作与翻译：互文性对话探究》，《翻译论坛》2014年第3期。

于宏伟：《现代乡土小说的常与变——以王鲁彦、沈从文、萧红为例》,《青年文学家》2015 年第 5 期。

周春英:《王鲁彦的世界语翻译及对其创作的影响》,《新文学史料》2015 年第 2 期。

周银银:《王鲁彦和 20 世纪 30 年代左翼文学思潮的关系探析》,《常州大学学报》(社会科学版)2015 年第 3 期。

刘丹:《从"不能救人,又不能自救"到"我——不做人家的牛马"——论王鲁彦小说的革命转向》,《牡丹江大学学报》2015 年第 6 期。

李楠楠:《论王鲁彦小说〈柚子〉的黑色幽默倾向》,《名作欣赏》2015 年第 20 期。

林双:《左翼转向前后王鲁彦乡土小说的创作变化》,《宜宾学院学报》2015 年第 11 期。

赵军荣:《试析〈阿长贼骨头〉的创作方法》,《攀枝花学院学报》2016 年第 1 期。

彭苗:《试析早期浙东乡土写实小说的地域文化色彩》,《湖北第二师范学院学报》2016 年第 3 期。

王丹:《从"农家屋顶"到"怒火原野"——论王鲁彦的乡土小说之变》,《重庆第二师范学院学报》2016 年第 3 期。

李娜:《论王鲁彦作品中的亲情书写》,《河北科技师范学院学报》(社会科学版)2016 年第 3 期。

周春英:《王鲁彦作品中受侮辱与受尊敬的父亲》,《博览群书》2017 年第 6 期。

邓军:《制造"希望":1920 年代中等生的世界语想象》,《学术月刊》2017 年第 9 期。

刘铁群:《抗战文人与桂林的山》,《博览群书》2018 年第 1 期。

吕保田：《从民族国家的现代性成长史来看〈菊英的出嫁〉的主题批评史》，《现代中国文化与文学》2018 年第 2 期。

张华娇：《作家鲁彦的茶陵时光》，《株洲日报》2018 年 10 月 15 日 B1 版。

潘洋：《论王鲁彦〈黄金〉中的生存悲剧》，《青年文学家》2019 年第 3 期。

方竹欣：《王鲁彦的革命叙事》，《青年文学家》2019 年第 9 期。

裘宇涵：《王鲁彦抗战小说中的军人性格刻画》，《抗战文化研究》2019 年（年刊）。

邓小燕：《中医、西医与病人——中西医论战下的疫病书写》，《文艺理论研究》2019 年第 5 期。

李北京：《30 年代广西小说概观》，《南方文坛》2020 年第 2 期。

韩瑞：《王鲁彦在桂林的活动及其对抗战文化的贡献》，《桂林师范高等专科学校学报》2020 年第 4 期。

李富薇：《王鲁彦笔下的乡土世界》，《青年文学家》2020 年第 23 期。

李瑞：《父亲的阴影：〈菊英的出嫁〉中的女性意识》，《重庆电子工程职业学院学报》2021 年第 1 期。

张若男：《浅析五四乡土小说中的"鲁迅基因"》，《西部学刊》2021 年第 6 期。

刘铁群：《桂林文化城文艺期刊的总体特征》，《南方文坛》2021 年第 3 期。

吕帅栋：《论〈菊英的出嫁〉的冥婚民俗事象》，《宁波教育学院学报》2021 年第 4 期。

宋敏毓：《价值认同危机——浅析王鲁彦〈阿长贼骨头〉的金钱观》，《参花（下）》2021 年第 9 期。

张朕：《王鲁彦佚简六通及其他》，《新文学史料》2021 年第 4 期。

戚慧：《新发现王鲁彦佚简及佚文》，《苏州教育学院学报》2022 年第 2 期。

罗晗：《王鲁彦〈黄金〉的反讽艺术》，《文学教育（上）》2022 年第 5 期。

刘铁群：《旅桂文人与桂林抗战文化》，《桂学研究》2022 年（年刊）。

宫震、金宏宇：《新见沈从文佚文〈拥护领袖〉及其价值》，《现代中文学刊》2023 年第 1 期。

洪骏佳、马金科：《启蒙语境下王鲁彦和李锐关于冥婚的书写》，《文学教育（下）》2023 年第 5 期。

四、硕博士学位论文（按时间先后编排）

（一）硕士论文

徐健：《抗战时期文化名人群体与桂林文化城关系研究》，湖南师范大学 2006 年硕士学位论文。

于宏伟：《论王鲁彦乡土小说的创作特色》，河北大学 2007 年硕士学位论文。

苏霞：《大后方抗战文学的奇葩——〈文艺杂志〉研究》，重庆师范大学 2009 年硕士学位论文。

刘倩：《王鲁彦小说中的乡民性格》，辽宁师范大学 2010 年硕士学位论文。

孟竹：《显克微支作品在中国的译介（1906—1949）》，贵州师范大学 2014 年硕士学位论文。

辛莹:《胡愈之与中国世界语运动》(1913—1940),郑州大学 2014 年硕士学位论文。

雷淑娇:《王鲁彦小说反讽艺术研究》,华中师范大学 2015 年硕士学位论文。

孟祥佳:《若即若离——王鲁彦创作与左翼文学关系考论》,河北大学 2018 年硕士学位论文。

黄怡:《冷峻与温情交织的艺术世界》,广西师范大学 2019 年硕士学位论文。

肖灿:《王鲁彦的创作与浙东文化》,新疆大学 2020 年硕士学位论文。

王攸芝:《废墟中的文艺之花——王鲁彦〈文艺杂志〉时期的文学活动研究》,湖南师范大学 2021 年硕士学位论文。

刘雅:《大后方抗战文学的坚守与探索——以〈文艺生活〉〈文艺杂志〉〈文学创作〉为研究中心》,暨南大学 2021 年硕士学位论文。

(二)博士论文

佘爱春:《抗战时期桂林文化城的文学空间》,南京大学 2011 年博士学位论文。

焦徽:《近代中国世界语运动进程研究》,华中师范大学 2014 年博士学位论文。

宋泉:《文化供应社及其抗战文化传播研究》,华中师范大学 2017 年博士学位论文。

后　记

　　从四年前开始参与编写浙江省文化研究工程重大课题子课题《王鲁彦年谱》至今，世界发生了巨大变化。新冠以及俄乌战争，都是在无法预知的状况下来临，尤其是新冠的到来，很长一段时间全国各地都不能交通，致使我不能去中国国家图书馆、上海市图书馆查阅资料，至于去王鲁彦曾经生活过、教过书的湖南长沙、陕西郿阳和西安以及他被安葬的广西桂林七星岩实地走一走都成为奢望。好在 2017 年之前我一直在撰写关于王鲁彦的研究论文和专著，主要的资料已经基本搜集到了。

　　在王鲁彦研究中，迄今尚没有一本正式出版的《王鲁彦年谱》，只有曾华鹏、蒋明玳编的《王鲁彦生平和文学活动年表》《王鲁彦著译系年》（附于《王鲁彦研究资料》，江西人民出版社 1984 年版）；刘增人、陈子善编的《鲁彦著译系年》（初稿）（发表于《社会科学战线丛刊》1980 年第 1 期）；郑择魁编的《鲁彦年表》（附于《鲁彦作品欣赏》，广西人民出版社 1986 年版）；陈子善、刘增人编的《鲁彦年表》（附于覃英编的《中国现代作家选集——鲁彦》，人民文学出版社 1992 年版）。五份年表把王鲁彦的生平和创作轨迹做了简略而清晰的还原，为本年谱的撰写提供了良好的基础。虽然作为一本详谱，尚有很多资料需要编撰补充，但我还是非常感谢这几位前辈。

由于此前曾写过《王鲁彦评传》，所以常常会在介绍作品的时候不经意间带出一些评论性的语言。为此曾经参考过多本名家写的年谱，发现也有些年谱对于谱主的作品有很简略而精当的评论。编撰《许钦文年谱》的钱英才老师甚至在"后记"中说，做年谱既要注重科学性，也要注重学术性："一部年谱，不能做成著作的索引、著作年表，而应该多有所评论。基于此，我也加上自己和别人的议论，当然还有生平事迹。"看了钱老师这一段话之后，心中才稍安。不过为了符合年谱的体例，还是把初稿中的评论性语言做了精简。

有人说编年谱是体力活，也有人说编年谱是团队的产物，我觉得两者都是。回顾自己这四年来编撰的过程，觉得如果没有强壮的体力和其他人的帮忙根本完不成这个任务。这几年为了帮学院创收，有几个学期我的教学工作量达到每周 15—17 节课，时间和精力都受到极大的牵制。加上疫情防控期间一些图书馆不是闭馆，就是得提前半年预约，查资料很困难。好在我们专业有多位学生考到北京、南京的高校读研，可以通过她们所在学校图书馆的藏书和电子数据库，帮我查找在本地图书馆查不到的资料。如在北京师范大学读研的学生葛子岚进入清华、北大的数据库查阅王鲁彦的佚文，在南京师范大学读研的学生成朱轶到南京大学图书馆去查阅《文艺杂志》的完整目录；还有我自己的研究生刘阳去山东省枣庄市枣庄学院的世界语博物馆查阅王鲁彦介绍自己学世界语的一篇佚文，吴丽丹去家乡广西壮族自治区图书馆查阅王鲁彦的佚信等。这些学生使我避免感染新冠的可能，十分感谢。

另外,还要感谢在校研究生张琼丹和赵婧同学,她们在资料整理方面出了不少力,尤其是关门弟子陈玉珂同学,不但进入各类数据库帮我查阅原文和资料,而且帮忙把电子数据库里下载的 PDF 资料逐字逐句输入电脑,把模糊不清的竖体版式转化为横体版式,把繁体字转化为简体字,把 PDF 版转化为 WORD 版,十分辛苦。使我因用眼过度而一度视力急剧下降的眼睛得到短暂休息。

还要感谢王鲁彦的几位后人:一是王鲁彦与谭昭的小女儿谭宁佑,今年已经 94 岁高龄,她提供给我其母亲谭昭、父亲王鲁彦、外祖父谭邦屏的一些原始材料,尽管这些资料因为种种原因,我没有全部采用,但还是非常感谢。还有王鲁彦与覃英的长孙王彦明,当他得知我在编写年谱之后,提供了姑姑王莉莎、叔叔王恩悌、王恩恺、王恩琪以及伯伯王长佑(王鲁彦与谭昭的儿子)的资料,还有几个堂表兄妹的情况,使我的年谱更加完整。

还要感谢大碶文化站前站长,著名音乐家周大风的侄女周山涓女士,每次我去大碶文化站王鲁彦纪念室查阅资料、去王鲁彦故居所在地王隘村调查采访时都是她亲自接待。

还要感谢在中国计量学院教书的学生李丰源,他帮忙去杭州市余杭区省安贤园公墓文化名人陵园询问王鲁彦衣冠冢的情况。

还要感谢我的女儿女婿和小外孙,每次我到上海市图书馆去查阅资料,都是住宿在他们家,他们不但很好地招待我,女婿还会用车送我去图书馆。

还要感谢为本年谱编撰提供批评建议的各位老师,没有他们的批评指正,我不至于改得如此顺利。

当然,最应该感谢的是导师王嘉良和杭州师范大学人文学院院长洪治纲先生,没有王老师的推荐和洪院长提供的机会以及他率领的团队的良好服务,我就不可能完成这本年谱。最后,感谢浙江大学出版社胡畔责编,她的耐心、细心和温和的态度使我非常感佩,没有她的帮助,年谱不可能如期出版。

年谱虽然完成了,但我还是很忐忑,读了很多部年谱,发现每一部都有自己的特点,想要找出一种通用的体例似乎不可能,尽管自己努力向优秀的年谱学习,但总觉得自己的年谱还是不够完善。因为谱主王鲁彦去世早,既没有日记也没有回忆录存世,所以至今仍有很多值得补充之处。如据章洪熙在《鲁彦走了》一文中说,鲁彦早期曾写过一本诗集,后散佚了;其夫人覃英也回忆说,他于 1934—1935 年在陕西省立西安高级中学教书时,曾在《西京日报》的《明日》副刊上用笔名写过多首诗歌,如果能找到这些资料,将有利于丰富王鲁彦作为一个诗人方面的情况。再如,王鲁彦 1927 年在武汉编过《民国日报》、1930 年在厦门编过《民钟日报》、1938 年在长沙编过《抗战日报》、1942—1944 年在桂林主编过《文艺杂志》,中间与作家们的书信来往应该很多,但到目前为止查到的不多,如果能多查到一些,那对于了解当时的社会、作家们的生活以及王鲁彦自己的编辑生涯和文学创作活动都会有一定的价值。但交稿时间越来越近,即使我还想继续打磨补充,也只能停笔,把遗憾留给后人去弥补了。

周春英

2023 年 6 月 10 日于宁波